COLLECTION
DES MÉMOIRES

RELATIFS

A L'HISTOIRE DE FRANCE.

MÉMOIRES SECRETS DE DUCLOS, TOME II.
MÉMOIRES DE MADAME DE STAAL.

DE L'IMPRIMERIE DE A. BELIN.

COLLECTION
DES MÉMOIRES

RELATIFS

A L'HISTOIRE DE FRANCE,

DEPUIS L'AVÉNEMENT DE HENRI IV JUSQU'A LA PAIX DE PARIS
CONCLUE EN 1763;

AVEC DES NOTICES SUR CHAQUE AUTEUR,
ET DES OBSERVATIONS SUR CHAQUE OUVRAGE,

PAR MESSIEURS
A. PETITOT ET MONMERQUÉ.

TOME LXXVII.

PARIS,

FOUCAULT, LIBRAIRE, RUE DE SORBONNE, N° 9.
1829.

MÉMOIRES SECRETS

DE

DUCLOS.

SUITE DU LIVRE CINQUIÈME.

[1723] Le 16 février, le Roi étant entré dans sa quatorzième année, reçut les complimens de la cour sur sa majorité; et, le 22, il vint à ce sujet au parlement tenir son lit de justice, et fit trois ducs et pairs dans cette séance, Biron, Lévis et La Vallière. La famille du premier alléguoit naïvement, dans ses sollicitations, la perte du duché, par la condamnation de Charles de Biron, pour crime de lèse-majesté; d'autres vouloient en faire un motif d'exclusion. Cependant on ne sauroit trop rendre les fautes personnelles : il est juste, et d'un gouvernement sage, qu'une famille qui s'est perdue par des fautes puisse se relever par des services.

Le conseil de régence cessa à la majorité, et les conseils reprirent la forme qu'ils avoient sous le feu Roi (1), à l'exception des deux princes du sang, le duc de Chartres et M. le duc, qui entrèrent dans le conseil d'Etat, à la suite du duc d'Orléans. Le cardinal Dubois en étoit de droit; et il y fit entrer le

(1) Louis XIV n'avoit point admis de princes du sang dans ses conseils. (D.)

comte de Morville, en lui cédant le département des affaires étrangères.

Le cardinal Dubois, malgré sa puissance, craignoit tous ceux qui approchoient du Roi. Pour resserrer le plus qu'il le pouvoit la cour intime, il fit supprimer les grandes et premières entrées accordées par Louis XIV, et en imagina d'autres appelées familières, qu'il restreignit à lui, aux princes du sang et au comte de Toulouse, à la duchesse de Ventadour et au duc de Charost, et les étendit au duc du Maine et à ses deux fils, lorsqu'ils furent rétablis dans les honneurs de princes du sang. Il ne les accorda pas d'abord à l'évêque de Fréjus : mais jugeant bientôt qu'il seroit imprudent de les refuser à un homme chéri du Roi, et qui finiroit par les obtenir de ce prince même, peu de jours après il le mit sur la liste, comme n'ayant été omis que par oubli.

Les soupçons du cardinal croissoient de jour en jour. Il s'apercevoit que le Roi n'avoit aucun goût pour lui : indépendamment de la disgrâce personnelle de la figure, d'un bégaiement naturel qu'une habitude de fausseté et de servitude primitive avoit encore augmenté, ses manières n'étoient jamais plus gauches et plus désagréables que lorsqu'il cherchoit à plaire. Il manquoit d'un extérieur d'éducation, qui ne se prend plus à un certain âge : de sorte que, ne pouvant atteindre à la politesse quand il en avoit besoin, il paroissoit alors bas et rampant; et sa grossièreté habituelle, aux yeux d'un jeune prince accoutumé aux respects et aux grâces du Régent, avoit un air d'insolence.

Le cardinal, pour vaincre autant qu'il pouvoit le

dégoût du Roi, lui présentoit souvent quelques curiosités de son âge. Destouches, notre résident à Londres, étoit chargé de ces commissions; et le cardinal recommandoit de ne les envoyer que successivement, pour multiplier les occasions de plaire au Roi, et entretenir sa reconnoissance.

Dubois désiroit fort que le duc de Chartres, premier prince du sang et colonel général de l'infanterie, vînt travailler avec lui. Il n'osa pas le proposer ouvertement, et s'adressa à l'abbé Mongault, ci-devant précepteur du prince, et qui avoit conservé beaucoup de crédit sur son esprit. Mongault, plein d'honneur, d'esprit, et très-peu flexible, n'aimoit ni n'estimoit le cardinal, et se contraignoit peu sur ses sentimens. Il répondit sèchement qu'il n'abuseroit jamais de la confiance d'un prince, en l'engageant à s'avilir. Le cardinal vit bien qu'il n'avoit pas affaire à un seigneur, et ne jugea pas à propos de témoigner le moindre ressentiment. La plupart des gens en place n'aiment point les gens de lettres; mais ils les ménagent, et ne veulent pas s'aliéner ceux qui ont peu à perdre, voient, sentent, parlent, et écrivent. Le cardinal ayant, peu de jours après, rencontré Mongault, lui dit : « L'abbé, le Roi a su que vous « aviez commencé à ajuster une maison de campagne « dont la dépense vous a obéré : il m'a chargé de « vous donner une gratification de dix mille écus. » L'abbé sentit d'abord le motif de cette générosité, et comprit que le cardinal, n'ayant pu le séduire, vouloit le corrompre. Il n'en fit rien paroître, et le pria de le présenter, pour en faire son remercîment au Roi. Le cardinal voulut, au retour, remettre sur le tapis l'affaire du travail; mais l'abbé se contenta de répondre avec plus d'égards que la première fois, et ne fut pas plus docile.

Le cardinal, ayant échoué dans son projet à l'égard du duc de Chartres, ne fut pas fort sensible à l'honneur de voir travailler chez lui le comte d'Evreux, colonel général de la cavalerie, et le comte de Coigny, qui l'étoit des dragons. Il prit donc le parti de renvoyer au secrétaire d'Etat de la guerre le détail de l'infanterie, de la cavalerie et des dragons. La marine continua de s'adresser au comte de Toulouse. Le duc du Maine conserva les Suisses et l'artillerie, sur le pied où il les avoit sous le feu Roi; mais ce fut en se soumettant à travailler chez le cardinal.

Le Blanc, secrétaire d'Etat de la guerre, et le comte de Belle-Ile, paroissoient absolument livrés au premier ministre, dont ils étoient même le conseil secret. Mais M. le duc avoit entrepris de les perdre tous deux, et le cardinal n'étoit pas disposé à les défendre contre un prince du sang, le seul qu'il redoutât.

M. le duc étoit très-borné, opiniâtre, dur, même féroce, et, quoique prince, glorieux comme un homme nouveau. Il n'avoit d'esprit que pour sentir combien il pouvoit se prévaloir de son rang. Sans aucun motif personnel dans la persécution qu'il suscitoit à Le Blanc et à Belle-Ile, il n'étoit que l'instrument de la marquise de Prie, sa maîtresse. Cette femme a régné si despotiquement sous le ministère de M. le duc, qu'il est à propos de la faire connoître.

La marquise de Prie avoit plus que de la beauté :

toute sa personne étoit séduisante. Avec autant de grâces dans l'esprit que dans la figure, elle cachoit, sous un voile de naïveté, la fausseté la plus dangereuse : sans la moindre idée de la vertu, qui étoit à son égard un mot vide de sens, elle étoit simple dans le vice, violente sous un air de douceur, libertine par tempérament; elle trompoit avec impunité son amant, qui croyoit ce qu'elle lui disoit contre ce qu'il voyoit lui-même. J'en pourrois rapporter des traits assez plaisans, s'ils n'étoient pas trop libres. Il suffit de dire qu'elle eut un jour l'art de lui persuader qu'il étoit coupable d'une suite de libertinage dont il n'étoit que la victime.

Elle étoit fille de Berthelot de Pléneuf, riche financier, qui, étant un des premiers commis du chancelier Voisin, ministre de la guerre, avoit fait une fortune immense dans les entreprises des vivres, et tenoit une maison opulente. Sa femme en faisoit les honneurs : avec de l'esprit, de la figure, et un ton noble, elle s'étoit formé une espèce de cour, dont elle se faisoit respecter. Entourée d'adorateurs qui s'empressoient à lui plaire, elle eut beaucoup d'amis distingués, qui ne lui manquèrent dans aucun temps de disgrâce. Elle se fit une occupation, durant l'enfance de sa fille, de lui donner l'éducation la plus soignée, et s'applaudissoit de ses soins. Mais à peine la fille commença-t-elle à fixer sur elle les regards, qu'elle déplut à sa mère. L'aigreur de celle-ci excita les plaisanteries de l'autre : une haine réciproque s'alluma entre elles, et bientôt devint une antipathie. Pléneuf, pour avoir la paix chez lui, maria sa fille au marquis de Prie, parrain du Roi, et qui fut nommé à l'ambassade de Turin, où il emmena sa femme. Au retour, la fille, se prévalant de son état, traita sa mère comme une bourgeoise, et ne voulut voir de l'ancienne société que ceux qui abandonneroient totalement sa mère. Plusieurs désertèrent, et s'attachèrent à la fille, qui, ne voulant point de partage, étendit son animosité contre sa mère sur ceux qui lui restèrent attachés, du nombre desquels étoit Le Blanc. La marquise de Prie saisit, pour le perdre, l'occasion de la banqueroute de La Jonchère, trésorier de l'extraordinaire des guerres, qui fut mis à la Bastille; et comme c'étoit un protégé de Le Blanc, on prétendit que ce ministre avoit puisé dans la caisse, et contribué à la faillite du trésorier. M. le duc, excité par sa maîtresse, s'adressa au duc d'Orléans et au premier ministre, demanda qu'on fît justice de ceux qui avoient eu part au dérangement de La Jonchère, et insista principalement sur Le Blanc.

Le duc d'Orléans auroit désiré de sauver un homme qu'il aimoit, et par qui il avoit été bien servi; mais il y avoit long-temps que toutes ses volontés étoient subordonnées à celles du cardinal, qui, pour plaire à M. le duc, abandonna Le Blanc. D'ailleurs il étoit charmé de se défaire d'un ministre qui ne lui devoit rien, et de donner la place à un homme qui fût uniquement à lui. Le Blanc fut donc obligé de donner sa démission, peu de temps après mis à la Bastille; et la chambre de l'Arsenal eut ordre d'instruire son procès.

. Le département de la guerre fut donné à Breteuil, intendant de Limoges. On fut étonné de voir un ministre consommé, actif, plein d'expédiens, aimé des troupes, estimé du public, ferme sans hauteur, remplacé par le moindre intendant du royaume, et jusqu'à ce moment plus occupé de plaisirs que d'affaires. On ignoroit que ce choix étoit un effet de la reconnoissance du cardinal, et un prix de la discrétion de Breteuil.

Dubois s'étoit marié très-jeune, dans un village du Limosin, avec une jolie paysanne. La misère les obligeant de se séparer à l'amiable, ils convinrent que la femme, en changeant de lieu, gagneroit sa vie comme elle pourroit, et que le mari iroit tenter fortune à Paris. Leur obscurité facilita leur arrangement. Dès que Dubois commença à se faire jour, il envoya à sa femme de quoi se procurer de l'aisance ; et leur intérêt commun conserva le secret. Dubois, parvenu à l'épiscopat, craignit plus que jamais la révélation d'un engagement qui passoit les libertés de l'Eglise gallicane. Il fit sa confidence à Breteuil, qui se chargea volontiers de tirer de peine un si puissant ministre, partit pour Limoges, et bientôt se mit à faire des tournées, suivi de deux seuls valets. Il prit un jour si bien ses mesures, qu'il arriva à une heure de nuit dans le village où s'étoit fait le mariage, et alla descendre chez le curé, à qui il demanda amicalement l'hospitalité. Le curé, transporté de joie de recevoir monseigneur l'intendant, lui auroit sacrifié toute la basse-cour du presbytère, et le vin des messes. La servante, avec les valets, apprêta le souper, que Breteuil affecta de trouver excellent ; et, traitant le curé avec une familiarité qui le ravissoit, il renvoya au dessert les valets souper avec la servante. Resté tête à tête avec le curé, il lui dit, par manière de conversation, qu'il ne doutoit pas que les registres de la paroisse ne fussent en bon ordre. Le curé l'en assura, et pour l'en convaincre les tira d'une armoire, et les mit sur la table. Breteuil les parcourut négligemment; et quand il fut à l'année intéressante, il les referma avec une indifférence apparente, les jeta sur une chaise à côté de lui, et continua de s'entretenir gaiement avec son hôte, à qui il se chargeoit souvent de verser à boire pour faire meilleure mesure, et se ménager lui-même; outre que Breteuil, avec qui j'ai quelquefois soupé, soutenoit très-bien le vin.

Tant fut procédé, que la tête du bon curé se brouilla, et bientôt il s'assoupit. Breteuil, profitant du sommeil, détacha proprement le feuillet nécessaire, et, tout remis en place, sortit de la chambre. C'étoit dans l'été, et le jour commençoit à poindre. Breteuil donna quelques louis à la servante, la chargea de remercîmens pour le curé, avec qui il vouloit, disoit-il, se retrouver quelque jour, et partit. Peu de temps après, le curé vint remercier monseigneur l'intendant de l'honneur qu'il lui avoit fait : Breteuil le reçut à merveille, et ne s'aperçut pas qu'il eût le moindre soupçon sur l'altération des registres.

Tout n'étoit pas fait. Il y avoit eu un contrat de mariage : le tabellion qui l'avoit passé étoit mort depuis plus de vingt ans. Breteuil parvint à découvrir le successeur, le fit venir, et lui laissa l'option d'une somme assez considérable, ou d'un cachot, pour la remise ou le refus de la minute du contrat : le notaire n'hésita pas sur le choix. Ainsi le contrat et l'acte de célébration furent envoyés à Dubois, qui les anéantit.

Breteuil, pour consommer l'affaire, envoya chercher la femme, lui parla sur le secret du mariage, avec cette éloquence qui avoit persuadé le notaire. Elle n'eut pas de peine à promettre pour l'avenir la discrétion qu'elle avoit toujours eue. Après la mort de son mari, elle vint à Paris, où, dans une vie opulente et obscure, elle lui a survécu près de vingt-cinq ans. Elle voyoit assez souvent son beau-frère, et ils ont toujours été fort unis (1).

Le clergé, qui ne s'étoit point assemblé depuis 1715, le fut au mois de mai de cette année 1723, et d'une voix unanime élut pour président le cardinal Dubois, afin qu'il ne lui manquât aucun des honneurs où il pût prétendre, et qu'il n'y eût pas un corps dans l'Etat qui ne se fût pas prostitué. Le cardinal en fut extrêmement flatté; et, pour être plus à portée de jouir quelquefois de sa présidence, transporta la cour de Versailles à Meudon, sous prétexte de procurer au Roi les plaisirs d'un nouveau séjour.

La proximité de Meudon, en abrégeant de moitié le chemin de la cour à Paris, épargnoit au cardinal une partie des douleurs que lui causoit le mouvement du carrosse. Attaqué depuis long-temps d'un ulcère dans la vessie, fruit de ses anciennes débauches, il voyoit en secret les médecins et les chirurgiens les plus habiles : non qu'il rougît du principe de sa ma-

(1) Le duc de Saint-Simon, auquel Duclos a emprunté ces détails, ajoute, dans ses Mémoires, que *l'histoire du mariage de Dubois, qui a été sue dans la suite, n'a été désavouée de personne.* Aucun désaveu formel n'existe; mais on a révoqué le mariage en doute. On a fait observer que Dubois étoit venu à Paris à l'âge de treize ans; qu'en sortant du collége, il avoit, sans interruption, occupé dans la capitale des emplois qui ne sembloient pas lui avoir permis de s'absenter assez long-temps pour aller épouser une paysanne dans un village du Limosin.

ladie, mais par la honte qu'ont tous les ministres de s'avouer malades.

Le Roi faisant la revue de sa maison, le cardinal voulut y jouir des honneurs de premier ministre, qui sont à peu près les mêmes qu'on rend à la personne du Roi. Il monta à cheval un quart-d'heure avant que ce prince arrivât, et passa devant les troupes, qui le saluèrent l'épée à la main. J'ai vu, quelques années après, la maison du Roi en user ainsi à l'égard du cardinal de Fleury, qui n'avoit pas pris le titre de premier ministre, mais qui jouissoit de la toute-puissance. Ce qui prouve cependant qu'on lui rendoit librement ces honneurs, c'est que le duc d'Harcourt, capitaine d'une compagnie des gardes du corps, et mécontent du cardinal de Fleury, le vit passer sans lui faire le moindre salut; et la troupe resta aussi tranquille que le capitaine.

Le cardinal Dubois paya très-cher cette petite satisfaction. Le mouvement du cheval fit crever un abcès qui fit juger aux médecins que la gangrène seroit bientôt dans la vessie : ils lui déclarèrent qu'à moins d'une opération prompte, il n'avoit pas quatre jours à vivre. Il entra dans une fureur horrible contre eux. Le duc d'Orléans, averti de l'état du malade, eut beaucoup de peine à le calmer un peu, et à lui persuader de se laisser transporter à Versailles, où ce fut une nouvelle scène. Quand la Faculté lui proposa de recevoir les sacremens avant l'opération, sa fureur n'eut plus de bornes, et il apostrophoit en frénétique tous ceux qui l'approchoient. Enfin, succombant de lassitude après tant de fureurs, il envoya chercher un récollet, avec qui il fut enfermé un demi-quart-

d'heure. On parla ensuite de lui apporter le viatique.
« Le viatique! s'écria-t-il; cela est bientôt dit. Il y a
« un grand cérémonial pour les cardinaux : qu'on aille
« à Paris le savoir de Bissy. » Les chirurgiens, voyant
le danger du moindre retardement, lui dirent qu'on
pouvoit, en attendant, faire l'opération. A chaque proposition, nouvelles fureurs. Le duc d'Orléans le détermina à force de prières, et l'opération fut faite par
La Peyronie : mais la nature de la plaie et du pus fit
voir que le malade n'iroit pas loin. Tant qu'il eut de
la connoissance, il ne cessa d'invectiver avec des grincemens de dents contre la Faculté. Les convulsions
de la mort se joignirent à celles du désespoir ; et lorsqu'il fut hors d'état de voir, d'entendre et de blasphémer, on lui administra l'extrême-onction, qui lui
tint lieu de viatique. Il mourut le lendemain de l'opération (1).

Ainsi finit ce phénomène de fortune, comblé d'honneurs et de richesses. Il possédoit, outre l'archevêché
de Cambray, sept abbayes considérables (2); et quand
il mourut, il cherchoit à s'emparer de celles de Cîteaux,
de Prémontré, et d'autres chefs d'ordres. Je vois, dans
une lettre du 19 mai 1722, écrite par le cardinal à
Chavigny, un de ses agens à Madrid, que, non content du premier ministère, il vouloit faire revivre pour
lui l'ancienne souveraineté de Cambray. Il charge
Chavigny d'en chercher les titres en Espagne. « Si le
« roi d'Espagne, dit-il dans sa lettre, a été usurpa-
« teur, comme il le paroît par les protestations que
« les archevêques ont toujours faites, le roi de France

(1) Le 10 août 1723. — (2) Les abbayes de Nogent-sous-Concy, St.-Just, Hérivaux, Bourgueil, Bergues-St.-Vinox, St.-Bertin, et Cercamp. (D.)

« est injuste détenteur. » Chavigny ne put réussir dans ses recherches.

La place de premier ministre valoit au cardinal cent cinquante mille livres, et la surintendance des postes cent mille livres. Mais ce qui est honteux pour un ministre, et le seroit pour tout Français, il recevoit de l'Angleterre une pension de quarante mille livres sterlings, valant près d'un million : preuve évidente du sacrifice qu'il faisoit de la France aux Anglais. Il leur en fit un bien indigne de sa place. Le roi Georges avoit imposé une taxe extraordinaire de cent mille livres sterlings sur les catholiques d'Angleterre. A la première nouvelle, tout notre conseil prit parti pour eux, et chargea le cardinal Dubois d'en faire les plaintes les plus vives, et de demander la révocation de la taxe. La dignité seule du cardinal ne lui permettoit pas de tergiverser. Il écrivit la lettre la plus forte, la lut au conseil, qui l'approuva, et la fit partir. Les ministres de Georges furent d'abord si embarrassés, que, ne sachant quel parti prendre, ils étoient près de faire révoquer la taxe; mais ils furent bientôt rassurés. Le cardinal, après le départ du premier courrier, en avoit promptement dépêché un second à Destouches, notre agent à Londres, avec une lettre en chiffres du 19 novembre 1722, par laquelle il le chargeoit de calmer les ministres anglais, et les assuroit que nous ne suivrions pas cette affaire.

Il jouissoit de plus de deux millions de revenu, sans compter un argent comptant et un mobilier immense en meubles, équipages, vaisselle et bijoux de toute espèce. Plus avide qu'avare, il entretenoit une maison superbe et une table somptueuse, dont il faisoit très-bien les honneurs, quoique sobre pour lui-même.

Le prodigieux mobilier du cardinal passa à son frère aîné Dubois, secrétaire du cabinet, depuis que le cadet étoit devenu secrétaire d'Etat.

Ce Dubois exerçoit la médecine à Brives avant de venir à Paris. C'étoit un très-honnête homme. Il n'avoit qu'un fils, chanoine de Saint-Honoré, digne ecclésiastique, vivant dans la retraite, sans avoir jamais voulu ni pensions ni bénéfices, que son canonicat.

Le frère et le neveu firent élever un mausolée au cardinal dans l'église de Saint-Honoré, où il est inhumé. Pour toute épitaphe, on y lit ses titres, terminés par une réflexion morale et chrétienne (1).

L'assemblée du clergé, dont le cardinal étoit président, lui fit un service solennel. Il y en eut un dans la cathédrale, où les cours supérieures assistèrent, honneurs qu'on rend aux premiers ministres : mais on n'osa, en aucun endroit, hasarder une oraison funèbre. Son frère et son neveu ne furent point éblouis d'une si riche succession : ils l'employèrent presque toute en charités, et ont conservé leur modestie jusqu'à la mort.

Je ne me suis point attaché à faire un portrait en forme de ceux dont j'avois à parler : j'ai voulu les faire connoître par les faits, et ne me suis permis que les réflexions qui en naissoient. J'en ferai encore quelques-unes sur le cardinal Dubois, et je les appuierai de certaines personnalités qui les justifieront.

(1) *Quid autem hi tituli, nisi arcus coloratus et vapor ad modicum parens?*

Solidiora et stabiliora bona mortuo precare. (D.)

Le cardinal Dubois avoit certainement de l'esprit, mais il étoit fort inférieur à sa place. Plus propre à l'intrigue qu'à l'administration, il suivoit un objet avec activité, sans en embrasser tous les rapports. L'affaire qui l'intéressoit dans le moment le rendoit incapable d'attention pour toute autre. Il n'avoit ni cette étendue ni cette flexibilité d'esprit nécessaires à un ministre chargé d'opérations différentes, et qui doivent souvent concourir ensemble. Voulant que rien ne lui échappât, et ne pouvant suffire à tout, on l'a vu quelquefois jeter au feu un monceau de lettres toutes cachetées, pour se remettre, disoit-il, au courant. Ce qui nuisoit le plus à son administration étoit la défiance qu'il inspiroit, l'opinion qu'on avoit de son ame. Il méprisoit aussi ingénument la vertu qu'il dédaignoit l'hypocrisie, quoiqu'il fût plein de fausseté. Il avoit plus de vices que de défauts : assez exempt de petitesses, il ne l'étoit pas de folie. Il n'a jamais rougi de sa naissance, et ne choisit pas l'habit ecclésiastique comme un voile qui couvre toute origine, mais comme le premier moyen d'élévation pour un ambitieux sans naissance. S'il se faisoit rendre tous les honneurs d'étiquette, une vanité puérile n'y avoit aucune part : c'étoit persuasion que les honneurs dus aux places et aux dignités appartiennent également, sans distinction de naissance, à tous ceux qui s'en emparent, et que c'est autant un devoir qu'un droit de les exiger.

En se faisant rendre ce qui lui étoit dû, il n'en gardoit pas plus de dignité. On n'éprouvoit de sa part aucune hauteur, mais beaucoup de dureté grossière. La moindre contradiction le mettoit en fureur; et, dans sa fougue, on l'a vû courir sur les fauteuils et les tables autour de son appartement.

Le jour de Pâques, qui suivit sa promotion au cardinalat, s'étant éveillé un peu plus tard qu'à son ordinaire, il s'emporta en juremens contre tous ses valets, sur ce qu'ils l'avoient laissé dormir si tard un jour où ils devoient savoir qu'il vouloit dire la messe. On se pressa de l'habiller, lui jurant toujours. Il se souvint d'une affaire, fit appeler un secrétaire, oublia d'aller dire la messe, même de l'entendre.

Il mangeoit habituellement une aile de poulet tous les soirs. Un jour, à l'heure qu'on alloit le servir, un chien emporta le poulet. Les gens n'y surent autre chose que d'en remettre promptement un autre à la broche. Le cardinal demande à l'instant son poulet: le maître d'hôtel, prévoyant la fureur où il le mettroit en lui disant le fait, ou lui proposant d'attendre plus tard que l'heure ordinaire, prend son parti, et lui dit froidement : « Monseigneur, vous avez soupé.
« — J'ai soupé? répondit le cardinal. — Sans doute,
« monseigneur. Il est vrai que vous avez peu mangé,
« vous paroissiez fort occupé d'affaires : mais si vous
« voulez, on vous servira un second poulet; cela ne
« tardera pas. » Le médecin Chirac, qui le voyoit tous les soirs, arrive dans ce moment. Les valets le préviennent, et le prient de les seconder. « Par-
« bleu, dit-il, voici quelque chose d'étrange! mes
« gens veulent me persuader que j'ai soupé : je n'en
« ai pas le moindre souvenir, et, qui plus est, je me
« sens beaucoup d'appétit. — Tant mieux, répond
« Chirac. Le travail vous a épuisé : les premiers mor-
« ceaux n'auront que réveillé votre appétit; et vous

« pourriez sans danger manger encore, mais peu.
« Faites servir monseigneur, dit-il aux gens; je le
« verrai achever son souper. » Le poulet fut apporté.
Le cardinal regarda comme une marque évidente de
santé de souper deux fois de l'ordonnance de Chirac,
l'apôtre de l'abstinence, et fut, en mangeant, de la
meilleure humeur du monde.

Il ne se contraignoit pour personne. La princesse
de Montauban-Beautru l'ayant impatienté (ce qui
n'étoit pas difficile), il l'envoya promener en termes
énergiques. Elle alla s'en plaindre au Régent, dont
elle n'eut d'autre réponse, sinon que le cardinal étoit
un peu vif, mais d'ailleurs de bon conseil. Dubois
n'en usa pas autrement avec le cardinal de Gesvres,
homme grave, et de mœurs sévères. Les réparations
du Régent étant de même espèce que les offenses du
ministre, on s'accoutuma à regarder ses propos comme
étant sans conséquence.

Il n'étoit pas nécessaire de l'impatienter pour en
éprouver des incartades. La marquise de Conflans,
gouvernante du Régent, étant allée uniquement pour
faire une visite au cardinal, dont elle n'étoit pas connue, et l'ayant pris dans un moment d'humeur, à
peine lui eut-elle dit : « Monseigneur...... — Oh!
« monseigneur, dit le cardinal en lui coupant la pa-
« role, cela ne se peut pas. — Mais, monseigneur....
« — Mais, mais, il n'y a point de mais : quand je
« vous dis que cela ne se peut pas. » La marquise
voulut inutilement le dissuader qu'elle eût rien à lui
demander : le cardinal, sans lui donner le temps de
s'expliquer, la prit par les épaules, et la retourna pour
la faire sortir. La marquise effrayée le crut dans un

accès de folie, ne se trompoit pas trop, et s'enfuit en criant qu'il falloit l'enfermer.

Quelquefois on le calmoit en prenant avec lui son ton. Il avoit, parmi ses secrétaires de confiance, un bénédictin défroqué, nommé Venier, homme d'un caractère leste. Le cardinal, en le faisant travailler avec lui, eut besoin d'un papier qu'il ne trouva pas sous sa main à point nommé : le voilà qui s'emporte, jure, crie qu'avec trente commis il n'est pas servi; qu'il en veut prendre cent, et qu'il ne le sera pas mieux. Venier le regarde tranquillement, le regarde sans lui répondre, le laisse s'exhaler. Le flegme et le silence du secrétaire augmentent la fureur du cardinal, qui, le prenant par le bras, le secoue, et lui crie : « Mais réponds-moi donc, bourreau : cela n'est-il pas « vrai? — Monseigneur, dit Venier sans s'émouvoir, « prenez un seul commis de plus, chargé de jurer pour « vous : vous aurez du temps de reste, et tout ira « bien. » Le cardinal se calma, et finit par rire.

Le Régent fut charmé de la mort de son ministre. Le jour de l'opération, l'air, extrêmement chaud, tourna à l'orage : aux premiers coups de tonnerre, le prince ne put s'empêcher de dire : « J'espère que ce « temps-là fera partir mon drôle. » Il n'avoit pas en effet plus d'égards pour son ancien maître que pour tout autre : le Régent osoit à peine lui faire une recommandation. Ce prince s'étoit réservé la feuille des bénéfices et des grâces, pour son travail avec le Roi; mais il s'étoit laissé assujétir à communiquer auparavant la liste au cardinal, qui rayoit insolemment les noms de ceux qui ne lui convenoient pas. Jamais servitude ne fut plus honteuse que celle où ce prince s'étoit mis, qu'il sentoit douloureusement, qu'il avoit honte d'avouer, et dont il n'avoit pas la force de s'affranchir.

Aussitôt que le cardinal eut expiré, le Régent vint de Versailles à Meudon l'annoncer au Roi, qui, déjà préparé par l'évêque de Fréjus, pria le prince de se charger du gouvernement, et le lendemain le déclara publiquement premier ministre.

Comme le Roi n'avoit été transféré à Meudon que pour la commodité du cardinal, il retourna deux jours après habiter Versailles.

Le duc d'Orléans parut d'abord vouloir se livrer au travail; mais sa paresse et la dissipation lui firent bientôt abandonner les affaires aux secrétaires d'Etat, et il continua de se plonger dans sa chère crapule. Sa santé s'en altéroit visiblement, et il étoit la plus grande partie de la matinée dans un engourdissement qui le rendoit incapable de toute application. On prévoyoit que, d'un moment à l'autre, il seroit emporté par une apoplexie. Ses vrais serviteurs tâchoient de l'engager à une vie de régime, ou du moins à renoncer à des excès qui pourroient le tuer en un instant. Il répondoit qu'une vaine crainte ne devoit pas le priver de ses plaisirs. Cependant, blasé sur tout, il s'y livroit plus par habitude que par goût. Il ajoutoit que, loin de craindre une mort subite, c'étoit celle qu'il choisiroit.

Il y avoit déjà quelque temps que Chirac voyant à ce prince un teint enflammé, et les yeux chargés de sang, vouloit le faire saigner. Le jeudi matin 2 décembre, il l'en pressa si vivement, que le prince, pour se délivrer de la persécution de son médecin, dit qu'il avoit des affaires urgentes qui ne pouvoient se remettre; mais que le Jundi suivant il s'abandonneroit totalement à la Faculté, et jusque là vivroit du plus grand régime. Il se souvint si peu de sa promesse, que ce jour-là même il dîna, contre son ordinaire, qui étoit de souper, et mangea beaucoup, suivant sa coutume.

L'après-dînée, enfermé seul avec la duchesse de Phalaris (1), une de ses complaisantes, il s'amusoit, en attendant l'heure du travail avec le Roi. Assis à côté l'un de l'autre devant le feu, le duc d'Orléans se laisse tout à coup tomber sur le bras de la Phalaris, qui, le voyant sans connoissance, se lève tout effrayée, et appelle du secours, sans trouver qui que ce fût dans l'appartement. Les gens de ce prince, qui savoient qu'il montoit toujours chez le Roi par un escalier dérobé, et qu'à l'heure de ce travail il ne venoit personne, s'étoient tous écartés. Nous avons vu un exemple de pareille dispersion chez le Roi le jour de l'attentat du 5 janvier 1757, parce que ce prince ne devoit pas revenir ce jour-là à Versailles.

La Phalaris fut donc obligée de courir jusque dans les cours, pour amener quelqu'un. La foule fut bientôt dans l'appartement; mais il se passa encore une demi-heure avant qu'on trouvât un chirurgien. Il en arriva un enfin, et le prince fut saigné. Il étoit mort.

(1) Gorge d'Antrague, fait duc de Phalaris par le Pape, étoit fils du financier Gorge, dont Boileau parle dans sa première satire. Il y avoit, dans la première édition :

Que Gorge vive ici, puisque Gorge y sait vivre.

On a mis *George* dans les éditions suivantes. (D.)

Ainsi périt, à quarante-neuf ans et quelques mois (1), un des hommes les plus aimables dans la société, plein d'esprit, de talens, de courage militaire, de bonté, d'humanité ; et un des plus mauvais princes, c'est-à-dire des plus incapables de gouverner.

La Vrillière alla sur-le-champ annoncer la mort du duc d'Orléans au Roi, et à l'évêque de Fréjus ; de là chez M. le duc, qu'il exhorta à demander la place de premier ministre ; passa tout de suite dans ses bureaux, et fit, à tout événement, dresser la patente nécessaire, sur le modèle de celle du duc d'Orléans. Muni de cette pièce, et de la formule du serment, il revint chez le Roi, où M. le duc s'étoit déjà rendu, suivi d'une foule de courtisans.

Le Roi, tout en larmes, avoit auprès de lui l'évêque de Fréjus, qui, après avoir laissé passer les premiers momens de la douleur, lui dit que, pour réparer la perte qu'il venoit de faire, ce qui convenoit de mieux étoit de prier M. le duc d'accepter la place de premier ministre. Le Roi, sans répondre, regarda l'évêque, et donna son approbation par un simple signe de tête. Dans l'instant, M. le duc fit son remercîment. La Vrillière, tirant alors de sa poche la formule du serment, demanda au prélat s'il n'étoit pas à propos de le faire prêter tout de suite. L'évêque l'approuva fort, et le proposa au Roi, qui par conséquent l'approuva aussi. M. le duc prêta serment ; et tout étoit consommé une heure après la mort du duc d'Orléans.

L'évêque de Fréjus auroit pu dès-lors s'emparer du ministère tout aussi facilement qu'il le fit donner à M. le duc. Ses amis le lui conseillèrent ; mais le pré-

(1) Le 2 décembre 1723.

lat, plein d'ambition pour l'effectif du pouvoir, ne crut pas devoir manifester si brusquement ses vues, et se flattoit de gouverner sourdement, sous le voile d'un prince dont il connoissoit l'incapacité. En cas de mécompte, il savoit et prouva bien depuis qu'il étoit en état de détruire son ouvrage, s'il avoit lieu de se repentir de l'avoir fait.

Les sentimens que fit naître la mort du duc d'Orléans furent très-différens, suivant les divers intérêts Ses familiers disoient que la France perdoit un grand prince, parce qu'il leur prodiguoit les grâces, et qu'ils soupoient agréablement avec lui.

Les dévots de profession parloient avec complaisance de cette mort, comme d'une punition visible de Dieu; les ames pieuses en gémissoient. Les deux partis de l'Eglise ne le regrettèrent point : les jansénistes, après une lueur d'espérance de se relever, se revoyoient sacrifiés à leurs ennemis; les constitutionnaires ne trouvoient pas leur triomphe complet.

Le militaire, et surtout le subalterne, qui fait le corps et l'ame des troupes, désespéré de voir les distinctions, les grades donnés à la protection, à l'intrigue, ou vendus par les courtisans ou les femmes, humilié d'avoir à respecter plus un commis des bureaux qu'un maréchal de France, soupiroit après un changement d'administration qui n'arriva point.

La classe moyenne des citoyens, plus attachée à l'Etat et aux mœurs, voyoit le fruit de son économie perdu, les fortunes patrimoniales renversées, les propriétés incertaines, le vice sans pudeur, la décence méprisée, le scandale en honneur. On étoit réduit à regretter jusqu'à l'hypocrisie de la vieille cour. On ne peut nier que la régence ne soit l'époque, la cause principale, et n'ait donné l'exemple et le signal, d'une corruption sans voile.

D'ailleurs cette régence prétendue tranquille mérite-t-elle cet éloge pour avoir conservé ou acheté la paix au dehors, quand elle a bouleversé et mis tout l'intérieur en combustion? Les Anglais seuls auroient peut-être regretté le duc d'Orléans, s'ils n'avoient pas trouvé les mêmes complaisances sous le ministère suivant.

Lorsque le duc de Chartres apprit la mort de son père, il étoit à Paris chez une maîtresse qu'il entretenoit par air, et qu'il quitta bientôt par remords. Il se rendit sur-le-champ à Versailles, ne s'avisa pas de rien disputer à M. le duc, et peu de jours après prit le titre de duc d'Orléans. J'en aurai peu d'autres choses à dire. Ce prince, qui, dans sa petite débauche de passage, avoit toujours conservé des sentimens de religion, fut si frappé de la mort subite de son père, qu'il prit tout à coup un parti extrême, et se jeta dans une dévotion monacale, où il a persévéré jusqu'à la mort (1).

(1) L'abbé Mongault, homme de beaucoup d'esprit et d'érudition (*), théologien, et pensant librement sur les matières de religion, fut le précepteur du fils du Régent. Soit qu'il ne jugeât pas son élève capable d'une morale éclairée, soit qu'il crût qu'on ne peut retenir les princes par des liens trop forts, il s'attacha à inspirer au sien les principes de religion les plus capables de l'effrayer. (D.)

(*) Il mourut en 1746. Duclos le remplaça à l'Académie française.

LIVRE SIXIÈME.

MINISTÈRE DE M. LE DUC.

Le duc de Bourbon, communément nommé M. le duc, qui sans doute ne regretta pas son prédécesseur, fut celui qui le fit le plus regretter. Son ministère fut le règne de la marquise de Prie, sa maîtresse, et la plus effrénée créature. Il commença par disposer des places vacantes à son avénement au ministère. Le premier président de Mesmes, mort au mois d'août, n'étoit pas encore remplacé. Il le fut par Novion, le plus ancien des présidens à mortier, et petit-fils de celui qui, pour malversation, fut obligé de se démettre de la première présidence en 1689.

Le petit-fils n'avoit rien de son aïeul. Moins éclairé, mais très-honnête, fort instruit de la procédure et peu de la jurisprudence, avec moins de paresse il eût été un excellent procureur : il fut un très-mauvais premier président. Brusque, sauvage, inabordable, il se sauvoit du Palais et des affaires pour aller, dans son ancien quartier, causer dans la boutique d'un charron, son voisin et son ami particulier.

Novion étoit depuis long-temps assez connu pour qu'on n'eût pas dû lui donner une place qui exigeoit du travail, de la vigilance et de la dignité; mais il étoit doyen des présidens à mortier : on suivit cet ordre du tableau, si respecté et si funeste en France.

Il avoit d'ailleurs le mérite d'avoir épousé une tante de la marquise de Prie : M. le duc eût-il pu refuser le parent de sa maîtresse? Les petites considérations parmi nous font les intérêts graves, et décident des grandes places. Pour que rien ne manquât à la faveur, la charge de président fut donnée à son petit-fils, âgé de quinze ans; et Lamoignon de Blancménil, aujourd'hui chancelier, eut le *custodi-nos*, et exerça pour l'enfant.

Heureusement pour le public, Novion, à qui les fonctions de sa place étoient aussi à charge qu'il l'étoit lui-même aux plaideurs, s'ennuya de la contrainte du Palais, et donna sa démission après neuf mois d'exercice (1), si l'on peut donner ce nom à la manière dont il s'en acquitta.

J'ai fort connu son petit-fils, président à mortier. Il a plus de probité que de talens : aussi s'est-il fait justice en honnête homme, et s'est-il pareillement démis, pour aller vivre dans sa terre.

M. le duc donna la charge de premier écuyer au chevalier de Beringhen d'aujourd'hui, et frère du précédent titulaire, mort le premier décembre, un jour avant le duc d'Orléans. Si ce prince eût vécu, il n'auroit pas fait la même grâce à un homme qui avoit été son rival heureux, en lui enlevant la comtesse de Parabère. Le ressentiment du prince ne devoit pas être un motif de refus; mais certainement le Roi s'en seroit bien trouvé quant à la partie de la finance. Le marquis de Nangis, depuis maréchal de France, désiroit fort cette place. M. le duc l'en dédommagea en lui donnant, par anticipation, celle de

(1) Il fut nommé en décembre 1723, et se démit en septembre 1724. (D.)

chevalier d'honneur de la Reine future. Il nomma aussi d'avance le maréchal de Tessé premier écuyer de la Reine. Le maréchal, devant aller ambassadeur en Espagne, obtint pour son fils la survivance de son expectative.

Deux jours après la mort du duc d'Orléans, le maréchal de Villars entra dans le conseil d'Etat. Le même jour, le comte de Toulouse déclara son mariage avec la marquise de Gondrin, sœur du duc de Noailles (1).

L'évêque de Fréjus, en procurant le premier ministère à M. le duc, savoit bien qu'il ne lui confioit qu'un dépôt, et faisoit lui-même trop peu de cas de la reconnoissance pour en espérer beaucoup d'un prince; mais il vouloit, sous un fantôme respecté, accoutumer la cour à son crédit, et la préparer à sa puissance. Il avoit le plus difficile, en parvenant où il étoit. Fils d'un receveur des tailles de Lodève, il obtint une place d'aumônier du Roi par le crédit des dévotes de la cour, qui lui avoit procuré des femmes qui ne l'étoient pas tant. Devenu ensuite évêque malgré la répugnance de Louis XIV, il fut nommé précepteur de Louis XV malgré l'opposition des jésuites, et il jouissoit de la confiance la plus intime de son élève. Ce prodige de la fortune, sans exciter comme le cardinal Dubois le mépris et la haine, apprivoisa l'envie.

(1) Quoique le comte de Toulouse fût en possession des honneurs de prince du sang, il ne se mésallia point. Les vrais princes ont épousé des filles qui n'étoient pas supérieures pour la naissance aux Noailles. Il y en a peu à la cour à mettre vis-à-vis d'eux, et encore moins à leur préférer. Ils prennent leur nom d'un château qu'ils possèdent de temps immémorial, et paroissent avec éclat dans leur province dès la fin du douzième siècle. La comtesse de Toulouse pouvoit bien jouir des mêmes honneurs que la duchesse de Verneuil (Seguier), qui fut du festin royal à la noce du duc de Bourgogne, père du Roi. (D.)

M. le duc prit d'abord tout l'extérieur de premier ministre, s'établit dans l'appartement où le duc d'Orléans étoit mort, et fit afficher à la porte de son cabinet les jours et les heures destinés à chaque ministre pour son travail. La foule des courtisans inonda son appartement : ceux qui ne pouvoient parvenir au cabinet remplissoient les antichambres, d'où ils alloient ensuite assiéger celle de la marquise de Prie.

D'un autre côté, le modeste évêque de Fréjus, resserré dans un petit appartement mal meublé, ne se rehaussa pas en apparence d'un seul cran; mais, étant entré dans le conseil, il se trouvoit auprès du Roi lorsque M. le duc venoit, à l'imitation du duc d'Orléans, faire sa cour au jeune monarque, et feindre de lui communiquer les affaires.

L'évêque, soigneusement en tiers, ne s'écartoit pas d'une minute; et, pour ne pas effaroucher un prince du sang ombrageux, il lui prodiguoit les respects et les attentions, et le mit dès les premiers jours sur le pied de ne rien proposer que de concert avec lui.

L'ascendant du vieil évêque sur M. le duc par l'adresse, et sur le Roi par la confiance, n'échappa nullement à la pénétration des ministres subalternes. Ils recherchèrent sa protection, lui portoient secrètement leur porte-feuille de travail; et lui, avec autant de secret, vouloit bien en prendre communication, et les guider, en reconnoissance de leur politesse à son égard.

Bientôt le prélat, d'un air et d'un ton aussi religieux que discret, fit entendre à M. le duc qu'en se soumettant à ses lumières sur les affaires temporelles, sa conscience ne lui permettoit pas d'abandonner les spirituelles; que cette réserve seroit même un soulagement pour un prince déjà chargé d'un si grand nombre d'affaires, et que celles de l'Eglise avoient besoin de quelqu'un qui s'en occupât uniquement. Soit que M. le duc ne connût pas la force de cette branche d'administration, soit qu'il n'osât mécontenter un homme cher au Roi, il laissa l'évêque s'emparer de la feuille des bénéfices, dont il fut absolument maître, sans cesser d'entrer dans toutes les autres affaires. Ainsi il devint et se montra moins le second que le collègue du premier ministre.

La marquise de Prie fut outrée de se voir enlever la dispensation des biens ecclésiastiques; car elle comptoit bien, sous le nom de son amant, gouverner l'Etat et l'Eglise. En effet, à l'exception du dernier article, elle fut, pendant deux ans et demi de ministère, maîtresse absolue du royaume. Au retour de l'ambassade de Turin, où elle avoit accompagné son mari, elle entreprit de plaire au Régent, ou du moins à quelqu'un qui pût lui faire jouer un rôle. Le Régent n'y eût pas été insensible, mais il étoit inconstant : en comblant ses maîtresses de galanteries et de grâces de toute espèce, il ne leur donnoit point de part dans les affaires d'Etat; l'ivresse même ne lui arrachoit pas une indiscrétion sur cet article : j'en ai cité un exemple. La marquise de Prie se rabattit donc sur M. le duc.

Madame la duchesse mère auroit bien voulu prendre l'empire sur son fils; mais elle connoissoit trop elle-même l'amour pour se flatter de le balancer par l'autorité maternelle. Elle se borna à vivre politiquement avec la maîtresse de son fils, de peur d'en être totalement abandonnée, et à ménager l'évêque de Fréjus.

La marquise de Prie avoit trop d'esprit pour ne pas connoître l'incapacité de son amant, et pour s'imaginer avoir elle-même tout ce qu'il lui falloit pour y suppléer dans le gouvernement. Elle résolut de se choisir des guides qui ne pussent exister que par elle. Les Paris lui parurent propres à remplir ses vues : elle en forma son conseil intime, et les produisit auprès de M. le duc (1). Quoique ce prince eût déjà la plus

(1) *Ces quatre frères avoient commencé à se faire jour sous la régence, et influoient déjà assez dans les finances pour devenir suspects à Law, dont ils n'approuvoient pas les opérations. Il les fit exiler ; mais lorsqu'il fut sorti du royaume, l'usage qu'on voulut faire de leurs talens les fit rappeler. Le rôle qu'ils jouèrent sous le ministère de M. le duc, et la considération dont jouissent les deux qui vivent encore, m'engagent à faire connoître ici leur origine.*

Le père tenoit une auberge au pied des Alpes, où ses fils, grands et bien faits, l'aidoient à servir les passans. En 1710, un munitionnaire, cherchant dans la montagne quelque chemin pour faire passer promptement des vivres en Italie à l'armée du duc de Vendôme, qui en étoit fort pressée, arriva par hasard à l'hôtellerie de Paris, et dit l'embarras où il se trouvoit. L'hôte lui promit de l'en tirer par le moyen de ses fils, qui connoissoient tous les défilés des montagnes. Ils tinrent parole, et firent passer le convoi. Le munitionnaire les présenta au duc de Vendôme, se loua beaucoup de leurs services, et les employa dans les vivres. Dès ce moment, la porte de la fortune leur fut ouverte. Nés avec du génie, une figure distinguée, étroitement unis, actifs, et agissant de concert sur un plan suivi, ils devoient nécessairement réussir. Ils eurent encore l'avantage d'être d'abord protégés par la duchesse de Bourgogne. Une des femmes de cette princesse, en la suivant en France, tomba malade, et fut laissée dans l'hôtellerie des Paris, à la Montagne, qui étoit leur enseigne, et dont un des frères prit le nom. Cette femme y fut si bien traitée, qu'à son arrivée à la cour elle en parla avec reconnoissance à la princesse, dont elle leur procura la protection. Leur fortune étoit déjà assez bien établie en 1722 pour que Paris l'aîné fût un des gardes du trésor royal. On créa pour lui une troisième place. La disgrâce de M. le duc, en 1726, entraîna celle des Paris. En 1730, ils reprirent faveur, et la charge de garde du trésor royal fut donnée à Paris de Montmartel, le cadet des quatre, qui l'occupe encore aujourd'hui. Devenu banquier de la cour, il influe tellement sur la finance du royaume, qu'il fixe le taux de l'intérêt, et

haute idée du mérite de sa maîtresse, le comité de Paris y ajouta beaucoup.

Chaque projet, avant d'être présenté au prince, étoit concerté avec elle. On avoit soin d'y laisser à dessein quelques rectifications à faire qui passoient la portée de M. le duc, et que la dame, endoctrinée d'avance, ne manquoit pas de faire observer. Les Paris, comme frappés d'étonnement, admiroient sa sagacité, corrigeoient le plan sur ses remarques; et le prince, admirateur plus naïf, se félicitoit de trouver, dans une maîtresse adorée, un adjoint si utile au ministère.

[1724] La marquise, pour se faire des amis ou des créatures, engagea son amant à faire une nomination de chevaliers du Saint-Esprit, et présida à la liste. Il y avoit soixante-et-un cordons vacans. Le Régent n'avoit jamais osé les donner. Ne sachant jamais refuser en face, il en avoit promis quatre fois plus qu'il n'y en avoit; et, ne pouvant tenir sa parole à tous, il ne la tint à personne.

M. le duc, dans le chapitre du 2 février, nomma cinquante-huit tant chevaliers que commandeurs ecclésiastiques. Quelques-uns des premiers étoient d'assez mauvais aloi.

Avant de déclarer la promotion, M. le duc communiqua la liste à l'évêque de Fréjus. Celui-ci, que sa naissance devoit en exclure, et dont la modestie étoit un moyen d'ambition, trouvant son nom parmi ceux des prélats commandeurs, l'effaça, et y substitua celui de l'archevêque de Lyon, Villeroy.

qu'on ne placeroit ni ne déplaceroit, sans le consulter, un contrôleur général. (D.)

Le même jour, on fit sept maréchaux de France (1).

La de Prie, en attendant les contributions qu'elle devoit tirer de France, s'assura de la pension de quarante mille livres sterlings que l'Angleterre donnoit au cardinal Dubois, pour les sacrifices que nous faisions à cette couronne. Le cardinal de Fleury, pendant son ministère, ne fut pas moins favorable aux Anglais; mais il ne se fit pas payer.

Dès le commencement de cette année, les ministres de la plupart des puissances de l'Europe se rendirent au congrès de Cambray, indiqué dès 1720. Les plénipotentiaires de l'Empereur remirent d'abord à ceux d'Espagne le décret d'investiture des Etats de Toscane, Parme et Plaisance, stipulé par le traité de la quadruple alliance en faveur de l'infant don Carlos, aujourd'hui roi d'Espagne. On ouvrit ensuite le congrès; on commença par régler le cérémonial, et cet article important fut tout ce qui résulta de quinze mois de conférences.

M. le duc, s'occupant du gouvernement intérieur, crut annoncer de grandes vues en faisant donner contre les protestans une déclaration qui renouveloit toute la sévérité de celles de Louis XIV, et y auroit encore ajouté s'il eût été possible; car on peut se rappeler que l'arrêt du 10 décembre 1686 défendoit aux médecins, chirurgiens et apothicaires l'exercice de leur profession; de sorte qu'il falloit plutôt mourir de la main d'un orthodoxe, que de devoir la vie au secours d'un hérétique. Ces fureurs religieuses ne partent que trop souvent des princes sans morale, et

(1) Broglie, Roquelaure, Medavy, Du Bourg, d'Alègre, La Feuillade et Gramont. (D.)

même sans décence. La marquise de Prie avoit sûrement approuvé ce dévot projet, et cette femme adultère ne se contraignoit nullement dans ses propos sur les choses les plus respectées du public. Lorsqu'en 1725, année où les pluies perdirent la récolte, on porta en procession la châsse de sainte Geneviève : « Le peuple est fou, disoit-elle ; ne sait-il pas que « c'est moi qui fais la pluie et le beau temps? »

Sur les représentations des Etats généraux, on fit des modifications en faveur des négocians étrangers établis en France, et des protestans d'Alsace, dont les priviléges sont fondés sur des traités qu'il eût été dangereux d'enfreindre. Le fanatisme est quelquefois obligé de compter avec la politique. Celle des Suédois saisit cette occasion d'inviter par un manifeste les protestans français à venir porter leur industrie en Suède, et les étrangers profitèrent encore de l'intolérance de notre gouvernement.

Deux mois après la déclaration contre les protestans, il en parut une contre les mendians, aussi inutile que toutes celles qui l'avoient précédée, ou qui la suivront. Tant qu'on ne présentera pas à la mendicité une ressource de travail et des salaires, il sera également cruel et impossible ou dangereux de proscrire les mendians, qui se multiplient journellement; au point que, par les calculs les plus modérés, on les fait monter à vingt-huit ou trente mille dans la seule capitale.

Dans le même temps que le ministère venoit de changer en France, un changement plus considérable se faisoit en Espagne. Philippe v, qui avoit conquis et défendu sa couronne avec courage, ne l'avoit portée qu'avec ennui. Il résolut donc de la quitter, et, par un acte authentique, la résigna à son fils le prince des Asturies, qui monta sur le trône sous le nom de Louis premier. Philippe se retira à Saint-Ildefonse, pour s'y occuper uniquement de son salut, emmenant avec lui son ministre Grimaldo, dont les emplois furent partagés entre ses premiers commis. Ces promotions ne sont pas rares en Espagne, où l'on croit encore que, pour remplir les places, la première condition requise est d'en avoir les talens. Orry, Grimaldo, Patino, et plusieurs autres ministres, avoient originairement été commis. D'ailleurs aucune place en Espagne n'est vénale.

Le règne de Louis premier ne fut que de sept mois et demi : il mourut de la petite vérole le 31 août, et son père remonta sur le trône. Philippe v fut six jours à s'y déterminer, et à résister aux prières de la Reine et de ses ministres et principaux officiers, tous les conseils restant dans l'inaction. Grimaldo reprit ses fonctions; et la Reine, à qui la retraite avoit rendu la couronne plus chère, s'appliqua à prévenir ou empêcher les nouveaux dégoûts que le Roi pourroit avoir, et souvent elle en essuya elle-même de terribles, en combattant ceux de son mari.

Quoique les affaires étrangères ne soient pas l'objet principal de ces Mémoires, je ne dois pas omettre des faits qui intéressent toute l'Europe, tels que la pragmatique de l'empereur Charles vi. Dès l'année 1713, il avoit voulu assurer dans sa maison la succession à tous ses Etats héréditaires. Il n'avoit point alors d'enfans; mais il pouvoit en avoir, et fit rédiger dans son conseil une loi par laquelle ses enfans mâles, et à leur défaut ses filles, les uns et les autres par ordre de primogéniture, posséderoient ses terres, Etats et principautés ; le tout en entier, sans division ni partage. Cette succession indivisible devoit, au défaut de la branche Caroline, issue de lui, passer dans la branche Joséphine, issue de son frère Joseph ; et, au défaut des deux branches, aux sœurs de Sa Majesté. Depuis ce plan de succession, Charles avoit eu un fils, mort l'année même de sa naissance, et trois filles, auxquelles il vouloit assurer le droit à sa succession indivisible par ordre de primogéniture. Il commença par s'assurer de la renonciation de ses deux nièces, princesses électorales, l'une de Saxe et l'autre de Bavière, et publia ensuite la loi de la succession, sous le titre de *pragmatique sanction*. On verra dans la suite les événemens que cette loi fit naître.

Les arrangemens politiques, les opérations de cabinets, qui ne doivent avoir que des effets éventuels ou éloignés, intéressent peu le gros d'une nation telle que la nôtre. Ce qui attiroit son attention étoit l'état des finances. Les papiers royaux répandus dans le public montoient encore à près de deux milliards, quoique le *visa* en eût proscrit pour cinq ou six cent millions. Le gouvernement n'avoit trouvé d'autres moyens, pour retirer les billets liquidés, que des créations de rentes perpétuelles ou viagères, et d'offices bientôt après supprimés. Chaque opération de finance étoit imaginée comme un remède qu'on reconnoissoit ensuite pour un nouveau mal. On crut aussi trouver une ressource dans la diminution des monnoies, qu'on avoit quelquefois augmentées ou diminuées, sans s'apercevoir que ces variations, indifférentes pour le commerce étranger, occasionent toujours une convulsion pour le commerce intérieur. Il paroît qu'on s'est depuis désabusé à cet égard. Des défenses de faire sortir du royaume les espèces n'eurent et ne devoient pas avoir plus de succès.

[1725] Si M. le duc s'occupoit comme il pouvoit des affaires de l'Etat, il étoit encore plus attentif à ce qui l'intéressoit personnellement. Quelque bien affermi que fût son ministère, il sentoit que sa puissance tenoit à la vie du Roi, qui avoit à peine quinze ans; et que l'Infante n'en ayant encore que huit, il se passeroit encore plusieurs années avant que ce prince eût des enfans. Si dans l'intervalle on avoit le malheur de le perdre, la couronne passoit au roi d'Espagne, ou dans la maison d'Orléans; et, dans l'un ou l'autre cas, M. le duc n'étoit plus maître. Il trembloit donc à la moindre incommodité du Roi. Ce jeune prince ayant eu une fièvre, avec des symptômes qui paroissoient dangereux, fut saigné deux fois. La maladie ne fut pas longue; mais, tant qu'elle dura, M. le duc fut dans les plus grandes alarmes. Comme il couchoit dans l'appartement au-dessous de celui du Roi, il crut une nuit entendre plus de bruit et de mouvement qu'à l'ordinaire. Il se lève précipitamment, et monte tout effrayé en robe de chambre. Maréchal, premier chirurgien, qui couchoit dans l'antichambre, étonné de le voir paroître à une telle heure, se lève, va au devant, et lui demande la cause de son effroi. M. le duc, hors de lui, ne répond que par monosyllabes : « J'ai entendu du bruit..., le Roi « est malade.... Que deviendrai-je? » Maréchal eut peine à le rassurer, et l'engagea à s'aller coucher;

mais, tout en le conduisant, il l'entendit, comme un homme qui croit ne parler qu'à soi-même : « Je « n'y serai pas repris.... S'il en revient, il faut le « marier. »

Dès ce moment, le renvoi de l'Infante fut résolu : M. le duc n'y mit que le temps de faire part à la cour d'Espagne du parti pris en France, puisque, trois semaines après, Philippe v fit partir, pour retourner en France, la reine veuve de Louis premier, et mademoiselle de Beaujolois sa sœur, destinée à don Carlos, aujourd'hui roi d'Espagne. Avant leur arrivée, l'Infante partit aussi de Paris pour retourner à Madrid.

Le Roi, et particulièrement la reine d'Espagne, ressentirent le plus vif chagrin du renvoi de l'Infante. Le maréchal de Tessé, notre ambassadeur auprès d'eux, l'avoit prévu; et, n'osant pas s'exposer aux premiers emportemens de la Reine, s'il lui annonçoit lui-même un si cruel revers, partit de Madrid, laissant cette désagréable commission à l'abbé de Livry, qu'il chargea des affaires.

M. le duc s'étoit déterminé à renvoyer l'Infante, avant même d'avoir fixé son choix sur la princesse qu'il destinoit au trône. Il porta d'abord ses vues sur sa sœur, mademoiselle de Vermandois, aujourd'hui abbesse de Beaumont-lès-Tours. Devenant ainsi beau-frère du Roi, son autorité n'en auroit été que mieux appuyée; et la marquise de Prie approuvoit fort le mariage. Personne n'ignorant que M. le duc ne faisoit rien que par le conseil ou de l'aveu de sa maîtresse, mademoiselle de Vermandois ne pourroit pas douter qu'elle ne dût son élévation à la marquise, qui se croyoit en droit d'espérer tout de la reconnoissance d'une reine qu'elle auroit faite. Cependant, avant de se décider absolument, elle voulut s'assurer à cet égard des sentimens de la princesse, et convenir avec elle des conditions préliminaires. La première étoit que mademoiselle de Vermandois, en se bornant à des égards de bienséance avec sa mère madame la duchesse, ne lui donneroit aucun crédit. La marquise, qui ne pouvoit pas souffrir la sienne, fut aussi étonnée que mécontente de trouver dans la princesse des sentimens fort différens. De plus, accoutumée aux soumissions de son amant, elle fut choquée de n'en pas recevoir autant de la sœur. Il n'en fallut pas davantage à la marquise pour lui faire abandonner son projet, et chercher une princesse plus complaisante. Elle n'eut pas de peine à persuader M. le duc que, loin de s'affermir par une alliance avec le Roi, il se mettroit lui-même dans la dépendance de sa sœur et de sa mère. Il ne s'agissoit plus que de trouver un parti sortable pour le Roi; ce qui n'étoit pas aisé, par les disproportions d'âge des différentes princesses de l'Europe, les unes étant trop jeunes, et les autres trop âgées.

Au premier bruit du renvoi de l'Infante, le prince Kourakin, ambassadeur de Russie en France, en donna avis à la Czarine, qui venoit de succéder à Pierre premier son mari, et qui dans l'instant, de concert avec Campredon, notre ministre en Russie, proposa pour le Roi la princesse Elisabeth sa seconde fille, qui a régné depuis, et du même âge que le Roi; offrant en reconnoissance à M. le duc de le faire roi de Pologne après la mort d'Auguste. M. le duc, qui, du vivant du Czar, avoit recherché la princesse Élisabeth en vue du trône de Pologne, répondit à la Czarine qu'il se croiroit encore plus sûr de sa protection en devenant son gendre, que s'il faisoit Elisabeth reine de France.

On fut quelque temps à s'épuiser en conjectures sur le choix qui devoit se faire. Personne ne pensoit seulement à la princesse Leczinski, fille de Stanislas, précédemment roi de Pologne, et alors fugitif, et même proscrit. Ce fut cependant ce qui détermina la marquise de Prie, et conséquemment M. le duc. Ils ne pouvoient pas douter de la reconnoissance d'une princesse qu'ils faisoient passer de la situation la plus malheureuse sur le premier trône de l'Europe. En effet, Stanislas, échappé avec sa femme et sa fille à la poursuite du roi Auguste, étoit proscrit, et sa tête à prix, par un décret de la diète de Pologne. Il s'étoit d'abord réfugié en Suède, puis en Turquie, ensuite aux Deux-Ponts. Tant que Charles XII avoit vécu, il avoit, malgré ses propres malheurs, fourni à la subsistance de Stanislas; mais, après la mort de Charles, Stanislas, toujours poursuivi, privé de tout appui, sans biens ni sûreté de sa personne, exposa sa malheureuse position au duc d'Orléans régent, qui, touché de compassion, lui permit de se retirer secrètement dans un village près de Landau, où il lui faisoit donner de quoi vivre. Il n'y fut pas longtemps sans être découvert, et apprendre que ses ennemis prenoient des mesures pour l'enlever. Il se réfugia aussitôt auprès du commandant de Landau, et obtint du Régent la permission d'y demeurer en sûreté, jusqu'à ce qu'on eût pris des arrangemens pour le fixer à Weissembourg, dans une vieille commanderie dont la moitié des murailles étoit ruinée, et qu'on ne releva pas.

Ce fut là que, par une lettre particulière de M. le duc, il apprit le bonheur inespéré qui lui arrivoit. Il passe à l'instant dans la chambre où étoient sa femme et sa fille, et dit en entrant : « Mettons-nous à ge-
« noux, et remercions Dieu. — Ah, mon père, s'é-
« cria la fille, vous êtes rappelé au trône de Po-
« logne ! — Ah, ma fille, répond le père, le Ciel
« nous est bien plus favorable ! vous êtes reine de
« France. »

A peine concevoient-elles que ce ne fût pas un songe. Il seroit difficile de peindre les transports de la mère et le saisissement de la fille, qui, la veille de cette nouvelle, se seroit trouvée heureuse d'épouser un de ceux qu'elle alloit avoir pour principaux officiers de sa cour. Elle en voyoit un exemple vivant dans la duchesse de Bouillon, petite-fille du roi Sobieski, mort sur le trône : elle venoit récemment d'essuyer un refus. Lorsque la princesse de Bade épousa le duc d'Orléans, Stanislas proposa sa fille pour le frère de cette princesse, et sa proposition fut rejetée. La princesse de Bade mère, considérant depuis que sa fille devenoit la sujette de celle qu'elle avoit refusée pour sa bru, s'empressa d'écrire une lettre embarrassée de complimens et de soumissions, par laquelle elle réclamoit pour sa fille la protection et les bontés de la Reine. Tout étant ainsi réglé, Stanislas se rendit avec sa famille à Strasbourg, où la demande en forme devoit être faite par les ambassadeurs avec plus de dignité que dans les masures de Weissembourg.

Le duc d'Antin et le marquis de Beauveau furent choisis pour cette commission; et l'on fit partir en même temps la maison de la Reine future, pour aller avec eux au devant d'elle. Le duc d'Antin, quoique homme d'esprit, et le plus fin courtisan, dit assez maladroitement, dans sa harangue, que M. le duc, ayant pu préférer une de ses sœurs, n'avoit cherché que la vertu. Sur quoi mademoiselle de Clermont, une des sœurs, nommée surintendante de la maison de la Reine, et présente à ce compliment, dit : « D'An-
« tin nous prend apparemment, mes sœurs et moi,
« pour des catins. » La Reine, sur les éloges qu'on lui faisoit de la figure et des grâces du Roi, répondit : « Hélas ! vous redoublez mes alarmes. » Le duc d'Orléans, fondé de procuration du Roi, épousa la princesse dans la cathédrale de Strasbourg, où le cardinal de Rohan leur donna la bénédiction. Quinze jours après, la Reine arriva à Fontainebleau, où ce même prélat fit, le 4 septembre, la célébration du mariage de Leurs Majestés. Cette cérémonie ne changea rien dans le gouvernement : la Reine monta sur le trône, et la marquise de Prie continua de régner. Affaires générales ou particulières, tout étoit de son ressort : M. le duc, en prévenant tous les goûts ou les fantaisies de cette femme, étoit encore obligé d'en servir les fureurs. Nous avons vu Le Blanc mis à la Bastille, et la chambre de l'Arsenal chargée d'instruire son procès. Le comte et le chevalier de Belle-Ile, et Moreau de Séchelles, qui depuis fut ministre des finances, se trouvant impliqués dans la même affaire, furent arrêtés au commencement du ministère de M. le duc. Qu'ils fussent innocens ou non à l'égard de l'Etat, ce

n'étoit pas là le point intéressant : le crime le plus impardonnable, aux yeux de la marquise, étoit d'être les amis de sa mère. Une commission étoit le vrai tribunal qu'elle désiroit, parce que le ministère régnant est toujours sûr de dicter la sentence; et M. le duc étoit dans cette disposition. Mais le maréchal duc de La Feuillade, voulant faire ostentation de crédit dans le parlement, persuada au prince d'y renvoyer l'affaire, et lui répondit de la condamnation des accusés; au lieu que les commissions sont si odieuses au public en affaires criminelles, qu'un coupable même qu'elles condamnent passe toujours pour un innocent sacrifié à la passion. M. le duc se rendit, et l'affaire fut renvoyée au parlement. La Feuillade se mit aussitôt en devoir d'effectuer sa promesse, et se fit presque la partie des accusés; mais ne trouvant pas dans les magistrats des dispositions pareilles aux siennes, de solliciteur et d'ennemi caché, il se fit ouvertement juge. Il alla donc au parlement siéger comme pair dès qu'on eut entamé l'affaire, et y en entraîna deux, qui vouloient comme lui en faire leur cour à madame de Prie. L'indignation publique fut au point que M. le duc, sentant qu'une partie pouvoit en rejaillir sur lui, leur dit, dès la seconde séance, de ne plus se montrer au parlement. L'arrêt qui suivit fut si favorable à M. Le Blanc, et l'applaudissement si général, que ce fut une espèce de triomphe. M. le duc et sa maîtresse en furent outrés; mais il fallut dissimuler. Il y a des occasions où la voix publique impose aux despotes.

Le gouvernement, sans économie, ayant toujours des besoins, M. le duc fit donner un édit portant imposition du cinquantième en nature sur tous les biens du royaume pendant douze années, terme assez éloigné pour annoncer souvent en France la perpétuité d'un impôt. Comme il devoit encore se lever, ainsi que la dîme, sans entrer dans les frais de culture et autres, le cri fut universel : tous les parlemens adressèrent des remontrances qui obligèrent M. le duc de faire tenir par le Roi un lit de justice pour l'enregistrement. Ce fut le premier de cette espèce sous le règne présent, et qui eut le même succès que tant d'autres pareils que les ministres ont obligé de tenir. Ils ne cessent de crier que l'autorité du Roi ne doit pas être compromise, et ne cessent de la compromettre : on en verra souvent des exemples.

A la mauvaise administration se joignirent des malheurs réels, qu'un gouvernement sans principes aggravoit encore. Je veux parler de l'intempérie des saisons : les pluies ne permirent de mûrir ni aux moissons ni aux raisins (1).

L'état des campagnes fit craindre une famine : cette crainte pensa la faire naître, et occasiona du moins une si grande cherté, que le pain monta dans Paris jusqu'à neuf sous la livre, et à proportion dans les provinces. Le monopole profitant de la crainte, l'excitoit encore, pour exercer son brigandage. Des magistrats peu éclairés, et qui d'ailleurs étoient flattés de paroître les pères du peuple, en voulant s'opposer au monopole, ne servoient qu'à le fortifier. Les re-

(1) Ce n'étoit pas que le volume d'eau qui tomba cette année fût plus considérable que dans les autres : il le fut moins que dans plusieurs, puisqu'il ne fut que de 17 à 18 pouces ; au lieu que de 1750 à 1757, par exemple, il a été à 20, année commune. Mais en 1725 des pluies fines et continuelles commencèrent avec le mois d'avril, et ne finirent qu'en octobre. (D.)

cherches dans les greniers engageoient ceux qui pouvoient s'y soustraire à resserrer les grains, dans l'espérance de les faire augmenter de prix. Des gens en crédit, moins innocens que des magistrats, exagéroient des terreurs qu'ils n'avoient point; et, sous prétexte de servir le public, formèrent des magasins qui leur valurent des sommes immenses. On en accusoit ouvertement madame de Prie, et les Paris, son conseil. Peut-être le reproche n'étoit-il pas fondé; mais c'est toujours à ceux qui gouvernent que le peuple s'en prend lorsqu'il souffre; et ils l'auroient évité, s'ils s'étoient bornés à procurer une pleine et constante liberté sur le commerce des blés. On y viendra sans doute, lorsque la nation sera assez éclairée pour que les gens intéressés ne puissent lui en imposer.

La cherté des blés ne fut pas de longue durée : la récolte se fit, et fut même abondante; et le grain, trop nourri d'eau, n'étant pas de garde, les blés tombèrent bientôt au plus bas prix.

Je terminerai ce qui concerne cette calamité par un fait peu important en lui-même, mais qui, dans mon objet principal de faire connoître les hommes, sert à montrer combien les ministres, et surtout les moins instruits, craignent d'être soupçonnés d'avoir besoin de lumières.

Il y avoit eu dans Paris des émotions populaires si vives sur le pain, qu'il y eut même du sang répandu, et que le gouvernement fut obligé de faire exécuter trois des plus coupables ou des plus malheureux. Cette sévérité ne calma pas les esprits, parce qu'elle ne fit pas cesser la misère, et que la faim commande plus absolument que les rois. Jannel, aujourd'hui intendant général des postes, étoit dès-lors en liaison avec les ministres, et voyoit assez familièrement M. le duc. Il sut, par plusieurs commissaires de quartier, la veille d'un marché, qu'ils craignoient pour ce jour-là une violente sédition, et d'y être eux-mêmes massacrés par la populace. Il alla aussitôt en donner avis à M. le duc. Le prince en eut la plus grande frayeur, ne la cacha point; et les ordres furent à l'instant donnés de faire venir à tout prix des blés et des farines. Le marché et les suivans furent abondamment pourvus : ces blés, vendus à un prix un peu au-dessous de l'achat, firent, par la concurrence, baisser le prix courant. Les monopoleurs, de système ou de crainte, redoutèrent l'abondance, ouvrirent leurs réserves, et de jour en jour l'équilibre se rétablit.

M. le duc, pleinement rassuré, eut honte d'avoir eu et surtout laissé voir de la peur. Il ne sut pas distinguer un malheur prévenu d'un malheur imaginaire. Ses affidés, pour couvrir leurs mauvaises opérations passées, et se dédommager des gains qu'ils auroient faits, lui exagérèrent le sacrifice léger, et nécessaire dans les circonstances, qu'on avoit fait sur le prix des blés. Enfin M. le duc, dans son dépit contre Jannel, témoin de ses alarmes, fit expédier une lettre de cachet pour le mettre à la Bastille, comme auteur d'une terreur panique. L'évêque de Fréjus en fut instruit, en sentit, en représenta l'injustice, fit révoquer l'ordre, avertit Jannel d'être plus discret, au hasard d'être moins utile. C'est de lui-même que je tiens tout ce détail.

Quoique nous eussions, dans le temps dont il s'agit ici, peu de rapports politiques avec la Russie, la mort du czar Pierre premier fut un événement trop considérable en Europe pour n'en pas faire mention.

J'ai déjà donné quelques traits de son caractère à l'occasion de son voyage en France; mais je dois faire connoître un peu plus un homme si extraordinaire, à qui l'on a donné le surnom de *grand*, et qui l'a mérité à plusieurs égards. Il est d'autant plus à propos de s'y arrêter, que les deux principales histoires (1) de ce prince ont altéré ou omis plusieurs particularités importantes ou curieuses, par des motifs d'intérêt. J'anticiperai même ici les événemens, pour présenter en raccourci un tableau des diverses révolutions arrivées en Russie jusqu'au moment où j'écris.

On sait que Michel Romanow, aïeul de Pierre premier, monta sur le trône en 1613, et fut le premier czar de sa race. Fils d'un archevêque de Rostow, il étoit allié, par les femmes, aux anciens czars; mais il ne dut la couronne qu'à l'assemblée des boïards, qui la lui déférèrent par élection. Il fit son père patriarche de Russie, et lui confia toute son autorité.

---

(1) Les Mémoires du baron de Huissen, donnés sous le nom d'Yvan Nesteznranoy. Cet Allemand, payé par la cour de Russie, écrivoit sous la dictée du duc de Holstein.

Voltaire, chargé par la czarine Elisabeth d'écrire l'histoire du Czar, reçut pour cinquante mille livres de médailles d'or que lui envoyoit Van-Schevalow, et qui furent apportées par le chevalier d'Eon, qui les remit, à Strasbourg, aux banquiers Hermani et Dietrich. Depuis, le comte Pouschkin fut encore chargé pour Voltaire de quatre mille ducats; mais il les dépensa, fit encore des dettes, et fut mis au Fort-l'Evêque. J'ignore quand et comment il en est sorti.

Voltaire a si bien senti ce qu'on lui objecteroit sur ses omissions, que dans sa préface il s'élève fort contre les écrivains qui révèlent les foiblesses des princes. C'est cependant ce qui les fait mieux connoître. (D.)

Michel eut pour successeur son fils Alexis en 1645. Celui-ci eut de sa première femme Marie Milaslowski quatre fils, Simon et Alexis, morts jeunes, Fœdor et Yvan, qui régnèrent; et quatre filles, Théodosie, Marie, Sophie, qui fut corégente, et Catherine. Alexis eut, de sa seconde femme Natalie Nariskin, Pierre, qui fut le czar dont je vais parler, et la princesse Natalie.

Alexis étant mort en 1676, Fœdor, son fils aîné, lui succéda, et mourut le 27 août 1682, sans laisser d'enfans de ses deux femmes Euphémie Grotzeska, polonaise, morte en 1681, et Marthe Mathowna Apraxin, morte en 1716.

Fœdor avoit nommé, pour lui succéder, Pierre son frère cadet, âgé de dix ans, mais en qui il aperçut déjà un homme, au préjudice d'Yvan l'aîné, âgé de treize ans, également foible de corps et d'esprit. Mais la princesse Sophie, craignant que les deux Nariskin, frères de la jeune Czarine douairière, et oncles de Pierre, ne s'emparassent du gouvernement sous le nom de leur neveu, et voulant régner elle-même sous celui d'Yvan, excita les strélitz (1) à une révolte en faveur de cet aîné, fit massacrer les deux Nariskin et les principaux seigneurs qui lui étoient suspects, associer Yvan à l'Empire, et finit par se faire déclarer corégente, ou plutôt régna seule pendant quelques années. C'étoit avec plus d'inquiétude que de remords. Pierre, à l'âge de dix-sept ans, annon-

(1) Les strélitz étoient en Russie ce que la garde prétorienne fut sous les empereurs romains, et ce que sont les janissaires dans l'Empire ottoman, une troupe toujours prête à servir les fureurs de leurs princes, ou à les précipiter du trône. (D.)

çoit tout ce qu'il devoit être, et l'état de langueur d'Yvan le menaçoit d'une mort prochaine. Marié en 1684 avec Parascowie Solticof, il n'en avoit que trois filles, Catherine, Anne, et Parascowie.

Sophie jugea qu'elle ne jouiroit pas du fruit de ses crimes si elle n'en commettoit encore un, et résolut de faire périr Pierre, qui n'étoit pas encore marié. On a prétendu qu'elle avoit d'abord employé le poison, mais que de prompts remèdes, joints à la force du tempérament du jeune prince, en avoient paré l'effet mortel, et que les mouvemens convulsifs qu'on lui remarquoit souvent dans les muscles du visage étoient une suite de l'état violent qu'il avoit éprouvé. Que cette imputation soit bien ou mal fondée, ce n'est pas le caractère de Sophie qui a pu la détruire, puisqu'elle entreprit de faire immoler ce frère par les strélitz, et qu'il fut obligé de se réfugier dans le château de la Trinité. Les boïards, leurs vassaux ou esclaves, les Allemands établis en Russie, accoururent à son secours, détachèrent par leur exemple les strélitz du parti de Sophie, et ramenèrent le jeune prince dans Moscou, où l'on fit périr dans les supplices les complices de la princesse, qui fut renfermée dans un couvent.

De ce moment, Pierre commença de régner; car Yvan n'eut jusqu'à sa mort (19 janvier 1696) d'autre marque de la souveraineté que de partager le titre de czar. Pierre résolut alors d'aller chercher, en voyageant chez différentes nations, les lumières qu'il ne pouvoit pas trouver chez lui. Il avoit, avant son départ, pris ou cru prendre toutes les mesures possibles pour assurer pendant son absence la tranquillité de ses Etats; mais le clergé, effrayé du progrès des connoissances de ce prince, et des premières lueurs de ce jour nouveau, craignant peut-être, avec une bonne foi stupide, comme on le craint ailleurs par intérêt, de voir détruire la superstition, communiqua ses frayeurs au peuple. De vieux boïards attachés aux anciens usages se joignirent aux prêtres. Dans une nation esclave, superstitieuse et féroce, une révolution est l'ouvrage d'un moment; mais un moment aussi fait une révolution contraire. La Russie en a fourni plusieurs exemples en peu d'années de ce siècle. Les rebelles alloient remettre Sophie sur le trône, et comptoient fermer au Czar l'entrée de ses Etats. Aux premiers bruits de la révolte, ce prince part de Vienne, et se montre bientôt dans Moscou. Avant son arrivée, les troupes étrangères qu'il y avoit laissées avoient fait tête aux strélitz, qui accouroient des frontières en faveur de Sophie. La présence du Czar acheva de tout soumettre. Il déploie aussitôt les supplices les plus terribles; et, jugeant que les strélitz conserveroient toujours un esprit de révolte, il résolut de les anéantir : il les fit envelopper et désarmer par les troupes étrangères, et par celles qui étoient restées fidèles. Dans un même jour, deux mille furent pendus, et environ cinq mille eurent la tête tranchée. Le Czar donna le signal de l'exécution en prenant une hache dont il coupa lui-même une centaine de têtes, ordonna à ses courtisans de suivre son exemple, et abandonna le reste à d'autres bourreaux moins distingués. Toutes ces têtes furent mises sur des pointes de fer autour des murs de Moscou; un grand nombre en face des fenêtres de la prison de

Sophie, et y restèrent cinq à six ans, jusqu'à la mort de cette princesse en 1704.

Les strélitz n'étant que les instrumens de la rebellion, le Czar entreprit de se soumettre ceux qui en étoient l'ame : une administration municipale succéda dans les provinces à celle des boïards. La puissance du clergé étoit encore un objet plus important : les patriarches de Russie avoient souvent paru, dans les cérémonies publiques, à côté des czars ; et quoique cette espèce d'égalité ne fût qu'une marque de respect pour la religion, Pierre savoit que sa famille avoit dû en partie son élévation au clergé : il ne vouloit pas qu'une autre maison pût avoir un jour la même obligation aux prêtres, dont il connoissoit le pouvoir sur un peuple superstitieux. Il abolit donc le patriarchat, en appliqua les revenus aux besoins de l'Etat, et principalement à la solde des troupes, qu'il intéressoit par là au succès d'une opération politique. Il fixa à cinquante ans les vœux monastiques. Cette ordonnance, qui auroit pu servir d'exemple aux autres princes, bornoit tellement le nombre des moines, que c'étoit presque les détruire. Il réduisit enfin le clergé aux fonctions de son ministère : encore en exigea-t-il un serment nouveau, dont la formule lui donnoit la suprématie ecclésiastique. Le Czar sentoit si bien la grandeur de son entreprise et le mérite du succès, qu'ayant lu un parallèle de Louis XIV et de lui par Steele, il en parut flatté. « Mais cependant, « dit-il, j'ai soumis mon clergé, et il obéit au sien. »

Pierre avoit épousé en premières noces, en 1689, Eudoxie-Théodora Lapoukin, de la plus haute noblesse du duché de Novogorod. Le mariage s'étoit fait suivant l'ancien usage. Toutes les filles jeunes, belles et nobles, de quelque partie de l'empire que ce fût, averties par une proclamation générale que le Czar devoit choisir entre elles une épouse, se rendirent à ce concours. Le Czar les ayant fait rassembler dans la plus grande salle du palais, et après les avoir examinées, se déterminia en faveur d'Eudoxie. Un tel choix ne pouvoit tomber que sur la beauté. Dans cette foule de rivales, rien ne se manifestoit, de tant de caractères, que le désir de plaire, ou l'ambition d'être préférée. Eudoxie n'avoit pas les qualités propres à fixer un prince d'un tempérament bouillant, qui ne fait pas les amans fidèles, même quand ils continuent d'aimer. Eudoxie, fière et jalouse, vouloit régner seule sur le cœur de son mari, et avec lui sur l'empire. Elle oublia que ce mari étoit un maître effréné dans ses désirs, incapable de souffrir la moindre contrainte, et déjà refroidi par la jouissance. En moins de deux ans, il en eut deux enfans mâles. L'aîné, nommé Alexandre, mourut jeune ; le second fut l'infortuné Alexis.

Le Czar, de jour en jour plus dégoûté par l'humeur de l'Impératrice, la prit bientôt en aversion. Il devint éperdument amoureux d'Anne Moëns ou Moousen, née à Moscou, de parens établis dans le faubourg de la stabode allemande. Cette fille, jeune, belle, et de beaucoup d'esprit, lui inspira une passion d'autant plus forte, qu'elle ne marquoit à ce prince que de l'éloignement, et même du dégoût. L'Impératrice, transportée de fureur, accabla son mari de reproches, et recourut à mille artifices pour perdre sa rivale, qui, loin d'en éprouver du ressentiment, ne cherchoit, pour se délivrer d'un amant odieux, qu'à le réconcilier avec Eudoxie. L'aversion de la jeune Allemande pour le Czar venoit de l'amour qu'elle avoit pour Kayserling, envoyé de Prusse.

Le Czar, également irrité des reproches amers d'Eudoxie et des froideurs d'Anne Moousen, résolut de se venger de la première en la répudiant, et se flatta de séduire ensuite l'autre par l'ambition, en lui offrant sa main et sa couronne. Il consulta les théologiens de Russie sur les moyens de nullité qu'ils pourroient trouver dans son mariage : leur réponse ne fut pas favorable à ses désirs. C'étoit avant qu'il eût soumis son clergé. Le génevois Le Fort, favori, ministre, et tout ce qu'un homme d'une ame ferme, d'un génie étendu, d'un esprit décisif et plein d'expédiens pouvoit être auprès d'un prince tel que le czar Pierre, se fit le casuiste de la question du divorce, et persuada à son maître de s'en faire le seul juge. Le Fort y trouvoit son intérêt particulier. Eudoxie, loin de le ménager, cherchoit continuellement à le traverser. Toute princesse ambitieuse, sans autorité, et avide d'en avoir, n'osant faire éclater son dépit contre le maître, est naturellement ennemie des ministres qu'elle ne peut s'attacher.

Le Czar prononça lui-même l'arrêt de répudiation; et pour ôter à Eudoxie tout espoir de retour, il la fit enfermer dans un couvent, et l'obligea d'y faire des vœux (1). Il y a toute apparence que ce prince, trop

(1) Voltaire dit que ce fut dans un couvent de Susdal, en 1696 : je lis, dans des Mémoires très-exacts, que ce fut en 1693, et dans un couvent de Rostow, établi pour des filles de condition. Les intrigues qu'Eudoxie eut dans la suite, par le moyen de l'archevêque de Rostow, avec Glebow,

puissant pour dissimuler, avoit réellement le dessein de placer sa maîtresse sur le trône, si elle-même en avoit eu le désir; car il n'avoit plus rien à satisfaire du côté des sens. Anne Moousen étoit entrée en esclave dans le lit de cet amant terrible et absolu; mais elle ne pouvoit s'empêcher de laisser paroître son dégoût : quelquefois l'aveu lui en échappoit. Si elle en cachoit le principe, c'étoit pour ne pas exposer Kayserling aux fureurs d'un prince jaloux, orgueilleux, despotique, et qui, dans sa vengeance, n'eût eu aucun égard au titre dont son rival étoit revêtu. Le refus constant d'Anne Moousen de recevoir la main du Czar étoit seul capable d'affermir un prince de ce caractère dans le dessein de la lui donner. Cependant, après une infinité de transports d'amour, de fureur, de combats entre la passion et le dépit, le Czar, absolument rebuté, se livra, pour se guérir, à la débauche, où il étoit assez porté par son tempérament. Il n'eut plus de passion décidée; car ce qu'il fit dans la suite pour Catherine fut l'effet non de l'amour, mais de la reconnoissance pour cette femme extraordinaire.

Anne Moousen ne fut pas plus tôt sortie de son brillant esclavage, et libre de disposer de sa main, qu'elle s'empressa de la donner à son véritable amant.

Pierre avoit épousé Eudoxie, et l'avoit déjà répudiée avant ses premiers voyages, qu'il ne commença qu'en 1697, après la mort de son frère. Il les interrompit pour venir châtier la révolte des strélitz, et ne les reprit qu'en 1716. Le temps qui s'étoit écoulé

frère du prélat, appuieroient mon sentiment. Au surplus, cela est assez indifférent, et cette note n'est que pour l'exactitude historique. (D.)

jusque là fut principalement rempli par ses guerres, dont l'histoire est trop connue pour la rappeler ici. Ce qui regarde le second mariage du Czar, et surtout les commencemens de la fortune de l'impératrice Catherine, est moins connu. Jusqu'ici tous les ouvrages imprimés, sans exception, en ont supprimé, altéré ou déguisé les circonstances les plus singulières. Je vais y suppléer d'après des Mémoires très-sûrs.

Catherine d'Alfendeyl naquit en 1686, dans le village de Ringen, du district de Dorpt, en Livonie, de paysans catholiques de Pologne. On a même prétendu qu'elle étoit bâtarde d'un gentilhomme nommé Rosen, seigneur de ce village, parce qu'il fournissoit la subsistance à la mère et à l'enfant; d'autres, tel que Hubner, lui donnent pour père Albendiel ou Alfendeyl, gentilhomme voisin, et ami de Rosen. Le mari de la paysanne étoit si ignoré, et cette généalogie alors si peu intéressante, que l'enfant fut inscrit, sur le registre baptistaire, *fundling*, c'est-à-dire enfant naturel. D'ailleurs le plus ou moins de bassesse dans son origine est assez indifférent, relativement au rang où elle parvint. Elle dut tout à la fortune, et à son mérite personnel. Orpheline presque en naissant (car elle perdit à trois ans sa mère et Rosen), le vicaire de Ringen, son parrain, s'en chargea par charité. Elle avoit treize ou quatorze ans, lorsque le surintendant ou archiprêtre de Riga, nommé Gluk, faisant sa tournée, la trouva chez le vicaire, qui, étant pauvre, pria l'archiprêtre de se charger lui-même de l'orpheline. Gluk l'emmena, et la mit auprès de sa femme, qui en fit une espèce de servante.

En croissant, sa taille et ses traits se développèrent, et sa beauté se faisoit remarquer. Gluk vit qu'elle faisoit un peu trop d'impression sur le cœur de son fils; et, pour en prévenir les suites, il la maria à un traban suédois de la garde de Charles XII; d'autres disent à un soldat du régiment de Schlippenback. Il pouvoit bien avoir d'abord servi dans ce régiment. Au reste, une discussion sur cette différence d'état du mari n'est pas plus importante que sur la légitimité de la femme, dans l'obscurité où elle étoit née. Le mariage se fit à Marienbourg, où le mari étoit en garnison; et trois jours après il eut ordre de joindre l'armée. Il fut du nombre des prisonniers faits à la bataille de Pultawa, et envoyé en Sibérie, où il ne mourut qu'en 1721.

Le peu de temps que les mariés passèrent ensemble a fait supposer depuis que le mariage n'avoit pas été consommé, et pouvoit être regardé comme nul; ce qui seroit difficile à imaginer d'un soldat jeune, et amoureux d'une femme également jeune et belle. Cette question a eu un objet plus important que les précédentes, parce qu'il s'agissoit de la légitimité des enfans du second mariage, tous nés du vivant du premier mari. Le pour et le contre a été soutenu par les mêmes personnes, mais en différens temps, et suivant divers intérêts. Quoi qu'il en soit, le feld-maréchal Scheremetow ayant pris Marienbourg en 1702, y trouva Catherine, qu'il mit parmi ses esclaves, et en usa avec elle comme avec d'autres, en vainqueur russe.

Menzikoff, qui, de garçon pâtissier, étoit devenu, depuis la mort de Le Fort, ministre et favori du Czar, étant venu relever Scheremetow dans le commandement, celui-ci céda Catherine à son successeur, qui la mit encore dans une espèce de sérail de campagne. Un jour, le Czar, en visitant les quartiers de son armée, vint souper chez Menzikoff, y vit Catherine [1], la trouva à son gré, lui dit, en sortant de table, de prendre le flambeau pour le conduire dans sa chambre, et la fit coucher avec lui. Le lendemain, il lui donna en partant un ducat : encore pensoit-il avoir payé noblement sa nuit, non qu'il fût avare, mais il prétendoit que les plaisirs de l'amour étoient comme tous les autres besoins de la vie, dont le prix doit avoir un tarif. Suivant celui qu'il avoit fixé, un soldat ne devoit qu'un sou de sa paie pour trois accolades. Le bon marché de cette denrée lui avoit fait proscrire sévèrement la sodomie parmi les troupes. Il avoit, sur cet article, plus d'indulgence pour les moines. Un de ceux-ci ayant violé un jeune esclave, fut simplement condamné à s'en défaire. Il sembleroit par là que le

---

[1] Ce qui concerne la naissance, le premier mariage de Catherine, et tout ce qui a précédé le temps où le Czar la trouva chez Menzikoff est si obscur, que des hommes qui méritent une égale confiance ne laissent pas d'en parler avec des circonstances assez différentes. Par exemple, Campredon, ministre de France en Russie depuis 1723 jusqu'en 1728, dit, dans sa correspondance, que Catherine avoit un frère qui fut tué par le Czar, et une sœur qu'elle tenoit à Revel, avec une pension de trois cents roubles, et qu'elle finit par faire renfermer pour ses débauches. Campredon prétend encore qu'un capitaine suédois, nommé Thiesenhausen, eut un enfant de Catherine chez Gluk ; que celui-ci, la voyant grosse, la chassa ; et que le capitaine la maria à un cavalier de sa compagnie, avec qui elle vécut trois ans, jusqu'à la prise de Narva, où le mari et la femme furent faits prisonniers, et envoyés à Moscou. Depuis que le Czar eut pris Catherine chez Menzikoff, elle voyoit secrètement son mari. Le Czar les ayant surpris ensemble, leur donna des coups de bâton, et envoya le mari en Sibérie. (D.)

crime ne fût que dans la violence. On y voit encore que l'excès de la dépravation des mœurs se trouve plus dans la barbarie que chez les nations policées. Dans les accès de fureur amoureuse et les ardeurs de tempérament du Czar, un sexe suppléoit à l'autre.

Peu de temps après sa première entrevue avec Catherine, le Czar revint la voir, s'entretint avec elle, et la jugea digne d'un meilleur usage que de satisfaire un goût de fantaisie. Sans avoir jamais su ni écrire ni lire, elle parloit quatre langues, et entendoit le français. Beaucoup d'esprit naturel, actif, juste et flexible, une ame courageuse, le tout joint aux agrémens de la figure, devoient plaire à un prince qui trouvoit à la fois dans la même personne une maîtresse aimable, et un supplément de ministre. Il dit à Menzikoff qu'il falloit la lui céder, et s'en empara. Depuis ce moment, elle suivit partout son nouveau maître, partageant ses fatigues, l'aidant de ses conseils, et finit par être sa femme, et impératrice.

L'archevêque de Novogorod, qui fit la cérémonie du mariage, voulant profiter de cette circonstance pour obtenir le titre de patriarche, représenta au Czar que cette fonction n'appartenoit qu'à un patriarche. Le Czar, pour réponse, lui appliqua quelques coups de canne; et l'archevêque donna la bénédiction nuptiale.

Ce ne fut qu'après avoir marié son fils Alexis à la princesse Charlotte de Brunswick-Wolfenbuttel, sœur de l'Impératrice, épouse de Charles VI, que le Czar fit (1) ou célébra son mariage avec Catherine. Il en

(1) L'auteur de l'*Histoire du Nord*, tome premier, page 532, dit, sur l'an 1712, que le Czar, frappé d'admiration pour les qualités éminentes

avoit alors déjà eu deux filles, Anne en 1708, et Elisabeth en 1710. Il en eut depuis un fils en 1715, mort en 1719; un autre en 1717, qui naquit et mourut le même jour à Wesel; et une fille née en 1718, et morte en 1725. Catherine, née catholique romaine, avoit été élevée dans le luthéranisme, qu'elle abjura pour la communion grecque, en montant sur le trône. Aussitôt qu'elle se vit un fils, elle conçut l'espérance et forma le projet de le faire régner après son père. Cette ambition étoit contraire à la justice, et aux droits du sang; mais elle pouvoit être utile à l'Etat. La Czarine, espérant que son fils vivroit, se flattoit de vivre elle-même assez pour en faire un prince digne de succéder à son père.

Le czarowitz Alexis, au contraire, paroissoit le successeur le moins propre à suivre et perfectionner les projets du Czar. Un caractère sombre, des mœurs grossières et crapuleuses, un esprit borné, et asservi à toutes les superstitions religieuses et politiques,

de Catherine, à qui il devoit son salut à la journée du Pruth, l'éleva au rang de son épouse. Cette manière de s'exprimer feroit juger que les princesses Anne et Elisabeth ne furent légitimées que par un mariage subséquent à leur naissance.

Voltaire prétend, au contraire, que Pierre avoit épousé secrètement Catherine dès 1707; qu'il déclara ce mariage le 17 mars 1711, le jour même de son départ pour la guerre contre les Turcs; et qu'il ne fit, en 1712, que célébrer avec plus d'appareil un mariage déjà fait et reconnu. Voltaire le place en 1707, pour établir la légitimité des deux princesses. Mais outre qu'un mariage secret n'étoit guère du caractère d'un prince qui avoit répudié sa première femme, la plus grande difficulté resteroit encore, puisque le mari de Catherine vivoit, et n'est mort qu'en 1721.

La princesse Anne fut mariée en 1726 au duc de Holstein-Gotorp, fils de celui qui avoit épousé la sœur de Charles XII. Elisabeth régna dans la suite depuis le 6 décembre 1741 jusqu'au 5 janvier 1762, jour de sa mort. (D.

menaçoient de replonger l'empire dans la barbarie. Les intrigues d'Eudoxie, et surtout la conduite que des prêtres ignorans et fanatiques inspiroient à la mère et au fils, précipitèrent la perte de l'un et de l'autre.

A peine le Czar et la Czarine furent-ils partis de la Russie, que les mécontens commencèrent à cabaler. Aux premiers soupçons que le Czar en conçut, il manda au czarowitz de le venir trouver. Mais ce prince, au lieu d'aller joindre son père, s'enfuit à Vienne auprès de son beau-frère Charles VI, et de là passa à Naples, où le Czar le fit arrêter, et ramener à Moscou.

Pierre apprit encore qu'Eudoxie avoit, dans son couvent, quitté l'habit de religieuse, et pris les ornemens d'impératrice; qu'un officier nommé Glebow avoit avec elle un commerce criminel, par l'entremise de l'archevêque de Rostow; que l'officier parmi les troupes, et le prélat dans le clergé, étoient les chefs d'une conspiration en faveur du czarowitz et de sa mère.

Le Czar part à l'instant : tout ce qui étoit coupable ou soupçonné de l'être fut arrêté, et immolé à sa vengeance. Abraham Lapoukin, frère d'Eudoxie, fut décapité; l'archevêque roué vif. Eudoxie, effrayée de l'appareil de la question, avoua tout ce qu'on voulut : on prétend que les lettres seules de sa main suffisoient pour la convaincre d'adultère. Mais Glebow, au milieu des tourmens de la plus cruelle question, soutint toujours l'innocence d'Eudoxie, rejetant son aveu sur la crainte des supplices. Il fut ensuite empalé, et persista jusqu'à la mort à défendre la vertu

de cette malheureuse princesse. Avant qu'il expirât, le Czar, qui avoit été présent à la question, et qui voulut l'être encore à la dernière exécution, au milieu de la grande place de Moscou, s'avança vers le patient, et le conjura, par tout ce qu'il y a de plus sacré, d'avouer son crime, et la complicité d'Eudoxie. Glebow, ranimant ce qui lui restoit de forces, et regardant le Czar avec une indignation mêlée de mépris : « Il faut, dit-il, que tu sois aussi imbécile que
« barbare, pour croire que, n'ayant pas voulu con-
« sentir à flétrir la vertu d'Eudoxie au milieu des
« supplices inouïs que tu m'as fait souffrir, à présent
« que je n'ai plus d'espérance de vivre, j'irai accuser
« l'innocence et l'honneur d'une femme vertueuse,
« en qui je n'ai jamais connu d'autre tache que de
« t'avoir aimé. Va, monstre, ajouta-t-il en lui cra-
« chant au visage, retire-toi, et laisse-moi mourir
« en paix. » Glebow expira un quart-d'heure après. Le Czar lui fit ensuite couper la tête, la prit par les cheveux, et, la montrant au peuple, s'oublia assez pour la charger encore d'imprécations.

Quelque désir qu'il eût de condamner Eudoxie, il ne voulut pas se charger lui-même du jugement, et le renvoya à une assemblée d'évêques et de prêtres, qui se bornèrent à la condamner à recevoir la discipline par les mains de deux religieuses, ce qui s'exécuta en plein chapitre ; après quoi elle fut conduite dans un couvent sur le bord du lac Ladoga. La princesse Marie, sœur du Czar, fut condamnée, comme complice d'Eudoxie, à recevoir cent coups de baguettes, qui lui furent appliqués sur les reins, en présence du Czar et de toute la cour, qui avoit eu ordre d'y assister. Elle fut ensuite enfermée dans le château de Schlusselbourg, où elle mourut peu de temps après. Les confesseurs et domestiques des deux princesses, après avoir été fouettés publiquement par le bourreau, et qu'on leur eut fendu le nez et coupé le bout de la langue, furent envoyés en Sibérie.

Le Czar procéda ensuite au jugement de son fils. On sait qu'il fut condamné à mort, et que son arrêt et sa grâce, qui lui furent annoncés presque en même temps, lui causèrent une révolution si violente, qu'il mourut le jour suivant. Le Czar manda aux ministres qu'il avoit dans les différentes cours (1) que son fils étoit mort d'une apoplexie, causée par le saisissement qu'il avoit éprouvé. Quelques personnes, qui paroissent instruites, prétendent que le Czar dit au chirurgien qui fut appelé pour saigner le malheureux prince : « Comme la révolution a été terrible, ou-« vrez les quatre veines. » Ainsi le remède seroit devenu l'exécution de l'arrêt. Le corps du czarowitz fut exposé à visage découvert, pendant quatre jours, à tous les regards, et ensuite inhumé dans la citadelle, en présence du Czar et de la Czarine. Cette princesse avoit prié le père d'accorder la grâce au fils, de ne pas même lui prononcer l'arrêt, et de se contenter de lui faire prendre le froc. Une telle prière n'est nullement incompatible avec le désir et la certitude de ne rien obtenir.

Les jésuites, qui s'étoient glissés en Russie, et qui

(1) La lettre du Czar au prince Kourakin, son ministre en France, sur l'arrêt de condamnation, et sa perplexité sur l'exécution, est du 5 juillet 1718; et celle où il mande la mort est du 7 du même mois. (D.)

cherchoient à s'y établir, furent chassés à cette occasion.

Eudoxie passa six ans, c'est-à-dire le reste de la vie du Czar, dans une chambre, au pain et à l'eau, avec quelques liqueurs. Après la mort de ce prince, la czarine Catherine la fit transférer dans un cachot de la forteresse de Schlusselbourg, seule avec une vieille naine pour la servir, et qu'elle étoit souvent réduite à servir elle-même, suivant les infirmités qu'elles éprouvoient l'une et l'autre.

Pierre, après avoir sacrifié son fils aîné, eut la douleur de perdre celui qu'il avoit eu de Catherine, et fait reconnoître pour héritier de l'empire. Il fut tué d'un coup de tonnerre entre les bras de sa nourrice. Au chagrin qu'il en ressentoit, se joignit l'humeur que donne ordinairement l'altération de la santé aux hommes accoutumés à l'action, et qui ont joui constamment de toutes leurs facultés. La Czarine en éprouvoit quelquefois des bourrasques : la plus violente de toutes précéda de peu de temps la mort du Czar. Ce prince crut remarquer entre Catherine et un chambellan qu'elle avoit, nommé Moëns (1), beau et bien fait, des familiarités très-vives. Soit qu'il n'osât manifester sa jalousie, soit qu'il ne voulût pas déshonorer sa famille, il employa, pour faire périr Moëns, un prétexte qui devroit être une loi sous un prince juste. Il n'est que trop ordinaire de rencontrer dans les cours de ces gens qui, par une concussion vile et sourde, vendent leur

(1) J'ignore si Mouzen ou Moëns étoit frère ou parent de la Moëns que le Czar avoit aimée; mais ce Moëns avoit une sœur, dame d'atour de la Czarine. (D.)

crédit à ceux qui le réclament. Pierre avoit défendu, sous peine de mort, à tout homme en place de recevoir aucun présent. Il n'est pas difficile de trouver à cet égard des coupables ; et la loi étoit apparemment restée sans exécution, puisqu'elle avoit été renouvelée plusieurs fois. Le Czar jugea à propos d'en faire l'application au chambellan; et, pour dérober d'autant mieux au public la connoissance du vrai motif de cette sévérité, la sœur de Moëns, impliquée dans l'accusation, fut simplement condamnée à recevoir quelques coups de knout; mais son frère fut décapité, et sa tête resta sur une pique jusqu'à la mort du Czar. On trouva, après l'exécution, le portrait de l'Impératrice dans les habits du malheureux chambellan. Le Czar, quelques jours après, mena Catherine avec lui dans une calèche découverte, et affecta à plusieurs reprises de la faire passer auprès de la tête de Moëns, observant d'un regard cruel l'impression que cet objet faisoit sur le visage de la Czarine, qui tint toujours les yeux baissés.

La jalousie du mari ne pouvoit tomber que sur les sentimens de sa femme : le reste devoit lui être assez indifférent, si l'on en juge par la conduite qu'il tint dans l'aventure de Villebois. C'étoit un gentilhomme breton, qui, partagé de peu de biens et de beaucoup de valeur, avoit cherché à se procurer du moins un peu d'aisance, en faisant la contrebande sur un petit bâtiment qu'il commandoit et gouvernoit lui-même contre les fermiers généraux. Les tracasseries de la justice financière l'avoient obligé de s'expatrier. Après avoir essuyé les révolutions de la bonne et de la mauvaise fortune, le hasard le fit rencontrer par le Czar sur un petit vaisseau hollandais. Une tempête assez forte pour déconcerter le pilote et l'équipage accueillit le bâtiment : Villebois, simple passager, s'empare du gouvernail, ordonne la manœuvre, et s'en acquitte si bien, que tout échappa au danger. Le Czar, frappé de l'intelligence et de l'intrépidité de Villebois, qualités très-propres à plaire à ce prince, lui proposa de s'attacher à la Russie. Villebois, qui menoit une vie d'aventurier, et ne recevoit de vacation que des accidens, accepta le parti, et suivit un prince qui se trouvoit fait pour lui (Villebois) autant que celui-ci étoit fait pour le prince. Le Czar l'employa dans sa marine, lui confia le commandement de quelques galères, et le chargeoit souvent de commissions.

Un jour, et peu de temps après son second mariage, le Czar l'envoya à Strelemoitz, maison de plaisance où étoit la Czarine, pour lui communiquer une affaire dont elle seule devoit avoir connoissance. Le commissionnaire aimoit à boire ; l'ivresse le rendoit violent ; et le froid étoit si vif, que, pour y résister, il but en chemin beaucoup d'eau-de-vie. La Czarine étoit au lit lorsqu'il arriva : il attendit devant un poêle qu'on l'eût annoncé. Le passage subit du froid au chaud développa les fumées de l'eau-de-vie ; de sorte qu'il étoit à peu près ivre lorsqu'on l'introduisit. L'Impératrice ayant fait retirer ses femmes, Villebois commençoit à s'acquitter de sa commission : mais, à la vue d'une femme jeune et belle, dans un état plus que négligé, une nouvelle ivresse le saisit ; ses idées se brouillèrent ; il oublie le sujet du message, le lieu, le rang de la personne, et se précipite sur elle. Etonnée, elle crie, appelle à son secours; mais avant qu'il fût arrivé, tout ce qu'on eût voulu empêcher étoit fait. Villebois est saisi et jeté dans un cachot, où il s'endort aussi tranquillement que s'il eût bien fait sa commission, et n'eût eu rien à se reprocher ni à craindre. Le châtiment en effet ne répondit pas à la témérité. Le Czar, qui n'étoit qu'à cinq lieues de là, fut bientôt instruit de ce qui venoit de se passer. Il arrive; et pour consoler sa femme, que les brusques efforts de Villebois avoient blessée au point qu'il fallut la panser, il lui dit que le coupable, qu'il connoissoit de longue main, étoit certainement ivre. Il le fait venir, et l'interroge sur la manière dont il a fait sa commission. Villebois, encore à demi ivre, lui répond qu'il a sûrement exécuté ses ordres; mais qu'il ne sait plus où, quand et comment. Quoiqu'il fût difficile qu'il eût perdu toute idée de ce qu'il avoit fait, le Czar jugea à propos de l'en croire, parce qu'il s'en étoit plusieurs fois servi utilement, et pouvoit encore l'employer. Mais, par une sorte de police, et pour ne pas laisser absolument impunie une violence qui, exercée sur la femme du plus bas étage, et sous le gouvernement le plus doux, mériteroit le dernier supplice, le Czar se contenta d'envoyer le coupable forçat sur les galères qu'il commandoit auparavant, et six mois après le rétablit dans le même poste.

La Czarine lui pardonna sans doute aussi; car, dans la suite, elle lui fit épouser la fille de Gluk, cet archiprêtre de Riga, à qui elle avoit eu obligation dans sa jeunesse. Quand elle fut sur le trône, elle témoigna sa reconnoissance à tous ceux qui l'avoient obligée, et particulièrement à Gluk et à sa famille, qu'elle établit à la cour. Le Villebois dont on voit quelquefois le nom dans les gazettes, à l'article de Russie, pourroit bien être le fils ou le petit-fils de celui dont je viens de parler.

De simples soupçons que le Czar eut de la témérité de Moëns le portèrent plus loin que n'avoit fait l'attentat de Villebois. La mort de ce prince ayant suivi de près l'exécution du chambellan de l'Impératrice, elle fut soupçonnée d'avoir hâté la mort d'un mari qui, dépérissant de jour en jour, n'en devenoit que plus terrible, et dont elle redoutoit les fureurs pour elle-même. D'un autre côté, le prince Menzikoff, autrefois favori et encore ministre du Czar, mais particulièrement livré à Catherine, dont il avoit été un des premiers maîtres, avoit été près de succomber sous des accusations trop fondées de concussions et de tyrannie ministérielle. Il conservoit encore sa place; mais il avoit perdu sa faveur, et craignoit à chaque instant sa chute. L'intérêt que Catherine et lui pouvoient avoir à la mort du Czar étoit l'unique raison qui les en faisoit soupçonner (1). Il est sûr que ce

(1) Voltaire prétend, au contraire, que la Czarine avoit un grand intérêt à la conservation de son mari; mais les preuves qu'il croit en donner, loin de dissiper les soupçons, les fortifieroient. « Catherine, dit-il, « n'étoit pas sûre de succéder au trône. On croyoit même que le Czar « nommeroit son petit-fils Pierre, fils du czarowitz, ou sa fille aînée « Anna Petrowna, conjointement avec son mari le duc de Holstein. » Il me semble au contraire que, dans ces circonstances, Catherine auroit eu le plus grand intérêt à la mort du Czar avant qu'il eût disposé de sa succession, d'autant plus que, n'y ayant point encore d'héritier nommé ou reconnu, elle pouvoit, comme elle le fit, se servir du crédit de Menzikoff sur les troupes pour s'emparer du trône à l'instant de la mort du Czar. (D.)

prince mourut d'un abcès à la vessie, fruit de ses débauches. L'orgie de son dernier *conclave* acheva de rendre le mal incurable, et le fit périr en peu de jours.

Ainsi finit Pierre premier, plus recommandable par de grandes qualités que par des vertus. Supérieur, par son esprit et ses connoissances, à sa nation, il en conserva toute la barbarie dans ses mœurs. Féroce jusque dans ses plaisirs, il n'avoit pas la moindre idée du respect qu'un prince se doit à lui-même. Barbara Arseniow, sœur de la femme de Menzikoff, en peut servir d'exemple. « Tu es si laide, lui dit un jour le « Czar, que personne ne t'a jamais rien demandé : « je veux t'en consoler, outre que j'aime les choses « extraordinaires. » Il tint parole ; et cette galanterie brutale, soutenue de propos assortis, eut pour témoins ceux qui s'y trouvèrent. « Il ne faut pas, dit-il « ensuite, se vanter de ses bonnes fortunes ; mais « celle-ci doit se publier, ne fût-ce que pour inspirer « la même charité envers les pareilles de cette pau- « vre Barbara. » Tel fut le réformateur de la Russie, qu'on prétend avoir poli sa nation.

Jamais despotisme ne fut plus cruel que le sien. De simples soupçons de crimes étoient souvent pour lui des preuves. Les coupables mêmes paroissoient moins abandonnés à la justice que sacrifiés à la vengeance : il repaissoit ses yeux de leurs supplices, et quelquefois en fut l'exécuteur. Il avouoit qu'il n'avoit pu vaincre son caractère : l'avoit-il combattu ? Quelques-uns de ses projets furent vastes, mais peu combinés, et au-dessus de ses talens. Il vouloit à la fois éclairer ses sujets, et appesantir le despotisme, qui heureusement s'anéantit tôt ou tard chez les peuples éclairés, pour faire place à un gouvernement légal, aussi favorable aux princes qu'aux sujets. Mais ce n'étoit pas le but de Pierre premier. Il a saisi l'imagination des hommes, et ce n'est pas l'effet d'un mérite médiocre; mais l'imagination et le préjugé n'apprécient pas, comme la raison, le mérite des princes. Cependant si on ne le compte pas parmi les grands hommes, on ne peut lui refuser une place distinguée pour avoir mis en Europe une nation dont il vouloit être le créateur, après s'être créé lui-même. Jusqu'à son règne, les Russes n'avoient point fait partie du système politique de l'Europe; et le nom du Czar paroît pour la première fois, en 1716, dans la liste des souverains qui s'imprime en France.

Ce *conclave* qu'il célébroit annuellement dans une partie de débauche, le jour des Rois, qui étoit aussi consacré à la bénédiction des eaux, étoit une dérision assez grossière de la cour de Rome. Elle n'en étoit que plus propre à faire impression sur un peuple également grossier, à qui il vouloit faire prendre en mépris le Pape et l'Eglise latine. Il avoit eu autrefois quelque dessein, comme je l'ai dit ailleurs, d'y réunir l'Eglise grecque; mais il avoit été révolté du despotisme papal; et dès ce moment il voulut le rendre odieux en Russie, et fortifier la barrière de séparation. Ce fut ce qui lui fit imaginer son burlesque *conclave*. Un de ses fous étoit élu pape; les autres étoient créés cardinaux; et l'assemblée se passoit en folies, et à s'enivrer.

La bénédiction des eaux s'étant faite le même jour, le plat et mercenaire écrivain (le baron de Huissen) qui s'est caché sous le nom de Nestezuranoy, dit que Pierre mourut d'un catarrhe causé par le froid excessif qu'il éprouva à cette cérémonie, *à laquelle il assista,* dit l'auteur, *avec sa piété ordinaire;* et je n'en doute point, surtout en se préparant à son orgie.

Dans les derniers momens de la vie du Czar, les sénateurs s'étant assemblés pour délibérer sur sa succession, Menzikoff fit entourer le palais par les troupes dont il avoit le commandement en qualité de feld-maréchal, et dès que le Czar eut expiré, entra dans l'assemblée, et proposa de déférer la couronne à la Czarine. Le parti opposé à Menzikoff, prévoyant le crédit qu'il auroit sous cette princesse, réclama en faveur du fils du czarowitz Alexis, proposa de consulter du moins le peuple assemblé dans la place, et se mettoit déjà en devoir d'ouvrir les fenêtres pour cet effet, lorsque Menzikoff, qui sentoit le prix du moment, dit qu'il faisoit trop froid pour ouvrir les fenêtres, et le défendit. Dans le moment, les officiers, à la tête des gardes, entrèrent dans la salle, et appuyèrent l'avis du feld-maréchal. L'archevêque de Novogorod étoit gagné; et celui de Pleskow affirma que, la veille du couronnement de la Czarine, le Czar avoit déclaré que cette cérémonie n'étoit que pour la faire régner après lui. Le respect pour le prélat, et surtout la vue des troupes, empêchèrent d'en douter. Tous passèrent à l'avis de Menzikoff, et n'osèrent le combattre; et Catherine fut proclamée impératrice le même jour que le Czar mourut, le 28 janvier 1725.

Catherine, pendant un règne de quinze à seize

mois, prouva qu'elle étoit digne de succéder à son mari. Elle suivit les plans de gouvernement et ceux des établissemens qu'il avoit commencés; ce qui ne l'empêcha pas de se délasser des affaires par quelques plaisirs. Elle prit d'abord pour amant le comte de Lewenvolden, et ensuite le comte de Sapieha (1), à qui elle maria sa nièce. Menzikoff eut, sous le règne de Catherine, le principal crédit. Elle lui avoit obligation; mais la reconnoissance pèse aux princes, et il crut s'en apercevoir de la part de la Czarine, qui d'ailleurs pouvoit mourir, et disposer de sa succession en faveur de quelqu'un qui, ne devant rien au ministre, pourroit lui en préférer un autre. Catherine en avoit le droit, en vertu d'une constitution de Pierre premier, du 16 février 1722, dont l'observation fut jurée par tous les sujets de Russie, et par laquelle il fut statué que les souverains de la Russie pourroient se choisir tel successeur qu'ils jugeroient à propos. Menzikoff résolut donc, à tout événement, de se préparer un appui, en prenant des mesures plus légales que celles qu'il avoit employées pour Catherine. Il entama une négociation secrète avec la cour de Vienne, pour assurer la couronne au fils du czarowitz Alexis, et neveu par sa mère de l'impératrice d'Allemagne, femme de Charles VI. Il eut soin de stipuler que le czar futur deviendroit son gendre, en épousant sa fille. Ce traité ne fut pas plus tôt conclu et signé, que Catherine mourut; et au même instant le czarowitz fut proclamé et reconnu sous le nom de Pierre II le 17 mai 1727.

Menzikoff n'avoit pas oublié de faire exiler, écarter

(1) Il étoit cousin du roi Stanislas et de sa femme. (D.)

ou intimider d'avance tous ceux qui auroient pu réclamer en faveur du duc et de la duchesse de Holstein, fille aînée de Pierre premier. L'un et l'autre se retirèrent dans leurs Etats d'Allemagne, où la duchesse mourut l'année suivante.

La mort de Catherine, arrivée si fort à point nommé pour les projets de Menzikoff, le fit violemment soupçonner de l'avoir empoisonnée ; et les présomptions en étoient si fortes, qu'elles ne firent que se fortifier dans la suite : mais qui que ce soit n'eût osé l'en accuser, tant sa puissance devint redoutable. Sa première attention fut de retirer de prison Eudoxie, aïeule du nouveau Czar : il lui envoya des habits et un cortége dignes de son rang, et lui demanda son agrément pour le mariage de son petit-fils avec la princesse Menzikoff, fille aînée de ce ministre. Il s'étoit fait créer vicaire général de l'Empire. Sa fille fut fiancée avec le jeune Czar, en attendant l'âge de consommer le mariage. Menzikoff, craignant l'esprit inquiet d'Eudoxie, son goût pour l'intrigue, et le crédit qu'elle pouvoit prendre sur l'esprit de son petit-fils, eut assez d'adresse et d'autorité pour l'obliger à garder le voile, se contenter d'être abbesse d'un couvent de filles nobles, avec soixante mille roubles de pension. Il régnoit également sur la Russie et sur son souverain, qu'il traitoit même avec hauteur, lui réglant ses exercices et ses récréations, sans permettre le moindre écart sur ce qu'il lui prescrivoit. Ce qu'il y a de plus dangereux pour un sujet, il se faisoit craindre de son maître, se rendoit odieux à la cour, et ses richesses immenses excitoient la cupidité de tous ceux qui, en le perdant, espéroient partager ses dépouilles. Sous les deux règnes précédens, une folle vanité l'avoit égaré. Pour faire oublier la bassesse de son origine, il avoit pris les moyens qui, par leur contraste trop frappant, la rappeloient davantage : il s'étoit fait décorer des ordres de chevalerie des princes qui avoient eu besoin de lui. Il ambitionnoit fort celui du Saint-Esprit; et par ménagement, au lieu de lui opposer sa naissance, on avoit fondé le refus sur la différence de religion. La disgrâce, qu'il avoit vue de si près sous le czar Pierre premier, ne l'avoit pas rendu sage : dès qu'il s'étoit cru hors de toute atteinte, un orgueil féroce avoit succédé à la vanité. Traitant avec mépris et dureté les boïards et les ministres, il avoit menacé de la roue le comte d'Ostermann, pour avoir osé, dans le conseil, être d'un avis différent du sien. Un pouvoir précaire, souvent plus oppresseur que le légitime, est aussi plus révoltant; et, quelques précautions que prennent les tyrans, leurs successeurs échappent toujours à leurs recherches.

La princesse Elisabeth, qui a régné dans la suite, et le jeune prince Dolgorouski, que j'ai connu dans ma jeunesse, étoient les seuls à qui Menzikoff permît de partager les récréations du Czar, comme étant, par leur âge, moins suspects d'intrigue; mais ils servirent d'instrumens au parti qui les dirigeoit. Dolgorouski couchoit habituellement dans la chambre du Czar, et fomentoit le ressentiment du jeune monarque contre son ministre. Celui-ci avoit mené la cour à Peterhow, maison de plaisance peu distante de Pétersbourg. Une nuit, le Czar, conseillé par Dolgorouski, s'échappa avec lui par une fenêtre; et, traversant le jardin sans être aperçus des gardes, ils trouvèrent une escorte préparée à les recevoir, et avec laquelle le Czar arriva à Pétersbourg. Il y fut reçu aux acclamations des mécontens, c'est-à-dire de tous ses sujets. La garde à l'instant fut changée, ou se joignit aux habitans; et lorsque Menzikoff, averti de la fuite du prince, et courant après lui, entra dans la ville, il vit qu'il ne lui restoit plus d'espoir. Il fut arrêté à l'instant, avec ordre de se retirer à Rennebourg, une de ses terres. « J'ai fait de grands crimes, « dit-il en se voyant arrêté ; mais est-ce au Czar à « m'en punir? » Ces paroles confirmèrent les soupçons qu'on avoit eus de l'empoisonnement de Catherine.

Menzikoff sortit de Pétersbourg avec sa famille, dans le plus brillant de ses équipages, suivi de sa maison, et emportant ses effets les plus précieux : mais ce faste ayant choqué ses ennemis, il n'étoit pas à deux lieues, qu'un officier, à la tête d'un détachement, l'atteignit, le fit descendre de son carrosse, monter, lui, sa femme et ses enfans, chacun dans un chariot séparé ; et ses équipages reprirent le chemin de Pétersbourg. A mesure que Menzikoff s'en éloignoit, on ajoutoit une nouvelle humiliation à sa disgrâce. On les dépouilla des habits qu'ils portoient, pour leur en donner de bure. Ce fut dans cet état que lui, son fils et ses deux filles, dont l'aînée avoit été fiancée avec le Czar, arrivèrent à Yacouska, extrémité de la Sibérie. Sa femme, qui, dans son élévation, avoit témoigné autant de modestie et de bienfaisance que son mari avoit déployé d'orgueil et de dureté, succombant à la fatigue, et à la douleur que lui causoit l'état de ses enfans, étoit morte en chemin. Pour Menzikoff, il ne commença d'être ou de paroître grand que dans le malheur. Il ne laissa voir que le plus ferme courage, auquel ressemble assez le désespoir d'une ame forte. Il ne lui échappa aucun murmure : il reconnoissoit à son égard la justice du Ciel, ne s'attendrissoit que sur ses enfans, et tâchoit de leur inspirer des sentimens conformes à leur état actuel. Dans la chaumière qu'ils s'étoient construite au milieu de leur désert, chacun partageoit le travail pour la subsistance commune. Le père subit une nouvelle épreuve, en voyant expirer entre ses bras celle de ses filles qui avoit été désignée impératrice. Il succomba enfin sous le poids de son infortune, et sous les efforts qu'il faisoit pour la soutenir, et qui avoient usé les ressorts de son ame. Il mourut de la maladie des ministres disgraciés, laissant à ses pareils une leçon inutile, parce qu'ils ne la reçoivent jamais que d'eux-mêmes, et quand ils n'en peuvent plus faire usage.

En effet, les Dolgorouski, qui avoient renversé et remplacé Menzikoff, eurent le même sort. La sœur du jeune favori du Czar fut fiancée avec le monarque ; mais le mariage n'eut pas lieu. Pierre II mourut de la petite vérole le 29 janvier 1730, dans la troisième année de son règne, et la quinzième de son âge.

Anne Jowanowna, fille du czar Jean III, frère aîné de Pierre premier, veuve du duc de Courlande, et tante, à la mode de Bretagne, de Pierre II, lui succéda. Les Dolgorouski père, mère et enfans furent exilés en Sibérie, traités avec la même sévérité que les Menzikoff, et eurent la douleur de voir rappeler le fils et la fille qui en restoient. Ceux-ci, réconciliés par le malheur avec les Dolgorouski, jadis leurs ennemis, et auteurs de leur ruine, leur laissèrent leur habitation en meilleur état qu'ils ne l'avoient eue d'abord, les plaignirent, et promirent d'agir pour eux autant qu'on ose le faire à la cour pour des malheureux.

La grâce accordée à Menzikoff et à sa sœur n'étoit pas, de la part du gouvernement, absolument désintéressée : c'étoit pour jouir des sommes immenses que Menzikoff leur père avoit placées dans la banque de Venise et d'Amsterdam, et que les directeurs refusoient de remettre à tout autre qu'à Menzikoff, ou à ses enfans en liberté. La Czarine leur en abandonna la cinquième partie.

La Czarine continua de faire rendre à Eudoxie les honneurs dus à une femme veuve et aïeule de czars, et payer la pension de soixante mille roubles. Mais elle ne survécut pas long-temps à son petit-fils : une maladie de langueur termina ses jours le 8 septembre 1731.

Anne régna plus de dix ans, et mourut le 27 octobre 1740, laissant la couronne à son petit-neveu Yvan, fils d'Antoine Ulric, prince de Brunswick-Bevern, et d'Elisabeth de Meckelbourg, celle-ci fille de Catherine Jowanowna, sœur aînée de la czarine Anne. Cet enfant, si connu sous le nom du *petit prince Yvan,* et dont la fin a été si tragique, né le 22 août précédent, n'avoit que deux mois lorsqu'il fut couronné, sous le nom de Jean IV.

Quelques jours auparavant, la Czarine sa grand'-tante l'avoit nommé son successeur, en vertu de la constitution de Pierre premier, du 5 février 1722, sur le pouvoir des souverains de Russie de disposer arbitrairement de leur succession. En conséquence, il avoit été proclamé grand duc de Moscovie; et les ministres, les généraux, les grands officiers lui avoient prêté serment. Le comte de Biren, duc de Courlande, étoit nommé régent; mais, trois semaines après la mort de la czarine Anne, le duc et la duchesse de Brunswick, père et mère du nouveau Czar, firent enfermer Biren, prirent la régence, et laissèrent, sous leur nom, l'administration de l'empire au grand chancelier comte d'Ostermann.

Cette espèce de règne ne fut que de quatorze mois. La nuit du 5 au 6 décembre 1741, Elisabeth Petrowna, conseillée par un Français nommé Lestoc, son chirurgien, et à la tête de huit grenadiers, se transporte aux casernes des gardes, les engage à la suivre, marche au palais, fait arrêter le duc et la duchesse de Bevern, les comtes d'Ostermann et de Munich, entre dans la chambre du jeune Czar, le prend dans ses bras, le baise, et, le confiant à ses gens affidés, recommande qu'on en ait le plus grand soin, et qu'il ne soit exposé à d'autre malheur que la perte de la couronne. A six heures du matin, la révolution étoit terminée; et, sans répandre une goutte de sang, Elisabeth fut reconnue impératrice par tous les ordres de l'Etat.

Son entreprise étoit d'autant plus juste, que Pierre premier avoit, par une disposition testamentaire, ordonné que si le Czar son petit-fils mouroit sans enfans, la princesse Elisabeth Petrowna succéderoit à ce prince. Le comte d'Ostermann, grand chancelier, avoit soustrait ce testament. Mais une copie s'en étant trouvée, Ostermann avoua son crime, et fut condamné à perdre la tête. Elisabeth lui fit grâce de la vie, et se contenta de l'exiler en Sibérie, où il est mort. Quelque coupable que ce ministre fût envers cette princesse, elle ne voulut pas manquer au vœu qu'elle avoit fait de ne permettre sous son règne aucune exécution à mort. Si elle montra de la clémence envers Ostermann, elle eut peu de reconnoissance pour Lestoc, qui avoit eu à la révolution plus de part que personne. Il fut exilé en Sibérie, par les intrigues du chancelier Bestuchef et d'Apraxin, président du collége de guerre, qui se partagèrent les affaires. Il étoit d'autant plus facile de s'en emparer, qu'Elisabeth ne s'étoit déterminée à monter sur le trône que pour se livrer sans contrainte aux plaisirs, dont elle a été uniquement occupée pendant plus de vingt-un ans de règne (1). Ses favoris, qu'elle varioit, et qui lui étoient plus chers que ses ministres, faisoient tous la plus grande fortune. Telle a été celle des deux frères Razomouski, cosaques d'une naissance obscure, mais jeunes, beaux et bien faits, qualités fort recommandables auprès d'Elisabeth. Ce fut à pareil titre que

(1) Il avoit fallu user presque de violence, c'est-à-dire l'intimider, pour la placer sur le trône. Lestoc, la nuit même de la révolution, ne triompha de la crainte de cette princesse sur les suites de l'entreprise qu'en lui inspirant une frayeur plus forte. Il lui présenta un dessin où l'on voyoit d'un côté Elisabeth sur le trône, et Lestoc assis à ses pieds; et de l'autre, cette princesse sur un échafaud, prête à avoir la tête tranchée, et Lestoc sur la roue. « Vous avez encore en ce moment le choix, « lui dit-il : demain il n'y a plus de trône, et l'échafaud est sûr. »

Elisabeth a eu huit enfans naturels, dont aucun n'a été reconnu, et qu'une de ses favorites, italienne, nommée Jouanna, prenoit sur son compte. (D.)

Ziervers, fils d'un laquais du feu duc de Biren, fut fait comte, et envoyé à Vienne dans des occasions d'éclat. L'intrigue de Peters Schevalow, et la figure de son cousin Yvan Schevalow, portèrent l'un et l'autre au plus haut degré de faveur. Le premier commença à se faire jour en épousant une favorite de l'Impératrice; il plaça ensuite son cousin auprès d'elle en qualité de page, bien sûr de ce qui en arriveroit. Celui-ci, devenu chambellan et favori de sa maîtresse à tous les titres, eut et procura à son cousin beaucoup de part dans le gouvernement. Peters formoit les projets, et Yvan les faisoit adopter. Ces deux nouveaux comtes se firent bientôt adjoindre à Bestuchef et Apraxin, qui, n'osant lutter de crédit, furent obligés de s'y soumettre. Yvan Schevalow avoit auprès de lui un secrétaire dont la cour de France auroit pu tirer un grand parti pour détacher la Russie de l'Angleterre, par la confiance que son maître avoit en lui, et en profitant de la haine de la femme de Peters Schevalow contre Bestuchef, dévoué aux Anglais. Ce secrétaire étoit Français, fils d'un conseiller de Metz, nommé Eschoudy. Le dérangement de sa conduite l'avoit fait quitter sa patrie, sous le nom de chevalier de Lussy. Après avoir parcouru l'Europe en aventurier, il fut obligé d'entrer dans la troupe des comédiens français d'Elisabeth. Il fit aussi quelques romans, et un journal intitulé *le Parnasse français*. Ses talens, et la facilité avec laquelle il parloit plusieurs langues, l'ayant fait connoître d'Yvan Schevalow, ce favori le tira de la comédie, lui fit donner la place de secrétaire de l'Académie, et le prit en même temps pour le sien, sous le nom de comte de

Putelange. S'il vit encore, il ne peut guère avoir que quarante ans (en 1764).

Elisabeth avoit fait reconnoître pour son successeur le duc de Holstein-Gottorp, fils unique d'Anne Petrowna sa sœur aînée, marié à Catherine d'Anhalt-Zerbst; mais elle ne lui donna jamais aucune part au gouvernement. Le mari et la femme étoient exactement observés, et surveillés par des espions : nul étranger n'en approchoit. A l'éloignement qu'Elisabeth montroit pour eux, on la soupçonnoit de vouloir leur préférer leur fils encore enfant; et, au défaut de celui-ci, le prince Yvan, prisonnier dans un château près d'Archangel. Quoi qu'il en soit des intentions secrètes de cette princesse, elle mourut le 5 janvier 1762; et le duc de Holstein fut proclamé le même jour empereur, sous le nom de Pierre III.

Son règne fut court. Personne n'ignore qu'au mois de juillet de la même année, sa femme le fit arrêter; qu'il mourut peu de jours après dans sa prison, d'une prétendue colique hémorroïdale; et qu'au préjudice du fils, la mère se fit proclamer impératrice, sous le nom de Catherine II. N'étant pas aussi instruit des causes et des circonstances de cette révolution que des faits que j'ai rapportés jusqu'ici, je termine à cette époque ce qui concerne la Russie. Peut-être donnerai-je dans la suite, d'après des Mémoires très-sûrs, l'état actuel de cet empire; et je préviens que s'il ne se trouve pas absolument conforme à ce qui a été écrit, il n'en sera pas moins vrai.

M. le duc et la marquise de Prie avoient trouvé dans la Reine toute la reconnoissance et la complaisance qu'ils s'en étoient promises. Cette princesse, uniquement occupée du désir de plaire au Roi, ne pensoit nullement aux affaires ; et le Roi, distrait par la chasse, les fêtes, et les voyages de Chantilly, Rambouillet ou Marly, se seroit trouvé fort importuné des détails du gouvernement, ou des négociations politiques. Ainsi M. le duc, avec sa maîtresse et les Paris en sous-ordre, régnoit absolument. Il alloit chaque jour, à l'exemple du Régent, faire sa cour au Roi, lui parler sommairement de quelques affaires, comme pour y travailler avec lui, ou plutôt en sa présence. L'évêque de Fréjus ne manquoit jamais de s'y trouver en tiers. Ce tiers éternel incommodoit M. le duc, et déplaisoit fort à la marquise, qui regrettoit toujours la feuille des bénéfices, et projetoit de s'en emparer, sous le nom de son amant. Pour se délivrer du vieil évêque, elle imagina un moyen par lequel elle devoit elle-même le remplacer, et entrer presque ouvertement dans le conseil d'Etat. Elle persuada son amant d'engager le Roi à venir travailler chez la Reine, qu'il aimoit alors, du moins de cet amour que sent tout jeune homme pour la première femme dont il jouit. Le précepteur, n'ayant point là de leçons à donner, n'y suivroit pas son élève ; de manière que, sans être trop rudement poussé, il glisseroit de sa place, et se trouveroit naturellement à terre. Alors la marquise, appuyée des bontés de la Reine, s'introduiroit en quatrième, et de là gouverneroit l'Etat. Quoique le plan lui parût admirable, le succès n'y répondit pas.

M. le duc ayant donc un jour engagé le Roi à venir travailler chez la Reine, l'évêque de Fréjus, qui l'ignoroit, se rendit à l'heure ordinaire dans le cabinet du

Roi, qui n'en étoit pas encore sorti. Mais, après quelques momens, M. le duc n'arrivant point, Sa Majesté, sans rien dire à l'évêque, sortit, et passa chez la Reine, où M. le duc s'étoit rendu. L'évêque, resté seul à attendre, voyant l'heure du travail plus que passée, ne douta point qu'on n'eût voulu l'exclure. Il rentra chez lui, écrivit au Roi une lettre d'un homme affligé, même piqué, mais tendre et respectueuse, dans laquelle il prenoit congé de Sa Majesté, et annonçoit qu'il alloit finir ses jours dans la retraite. Il chargea Niert, premier valet de chambre, de remettre cette lettre, et partit aussitôt pour se rendre à Issy, dans la maison des Sulpiciens, où il alloit quelquefois se délasser.

Le Roi étant rentré, reçut la lettre, et en la lisant se crut abandonné. Ses larmes coulèrent; et, pour dérober sa douleur aux yeux de ses valets, il se réfugia dans sa garde-robe. Niert alla sur-le-champ instruire de ce qui se passoit le duc de Mortemart, premier gentilhomme. Celui-ci accourut chez le Roi, le trouva dans la désolation, et eut beaucoup de peine à lui faire avouer le sujet de sa douleur. Mortemart, prenant alors le ton du zèle et du dépit : « Hé quoi, « sire, lui dit-il, n'êtes-vous pas le maître? Faites « dire à M. le duc d'envoyer à l'instant chercher « M. de Fréjus, et vous allez le revoir. » Mortemart voyant le Roi embarrassé sur l'ordre à donner, offrit de s'en charger. Le jeune prince, fort soulagé, accepta l'offre, et Mortemart alla notifier l'ordre à M. le duc, qui en fut consterné. Il voulut faire des difficultés ; mais Mortemart, sentant pour lui-même le danger d'échouer dans une commission dont M. le duc le regarderoit comme l'auteur, autant que le porteur de l'ordre, parla si ferme, qu'il fallut obéir.

Dès que l'exprès fut parti, M. le duc, la de Prie et leurs confidens tinrent conseil sur leur position. Il y en eut un qui ouvrit l'avis d'arrêter l'évêque sur le chemin d'Issy à Versailles, et de lui faire prendre tout de suite celui d'une province éloignée, telle que la sienne, où une lettre de cachet le retiendroit en exil. Le coup étoit hardi; mais il y a apparence qu'il auroit réussi : on auroit fait accroire au Roi que l'évêque auroit refusé de revenir, et se seroit éloigné de lui-même. Qui que ce soit n'eût osé contredire un prince premier ministre; et le Roi étant encore fort jeune, et alors plus occupé de la Reine que d'un vieux précepteur, l'absent eût été oublié. Heureusement pour l'Etat, en proie à une femme forcenée, tandis que le conciliabule délibéroit, l'évêque arriva chez le Roi, qui le reçut comme son père.

Horace Walpole, ambassadeur d'Angleterre, et frère de Robert, ministre de la même cour, cultivoit beaucoup l'évêque de Fréjus, dont il prévoyoit la puissance, et sentoit déjà le crédit solide et caché. Il fut le seul qui, à la première nouvelle, courut à Issy faire à l'évêque des protestations d'amitié. Comme c'étoit avant le dénouement de l'affaire, tout défiant qu'étoit le vieux prélat par caractère et par expérience, il eut toujours depuis en Walpole une confiance dont celui-ci tira grand parti, au préjudice de notre marine et de notre commerce.

[1726] Après la scène que nous venons de voir, il est aisé de juger quels sentimens M. le duc et l'évêque de Fréjus eurent l'un pour l'autre. Le premier, voyant qu'il falloit désormais compter pour quelque chose un homme si cher au Roi, commença à lui marquer les plus grands égards; et l'évêque, qui n'estima jamais que le réel du crédit, évita tout air de triomphe, et continua de marquer à M. le duc le respect dû à sa naissance. Pour la marquise de Prie, fort attachée à la fortune de ce prince, et nullement à sa personne, elle comprit aisément qu'il falloit renoncer à la feuille des bénéfices, et borner beaucoup d'autres prétentions. Elle fit la cour au prélat, et n'oublioit rien pour l'engager à la distinguer de M. le duc, qu'on regardoit, disoit-elle, comme son amant, quoiqu'elle n'eût jamais été que son amie; mais qu'elle cessoit de l'être, voyant l'inutilité des bons conseils qu'elle lui donnoit. Il est sûr que la meilleure preuve qu'elle eût pu alléguer de son peu d'amour pour M. le duc étoit les infidélités qu'elle lui faisoit; mais il ne lui étoit pas si aisé de tromper le vieil évêque qu'un jeune prince. Il étoit bien déterminé à délivrer l'Etat de tout ce qui avoit eu part au gouvernement depuis la régence, et ne tarda pas à l'exécuter. Il ne paroît pas que M. le duc, avant sa chute, en eût le moindre soupçon; car en se retirant de lui-même il eût évité l'exil, et peut-être prévenu en partie l'humiliation qui accompagna la disgrâce de la marquise.

Quoi qu'il en soit, le Roi devant aller à Rambouillet, où M. le duc étoit nommé pour le suivre, partit le premier, en disant à ce prince de ne se pas faire attendre; ce qui peut-être étoit de trop. Mais l'évêque de Fréjus avoit vraisemblablement arrangé tout le plan de l'exécution, et dicté jusqu'aux paroles.

A peine le Roi étoit-il hors de Versailles, qu'un

capitaine des gardes notifia à M. le duc l'ordre de se retirer à Chantilly (1), pendant qu'on en portoit à la marquise un autre qui l'exiloit à sa terre de Courbe-Epine, en Normandie. Pour finir ce qui la concerne, et n'y plus revenir, elle regarda d'abord sa disgrâce comme un nuage passager. Un de ses amis particuliers, qui dîna avec elle le jour de son départ, m'a dit qu'elle lui avoit demandé s'il croyoit que cet exil fût long. Il étoit trop au fait de la cour pour en douter; mais il lui fit une réponse consolante. Soit que l'espérance la soutînt, soit que le chagrin n'étouffât pas en elle tout autre sentiment, une heure avant de partir elle passa dans un cabinet où elle avoit fait venir un amant obscur, dont elle prit congé. Ils étoient apparemment trop occupés l'un de l'autre, ou trop pressés, pour songer à fermer les fenêtres; de sorte que, de celle d'une maison voisine, quelques personnes furent témoins de ces tendres adieux. Elles n'en gardèrent pas le secret; et comme elles n'étoient pas assez près pour distinguer exactement le rival favorisé de M. le duc, et qu'elles étoient fort éloignées d'en soupçonner le secrétaire du mari, on en fit honneur et des plaisanteries au P...., le seul homme qu'on sût avoir dîné avec elle ce jour-là, et qui me l'a conté.

La fermeté de madame de Prie ne se soutint pas long-temps. A peine étoit-elle à Courbe-Epine, qu'elle apprit que sa place de dame du palais de la Reine lui étoit ôtée, et donnée à la marquise d'Alincourt. Elle vit clairement alors que c'étoit être chassée de la cour à n'y jamais reparoître. Le désespoir la

(1) Il fut exilé le 11 juin 1726.

saisit, le chagrin la consumoit, sans qu'elle eût même
la consolation de persuader au médecin qu'elle fit
venir, et à Silva, médecin de M. le duc, dont elle
recevoit des consultations, qu'elle fût réellement
malade. Ils prétendoient toujours que ce n'étoit que
des vapeurs, ou des attaques de nerfs, maladie qui
commençoit à être à la mode, qui a supplanté les
vapeurs, et du nombre de celles dont les médecins
couvrent leur ignorance. Ils n'ont pas sans doute le
pronostic des morts de désespoir; car ils avoient
encore traité madame de Prie de malade imaginaire
le jour qu'elle mourut, à vingt-neuf ans, après avoir
séché quinze mois dans son exil.

Du cardinal de Fleury.

L'évêque de Fréjus, ouvertement honoré de la confiance du Roi, qu'il avoit toujours eue, auroit pu se
faire nommer principal ministre; mais, satisfait d'en
avoir la puissance, il en fit supprimer le titre et les
fonctions visibles, et vraisemblablement conseilla au
Roi de ne le jamais rétablir. Le cardinal Mazarin avoit,
en mourant, donné le même conseil à Louis XIV. Le
département de la guerre fut rendu à M. Le Blanc;
Pelletier-Desforts eut le contrôle général des finances; et Berthelot de Montchêne, frère de madame
de Prie, et pour qui elle avoit fait créer une sixième
place d'intendant des finances, fut obligé de s'en
démettre. Toute l'administration de M. le duc fut
changée; et ceux qui furent forcés de se retirer furent censés avoir demandé leur retraite. C'est toujours ainsi que sont annoncés, dans les nouvelles pu-

bliques, les gens chassés de leurs places avec le plus d'éclat, et souvent avec justice. Qui ne sait l'histoire que par les imprimés du temps en connoît à peine le squelette.

L'opération la plus intéressante pour le public fut la suppression du cinquantième. L'évêque de Fréjus, sans changer le plan du gouvernement qu'il trouvoit établi, et qui auroit eu besoin d'une autre forme dans la partie des finances, établit du moins une administration économique, qu'il suivit constamment dans tout le cours de sa vie, que dura son ministère. On peut lui reprocher trop de confiance dans les financiers. Il ne pouvoit ignorer que leur prétendu crédit n'est que celui qu'ils tirent eux-mêmes du Roi, quand ils paroissent le lui prêter. Il les soutint, faute de connoître les moyens de s'en passer, ou craignant peut-être d'entreprendre à son âge une réforme qu'il n'auroit pas le temps d'achever ou de consolider. Il y suppléa par l'ordre et l'économie, qui, dans quelque gouvernement que ce soit, doivent être la base de toute administration. Ce qu'il y a de plus essentiel pour la règle, il en donnoit l'exemple. Jamais ministre ne fut si désintéressé. Il ne voulut en bénéfices que ce qui lui étoit nécessaire, sans rien prendre sur l'Etat, pour entretenir une maison modeste et une table frugale. Aussi sa succession eût à peine été celle d'un médiocre bourgeois, et n'auroit pas suffi à la dixième partie de la dépense du tombeau que le Roi lui a fait élever. Sa mort pourroit rappeler ces temps éloignés où des citoyens, après avoir servi leur patrie, mouroient si pauvres, qu'elle étoit obligée de faire les frais de leurs funérailles. Les financiers, pour qui il avoit trop de complaisance, n'auroient pourtant osé afficher le faste que nous avons vu depuis étalé par des échappés de la poussière des bureaux. Sous le ministre dont je parle, la perception étoit moins dure, et les paiemens plus exacts. En peu d'années, il égala la dépense à la recette, améliorant celle-ci par l'économie seule.

Comme je ne veux que rendre justice, et non faire un éloge, je ne dissimulerai pas qu'on reproche avec raison à ce ministre d'avoir laissé tomber la marine. Son esprit d'économie le trompa sur cet article. Sa confiance en Walpole lui fit croire qu'il pourroit entretenir avec les Anglais une paix inaltérable, et en conséquence s'épargner la dépense d'une marine. Il devoit sentir que la continuité de la paix dépendoit du soin qu'il prenoit de la conserver; qu'elle tenoit à son caractère, et que des circonstances imprévues et forcées pouvoient toujours allumer la guerre avec les Anglais, nos ennemis naturels. Par une contrariété singulière, il craignoit d'entreprendre des réformes que son grand âge ne lui permettroit pas d'achever, et en d'autres occasions il agissoit comme s'il se fût cru immortel.

S'il a porté quelquefois trop loin l'économie, ceux qu'elle gênoit en murmuroient, et tâchoient de persuader qu'il ne voyoit pas les choses en grand; et mille sots, qui ne voient ni en grand ni en petit, répétoient le même propos. Mais le peuple et le bourgeois, c'est-à-dire ce qu'il y a de plus nombreux, de plus utile dans l'Etat, et en fait la base et la force, avoient à se louer d'un ministre qui gouvernoit un royaume comme une famille. Quelque reproche qu'on puisse lui faire, il seroit à désirer pour l'Etat qu'il n'eût que des successeurs de son caractère, avec une autorité aussi absolue que la sienne. Ce qui enfin est décisif, on n'a pas regretté la régence, on a maudit le ministère de M. le duc, on voudroit ressusciter son successeur; et nous savons à quoi nous en tenir sur ce que nous avons vu depuis. J'en parlerai.

L'évêque de Fréjus s'est sans doute trop occupé de la constitution, qu'il pouvoit laisser à l'écart mourir avec les opposans. Mais il étoit presque contre nature qu'un prélat assez satisfait de sa position eût assez de hauteur pour ne pas ambitionner le cardinalat, et ne pas saisir le plus sûr moyen de l'obtenir. Il n'avoit pas pris le titre de principal ministre : il voulut du moins se procurer la décoration que ses prédécesseurs ecclésiastiques avoient eue dans sa place. On imagine bien qu'il ne trouva pas de difficulté. La première promotion de cardinaux qui devoit se faire étoit celle des couronnes; et le Roi donna sa nomination à l'évêque de Fréjus. Mais cette promotion n'étoit pas prochaine, et le prélat étoit pressé de jouir : il falloit donc le faire nommer hors de rang, par anticipation. L'agrément de l'Empereur et du roi d'Espagne étant nécessaire, le Roi, pour l'obtenir, leur déclara qu'il ne demandoit que d'anticiper de peu de temps la nomination de la France, qui se trouveroit remplie lors de la promotion des couronnes. Les deux princes, qui n'y perdoient rien, donnèrent leur consentement, et vraisemblablement auroient permis au Pape de donner un chapeau *proprio motu* à un ministre puissant, sur la reconnoissance duquel ils s'acquerroient des droits. Mais l'évêque, à qui il importoit peu qu'il y eût en France un cardinal de plus, n'y prétendoit pas, et se contenta d'une distinction qui n'avoit rien de trop éclatant (1). Cela étoit d'ailleurs de son caractère. Il avoit refusé le cordon du Saint-Esprit et l'archevêché de Reims dans un temps où tout autre en auroit été ébloui.

Sans faste, avec un extérieur modeste, préférant le solide à l'ostentation du pouvoir, il en eut un plus absolu et moins contredit que Mazarin avec ses intrigues, et Richelieu en coupant des têtes.

Un ministère de près de dix-sept années a été un heureux interrègne: ce qui l'a suivi n'a été qu'une anarchie, et le cardinal de Fleury me fournira moins d'événemens d'histoire dans l'intérieur de l'Etat, qu'un an de la régence. C'est que toute l'autorité fut constamment entre les mains du cardinal, et que toutes les volontés, si souvent partagées entre différens ministres avec égalité de pouvoir, et dès-là si pernicieuses à l'Etat, se concentrèrent dans une seule. Tout marchoit sur la même ligne. Qui que ce soit de raisonnable n'osa jamais rien tenter auprès du Roi contre son ministre : la Reine même en sentit les conséquences. Quelque mécontente qu'elle pût être de la disgrâce du duc de Bourbon, et du changement de ministère, elle ne chercha pas à influer dans le gouvernement, et se renferma dès-lors dans ses devoirs, dont elle n'est sortie depuis dans aucune circonstance.

La conduite de la Reine, l'obéissance des sous-ministres, et la soumission des courtisans, me rappellent l'extravagance de quelques jeunes étourdis de

(1) Le cardinal de Fleury fut nommé le 11 septembre 1726, et la promotion des couronnes se fit en novembre 1727. (D.)

la cour, qui s'avisèrent un jour de vouloir jouer un rôle. Le cardinal les avoit fait admettre aux amusemens du Roi, et dans une sorte de familiarité. Ils la prirent naïvement pour de la confiance de la part de ce prince, et s'imaginèrent qu'ils pourroient se saisir du timon des affaires. Le cardinal en fut instruit, et vraisemblablement par le Roi même. Sous Richelieu, qui savoit si bien faire un crime de la moindre atteinte à son autorité, et trouver des juges dont la race n'est jamais perdue, l'étourderie de ces jeunes gens auroit pu avoir des suites fâcheuses. Le cardinal de Fleury, qui ne prenoit pas les choses si fort au tragique, en rit de pitié, les traita en enfans, envoya les uns mûrir quelque temps dans leurs terres, ou devenir sages auprès de leurs pères; et en méprisa assez quelques autres, pour les laisser à la cour en butte aux ridicules, qu'on ne leur épargna pas. Il est inutile aujourd'hui de rechercher leurs noms : ils ne s'en sont fait depuis en aucun genre, et sont parfaitement oubliés. C'est ce qu'on appela alors *la conjuration des marmousets*.

On pourroit d'avance caractériser l'administration du cardinal de Fleury par une seule observation : c'est qu'en détaillant un mois de son ministère, on auroit le tableau de plus de seize années. Il faut en excepter la guerre de 1733 et celle de 1741, situations forcées, où il fut plutôt entraîné qu'il ne s'y porta.

Lorsqu'après avoir reçu la barette des mains du Roi, il vint lui faire son remercîment, ce prince lui fit l'honneur de l'embrasser aux yeux de toute la cour, et témoigna autant de joie que le nouveau cardinal en pouvoit renfermer.

Chacun crut avoir part à la reconnoissance du cardinal de Fleury, et voulut en tirer parti. Le Pape s'en servit pour reprendre sous œuvre sa constitution chancelante. Sinzendorff, grand chancelier de l'Empire, eut bientôt lieu de se savoir gré d'avoir été employé par l'Empereur dans la négociation du chapeau; et le duc de Richelieu, notre ambassadeur à Vienne, d'avoir eu cette correspondance. Tous deux eurent besoin du cardinal dans une aventure qui leur étoit personnelle, et qui ne seroit pas digne de l'histoire, si elle ne contribuoit pas à faire connoître des hommes qui jouoient un rôle dans les affaires.

L'abbé de Sinzendorff, fils du grand chancelier, le comte de Westerloo, capitaine des hallebardiers de l'Empereur, et le duc de Richelieu, étoient à Vienne en liaison de plaisirs. Un de ces imposteurs qui vivent de la crédulité de certains esprits forts, moins rares qu'on ne pense, qui croient à la magie et autres absurdités pareilles, persuada à nos trois seigneurs que, par le moyen du diable, il feroit obtenir à chacun la chose qu'il désireroit le plus. On dit que le vœu du duc étoit la clef du cœur des princes; car il se tenoit sûr de celui des femmes. Le rendez-vous pour l'évocation du diable étoit dans une carrière, près de Vienne. Ils s'y rendirent la nuit. C'étoit l'été; et les conjurations furent si longues, que le jour commençoit à poindre, lorsque les ouvriers qui venoient à leur travail entendirent des cris si perçans, qu'ils y coururent, et trouvèrent l'assemblée avec un homme vêtu en Arménien, noyé dans son sang, et rendant les derniers soupirs.

C'étoit apparemment le prétendu magicien, que ces

messieurs, aussi barbares que dupes, et honteux de l'avoir été, venoient d'immoler à leur dépit. Les ouvriers, craignant d'être pris pour complices, s'enfuirent aussitôt, et allèrent faire la déclaration de ce qu'ils avoient vu. Les officiers de justice, apprenant le nom des coupables, et surtout celui de l'abbé de Sinzendorff, en donnèrent avis au chancelier son père, qui n'oublia rien pour assoupir cette affaire. Quelque grave qu'elle fût pour tous les trois, elle intéressoit plus particulièrement l'abbé de Sinzendorff, qui avoit la nomination au cardinalat; et la promotion alloit se faire.

Le chancelier avoit acheté pour son fils cette nomination d'un abbé Strickland, anglais, intrigant du premier ordre, qui avoit trouvé le moyen de se procurer la nomination de Pologne. Tout habile qu'étoit Strickland, par un sort très-commun aux intrigans, il ne jouissoit pas d'une réputation bien nette; et des mœurs peu régulières et trop connues lui faisoient craindre de ne pas voir réaliser ses espérances à Rome, où les concurrens ont un talent admirable pour se traverser les uns les autres. Il jugea donc à propos, pour ne pas tout perdre, de faire argent de ses droits ou prétentions avec le grand chancelier, qui les acheta pour son fils, et qui, ayant le département des affaires étrangères, eut toutes les facilités pour le substituer à Strickland. Mais l'aventure de l'abbé de Sinzendorff inspiroit les plus justes craintes au père et au fils. Une complicité de magie auroit été à Rome d'un plus grand scandale que les mœurs de Strickland et l'assassinat de l'Arménien. Les crimes d'opinion, tout absurdes qu'ils peuvent être, l'emportent sur ceux qui blessent la morale et outragent la nature.

Le chancelier étouffa autant qu'il le put cette affaire à Vienne, en écrivit au cardinal de Fleury, et le pria de le seconder dans cette circonstance, en soutenant le duc de Richelieu, et traitant de calomnie les bruits qui pourroient parvenir en France. Le cardinal, pour qui le chancelier venoit de s'employer au sujet du chapeau, et à qui le duc de Richelieu avoit persuadé qu'il l'avoit beaucoup servi, se prêta volontiers à ce qu'on désiroit.

Cependant tout n'étoit pas encore fait : il falloit surtout empêcher que l'affaire ne perçât à Rome trop défavorablement pour Sinzendorff. La seule présomption de crime de magie emporte excommunication. Le chancelier prit le parti d'envoyer au Pape un mémoire où l'aventure n'étoit présentée que sous l'apparence d'une imprudence de jeunes gens, dont la calomnie pouvoit abuser, mais pour laquelle cependant on demandoit une absolution *ad cautelam*. On obtient assez facilement à Rome une absolution quand on y reconnoît le pouvoir de la donner, et qu'un ministre puissant la demande. Elle fut donnée en particulier à l'abbé de Sinzendorff et au duc de Richelieu. Peu de temps après, l'abbé obtint la pourpre ; et, pour dissiper tout soupçon, le duc fut compris dans la première promotion de chevaliers du Saint-Esprit, avec permission d'en porter les marques avant sa réception. A l'égard de Westerloo, qui n'avoit point de père ministre, ni de crédit personnel, il fut le bouc émissaire de l'aventure, s'enfuit de Vienne, perdit son emploi, et revint en Flandre, sa patrie, vivre et mourir dans l'obscurité.

Le duc de Richelieu, après s'être tenu renfermé quelque temps dans son hôtel, muni de son absolution secrète, et décoré de son cordon, se montra dans Vienne plus brillant que jamais, et détruisit une partie des soupçons, par l'assurance avec laquelle il les bravoit. Il ne tarda pourtant pas à prendre congé, parcourut l'Italie, sans cependant passer par Rome, où il ne se soucioit pas de faire confirmer son absolution par le Pape. Il osa encore moins approcher de Modène. Les familiarités qu'il y avoit eu entre la duchesse et lui, lorsqu'elle étoit mademoiselle de Valois, lui faisoient craindre de la part du mari un accès et un coup de jalousie italienne. Il revint en France, et y fut très-bien reçu du cardinal, qui l'initia auprès du Roi. Il en a toujours été assez bien accueilli, en a reçu des grâces distinguées, sans avoir jamais joui d'une certaine confiance. Nous le verrons, chargé d'emplois importans, avoir de brillans succès, et ne conserver que le coup d'œil d'un homme à la mode.

Le cardinal, qui, pendant tout son ministère, n'a jamais cessé de travailler à conserver ou rétablir la paix dans le royaume, s'occupoit aussi du soin de l'entretenir chez toutes les autres puissances de l'Europe. Il savoit, et personne ne l'ignore, qu'elles n'entrent jamais en guerre les unes contre les autres, sans que la France y soit entraînée par quelque circonstance. Il s'appliqua donc et parvint à concilier les intérêts de l'Empereur, de l'Angleterre, de l'Espagne, et de leurs alliés. Le ressentiment de la cour de Madrid contre la France, sur le renvoi de l'Infante, attira particulièrement l'attention du cardinal. L'accouchement de la reine d'Espagne fut l'occasion qu'on saisit pour entamer la réconciliation. Le Roi écrivit aussitôt à son oncle, sur la naissance de l'Infant, une lettre de félicitation et d'amitié, dont Philippe fut si touché, qu'il déclara sur-le-champ que la réconciliation étoit faite. La Reine n'étoit pas si aisée à ramener; et quoiqu'elle fût obligée de contraindre ses sentimens, il fallut que le comte de Rothenbourg, chargé de porter à l'Infant le cordon du Saint-Esprit, se soumît à des formalités qui auroient été humiliantes si elles n'eussent pas été puériles, et uniquement destinées à apaiser la Reine comme un enfant. Elle exigea que, dans une audience particulière que le Roi et elle donneroient au comte de Rothenbourg, il se mît à genoux en entrant, en les priant d'oublier les torts de notre précédent ministère. La Reine, assise à côté du Roi, et occupée d'un ouvrage de femme, ne leva pas les yeux sur l'ambassadeur lorsqu'il entra, et ne parut pas seulement y faire attention; mais le Roi le fit relever, et le présentant à la Reine, la pria de ne plus considérer en France qu'un roi son neveu, et l'union qui devoit être entre les deux couronnes.

Philippe v fut toujours si attaché à sa maison, que sa réconciliation fut sincère. La Reine, paroissant par degrés oublier son ressentiment, en montra toujours assez pour persuader combien on avoit à réparer avec elle, et tirer de la France les plus grands services pour les infans.

C'est ici le lieu de parler de l'altération qui parut dans l'esprit de Philippe. Quoique le public sût confusément la mélancolie où le Roi étoit plongé, peu de personnes en connoissoient les accidens. Les entrées particulières, que la Reine ne pouvoit pas toujours éviter d'accorder à nos ministres, comme ambassadeurs de famille, les mit à portée de rendre à notre cour compte de l'état du roi d'Espagne. D'ailleurs ce prince vouloit quelquefois les voir dans des momens où la Reine auroit voulu les écarter, et d'autres fois la Reine étoit forcée de recourir à eux dans des circonstances où il lui devenoit nécessaire de tout avouer. Les dépêches du comte de Rothenbourg et du marquis depuis maréchal de Brancas, nos ambassadeurs, offrent le triste tableau de l'intérieur de la cour d'Espagne.

On a vu que Philippe, élevé dans un respect craintif devant le Roi, et la soumission à l'égard d'un frère dont il pouvoit devenir le sujet, avoit contracté un caractère d'obéissance pour quiconque entreprendroit de le gouverner. La princesse des Ursins s'en étoit prévalue; et la Reine, en la chassant, n'eut qu'à suivre un plan tracé. La solitude dans laquelle ce prince étoit continuellement retenu le jeta dans une mélancolie et des vapeurs qui alloient jusqu'à la folie. Sans aucune incommodité apparente, il étoit quelquefois six mois sans vouloir quitter le lit, se faire raser, couper les ongles, ni changer de linge; et lorsque sa chemise tomboit de pourriture, il n'en prenoit point que la Reine n'eût portée, de peur, disoit-il, qu'on ne l'empoisonnât dans une autre. Il mangeoit, digéroit, dormoit bien, quoiqu'à des heures différentes. Celles de la messe, qui se disoit dans sa chambre, n'étoient pas plus réglées. Un jour, c'étoit le matin; le lendemain, à sept heures du soir. L'hiver, sans feu, il faisoit ouvrir les fenêtres, et les faisoit fermer certains jours brûlans de l'été; au point qu'on geloit ou qu'on étouffoit dans sa chambre, sans qu'il en parût affecté. Il supportoit trois couvertures de flanelle dans les plus grandes chaleurs, rejetoit la plus légère dans le froid le plus vif, et se montroit d'une manière assez indécente. Tant qu'il gardoit le lit, il ne se confessoit point; mais il marmottoit quelquefois des prières.

Quand il se levoit, il auroit pu marcher sans appui, si la douleur que les ongles alongés de ses pieds lui faisoient dans sa chaussure ne l'en eût empêché. Avec ses ongles longs, tranchans et durs, il se déchiroit en dormant, et prétendoit ensuite qu'on avoit profité de son sommeil pour le blesser; d'autres fois, que des scorpions étoient autour de lui, et le piquoient. Dans des momens il se croyoit mort, et demandoit pourquoi on ne l'enterroit pas. Il gardoit pendant plusieurs jours un morne silence, et sortoit souvent de cette tristesse par des fureurs, frappant, égratignant la Reine, son confesseur, son médecin, et ceux qui se trouvoient auprès de lui, se mordant les bras avec des cris effrayans. On lui demandoit ce qu'il sentoit. « Rien, disoit-il; » et un moment après chantoit, ou retomboit dans la rêverie. Il lui arrivoit de se lever brusquement dans la nuit, et vouloit sortir en chemise, et nu-pieds. La Reine couroit pour le ramener : alors il la frappoit, au point qu'elle étoit souvent meurtrie de coups.

Après avoir gardé le lit des mois entiers dans la plus horrible malpropreté, il en passoit autant sans vouloir se coucher, dormant dans son fauteuil ; de sorte que ses jambes, toujours pendantes, en devenoient enflées. Quoiqu'il fît peu d'exercice, son ordinaire étoit très-fort; il vouloit les alimens les plus substantiels, les viandes les plus solides. A dix heures du matin, il prenoit un consommé, dînoit à midi, mangeoit pendant deux heures, s'endormoit ensuite pendant cinq ou six sans quitter la table, mangeoit à son réveil six ou sept biscuits, et prenoit à onze heures un fort consommé.

Il changeoit et dérangeoit les fonctions de jour et de nuit, se couchant à dix heures du matin, dînant dans son lit, travaillant avec quelques ministres, et se relevant à cinq heures pour la messe. Il dormoit quelquefois douze ou quatorze heures, et le lendemain ne s'assoupissoit que quelques minutes. Il se faisoit apporter sur son lit plusieurs bréviaires, et faisoit réciter par la Reine les psaumes ou antiennes qu'il lui indiquoit, pris alternativement des uns et des autres. Au milieu de ces pratiques dévotes, il s'aperçut un jour que sa chienne étoit chaude, envoya chercher un chien, la fit couvrir devant une assemblée de cinquante personnes, et s'étendit sur la génération en discours plus sales que savans. Dans d'autres occasions, sa dévotion ne l'empêchoit pas de tenir des propos très-gaillards. Je ne m'arrêterai pas davantage sur des alternatives de folie et de raison : je supprime des détails aussi fatigans pour moi que les extraits des dépêches (1) le seroient pour les lecteurs, si jamais ceci paroissoit.

(1) Particulièrement de celles des 1, 8, 11 mars, 3 avril 1728, 24 mai 1729, juillet 1730, etc. (D.)

Il falloit que Philippe v fût du plus fort tempérament, pour ne pas succomber à sa manière de vivre, et aux remèdes qu'il imaginoit. Il prenoit une boîte de thériaque à la fois pendant plusieurs jours de suite, disant que ses médecins étoient des coquins qui soutenoient qu'il n'étoit pas malade, quoiqu'il se sentît près de sa mort, qui arriveroit bientôt.

Malgré ses égaremens, il conservoit pour les affaires le sens le plus droit et la mémoire la plus sûre. Il refusa un jour une affaire qu'on lui proposoit: « Il « y a un an, dit-il, que je l'ai rejetée. » Ses vapeurs se dissipèrent apparemment dans la suite ; car je ne trouve ces détails que dans les lettres du comte de Rothenbourg et du marquis de Brancas, qui se succédèrent dans l'ambassade d'Espagne.

Je remarquerai encore que le tempérament violent de Philippe pour les femmes s'étant fort affoibli, la Reine fut privée d'une grande ressource pour le gouverner; et la nature ne la servant plus si bien, elle recourut, dit-on, à des remèdes excitans, qui produisent rarement leur effet. Elle s'en servit inutilement un jour (1) pour inspirer des désirs, bien résolue de ne les pas satisfaire qu'elle n'eût obtenu ce qu'elle vouloit. Il s'agissoit d'engager le Roi à travailler avec Patino, que ce prince avoit pris en aversion. Il battit très-rudement la Reine à cette occasion, la traitant de malheureuse, qui, non contente d'avoir ruiné son royaume, vouloit attaquer son honneur et sa gloire. Pour se persuader sans doute qu'il avoit raison dans ses violences, après l'avoir battue, il l'obligea un jour de

(1) Le cardinal de Fleury, dans une de ses lettres du mois d'août 1740, prétendoit que Philippe v étoit alors absolument *nul*. (D.)

lui demander pardon. « Je veux, disoit-il à ses domes-
« tiques, qu'elle se défasse de ses quatre évangélistes. »
Il appeloit ainsi Patino, le marquis Scotti, l'archevêque d'Amida, confesseur de la Reine, et la camériste
Pellegrini. Le Roi entroit en fureur à leur sujet. A ces
emportemens succédoient souvent des propos aigres,
qui marquoient encore plus que des fureurs, un cœur
ulcéré, une ame aliénée. On jugeoit, au commerce
intérieur du Roi et de la Reine, qu'elle n'avoit dû
qu'au tempérament ardent de son mari, que la dévotion seule rendoit fidèle, un crédit soutenu depuis
par la force de l'habitude. Philippe étoit dans cette
sorte d'esclavage dont on secoue la chaîne par dépit,
sans pouvoir et même sans vouloir absolument la
rompre.

Quoique Philippe aimât tous ses enfans, il affectoit
souvent de dire devant la Reine que Ferdinand, fils
de sa première femme, étoit le meilleur de tous. Ce
prince relevant de maladie, la Reine lui marqua devant le Roi la plus grande joie de son rétablissement ;
et le Roi, par un clin d'œil et un sourire amer, fit
entendre à son fils qu'elle le trompoit. « Elle est,
« disoit-il, d'une fausseté inouïe. » Elle haïssoit en
effet le prince Ferdinand, quoiqu'il lui témoignât
la plus grande soumission : mais son tort étoit de
vivre, et d'être destinée à régner sur les enfans du
second lit, et sur elle-même ; ce qui étoit continuellement sur le point d'arriver. Depuis la mort de Louis
premier, en faveur de qui Philippe avoit abdiqué, il
conservoit le désir d'une nouvelle abdication, que la
Reine redoutoit. Il écrivoit un jour (mai 1729) au
président de Castille d'assembler le conseil, d'y dé-

clarer son abdication, et qu'on eût à reconnoître pour roi le prince des Asturies, Ferdinand. La Reine, qui en fut informée, se jeta aux pieds de son mari, et, à force de larmes, l'engagea à consulter du moins le marquis de Brancas, alors notre ambassadeur. Le marquis l'exhorta, au nom du roi de France, à garder la couronne; et Philippe, sur qui ce nom de chef de sa maison étoit très-puissant, se laissa persuader, se fit rapporter le billet, et le déchira. Le maréchal de Tessé avoit rendu le même service à la Reine après la mort de Louis premier, en engageant, au nom de la France, Philippe à reprendre la couronne. Son amour et même son respect pour la branche aînée de sa maison étoient tels, qu'au plus fort de ses vapeurs, ayant appris la naissance du Dauphin, il sortit à l'instant du lit où il étoit depuis plusieurs mois, se fit raser, décrasser, vêtir magnifiquement, et fut de la plus grande gaieté.

Depuis l'orage que le marquis de Brancas avoit calmé, la Reine ne laissoit au Roi ni plume ni encre; et, pour le distraire, elle lui fournissoit de petits pinceaux de papier roulé, et des lumignons de bougie délayés dans de l'eau, au moyen de quoi il s'amusoit à dessiner. Mais si la Reine l'empêchoit d'abdiquer, elle ne pouvoit lui en faire perdre le désir, et c'étoit un combat perpétuel.

Philippe, en voulant cesser de régner, et ne régnant pas en effet, n'en étoit pas moins jaloux de son autorité. Comme tous les princes foibles qui, se trouvant incapables de l'exercer dans les choses importantes, s'imaginent en faire montre dans des bagatelles, Philippe disoit quelquefois qu'il étoit le maître, et le prouvoit par quelque puérilité. Par exemple, étant au port de Sainte-Marie dans sa galère, près de partir, il vit lever l'ancre, demanda pourquoi cela se faisoit sans son ordre, la fit rejeter, et relever une minute après.

Comme il sentoit qu'il n'avoit pas un ministre qui fût proprement de son choix, il leur marquoit souvent de l'humeur. S'il soupçonnoit, en signant les expéditions, qu'ils en affectionnoient quelqu'une préférablement à d'autres, il les mêloit toutes avant de signer, ou mettoit dessous la liasse celles qu'il trouvoit dessus, et les renvoyoit à un autre travail. Il brusquoit ceux, tels que Patino, en qui il voyoit des talens dont ils pouvoient abuser. Il traitoit beaucoup mieux les plus bornés, qu'il supposoit plus honnêtes gens. « C'est une bête (en parlant de quelqu'un d'eux), « mais c'est un bon homme : » opinion assez commune, souvent très-fausse, et fort utile aux sots.

La Reine avoit de l'esprit naturel, mais sans la moindre culture, l'avoit souvent faux, et la passion l'égaroit encore. Cherchant toujours son intérêt personnel, elle s'y trompoit dans bien des occasions, et prenoit de fausses routes pour y parvenir. Elle avoit de l'ambition, sans élévation d'ame. Incapable d'affaires, faute de connoissances, les défiances et les soupçons faisoient toute sa prudence. Elle avoit la finesse et le manége des gens du peuple. Violente par caractère, elle se contenoit par intérêt. Employant l'artifice où la candeur l'eût mieux servie, elle supposoit toujours qu'on vouloit la tromper, parce qu'elle en avoit le dessein. Elle aimoit les rapports, dispositions dans un prince qui remplit sa cour de délateurs. Jusqu'au moment de son mariage, elle avoit eu le cœur autrichien. Sa fortune dut naturellement la changer à cet égard; mais, à sa haine contre la France, succéda une jalousie plus préjudiciable pour nous en Espagne qu'une haine impuissante à Parme. Elle rechercha la France par nécessité, et auroit désiré, dans l'union des deux couronnes, que tous les efforts fussent mutuels ou supérieurs de notre part, et les intérêts séparés.

HISTOIRE

DES CAUSES DE LA GUERRE DE 1756.

Comme je me suis moins proposé d'écrire une histoire en forme que de laisser des Mémoires aux historiens, je suspends pour quelque temps ceux que j'ai commencés, pour passer au plus grand, au plus malheureux et au plus humiliant événement de ce règne : je veux dire à la guerre allumée en 1755 par la piraterie des Anglais, et terminée cette année par la paix dont ils ont dicté les conditions.

Je ne veux pas laisser échapper de ma mémoire les connoissances que j'ai été à portée de me procurer. Je sais que si ces annales paroissent bientôt, elles doivent trop heurter l'opinion commune, pour obtenir d'abord la confiance qu'elles méritent. Certains personnages qui ont paru sur la scène sont trop intéressés à me contredire, pour ne le pas faire avec d'autant plus de vivacité et de fiel, qu'ils rendront intérieurement justice à la vérité des faits. Je suis encore plus sûr que lorsque le temps aura levé le voile qui couvre aujourd'hui tant d'intrigues, lorsque les pièces, les instrumens secrets seront devenus sans conséquence, la postérité verra que je n'aurai fait qu'anticiper son jugement. Combien d'opinions admises comme vraies par une génération, et dont la fausseté se trouve démontrée par la génération suivante!

La reine de Hongrie, humiliée de n'avoir pu faire la paix avec le roi de Prusse qu'en lui abandonnant la Silésie, en conserva le plus vif ressentiment, et ne regarda la paix que comme une trêve dont elle comptoit bien se servir pour chercher les moyens de reprendre les armes avec plus d'avantage.

Elle cessa dès ce moment de regarder ou de traiter la France comme sa rivale. Une politique flexible lui fit rechercher l'alliance de cette couronne. Blondel étoit alors chargé des affaires de France à Vienne. La Reine lui tint d'abord quelques propos vagues sur la différence qu'il y avoit entre la situation actuelle des maisons de France et d'Autriche, et celle qui, deux cents ans auparavant, les avoit armées l'une contre l'autre. Elle ajoutoit que l'équilibre étoit aujourd'hui si parfait entre elles, qu'elles ne devoient plus prétendre à le rompre, et que leur union assureroit la tranquillité de l'Europe; ou que si quelque puissance du second ordre tentoit de la troubler, les deux cours principales seroient en droit et en état de la réduire.

Blondel, flatté d'être le négociateur d'un tel plan, s'empresse d'en instruire le marquis de Puisieux, ministre des affaires étrangères, qui ne jugea pas à propos d'en parler au Roi, et défendit à Blondel de suivre ce projet. La Reine voyant notre ministre contraire à ses desseins, en suspendit la poursuite, mais ne les abandonna pas; et lorsque le marquis d'Hautefort vint à Vienne en qualité de notre ambassadeur, elle s'expliqua plus ouvertement avec lui qu'elle n'avoit fait avec Blondel, dans l'espérance qu'un homme de condition auroit plus de poids qu'un simple agent auprès de nos ministres. Outre les raisons politiques qui pouvoient toucher les deux cours, elle ne dissimula pas son ressentiment contre le roi de Prusse. « J'ai sacrifié, dit-elle, mes intérêts les plus chers à « la tranquillité de l'Europe, en cédant la Silésie ; « mais si jamais la guerre se rallume entre moi et « lui, je rentrerai dans tous mes droits, ou j'y péri- « rai, moi et le dernier de ma maison. »

Le comte de Kaunitz, qui vint ambassadeur en France en même temps que le marquis d'Hautefort l'étoit de France à Vienne, avoit ses instructions toutes relatives aux vues de la souveraine. Il s'attacha d'abord à persuader les ministres, et surtout madame de Pompadour, dont le crédit lui paroissoit le plus important à ménager. Elle ne fut pas insensible à l'idée de jouer un rôle plus noble que celui qu'elle avoit joué sur le théâtre des cabinets. Elle se voyoit, en entrant dans la politique, un personnage d'Etat, et s'en crut tous les talens. Elle adopta donc le projet de Kaunitz, et se flatta de convertir nos ministres : mais elle les trouva tous si opposés au nouveau système, qu'elle n'osa prendre sur elle de présenter au Roi un plan qui seroit combattu par tout le conseil, et se contenta de dire au ministre autrichien que notre alliance avec le roi de Prusse étoit trop récemment conclue pour y déroger, et qu'il falloit attendre un temps plus favorable.

Dès ce moment, le comte de Kaunitz cessa d'insister, étala beaucoup de faste extérieur, s'en dédommagea par une grande économie domestique, et se borna à vivre habituellement dans la classe opulente de la finance, où je l'ai fort connu.

Le terme de son ambassade étant arrivé, il retourna à Vienne, et fut remplacé par le comte de Staremberg, muni des mêmes instructions, chargé d'en suivre le plan, et d'épier les circonstances. Elles ne tardèrent pas à se présenter. Une escadre anglaise, sans déclaration de guerre, sans même avoir annoncé le moindre mécontentement contre la France, attaqua et prit, au mois de juin 1755, deux de nos vaisseaux, *l'Alcide* et *le Lis*.

Nous avions alors, pour ambassadeur à Londres, le maréchal de Mirepoix, homme plein d'honneur et de courage, un vrai chevalier de guerre et de tournois des temps de François premier, mais d'un esprit borné. Il demanda justice au ministre anglais de l'acte d'hostilité qui venoit d'arriver. Le caractère franc de cet ambassadeur ne servit qu'à favoriser l'artifice et la duplicité de ceux avec qui il traitoit. Le roi Georges ne craignit pas de dégrader la majesté, en partageant les manœuvres de ses ministres, et autorisant leurs réponses. Ils protestèrent du désir qu'ils avoient d'entretenir la paix, ne comprenant pas, dirent-ils, les motifs de cette aventure; ils alléguèrent que les contestations que nous avions avec eux sur les limites du Canada pouvoient avoir eu des suites en Amérique, qui avoient occasioné le combat dont il s'agissoit; mais qu'ils attendoient des éclaircissemens, qui sans doute affermiroient la paix. Le maréchal, plein de franchise, ne douta pas de celle des ministres, et encore moins de la droiture d'un roi : il se rendit caution auprès de notre gouvernement, qui se laissa presque aussi facilement abuser.

Il étoit pourtant fort facile de pénétrer les desseins

de l'Angleterre. Nous n'ignorons pas combien cette puissance, notre ennemie naturelle, dont toute la prospérité se fonde sur le commerce, étoit jalouse du nôtre, qui balançoit le sien depuis long-temps. Son plan suivi étoit de détruire notre marine, et de s'attribuer primativement l'empire de la mer. Il n'est pas bien décidé si les premières infractions à la paix en Amérique sont venues de la part des Anglais ou des Français; mais il est très-certain que les Anglais désiroient la guerre, et que, pour la faire avec avantage, ils étoient déterminés à la commencer par des hostilités imprévues et multipliées, qui, diminuant nos forces, augmentassent les leurs, et leur assurassent déjà la supériorité, avant que nous nous missions en état de défense. En effet, pendant qu'on se bornoit en France à demander justice aux Anglais, ceux-ci, laissant leur ministère amuser le nôtre par des réponses obscures, se saisissoient de tous les vaisseaux français qu'ils rencontroient à la mer. Cette piraterie dura six mois, avant que nous usassions de représailles. Le maréchal de Mirepoix, dupe jusqu'à l'imbécillité, répondoit toujours des dispositions pacifiques du roi d'Angleterre; et notre ministère, aussi aveugle que le maréchal, attendoit humblement justice. On vouloit, disoit-on, que l'Europe, témoin de notre modération, s'indignât contre l'Angleterre, et applaudît à la justice de notre cause. Ces sentimens pouvoient être méritoires devant Dieu; mais si une vengeance heureuse ne les justifie pas bientôt, un État se trouve dégradé aux yeux des nations, qui n'applaudissent jamais qu'aux vainqueurs. La paix humiliante qui vient de terminer une guerre honteuse a donné atteinte à notre considération en Europe, où la France a peut-être perdu de son rang. Les Anglais nous avoient déjà pris dix mille matelots, avant que nous songeassions à les combattre; et comme la misère ou la violence en fit employer la plupart sur leurs vaisseaux, leurs forces augmentèrent en raison double de nos pertes. Telle fut la première et la principale source de nos disgrâces. Sans rejeter la négociation, si nous n'eussions traité qu'en prenant les armes au premier signal d'hostilité, les malheurs de la guerre se partageant sur les deux nations, il y auroit eu plus d'égalité dans la discussion des droits ou des prétentions.

Il est presque impossible qu'une guerre s'allume entre deux grands Etats, sans que les autres y prennent part. Il étoit d'ailleurs visible que les Anglais, pour nous obliger à faire une diversion dans nos forces, chercheroient à nous susciter une guerre de terre de la part de leurs alliés. Nous avions alors avec le roi de Prusse une alliance qui devoit subsister encore un an (jusqu'au mois de juin 1756), sauf à la renouveler. Le baron de Knipausen, son ministre en France, offrit aussitôt le secours de son maître. Il prétendoit que les Anglais s'étoient déjà assurés de la reine de Hongrie; mais que nous pouvions déconcerter leurs mesures, et que si la France vouloit attaquer les Pays-Bas, le roi de Prusse entreroit en Bohême avec cent mille hommes. D'un autre côté, Staremberg saisit l'occasion d'offrir l'alliance avec la Reine : cette offre dissipoit les soupçons qu'on vouloit nous donner contre la cour de Vienne, et sembloit assurer la paix dans le continent.

Notre conseil, dont les principaux membres avoient

leur intérêt particulier, fut très-partagé. D'Argenson, ministre de la guerre, la désiroit ardemment, et vouloit qu'on acceptât la proposition du roi de Prusse. Machault, ministre de la marine, soutenoit qu'on devoit se renfermer dans la guerre de mer; que l'état de nos finances ne suffiroit pas en même temps aux dépenses qu'exigeroient la terre et la mer; que jusqu'ici les Anglais étoient nos seuls ennemis; que si l'on cédoit aux sollicitations du roi de Prusse, la reine de Hongrie se déclareroit pour l'Angleterre; que si l'on s'engageoit au contraire dans une alliance avec elle, le roi de Prusse la regarderoit comme une infraction au traité qui l'unissoit à nous; qu'il n'y avoit d'autre parti à prendre que d'entretenir notre union avec la Prusse, de lier avec la Reine une négociation qui préviendroit ou du moins retarderoit sa jonction avec l'Angleterre, et nous donneroit le temps de porter tous nos efforts contre notre véritable ennemi. Le comte d'Argenson objectoit que tous nos ménagemens n'éviteroient pas une guerre dans le continent; que nous devions donc la commencer avec avantage, agir sur le plan du roi de Prusse, déconcerter la lenteur autrichienne, et mettre la Reine hors d'état d'être utile aux Anglais.

Quelles que fussent les raisons d'Etat du comte d'Argenson, son intérêt personnel étoit d'engager la guerre de terre, qui, occupant tout ce qui habite ou suit la cour, feroit prévaloir son département sur celui de Machault, son rival de crédit.

L'attention qu'on donne à la marine a toujours été subordonnée aux faveurs qu'on accorde à une armée de terre. Si la capitale étoit un port de mer, la marine prévaudroit; tant le moral et le politique dépendent des circonstances locales et physiques! Puisieux, Saint-Severin et le maréchal de Noailles se rangèrent à l'avis de Machault; Rouillé et l'abbé comte de Bernis adoptèrent celui de d'Argenson. Le comte de Bernis n'étoit pas encore du conseil; mais tout lui étoit communiqué par madame de Pompadour et par les ministres, témoins de la faveur dont il jouissoit auprès d'elle. Il arrivoit de l'ambassade de Venise : l'on voyoit assez qu'il n'y retourneroit pas, et qu'il joueroit bientôt à la cour le plus grand rôle. Ce fut lui qui, penchant pour les offres du roi de Prusse, proposa que, si on ne les acceptoit pas, on envoyât du moins auprès de lui un homme considérable, qui fût du goût de ce prince, pût le ménager, et pénétrer ses desseins. Il fit tomber le choix sur le duc de Nivernois, et l'on n'en pouvoit pas faire un meilleur; mais on ne le fit partir qu'au mois de décembre 1755. Ce retard, involontaire de sa part, nuisit à sa négociation. Les talens les plus rares étoient d'ailleurs assez inutiles auprès d'un prince qui, en distinguant le mérite, discernoit encore mieux ses propres intérêts; et le duc de Nivernois n'arriva à Berlin que pour être témoin de la signature du traité entre l'Angleterre et la Prusse, au mois de janvier 1756. On s'étoit borné, en se fixant à la guerre de mer, à remercier amiablement le roi de Prusse de ses offres, sans accepter celles de la reine de Hongrie. Ce prince, ne doutant pas que les événemens n'allumassent la guerre dans le continent, craignit d'en être la victime. Il n'ignoroit pas les démarches de l'Impératrice pour se lier avec la France, et changer l'ancien système : si elle y parvenoit, ce ne pouvoit être que pour tourner ensuite ses armes contre lui, et recouvrer la Silésie. Quand la Reine ne seroit restée que dans la neutralité contre la France et l'Angleterre, elle auroit encore été en état d'attaquer avec supériorité un prince peu affermi dans la Silésie, très-mal avec le roi d'Angleterre, et en faveur duquel la France ne feroit point de diversion. Les Russes, que les Anglais faisoient venir, augmentoient son inquiétude ; et il pouvoit raisonnablement craindre de se voir écraser entre tant de puissances.

On ne peut donc le blâmer d'avoir cherché sa sûreté dans une alliance avec le roi d'Angleterre. Il la signa, pendant qu'on agitoit dans notre conseil si l'on accepteroit ou refuseroit ses offres. Il ne lui étoit pas difficile d'être informé de nos débats : les maîtresses, les amis, les cliens de nos ministres étoient initiés, suivant notre usage, dans tous les secrets des délibérations ; et les soupers brillans de Compiègne, où la cour étoit, furent, pendant tout le voyage, les comités où les matières politiques, traitées à la française parmi les jolies femmes, les intrigues galantes et les saillies, se préparoient pour le conseil. Pendant que le roi de Prusse s'arrangeoit avec l'Angleterre, Knipausen son ministre, pour en écarter les soupçons, et pour justifier son maître après la conclusion, affectoit de répandre les propositions qu'il avoit faites secrètement à notre ministère. Cette indiscrétion étoit trop forte pour n'être pas suspecte ; et dès ce moment le comte de Bernis ne douta plus de l'intelligence du roi de Prusse avec l'Anglais. Il en avertit inutilement les autres ministres : ils n'étoient pas encore bien persuadés que les Anglais voulussent sérieusement la guerre, et se reposoient tranquillement de l'affaire d'Etat la plus importante sur une négociation de banquiers, qui la traitoient comme un simple malentendu, et une tracasserie de commerçans.

Il ne fut pas possible de s'aveugler sur les desseins de l'Angleterre après l'ouverture du parlement : la harangue du Roi fut une déclaration de guerre et un manifeste. Le comte de Bernis, dont les soupçons étoient justifiés par l'événement, prit dès ce moment plus d'autorité dans les comités : il proposa donc de faire au roi d'Angleterre une réquisition sur la restitution de nos vaisseaux, d'exiger une réponse prompte et précise ; et, sur son refus, de rompre à l'instant toute négociation, et d'attaquer Minorque.

Staremberg, n'oubliant rien pour nous engager dans une alliance avec l'Impératrice, nous avoit souvent avertis de celle que le roi de Prusse négocioit avec l'Angleterre par le duc de Brunswick. On commença à écouter plus favorablement ce qui partoit de la cour de Vienne. L'Impératrice avoit eu dessein de s'adresser au prince de Conti, qui, ayant alors un travail réglé avec le Roi, sembloit avoir un crédit indépendant de madame de Pompadour. Il étoit d'ailleurs en liaison avec madame de Coaslin, qui cherchoit à supplanter la favorite. Le goût du Roi pour madame de Pompadour étoit usé : elle avoit été obligée de recourir à des fêtes, des ballets, des comédies, dont elle étoit la principale actrice. Ces amusemens, qui n'avoient jamais beaucoup flatté ce prince, étoient épuisés ; l'ennui prévaloit toujours. Les agaceries de madame de Coaslin tirèrent le Roi de cette langueur :

elle auroit pu réussir; mais, au lieu d'amener son amant par degrés à un hommage d'éclat qui eût fait éloigner sa rivale, au lieu de fortifier les désirs en les irritant, elle y céda si vite, qu'elle les éteignit : elle se livra comme une fille, et fut prise et quittée de même. Elle ne laissa pas de donner beaucoup d'humeur et de chagrin à madame de Pompadour, qui comprit que ce qu'une rivale malhabile n'avoit pas fait seroit exécuté par une autre : elle conclut qu'elle ne se soutiendroit pas long-temps comme maîtresse, et résolut de se faire ministre. Elle y est parvenue : les affaires lui ont procuré une consistance moins fragile, et les galanteries de passage que le Roi a eues n'ont fait qu'assurer à madame de Pompadour l'état d'amie nécessaire.

Elle n'en étoit pas encore au point où nous la voyons depuis bien des années; mais elle y tendoit. Le hasard, les circonstances l'y ont portée, sans projet formé ni plan suivi. Le comte de Kaunitz, informé du tableau de notre cour, qui n'exige jamais que des yeux, et non de la pénétration, jugea que madame de Pompadour, toute chancelante qu'elle paroissoit, étoit encore la voie la plus sûre pour déterminer le Roi; et, en l'engageant dans les affaires, il la rendit ce qu'il désiroit qu'elle fût et ce qu'elle n'auroit encore osé prétendre, maîtresse de la France.

L'Impératrice sentoit de la répugnance à lier une correspondance qui choquoit également sa dignité, sa morale, et la hauteur autrichienne; mais le comte de Kaunitz dissipa ces préjugés par le grand principe de l'intérêt, si puissant sur les princes. Il en obtint un billet flatteur pour madame de Pompadour, à qui le comte de Staremberg s'empressa de le rendre.

Madame de Pompadour fut si enchantée de se voir rechercher directement par l'Impératrice, qu'elle la regarda sinon comme son égale, du moins comme une amie, dont elle résolut de servir les projets à quelque prix que ce fût. Elle connoissoit trop l'opposition du ministère pour y recourir. Le comte de Bernis, qui lui devoit les commencemens de sa fortune, et dont cette affaire pouvoit achever l'élévation, lui parut le seul homme qu'elle pût consulter et prendre pour guide. Mais elle éprouva de sa part plus de contrariété que de tout autre : aux raisons politiques, il joignit l'intérêt de l'amitié; il lui fit observer qu'il ne s'agissoit pas ici de ces traités qui ne roulent que sur de légers objets, mais du renversement total d'un système qui subsistoit depuis Philippe II, et faisoit la base de toute la politique; combien il étoit dangereux de choquer l'opinion publique, ne fût-elle qu'un préjugé; qu'une alliance entre les deux premières puissances de l'Europe annonceroit la servitude des autres; que dès cet instant le Roi deviendroit suspect au corps germanique, qui l'avoit jusqu'ici regardé comme protecteur de sa liberté. Sur quel titre se porteroit-il désormais pour garant du traité de Westphalie? L'Impératrice n'avoit d'autre objet que d'attaquer en sûreté le roi de Prusse, de nous engager nous-mêmes dans sa querelle, et de nous faire supporter les frais de la guerre, qui ne sont jamais fournis que par la France et l'Angleterre. Le Roi se verroit donc forcé à une guerre de terre, qu'il vouloit éviter. Si le succès en étoit malheureux, quels reproches n'auroit-elle pas à se faire comme Française, et à essuyer du Roi? Le comte de Bernis finit par l'exhorter à continuer de plaire à son amant, à l'amuser, à ne lui point montrer d'humeur, et surtout à éviter les affaires, qui pouvoient la perdre, en la rendant odieuse à la nation.

Madame de Pompadour ne parut pas mécontente du comte de Bernis; mais elle n'abandonna pas son idée, et résolut de hasarder une tentative auprès du Roi, sauf à ne pas insister si elle sentoit trop de résistance. Elle n'en trouva point : ce prince, prévenu d'estime pour la reine de Hongrie, à qui nous avons fait une guerre assez injuste, n'avoit pas les mêmes sentimens pour le roi de Prusse, hérétique, bel esprit, et avantageux. Le Roi étoit blessé de quelques plaisanteries qui lui étoient revenues de Berlin, encore plus révolté de l'irréligion que le roi de Prusse professoit pour le moins avec indiscrétion, et peut-être jaloux de la gloire qu'un petit souverain s'étoit acquise. Il y avoit long-temps que le Roi désiroit une alliance catholique qui pût balancer le parti protestant, déjà supérieur en Europe : il comptoit que la réunion de la France et de la maison d'Autriche contiendroit toutes les autres puissances, écarteroit à jamais la guerre, et feroit perdre à l'Angleterre son allié naturel. Cependant le Roi, avant que de se déterminer, proposa à madame de Pompadour de charger le comte de Bernis d'en conférer avec Staremberg. Madame de Pompadour, connoissant les dispositions du comte de Bernis, et ne voulant pas l'exposer à contredire un système du goût du Roi, et qu'elle désiroit ardemment, représenta que le comte de Bernis, n'étant pas ministre, conviendroit moins que tout autre membre du conseil : mais le Roi persistant, elle eut soin de lui faire remarquer, et de le prier de se souvenir, qu'elle ne l'avoit pas proposé, et que le choix venoit uniquement de Sa Majesté.

Le lendemain (22 septembre 1755), madame de Pompadour, les comtes de Bernis et de Staremberg se rendirent à Babiole, petite maison au-dessous de Bellevue.

On ne peut pas mettre plus de franchise que le comte de Staremberg en mit dès la première conférence. L'Impératrice jugea qu'il étoit de la dignité des deux premières couronnes de l'Europe de traiter sans le moindre détour. Toutes les vues, les prétentions, les propositions de la cour de Vienne furent exposées; et elles étoient telles, qu'il étoit difficile de ne pas en être touché. On les verra bientôt. Mais ce nouveau système étoit d'une si grande importance, que le comte de Bernis demanda, pour la décision, le concours du conseil; et dans tout le cours de cette affaire il eut la précaution de faire signer par le Roi tous les ordres qu'il en reçut.

Pour rédiger le plan qui devoit être présenté au conseil, et ne le pas laisser pénétrer d'avance, les comtes de Bernis et de Staremberg eurent quelques entrevues dans un logement que j'avois au Luxembourg, et que je n'occupois pas, où ils se rendoient, l'un par la rue de Tournon, et l'autre par la rue d'Enfer.

Le plan proposé par l'Impératrice étoit si séduisant, que le Roi ne doutoit presque pas de l'approbation du conseil. Cependant quelques intérêts personnels pouvoient faire naître des discussions incommodes : Puisieux et Saint-Severin seroient blessés

d'un plan qui étoit la rectification de leur traité d'Aix-la-Chapelle; le comte d'Argenson seroit peu favorable à un ouvrage affectionné par madame de Pompadour. Pour obvier à ces contradictions, le Roi voulut que l'affaire, au lieu d'être rapportée en plein conseil, le fût dans un comité composé de Machault, Rouillé, Séchelles, et du comte de Saint-Florentin. C'étoit d'ailleurs le moyen d'admettre dans les conférences le comte de Bernis, qui n'entroit pas au conseil. Le premier comité se tint le 20 octobre 1755, et l'on y fit l'exposé d'un plan qui sembloit détruire tout germe de guerre entre la France et la maison d'Autriche. L'Infant passoit d'Italie dans les Pays-Bas; l'Impératrice abandonnoit à jamais l'Angleterre, et les ports que la maison de France acquéroit à la porte de la Hollande empêchoient cette république d'oser se déclarer contre nous en faveur des Anglais; Mons nous étoit cédé, et Luxembourg rasé; la couronne de Pologne étoit rendue héréditaire, en conservant toujours la liberté de la République, pour ménager la Porte; la Suède gagnoit la Poméranie; l'arrangement du nord et du sud de l'Europe faisoit partie du plan général, et le poids des puissances contractantes sembloit en assurer l'exécution. Les avantages qu'on nous offroit étoient si frappans, qu'on ne pouvoit être arrêté que par le respect des anciens principes. « Est-il sage, dirent quelques-uns, de re-
« noncer à un système établi depuis près de deux
« siècles, suivi par Henri IV, Richelieu, Mazarin,
« d'Avaux, Servien, et devenu un axiome de poli-
« tique nationale? D'ailleurs comment deux cours,
« si long-temps opposées et toujours rivales, seront-

« elles constantes dans leur alliance? La France peut-
« elle compter sur la fidélité de la cour de Vienne,
« après l'avoir rendue plus puissante? La France va
« s'aliéner tous les princes de l'Empire, qu'elle sou-
« met à la maison d'Autriche ; elle perd le parti pro-
« testant, et le donne à l'Angleterre. Après avoir
« maintenu la liberté de Pologne, on l'expose au dé-
« membrement ou à l'asservissement de la part de
« la Russie, ou de la cour de Vienne, qui voudroit
« donner une couronne à l'un des archiducs. Dès cet
« instant, nous perdons la confiance et l'amitié de la
« Porte, si jalouse de la liberté polonaise. »

On répondoit à ces objections que, lors de la naissance de l'ancien système, la maison d'Autriche possédoit la couronne impériale, celles d'Espagne et de
Naples, une partie des Etats du roi de Sardaigne, et
la Servie pour barrière contre le Turc. Elle n'a plus
aujourd'hui que l'Empire. Par le système proposé,
la cour de Vienne ne s'agrandit pas relativement à la
maison de France, qui gagne les Pays-Bas, et devient
relativement plus puissante, surtout contre les Anglais, par les places maritimes de Flandre. Les deux
puissances contractantes se lient directement par les
sermens et l'honneur; mais, de plus, leurs arrangemens respectifs, leurs avantages réciproques sont si
sensibles, que l'intérêt, la première loi des princes,
devient encore le garant de l'honneur. Le traité de
Westphalie restant inaltérable, les protestans sont
rassurés. L'union de la Suède pour la garantie est
une nouvelle sûreté, et le Danemarck offre d'entrer
dans l'union. La liberté des Polonais fait une des
bases du traité. La Russie, devenue notre alliée, en-

treprendra moins sur la Pologne. Notre alliance avec la Russie ne nous oblige de lui fournir aucun secours contre le Turc; ce qui assure la neutralité de la Porte entre les Français et les Anglais. D'ailleurs, il étoit impossible que la guerre de mer n'excitât bientôt celle de terre; les Anglais armeroient infailliblement contre nous l'Impératrice. Il ne nous restoit donc que le choix de l'ennemi. Devions-nous préférer pour allié le roi de Prusse à l'Impératrice, qui nous faisoit les plus grands avantages?

Les différentes alliances que le nouveau système exigeoit étoient si compliquées, qu'une défection pouvoit faire tout crouler; mais c'est l'inconvénient de toutes les guerres de ligue, et toutes les puissances étoient intéressées dans celles-ci. L'Impératrice renonçoit à jamais à l'Angleterre; le succès de la guerre paroissoit infaillible, et n'a manqué en effet que par les généraux.

Quoiqu'on parût répondre à toutes les objections, le comité resta dans une telle indécision, qu'on se borna à répondre qu'avant de se déterminer, on vouloit observer les démarches de l'Angleterre et de la Prusse. L'Impératrice, assez mécontente, nous fit demander de proposer nous-mêmes un plan, puisque le sien n'étoit pas accepté. Le comte de Bernis proposa alors entre les deux cours un traité d'union et de garantie de leurs Etats respectifs en Europe, ceux du roi de Prusse y étant compris, l'Angleterre seule exceptée, à cause des hostilités; et qu'à cet égard l'Impératrice garderoit la neutralité. Tout le comité approuva le projet.

La cour de Vienne fit les plus grandes difficultés

sur la garantie des Etats de Prusse : le Roi même, porté à une alliance plus étroite, craignit que la négociation ne fût rompue, et en témoigna quelque chagrin. Mais enfin l'Impératrice jugea que le traité d'union la mettroit du moins à couvert des hostilités de la France, et que celles du roi de Prusse pourroient bientôt faire naître la guerre.

Le traité alloit être signé, lorsqu'on reçut la nouvelle de celui qui venoit de l'être à Londres, le 16 janvier 1756, entre l'Angleterre et la Prusse. La cour de Vienne déclara aussitôt que dans ces circonstances on ne pouvoit pas, sans lui inspirer une défiance très-fondée, persister dans la garantie des Etats du roi de Prusse : elle vouloit du moins une convention de neutralité, qui mît les Pays-Bas à couvert. Le comte de Bernis trouvoit la demande juste. Machault ne rougit pas de s'y opposer, « d'autant plus, dit-il, que si nous « avions de mauvais succès contre l'Angleterre, nous « pourrions nous en dédommager sur les Pays-Bas. » Ce qu'il y eut de plus singulier, c'est qu'un avis si déshonorant pour le Roi parut le trait d'une haute politique à plusieurs membres du comité, qui d'abord vouloient qu'on agît offensivement contre le roi de Prusse.

Sur les plaintes que le duc de Nivernois fit à ce prince de son traité avec l'Angleterre, il répondit que cela n'avoit rien de contraire à celui qu'il avoit avec la France; qu'il étoit même prêt à le renouveler; et qu'il ne trouveroit pas mauvais qu'elle en fît un, de son côté, avec la cour de Vienne. Le duc de Nivernois eut ordre de revenir; et le marquis de Valory alla le remplacer, sans autres instructions que de veiller sur la conduite d'un prince que nous devions déjà regarder comme notre ennemi, mais avec qui nous n'avions point encore de guerre ouverte. D'un autre côté, le duc de Duras, à la première nouvelle des hostilités des Anglais, et sans mission de notre cour, tâcha d'engager celle de Madrid, où il étoit ambassadeur, à se déclarer contre l'Angleterre. Sa proposition fut fort mal reçue; et, dans la crainte qu'il ne nous engageât légèrement dans quelques fausses démarches, il eut ordre de revenir. Le comte de Bernis fut destiné à lui succéder. La suite des événemens le fit bientôt après nommer pour aller à Vienne; mais comme il étoit encore plus nécessaire à conduire ici les différentes branches de la négociation, qui prenoit à chaque instant plus d'activité, il ne partit point. Le comte d'Aubeterre alla de Vienne relever le duc de Duras à Madrid; et le marquis de Stainville, aujourd'hui duc de Choiseul, se rendit à Vienne.

Le roi de Prusse n'eut pas plus tôt ratifié le traité de Londres, que l'Impératrice en exigea un de nous pour la neutralité des Pays-Bas, et défensif en cas d'hostilité du roi de Prusse. Le comte de Bernis, que le Roi chargea de le rédiger, ne voulant rien prendre sur lui dans une affaire de cette importance, demanda la réunion de tout le conseil en comité.

Le Roi, piqué du procédé du roi de Prusse, et madame de Pompadour excitée et flattée par l'Impératrice, désiroient que le traité fût offensif. Le comte de Bernis fut presque le seul qui s'y opposa. Il sentoit que, pour peu que la guerre s'engageât, tout le fardeau en retomberoit sur nous; que nous n'avions point de généraux en qui l'armée eût de confiance, et que nos finances étoient en fort mauvais état. Il présenta qu'on seroit toujours à temps de prendre des mesures offensives; qu'il étoit dangereux de s'engager avec la cour de Vienne plus qu'elle ne l'exigeoit elle-même. Il parvint enfin à suspendre le ressentiment du Roi, à tempérer l'engouement de madame de Pompadour pour l'Impératrice, à résister à l'ardeur que tous les militaires avoient pour la guerre. Le traité fut donc fait, tel qu'il est imprimé. (*Voyez le traité.*)

Le comte de Bernis exigeoit que le traité fût secret, persuadé que le roi de Prusse bien armé, et ne doutant pas que l'offensif ne suivît bientôt le défensif, se prévaudroit de sa situation pour attaquer la reine d'Hongrie. Il demandoit de plus, et comme un préalable nécessaire, qu'on mît le roi de Pologne, électeur de Saxe, en état de défense contre le roi de Prusse. Tout le conseil se récria que ce secret n'étoit pas de la dignité du Roi; que le roi de Prusse, consterné, n'oseroit jamais prendre les armes; et que les précautions pour la défense de la Saxe seroient d'une dépense fort inutile. Le comte d'Argenson fut le seul qui approuva l'avis du comte de Bernis de ne pas négliger la Saxe, parce que c'étoit faire agir des troupes; ce qui est toujours du goût d'un ministre de la guerre : mais il n'appuya point la proposition du secret, parce que la publicité pouvoit engager l'affaire. Aussitôt que le traité fut connu, l'applaudissement fut général. Ce fut une espèce d'ivresse, qui augmenta encore par le chagrin que les Anglais en montrèrent : chacun s'imagina que l'union des deux premières puissances tiendroit toute l'Europe en respect ; on proposa même dans l'Académie de donner, pour sujet du prix de vers, le traité entre les deux cours ; et je ne pus l'empêcher d'être admis qu'en représentant qu'il falloit du moins, avant que de se décider, consulter le ministère sur un sujet qui tenoit à la politique. Cela en fit choisir un autre. Depuis les ministres jusqu'aux derniers sous-ordres, tous vouloient avoir concouru au traité. Rouillé, qui n'avoit été qu'assistant, proposa naïvement de nommer le traité *traité de Jouy*, du nom de sa maison de campagne, où les préliminaires avoient été arrêtés : c'étoit toute la part qu'il y avoit eue. On rit de sa prétention, et on le rappela à lui-même. Il prétendit encore qu'on ne devoit pas moins que de faire duc le petit Beuvron, son gendre. Le Roi ne fut pas de son avis ; et Rouillé fut obligé de se contenter de seize mille livres de pension dans sa famille.

Je sais que les idées ont bien changé depuis ; mais on oublie les époques. Sans vouloir prononcer sur le traité en lui-même, je rapporte les faits, et j'avance que, jusqu'à la bataille de Rosback, le traité soutint sa faveur. Voyons maintenant comment et pourquoi les choses changèrent si fort de face.

Tout parut d'abord nous réussir : le maréchal de Richelieu s'empare de Minorque ; La Galissonnière bat et disperse la flotte anglaise, commandée par l'amiral Byng. On a prétendu que l'attaque du fort Saint-Philippe, à Mahon, étoit une entreprise folle : il est vrai qu'on ne s'y fût peut-être pas engagé, si on l'eût connu exactement. On s'étoit déterminé sur un plan fourni par l'Espagne ; mais on ignoroit l'état de la place depuis que les Anglais la possédoient, et il n'y eut que l'intrépidité du soldat français qui suppléa à tout. Quoi qu'il en soit, cette conquête produisit un tel effet chez les Anglais, qu'ils craignirent une descente dans leur île, et de voir les Français dans Londres. J'en ai su depuis les détails dans mon séjour en Angleterre. Leurs terreurs n'auroient pas été vaines, si nous eussions eu encore le maréchal de Saxe et Duguay-Trouin: ils ont disparu, et n'ont point eu de successeurs. Les Anglais tirèrent de leur disgrâce un parti que nous ne connoissons point. Byng, malheureux, fut jugé en coupable, et passé par les armes. Cet acte de sévérité dissipa la frayeur de la nation, lui fit croire qu'elle n'avoit été que mal servie, et apprit à leurs généraux la nécessité, et peut-être par là les moyens, d'être heureux.

Pour nous, quelques chansons furent les plus agréables fruits de notre victoire : le premier de nos succès en fut le terme, et n'a presque été suivi que de malheurs et d'humiliations.

Des généraux de cabinet avides d'argent, inexpérimentés ou présomptueux; des ministres ignorans, jaloux ou malintentionnés ; des subalternes prodigues de leur sang sur un champ de bataille, et rampant à la cour devant les distributeurs des grâces, voilà les instrumens que nous avons employés.

Le seul capable de suivre le système qu'il avoit adopté forcément, mais le seul capable de le suivre, puisqu'il en avoit combiné tous les ressorts, n'étoit pas maître de leur donner le mouvement. Le comte de Bernis enfin, avec plus de faveur que de crédit, n'avoit pas l'autorité active. Rouillé, jaloux d'un associé qu'il ne peut s'empêcher de regarder comme son maître, lui dérobe la connoissance de ce qui se passe chez l'étranger, et (ce qui est incroyable) continue d'agir dans toutes les cours suivant l'ancien système, quoiqu'il eût été un instrument du nouveau, dont il prétendoit tirer sa gloire.

Le Roi sentit les inconvéniens de cette discordance, et voulut faire entrer au conseil le comte de Bernis, pour le mettre en état de connoître tout ce qui étoit relatif à son plan. Le petit Rouillé en est alarmé; et le prince conserve encore six mois, au détriment des affaires, une représentation de ministre, dont le seul mérite étoit d'avoir excité la pitié.

Le comte de Bernis, voulant se prévaloir de la prise de Minorque pour finir la guerre sur mer, et prévenir celle de terre, proposa de renouveler à l'Angleterre la réquisition de nous restituer les prises, avec l'affranchissement de Dunkerque, en offrant à ce prix de rendre Minorque. Les Anglais auroient sans doute accepté la proposition; mais elle fut unanimement rejetée par notre conseil. Le sentiment du comte de Bernis étoit de n'agir offensivement contre le roi de Prusse qu'en cas d'agression de sa part : mais ce prince voyoit très-clairement que la cour de Vienne n'avoit recherché la France que pour n'être pas inquiétée dans ses desseins sur la Silésie; il connoissoit la haine personnelle que lui portoit l'impératrice de Russie Elisabeth, et son inclination pour la reine de Hongrie. Elles se réuniroient sans doute; et le ressentiment que l'électeur de Saxe conservoit contre lui de la dernière guerre éclateroit alors. Il résolut de les prévenir. Il avoit cent cinquante mille hommes bien armés et bien disciplinés; l'électeur avoit consumé dans des fêtes et des plaisirs insipides des trésors qu'il auroit dû employer à réparer ses pertes, et à se faire respecter. Dans cette situation, le roi de Prusse fait notifier à la reine de Hongrie qu'il est alarmé des préparatifs de guerre qui se font dans l'Empire, et lui demande de déclarer hautement qu'elle n'a aucun dessein de l'attaquer, du moins pendant cette année et la suivante. La Reine fait répondre qu'une telle déclaration seroit trop irrégulière, puisqu'elle convertiroit en trève une paix subsistante.

Sur une réponse si peu précise, le roi de Prusse prend un parti prompt. Soixante mille Prussiens, commandés par le prince Ferdinand de Brunswick, entrent en Saxe, et s'emparent de Leipsick; et le roi de Prusse marche à Dresde. Le roi Auguste lui abandonne sa capitale, et se renferme avec dix-sept mille hommes dans le camp de Pirna, où il se trouve aussitôt bloqué. Le roi de Prusse, déclaré à l'instant ennemi de l'Empire, pour toute réponse s'avance vers la Bohême, livre bataille au comte de Brown à Lobkowitz, le bat, et, sans perdre de temps, revient sur le camp de Pirna. Le roi Auguste se retire avec le prince royal dans le château de Kœnigstein, et abandonne son armée, qui se rend prisonnière de guerre, et qui, à l'exception des officiers, fut incorporée et dispersée dans les troupes prussiennes. Auguste fait des propositions de paix : on les rejette. Il demande au vainqueur de prescrire les conditions : Frédéric répond qu'il n'en a point à faire; qu'il n'est pas entré en Saxe comme ennemi, mais comme dépositaire. Auguste le prie de lui rendre du moins ses gardes : Frédéric les refuse, et prétend qu'il ne veut pas avoir la peine de les reprendre. Toutes les réponses de Frédéric sont des insultes ou des marques de mépris, et toute la conduite d'Auguste semble excuser le vainqueur. Le malheureux prince se borna enfin à demander des passe-ports pour s'éloigner : ce fut la seule grâce que Frédéric lui accorda ; il lui offrit même des chevaux de poste.

Auguste, exilé de ses propres Etats, se réfugia en Pologne, où la République lui témoigna une compassion humiliante, et ne lui offrit aucun secours. La reine de Pologne, au contraire, montra toute la fermeté que sa situation comportoit. Jamais elle ne voulut sortir de Dresde ; mais enfin elle succomba sous les chagrins et les duretés qu'elle eut à essuyer, et mourut.

Nous avions jusque là suspendu l'exécution du traité de Versailles ; mais l'agression du roi de Prusse ne nous laissant plus de raison de différer, on donna les ordres pour faire marcher les vingt-quatre mille hommes (dix-huit mille d'infanterie et six mille de cavalerie) stipulés par le traité. Le comte de Bernis vouloit qu'on s'y restreignît exactement : ce n'étoit pas l'intérêt du comte d'Argenson, qui auroit désiré employer toutes les troupes de France, pour étendre son département. Appuyé des larmes de la Dauphine, qui crioit vengeance pour son père, il tâcha de persuader au Roi qu'un secours de vingt-quatre mille hommes n'étant pas suffisant, ce seroit les sacrifier sans fruit ; qu'ils seroient toujours les plus exposés ; qu'il faudroit continuellement les recruter ; et que, sans rien opérer d'avantageux pour l'Impératrice ni de glorieux pour nous, la France s'épuiseroit d'hommes et d'argent par des campagnes multipliées : au lieu qu'en déployant d'abord des forces considérables, on arrêteroit les progrès du roi de Prusse, et qu'on le réduiroit à accepter les conditions qui lui seroient imposées. Deux campagnes, disoit-on, suffiroient pour rétablir la paix dans le continent, et pour faire jouir la France et la reine de Hongrie des avantages respectifs de leur traité.

Le Roi fut séduit d'un plan conforme à ses dispositions personnelles à l'égard de l'Impératrice et du roi de Prusse : il voulut cependant, avant de se déterminer, que l'affaire fût examinée au conseil (novembre 1755). Machault fut très-opposé à d'Argenson : il n'ignoroit pas qu'une armée de terre attire toujours l'attention et le soin de la cour, préférablement à la marine; les courtisans servent presque tous sur terre, au lieu que les marins fréquentent peu la cour, et valoient encore mieux quand ils y paroissoient moins. Machault, qui, étant contrôleur général, avoit tout refusé pour la marine au comte de Maurepas, craignit d'avoir donné un fâcheux exemple pour lui-même : il fit voir le danger de ne pas nous occuper particulièrement de la guerre contre les Anglais, nos vrais ennemis, et prétendit ne pouvoir soutenir la marine à moins de soixante millions.

Le comte d'Argenson, soutenu de Séchelles, contrôleur général, en offrit soixante-cinq. Cette offre ne dissipoit pas les défiances de Machault, mais elle détruisoit ses objections : ainsi le sentiment du comte d'Argenson commençoit à prévaloir. Il n'y eut encore rien de décidé; et la question politique fut renvoyée au comité, afin que le comte de Bernis, qui n'étoit pas encore du conseil, pût opiner sur la matière. Il n'étoit pas de l'avis du comte d'Argenson, dont il prévoyoit les suites; mais le penchant du Roi pour l'Impératrice, l'engouement de madame de Pompadour pour cette princesse, qu'elle regardoit naïvement comme son amie, et dont elle se flattoit presque d'être la protectrice; l'obsession du prince de Soubise, du comte depuis maréchal d'Estrées, du duc de Richelieu, et de tous ceux qui, sans être des personnages, vouloient jouer des rôles; tout fit voir au comte de Bernis que s'il ne consentoit pas à l'augmentation du secours en le limitant, il seroit porté beaucoup plus loin que l'état de nos finances ne le comporteroit. Il essaya inutilement de montrer le peu de confiance que la nation avoit dans nos généraux : enfin il consentit à porter le secours jusqu'à quarante-cinq mille hommes, pourvu que ce fût des troupes étrangères, la moitié de la dépense d'une armée française suffisant à cet objet. L'Impératrice eût été très-satisfaite de cette augmentation; mais le comte d'Argenson n'étoit pas encore content; les troupes étrangères ne lui convenoient pas : il falloit employer les courtisans, ses cliens, ses créatures, et surtout ses protégés, en formant une armée de munitionnaires, dont l'Etat se ressentira long-temps.

Voilà par quels degrés, par quelles intrigues nous parvînmes à dénaturer le traité, et sacrifier les forces et les finances du royaume à des intérêts particuliers.

Le conseil de Vienne ne fut pas trompé comme nous dans son plan, qui étoit de nous rendre les principaux acteurs de la guerre, sous le simple titre d'alliés. Il faut convenir que, depuis Philippe II, nulle cour n'a mieux suivi son objet. Lorsqu'elle paroît s'écarter de son plan, c'est pour y rentrer par une route détournée : on y aperçoit le même esprit, un système constant qui se plie aux circonstances, sait les préparer et les saisir.

Ainsi le cardinal de Fleury avoit bien raison de dire ce que je viens de lire dans une de ses lettres, du temps où nous étions en guerre contre les Autrichiens (juin 1741) : *La reine de Hongrie est dans le cas d'une boutique où la mort du maître n'apporte aucun changement, quand les garçons gouvernent à sa place : elle a le même conseil, et agit comme ses ancêtres.* Dans une autre lettre : *L'Empereur est faux, et nous hait souverainement. Il s'est servi de l'estampille du dernier empereur pour décider beaucoup d'affaires après sa mort; et cela est prouvé.*

Pendant qu'on faisoit les préparatifs de guerre, le comte de Bernis (car Rouillé n'avoit que le titre de ministre) négocioit avec toutes les puissances de l'Europe. La Russie accéda au traité de Versailles, malgré tous les efforts de Bestuchef, livré à la cour d'Angleterre, où il avoit été élevé page du roi Georges II. La Suède prit les armes pour la même cause. On jeta les fondemens d'une union d'armes avec le Danemarck; on traita avec la Bavière, le Palatinat et le Wirtemberg. La diète de l'Empire empêcha que cette guerre ne fût présentée par le roi de Prusse comme guerre de religion; la Hollande confirma sa neutralité. Ces négociations furent conduites avec tant de promptitude et d'habileté, que toutes étoient consommées au mois d'avril 1757; et les mauvais succès de la guerre ne détachèrent, dans la suite, aucune des puissances contractantes, jusqu'à la mort de l'impératrice Elisabeth.

Le comte d'Estrées partit en même temps pour aller à Vienne concerter le plan des opérations militaires. Cet arrangement ne se fit pas sans difficultés : nous exigions de l'Impératrice qu'elle renonçât pour toujours à l'alliance de l'Angleterre, et la répugnance qu'elle y montroit ne servoit qu'à nous prouver la nécessité de l'exiger. Enfin elle y consentit, pourvu que la France se détachât pour jamais de la Prusse ; ce qui fut convenu des deux parts. Il fut ensuite question de la neutralité d'Hanovre. Le comte de Bernis la proposa ; et le roi d'Angleterre s'en seroit d'autant moins éloigné, que nos succès en Amérique lui faisoient craindre que les Anglais, maîtres de l'application de leurs finances, ne préférassent la défense de leurs colonies à celle de son électorat. En effet, les événemens n'avoient pas répondu à leurs projets sur le Canada.

Bradock, suivant les ordres qu'il avoit reçus de Londres dès 1754, avoit compté s'emparer de nos possessions : Boscawen, en conséquence de pareils ordres du mois d'avril 1754, devoit nous attaquer sur mer. Ces faits, et plusieurs autres des années antérieures, prouvent assez que depuis long-temps les Anglais méditoient l'invasion du Canada ; qu'ils étoient déterminés à nous déclarer la guerre, et que, pour en assurer le succès, ils devoient, contre la foi des traités, agir dans l'ancien et le nouveau monde par des hostilités combinées. Voyons-en les premiers effets.

En Canada, Jumonville, officier français, va, comme négociateur, porter des paroles de paix aux Anglais, au milieu des Sauvages leurs alliés : il est odieusement assassiné par les Anglais à la vue des Sauvages, indignés d'un tel attentat contre l'humanité et le droit des gens. Les Anglais se virent abandonnés de la plupart de ces Sauvages; d'autres, furieux qu'on eût eu la barbarie de les proscrire en mettant leurs têtes à prix, se répandirent dans les possessions anglaises, portant partout le fer et le feu.

Le général Bradock périt dans le combat du 5 juillet; et les papiers qu'on trouva dans ses poches dévoilèrent les projets suivis de la cour de Londres, que des ministres plus éclairés ou plus attentifs que les nôtres auroient dû prévoir. Les marquis de Vaudreuil et de Montcalm eurent, dans les commencemens de cette guerre, les plus grands succès en Canada. Il étoit donc très-probable que les Anglais auroient alors accepté la neutralité d'Hanovre, pour ne s'occuper que de leur propre défense; mais notre gouvernement se persuada que le roi d'Angleterre, maître, suivant la constitution de l'Etat, de faire la guerre ou la paix, prendroit ce dernier parti dès qu'il se verroit dépouillé de son électorat, et que c'étoit l'affaire d'une campagne.

Ce raisonnement paroissoit décisif à la noblesse, qui demandoit de l'emploi, et au ministre de la guerre, qui vouloit la faire. Il n'étoit pas même sans vraisemblance, si, au lieu de considérer les puissances, on eût fait attention à ceux qui devoient les faire agir;

si, au lieu de compter les troupes, on eût comparé ceux qui devoient les commander.

L'influence que le comte de Bernis devoit avoir dans les négociations trouva moins d'obstacles dès qu'il fut entré au conseil, le 2 janvier 1757. Le Roi, ennuyé des petits manéges sourds de Rouillé, avoit pris le parti d'appeler le comte de Bernis au conseil; et, quelques mois après, Rouillé remit le département des affaires étrangères, dont il voyoit qu'il n'étoit que le prête-nom. Ce fut trois jours après l'entrée du comte de Bernis au conseil qu'arriva l'attentat sur la personne du Roi, par Damiens. Je ne m'arrêterai pas ici sur cet affreux événement, dont j'ai fait un point d'histoire séparé.

Les discussions entre le parlement et le ministère étoient alors dans leur grande force : les enquêtes, les requêtes, et partie de la grand'chambre, avoient donné la démission de leurs charges aussitôt après le lit de justice du 13 décembre. Ce malheur (du 5 janvier) auroit sans doute réuni tous les esprits, si le premier président de Maupeou et les principaux ministres (d'Argenson et Machault) l'eussent voulu de bonne foi; mais ces trois hommes suivoient la maxime de Tibère : *Divide, et impera.* Trois semaines après (2 février), les deux ministres furent exilés par des intrigues de cour. Jamais on ne prit plus mal son temps pour renvoyer deux ministres expérimentés, surtout si l'on considère leurs successeurs. Machault fut remplacé par Moras; et le marquis de Paulmy succéda à son oncle d'Argenson. Tels étoient les principaux instrumens de l'ouvrage qu'on alloit commencer.

Les arrangemens étant faits, les plans arrêtés, et

les opérations fixées, on fit marcher (1757) en Allemagne une armée sous les ordres du maréchal d'Estrées, et dans laquelle le prince de Soubise commandoit une division. Le maréchal, s'avançant vers l'électorat d'Hanovre, traversa la Westphalie, s'empara d'Embden, soumit la Hesse, passa le Weser sans combattre. Le duc de Cumberland, qui commandoit l'armée anglaise, fortifiée de celle de Brunswick et de la Hesse, se retiroit toujours devant le maréchal, et finit par se retrancher dans un camp avantageux, près de Hastenbeck. Peut-être le maréchal ne l'auroit pas attaqué, si les plaintes de la cour, les plaisanteries des sociétés de Paris, et l'avis qu'il eut qu'on travailloit à le faire rappeler, ne l'eussent tiré de son indécision. La cabale du prince de Soubise, aidée des intrigues de sa sœur la comtesse de Marsan, ne cessoit de crier contre la lenteur du maréchal, et demandoit un général plus entreprenant. Des misères de cour y déterminent ordinairement les partis les plus graves. Madame de Pompadour étoit très-mécontente de ce que le maréchal d'Estrées trouvoit mauvais que le prince de Soubise, ne commandant qu'une division, fît timbrer ses lettres *armée de Soubise*. Outre cet important motif, le maréchal avoit eu la sotte hauteur de ne vouloir pas concerter ses opérations avec Duvernay, munitionnaire général, homme nécessaire, plein de ressources, et qui entendoit mieux la guerre que la plupart de nos généraux. Duvernay fut sensible à ces ridicules marques de mépris. Il étoit considéré du Roi, fort accueilli de madame de Pompadour, à qui il avoit rendu des services dans des temps où elle en pouvoit recevoir de beaucoup de monde. Le maréchal de Richelieu saisit lestement cette occasion de s'offrir. Madame de Pompadour n'auroit encore osé faire commander en chef le prince de Soubise, et le substituer au maréchal d'Estrées : elle auroit révolté tous les maréchaux de France et les officiers généraux, plus anciens que son ami. Mais le général qui se proposoit lui répugnoit plus que tout autre : elle n'a jamais aimé le maréchal de Richelieu, qui, sans la braver ouvertement, avoit, par des propos légers sur elle, toujours cherché à la faire regarder du Roi sur le pied d'une bourgeoise déplacée, d'une galanterie de passage, d'un simple amusement qui n'étoit pas fait pour subsister dignement à la cour. Ce qu'il y a de plus admirable, c'est que l'opinion du maréchal de Richelieu ne lui étoit pas particulière : ce fut long-temps celle de la cour. Il sembloit que la place de maîtresse du Roi exigeât naissance et illustration. Les hommes ambitionnoient l'honneur d'en présenter une, leur parente, s'ils pouvoient ; les femmes, celui d'être choisies.

Peu s'en falloit qu'elles ne criassent à l'injustice sur la préférence donnée à une bourgeoise. J'en ai vu plusieurs douter, dans les commencemens, si elles pourroient décemment la voir. Bientôt elle forma sa société, et n'y admit pas toutes celles qui la recherchèrent.

Le maréchal de Richelieu, devenu plus circonspect à l'égard de madame de Pompadour, eut recours au crédit de Duvernay, le rechercha avec empressement, le combla de caresses et d'éloges, l'assura qu'il ne vouloit se conduire que par ses conseils ; et Duvernay, peut-être aussi séduit par l'amour propre que par son ressentiment contre le maréchal d'Estrées, entreprit de faire donner le commandement au maréchal de Richelieu. Pour y parvenir, il pria le comte de Bernis de lui procurer une audience particulière de madame de Pompadour, et lui ajouta qu'il ne lui feroit pas long-temps un secret de son dessein; mais qu'il le prioit de ne pas l'exiger pour le moment. Le comte de Bernis ne força point Duvernay de questions, et lui procura la conférence qu'il désiroit. Le comte de Bernis n'étoit pas personnellement suspect; mais sa liaison avec le maréchal de Belle-Ile fit craindre qu'il ne lui fît part du projet, et que le maréchal, ami de d'Estrées, ne le lui mandât. On verra bientôt que toutes ces petites réserves n'empêchèrent pas l'intrigue de s'éventer.

Duvernay exposa son plan au Roi, en présence de madame de Pompadour et de Paulmy. Celui-ci, petit fantôme de ministre, n'étoit pas en état de discuter contre Duvernay, ni peut-être de l'entendre : plus fait pour figurer dans quelque cotterie obscure et crapuleuse que dans un conseil, il ne fut qu'assistant. L'objet étoit d'attaquer le roi de Prusse par l'Elbe et l'Oder. Les Français et les Impériaux devoient se porter sur Magdebourg; les Suédois et les Russes, sur Stettin. Les approvisionnemens se faisoient sur la Meuse, le Rhin et le Weser. On prenoit toutes les précautions contre les malheurs des guerres éloignées.

Le plan, bien développé, promettoit les suites les plus heureuses et les plus sûres : le Roi l'approuva fort. Le concours de Duvernay étoit nécessaire pour l'exécution; et le maréchal d'Estrées ne sympathisant pas avec lui, il falloit absolument un autre général. Duvernay en fit convenir le Roi, et tout de suite proposa le maréchal de Richelieu. Il fit valoir la confiance que le vainqueur de Minorque inspiroit aux troupes, dont l'ardeur se refroidissoit sous le temporiseur d'Estrées ; il ajouta, pour se concilier madame de Pompadour, que le prince de Soubise auroit sous ses ordres trente-cinq mille hommes, à la tête desquels il entreroit en Saxe, l'enlèveroit au roi de Prusse, et se feroit la plus haute réputation. Le maréchal d'Estrées, très-brave de sa personne, mais toujours inquiet, a paru timide dès qu'il a commandé en chef : moins occupé du désir de vaincre que du soin d'assurer sa retraite en cas d'échec, il craignoit de s'engager trop avant. Un autre motif l'arrêtoit encore : le marquis de Puisieux son beau-père, et Saint-Severin, ses oracles en politique, lui avoient inspiré leurs préventions contre le nouveau système ; et l'on exécute très-mal un plan qu'on n'affectionne pas. Cependant il falloit agir, ou ne pas rechercher le commandement. Le Roi, presque décidé sur le plan de Duvernay, le communiqua au Dauphin, en lui ordonnant d'y réfléchir, et de lui en marquer son sentiment par écrit. Ce prince le discuta avec beaucoup de justesse ; et, sur le compte qu'il en rendit, le Roi fit assembler le conseil ; et, sans y mettre l'affaire en délibération, pour éviter tous les débats sur un parti pris, il ordonna l'exécution du plan proposé.

Le maréchal de Richelieu, qui avoit promis à madame de Pompadour tout ce qu'elle avoit voulu en faveur du prince de Soubise, fut nommé aussitôt pour remplacer le maréchal d'Estrées, et reçut ordre d'aller prendre le commandement de l'armée. Quelque secret qu'on eût gardé jusque là avec le maréchal de Belle-Ile, s'il ne l'avoit pas absolument pénétré, il en avoit assez soupçonné, par les comités secrets, les mouvemens du maréchal de Richelieu, les déclamations aigres de la comtesse de Marsan, et tant d'indiscrétions de fait qui en disent autant et plus que les paroles; il en avoit, dis-je, assez vu pour écrire au maréchal d'Estrées, son ami, que s'il vouloit avoir l'honneur de sa campagne, il devoit se presser; sans quoi un autre lui en raviroit la gloire. Ce fut ce qui lui fit (26 juillet) donner la bataille d'Hastenbeck, où il remporta une victoire qu'il dut principalement à Chevert, au marquis de Bréhan, et à quelques autres officiers distingués. Les suites en furent telles, que l'armée ennemie, forcée dans un camp retranché depuis un mois, se retira à vingt lieues du champ de bataille. Hamelin, pourvu de toutes les munitions de bouche et de guerre, se rendit à la première sommation. Minden demanda à capituler, et Hanovre envoya ses magistrats régler les contributions.

Le maréchal de Richelieu arriva peu de jours après la bataille, et en auroit eu l'honneur s'il ne se fût pas arrêté à Strasbourg pour y attendre galamment la duchesse de Lauraguais (Mailly), une de ses maîtresses, qui revenoit des eaux. Je ne dois pas oublier ici un procédé noble qui ne regarde, il est vrai, qu'un particulier; mais je n'aurai malheureusement pas assez de ces traits singuliers pour en fatiguer le lecteur.

Bréhan, colonel du régiment de Picardie, contribua tellement par son exemple à la victoire d'Hastenbeck, que la cour, qui jusque là avoit peu re-

connu ses services, lui envoya un brevet de pension de deux mille livres : Bréhan répondit qu'il n'avoit jamais désiré de récompenses pécuniaires, et qu'il supplioit le Roi de partager cette pension à quelques officiers de son régiment qui en avoient plus de besoin. On lui demanda les noms de ceux qui s'étoient distingués. Sa réponse, que j'ai lue, fut : « Aucun
« de nous ne s'est distingué : tous ont combattu vail-
« lamment, et tous sont prêts à recommencer. Je suis
« donc obligé d'en donner la liste par ordre d'an-
« cienneté. Quant à moi, ce que j'ai demandé jus-
« qu'ici m'ayant été refusé, ce n'est pas après d'aussi
« foibles services que ceux du 26 (jour de la ba-
« taille) qu'on peut se flatter d'obtenir. Je mets et
« fais désormais consister ma fortune dans l'estime
« et l'amitié des soldats, que personne ne peut m'ar-
« racher. »

Le nouveau général ne fut pas si difficile sur l'argent. Comme on connoissoit son avidité sur cet article, et qu'on vouloit détruire dans les troupes ce vil esprit de rapine, qui en fait plutôt des brigands que des soldats, il ne falloit pas que le général en donnât le scandaleux exemple. Le comte de Bernis avoit été chargé de proposer au maréchal de Richelieu, avant son départ, de fixer lui-même ses appointemens, et de les porter aussi haut qu'il le voudroit. Le maréchal rejeta absolument toute fixation, et, colorant son avarice d'un air de dignité, prétendit qu'il ne devoit renoncer à aucuns des droits de général, tels que les contributions, les sauve-gardes, etc., et qu'il ne seroit pas dit qu'il eût donné atteinte aux prérogatives de sa place. Ce fut avec ces dispositions qu'il partit, et jamais général n'y fut plus constant. N'ayant pu recueillir l'honneur de la victoire, il résolut bien de s'en dédommager par les fruits. Il retira, par toutes sortes de voies, des sommes immenses de la Westphalie et de l'électorat. Les soldats, excités par l'exemple et enhardis par l'impunité, pillèrent partout, et ne nommoient entre eux leur général que *le père La Maraude*. Loin de rougir, ni même de cacher ce brigandage, il déploya le plus grand faste à son retour dans Paris : il s'imaginoit être un de ces triomphateurs qui étaloient les dépouilles des vaincus. Il fit bâtir, aux yeux du public, ce pavillon que le peuple nomma et continue de nommer le *pavillon d'Hanovre*.

Le maréchal d'Estrées, après avoir remis le commandement de l'armée à son successeur, revint sans être rappelé, et parut à la cour avec cette noble modestie qui sied si bien au mérite outragé et triomphant.

Les troupes qui restent pendant la campagne à la garde du Roi allèrent en corps saluer et complimenter le maréchal. Sa présence déconcertoit la cabale ennemie. Il ne s'en prévalut pas : il rendit compte au Roi de l'état de l'armée, et lui demanda la permission d'aller dans ses terres, sans voir le ministre de la guerre, qu'il nommoit *cet excrément de Paulmy*. Le Roi le laissa libre sur tout.

Cependant le maréchal de Richelieu, profitant de la victoire de son prédécesseur, s'avança dans l'électorat, et fit prendre possession de la capitale par le duc de Chevreuse. Tout le temps que celui-ci y fut, les habitans n'eurent qu'à se louer de ses procédés nobles, et ont continué de lui donner des éloges après son départ. Les villes de Brunswick et de Wolfenbuttel se soumirent. Le duc de Cumberland, fuyant toujours devant le maréchal, lui fit faire plusieurs propositions, auxquelles le maréchal répondit d'abord qu'il n'étoit pas envoyé pour négocier, mais pour combattre. Sa réponse fut approuvée du Roi, et on le lui marqua. Il seroit à désirer qu'il eût persisté dans les mêmes sentimens.

A peine eut-il appris qu'on approuvoit sa conduite, qu'il en changea. Le duc de Cumberland, réfugié dans Stade avec des troupes effrayées, et près de se voir écraser, fit entamer avec le maréchal une négociation par le comte Lynard, ministre de Danemarck, et pensionnaire des Anglais. Ce négociateur vint offrir la médiation du roi de Danemarck, donna les plus grands éloges au maréchal sur la gloire qu'il auroit de terminer la guerre sans effusion de sang : on lui rappela les titres brillans de *pacificateur*, de *conservateur de Gênes*, de *vainqueur de Minorque*. Le roi de Prusse, dans une lettre que j'ai lue en original, l'enivra des mêmes éloges.

Le maréchal écrivit alors au comte de Bernis qu'il avoit dessein d'enfermer l'armée hanovrienne dans Bremen, Verden et Stade, ajoutant qu'il en avoit déjà fait part au président Ogier, notre ministre en Danemarck. Celui-ci, ne doutant point que le maréchal ne fût autorisé par notre cour, avoit agi en conséquence auprès du roi de Danemarck.

Peu de jours après la lettre écrite au comte de Bernis (8 septembre), et sans en attendre de réponse, le maréchal conclut la fameuse convention de Closter-Severn, par laquelle les Français, restant maîtres de l'électorat d'Hanovre, du landgraviat de Bremen, et de la principauté de Verden, les troupes de Brunswick, de Hesse, de Saxe-Gotha, et généralement tous les alliés d'Hanovre, dévoient se retirer dans leurs pays respectifs, garder la plus parfaite neutralité jusqu'à la fin de la guerre, et que les Hanovriens passeroient au-delà de l'Elbe.

Il faut observer que le duc de Cumberland et le maréchal n'étoient autorisés ni l'un ni l'autre de leurs maîtres : aussi les événemens réduisirent-ils bientôt cette convention à sa juste valeur, en la rendant illusoire. C'est la faute la plus capitale qui se soit faite dans cette guerre, et qui fut la source de tous nos malheurs. La cour de Vienne et la Suède la blâmèrent hautement. Nous aurions dû prendre le même parti, rappeler le maréchal, qui n'en auroit pas été quitte pour cela chez les Anglais, et lui substituer un vrai général. Le comte de Maillebois, qui servoit sous le maréchal, obéit en silence à tout ce qu'il voulut, et se garda bien de s'opposer à une faute qui devoit naturellement perdre son général, dont il auroit alors pris la place. C'est ainsi que nos officiers généraux en ont usé les uns à l'égard des autres dans le cours de cette guerre : tous se sont montrés ignorans, ou mauvais citoyens. Ceux qui auroient supposé que le traité de Closter-Severn devoit perdre le maréchal de Richelieu auroient fait beaucoup trop d'honneur à notre gouvernement. Le comte de Bernis vit clairement que le maréchal avoit donné dans un piége; mais qu'à la fin d'une campagne il n'y avoit d'autre remède que d'autoriser le général, dans la crainte qu'en le désavouant on ne fournît aux ennemis le prétexte de violer la convention à la première circonstance favorable. On lui envoya donc sur-le-champ les pouvoirs de ratifier, en lui recommandant surtout de prendre les précautions nécessaires pour faire exécuter un traité qui auroit dû être une capitulation militaire, et qu'il avoit eu la sottise de rendre une convention politique, dont l'exécution dépendroit de la bonne foi des Anglais, puisqu'elle avoit besoin de leur ratification.

Lorsque les suites malheureuses de cette convention la firent reprocher au maréchal, il prétendit qu'on lui avoit trop fait attendre notre ratification, et que par là on lui en avoit fait perdre le fruit. Il est vrai que le *Parallèle de la conduite du Roi et de celle d'Angleterre,* que notre ministère fit imprimer quelques mois après, charge peu, ou même ne charge point, le maréchal : mais on avoit alors intérêt d'établir l'authenticité d'une convention dont nous voulions reprocher la violation aux Anglais. Ajoutons que l'ouvrage a été fait par Bussy, créature et jadis secrétaire du maréchal.

D'ailleurs on n'ignore pas les ménagemens que notre cour a toujours pour les grands coupables. Ceux qui pourroient les faire punir sentent qu'ils ont ou auront eux-mêmes un jour besoin d'une pareille indulgence.

Le duc de Duras, que le maréchal envoya porter à la cour ce grand ouvrage, fut accueilli. Il sollicitoit depuis long-temps la place de premier gentilhomme de la chambre : croiroit-on que d'être porteur d'une telle pièce fut ce qui lui fit donner la préférence sur son concurrent le duc de Nivernois, à qui il auroit peut-être dû la céder en reconnoissance des procédés qu'il en avoit éprouvés, et qui depuis a fait la paix la plus difficile, sans en avoir eu d'autre récompense que l'estime publique?

Pendant que nous perdions en Allemagne le fruit de nos succès, les Anglais tâchoient de réparer leurs pertes. La mort de Byng, exécuté le 14 mars à la vue du peuple, lui persuada que le malheur de Minorque n'étoit que le crime d'un particulier.

Une flotte formidable, commandée par l'amiral Hawke, et portant vingt mille hommes de débarquement sous les ordres du général Mordaunt, parut sur les côtes d'Aunis le 21 septembre, et mouilla le 23 à l'île d'Aix, à l'embouchure de la Charente. Depuis long-temps le vieux Du Barrail, un de nos vice-amiraux, qui ne pouvoit plus servir sa patrie que par ses conseils, sollicitoit notre ministère de mettre cette île en état de défense; il en présentoit des plans qui n'exigeoient pas une grande dépense : mais il ne fut pas écouté, ou l'argent qu'il falloit parut peut-être plus nécessaire à quelque fille de cour. Nous avons éprouvé les effets de cette négligence, et l'on ne songera pas à la réparer à la première guerre. Les Anglais se proposoient de détruire les magasins de Rochefort, de s'emparer de La Rochelle, de porter le fer et le feu par toute la côte. Ils pouvoient réussir dans une partie de leurs projets; mais la contenance du peu de troupes ramassées sur les côtes les tint en respect : ils n'osèrent tenter la descente, et, après avoir jeté quelques bombes perdues, ils reprirent le premier octobre la route d'Angleterre. Milord Holderness, long-temps ministre, avec qui j'en ai parlé depuis à Londres, m'a dit que de toutes les entreprises qui s'étoient faites sur nos côtes, c'étoit la seule qu'il eût approuvée, et qui dût réussir, si elle eût été mieux conduite.

Les Anglais n'étoient pas plus heureux dans le Canada. Le marquis de Vaudreuil détruisit leurs forts sur la Belle Rivière, brûla plusieurs bâtimens et magasins, où ils avoient des munitions pour quinze mille hommes. Il chargea le marquis de Montcalm d'assiéger le fort Saint-Georges, pourvu de tout, et défendu par trois mille hommes, partie dans le fort, partie dans un camp retranché joignant le fort. Montcalm s'en rendit maître après cinq jours de tranchée ouverte, et le rasa aussitôt. L'amiral Holbourne tenta le siége de Louisbourg; mais il fut accueilli d'une si furieuse tempête, qu'un de ses vaisseaux, de soixante-dix pièces de canon, fut brisé contre les rochers. La partie la plus maltraitée de sa flotte se réfugia dans les colonies; l'autre revint en Angleterre.

Jusqu'ici nous avions fait des fautes, nous n'avions pas tiré avantage de nos succès; mais nous n'avions pas éprouvé des malheurs. Les affaires changèrent bientôt de face. Le roi de Prusse, laissant un corps de troupes pour garder la Saxe, marcha dès le mois d'avril vers la Bohême. Le 5 mai, il se trouva en présence de l'armée autrichienne, commandée par le prince Charles de Lorraine, beau-frère de l'Impératrice reine, ayant sous lui le feld-maréchal comte de Brown. Le lendemain 6, il attaqua, à la tête de cent mille hommes, le prince Charles, qui en avoit environ cinquante mille. La victoire se déclara pour les Prussiens; mais ils ne purent empêcher que les débris de l'armée vaincue se réfugiassent au nombre de trente-cinq à quarante mille hommes dans Prague, assez bien pourvue de munitions. Une garnison si nombreuse n'en imposa point au roi de Prusse : il en forma le siége. Brown, quoique mortellement blessé dans le dernier combat, donnoit, avec la plus grande tranquillité d'esprit, les ordres pour la défense de la place; mais Frédéric n'en pressoit le siége qu'avec plus d'activité. Il fit jeter une prodigieuse quantité de bombes, et tirer tant à boulets rouges, que tout étoit embrasé ou bouleversé dans la ville. Le siége duroit depuis six semaines, lorsque le maréchal comte de Daun, ayant rassemblé une armée, s'avança pour dégager Prague. A la vue de celle de Prusse, il fit une marche rétrograde, pour donner à quelques troupes le temps de le joindre, et pour n'attirer contre lui qu'une partie des Prussiens. Frédéric prit cette manœuvre pour une marque de timidité, et, laissant au maréchal Keith la conduite du siége, marcha avec le prince de Bevern au devant du comte de Daun. Celui-ci, avantageusement posté à Costernitz, attendit les Prussiens sans branler. Ils l'attaquèrent avec impétuosité à quatre reprises différentes, et quatre fois ils furent repoussés avec perte. A la cinquième attaque, Daun, s'apercevant que les assaillans se rebutoient et perdoient du terrain, saisit ce moment pour les attaquer à son tour. Il les chargea si vigoureusement, qu'il les culbuta les uns sur les autres, et les mit en déroute. Le roi de Prusse, ne pouvant rallier ses troupes, se retira précipitamment.

A cette nouvelle, le prince Charles sort, et attaque le maréchal Keith dans ses lignes, force les retranchemens (20 juin), tue plus de deux mille hommes, et met le reste en fuite. Six jours après, Brown mourut dans Prague des blessures qu'il avoit reçues à l'action du 6 mai, avec la consolation d'avoir vu venger sa défaite. Le roi de Prusse, ne pouvant pas tenir la campagne, distribua son armée en Silésie et dans la Saxe, et abandonna la Bohême. Cet échec fut suivi de plusieurs autres. Les Russes entrèrent dans la Prusse ducale ; le général Haddik, à la tête d'un corps d'Autrichiens, pénétra dans le Brandebourg, poussa jusqu'à Berlin, et y leva des contributions. La terreur fut telle à son approche, que la famille royale, craignant d'être enlevée, se réfugia dans Spandau ; et, ne s'y croyant pas encore en sûreté, alla se renfermer dans Magdebourg.

Les Etats de l'Empire, qui, d'abord consternés des conquêtes rapides du roi de Prusse, n'avoient osé se déclarer, s'empressèrent de fournir leur contingent. Cette armée combinée, sous le commandement du prince de Saxe-Hildburghausen, joignit en Saxe celle que commandoit le prince de Soubise.

D'un autre côté, les Suédois étoient entrés dans la Poméranie prussienne, dont ils occupoient plusieurs places.

Tout annonçoit la perte du roi de Prusse : les différentes armées qui le pressoient, sans rien hasarder qui pût lui fournir l'occasion de déployer ses talens militaires, l'auroient réduit à demander la paix aux conditions qu'on eût voulu lui imposer. Ce fut dans cette détresse qu'il contribua par ses éloges à séduire le maréchal de Richelieu, et à le porter à la convention de Closter. Aucun prince ne connoît mieux les hommes que lui, n'a plus l'art de les corrompre, ou de tirer parti de leur corruption. J'ajouterai (car je dois une justice impartiale à nos ennemis comme à nous) que les situations fâcheuses où le roi de Prusse s'est trouvé ne lui ont jamais fait perdre le courage, ni la présence d'esprit qui sait l'appliquer. Il conservoit, au milieu de ses revers, un ton de plaisanterie qui marque un homme qui jouit pleinement de son ame. « Si je suis dépouillé de tout, disoit-il, je me flatte « du moins qu'il n'y a point de souverain qui ne « veuille bien me prendre pour son général d'armée. »

Ayant su que le roi d'Angleterre, étonné de nos succès, montroit du penchant pour la paix, il lui écrivit, et fit répandre cette lettre fière, dans laquelle il le rappelle à leurs engagemens mutuels, et lui parle en supérieur. Je voudrois pouvoir donner les mêmes éloges à sa morale qu'à ses qualités brillantes. Celles-ci ont fait une telle impression sur l'imagination française, que la plupart de nos officiers, en marchant contre lui, tenoient tous les propos qui pouvoient refroidir le courage de leurs soldats. Lorsque ce prince eut repris l'ascendant, on rencontroit dans les sociétés, les cercles, les promenades, les spectacles de Paris, plus de Prussiens que de Français. Ceux qui s'intéressoient à la France étoient presque réduits à garder le silence. Il est vrai que, dans la guerre précédente contre la reine de Hongrie, ces partisans de Frédéric avoient également été Autrichiens; au lieu que, dans les disgrâces de Louis XIV, nous ressentions nos malheurs, mais les vœux de tous les Français étoient toujours pour la nation : on n'entendoit point retentir dans Paris les éloges d'Eugène et de Marlborough. Peut-être le gouvernement doit-il s'imputer le changement qui est arrivé. Quand un peuple manifeste son estime pour un ennemi, quelque estimable qu'il soit, c'est toujours la preuve du mécontentement national. Le ministre ne doit s'en prendre qu'à soi-même : quand le cœur des sujets se détache, il commet le plus grand des crimes.

Le roi de Prusse, sans trop se flatter de triompher de tant d'ennemis puissans, n'oublioit rien pour y parvenir. Il tâchoit de persuader aux protestans que leur religion étoit très-intéressée dans cette guerre. Malgré l'indifférence ou même le mépris qu'il affichoit pour les différentes communions, il se portoit pour le protecteur du protestantisme. Il est certain que les protestans ne pouvoient s'accoutumer à regarder comme tel l'électeur de Saxe, depuis que le roi Auguste, et son fils ensuite, avoient abjuré leur religion pour obtenir le titre précaire de roi de Pologne, que leur postérité ne gardera pas.

Les protestans de l'armée de l'Empire ne marchoient qu'à regret contre le roi de Prusse. Ce prince, toujours maître de la Saxe, avoit rassuré son armée, et se tenoit en état de défense, en attendant l'occasion d'attaquer. Elle ne tarda pas à se présenter.

Le plan de campagne prescrit au prince de Soubise étoit de harceler les Prussiens, sans engager d'actions; et il n'étoit pas fort porté à outre-passer ses ordres. Il demandoit, depuis l'ouverture de la campagne, le renfort que le maréchal de Richelieu s'étoit engagé de lui fournir, et qu'il ne se pressoit pas d'envoyer. Celui-ci, malgré les fureurs de madame de Pompadour, prenoit toutes les mesures possibles pour faire échouer le prince de Soubise. Après avoir si mal à propos fait la convention de Closter-Severn, il l'assuroit encore plus mal. Au lieu de rester en force pour la faire exécuter, il laissa Villemur avec six bataillons et six escadrons pour contenir quarante-cinq mille hommes, qui certainement saisiroient la première occasion de violer le traité. Sous prétexte d'aller lui-même secourir Soubise, il marcha pendant quatorze jours à Halberstadt, et y demeura six semaines. Ce qui prouve qu'il y avoit dans sa conduite autant d'incapacité que d'artifice, c'est qu'il fut tout ce temps-là oisif à six lieues de Magdebourg, où il savoit qu'il n'y avoit pour toute défense que deux mille hommes de recrues. Il se détermina enfin à envoyer trente bataillons au prince de Soubise, en garda cinquante avec un corps de cavalerie, et sépara le reste, qu'il mit en quartier sur les bords du Rhin, sous prétexte du défaut des subsistances, qu'il avoit vendues ou dissipées.

Depuis que le prince de Soubise eut joint son armée à celle de l'Empire, il se trouva, comme simple auxiliaire, subordonné au prince de Saxe-Hildburghausen, général de l'armée impériale. Il fut sur le point d'être enlevé par un parti prussien, et ne fut manqué que d'un quart-d'heure. La France n'eut pas ce bonheur-là ; mais il ne tint qu'au prince de Soubise de s'apercevoir qu'il étoit trahi par la cour de Gotha et par Hildburghausen, livré d'inclination et peut-être vendu au roi de Prusse.

Frédéric, attentif à tout ce qui se passoit, jugea qu'il avoit peu à craindre de l'armée de l'Empire, composée de parties discordantes, mal organisée, et encore plus mal affectionnée à la cause commune. Il s'avança, en se postant toujours avantageusement.

D'un autre côté, Paris et la cour crioient contre la conduite timide du prince de Soubise : sa sœur, la comtesse de Marsan, avoit peine à la défendre.

La réputation du général français n'en imposoit pas plus à Frédéric qu'elle n'inspiroit de confiance à nos troupes. Après avoir vaincu plusieurs fois les Autrichiens, il auroit été très-flatté de remporter quelque avantage sur les Français; mais il ne vouloit rien risquer légèrement. Il savoit combien un premier succès, bon ou mauvais, influe parmi nous sur la suite d'une guerre. Ce fut avec ces dispositions, et les mesures les mieux prises dans le poste le mieux choisi, qu'il se campa en face de l'armée impériale.

Soit imprudence, soit présomption, soit intelligence avec le roi de Prusse, le prince d'Hildburghausen voulut l'attaquer. On tint plusieurs conseils; et le prince de Soubise, fidèle à ses instructions, répugnoit beaucoup à risquer la bataille. Revel, cadet du duc de Broglie, emporté par la valeur naturelle à leur famille, appuyoit vivement l'avis d'Hildburghausen. Le prince de Soubise résistoit encore. Ce qui le décida fut un billet que le marquis de Stainville, depuis duc de Choiseul, notre ambassadeur de Vienne, lui écrivit, et par lequel il lui conseilloit et le pressoit de combattre. Je tiens ce fait d'un ministre à qui Stainville l'a dit dans un de ses momens d'indiscrétion qui lui sont plus familiers que la sincérité, et qui le trahissent quelquefois.

Le prince de Soubise consentit donc à la bataille de Rosbach, et la perdit avec toutes les circonstances dont il y a tant de relations. Revel, n'ayant pu vaincre, s'y fit tuer. Je ne m'arrêterai pas sur ce malheureux

événement, ni à peindre l'embarras des courtisans, la honte des favoris, les cris du public, l'indignation des bons citoyens. « Pourquoi, disoient les plus in-
« dulgens, le prince de Soubise ne se borne-t-il pas
« à sa réputation d'honnête homme, respectueux pour
« le Roi, dont il est aimé, affable, obligeant, inac-
« cessible à la cupidité, au lieu d'ambitionner un
« commandement dont il est incapable? » La seule consolation étoit que cette première campagne seroit sa dernière, et qu'il se feroit lui-même justice. On se rappeloit qu'après la déroute de Ramillies, Louis XIV avoit assez respecté la nation pour rappeler le maréchal de Villeroy, qu'il aimoit, et qui étoit soutenu par madame de Maintenon. Madame de Pompadour n'eut pas la même discrétion : elle vouloit porter son ami à la place de connétable; mais il falloit du moins une victoire, et la faveur n'en fait remporter qu'à la cour. On ne rougit point de calomnier les troupes pour disculper le général : l'incapacité prouvée du prince de Soubise ne l'empêcha pas d'être maréchal de France l'année suivante, et de continuer de commander. Pendant que le roi de Prusse triomphoit à Rosbach, il perdit la Silésie. Le général Nadasti avoit pris Schweidnitz; et le prince Charles, secondé de ce général, attaqua, le 22 novembre, le prince de Bevern, le força dans un camp retranché près de Breslaw, lui fit beaucoup de prisonniers, et deux jours après entra dans Breslaw même.

Le roi de Prusse, à la tête de son armée, part avec une diligence incroyable, arrive en Silésie, joint Bevern, attaque le prince Charles près de Lissa le 5 décembre, et remporte la victoire la plus complète. L'action dura peu; mais près de quarante mille hommes furent pris ou dispersés, et Frédéric rentra dans Breslaw. Dès ce moment, le roi de Prusse parle en vainqueur, et annonce des projets de vengeance contre les Etats de l'Empire qui avoient fourni leur contingent. Il se proposoit surtout de ravager les électorats ecclésiastiques; ce qu'il appeloit *faire une course dans la rue des Prêtres*. Ces trois Etats, qui font nombre dans les diètes, n'en valent pas un en campagne. Le comte d'Argenson, dans son exil, instruit de tout par son neveu Paulmy, saisit ce moment pour faire répandre dans Paris un mémoire assez bien fait contre le traité de Versailles, et qui le paroissoit encore mieux par les circonstances où l'on affectoit de le produire. Le petit nombre de ceux qui n'avoient pas approuvé le traité déclamèrent hautement contre ceux qui l'avoient regardé comme le chef-d'œuvre de la politique, oublièrent ou désavouèrent leurs éloges; et le gros du public, qui ne peut se décider que par les événemens, le regarda comme la source de nos malheurs.

A la première nouvelle de la déroute de Rosbach, le comte de Bernis, qui n'avoit pas été le plus vif partisan du traité, quoiqu'il l'eût signé, jugeant que rien ne pouvoit réussir avec un conseil divisé et des généraux incapables, déclara ouvertement au Roi qu'on ne devoit pas se flatter de faire la guerre plus heureusement qu'on ne l'avoit commencée; que la France ni l'Impératrice n'avoient point de généraux à opposer au roi de Prusse et au prince Ferdinand de Brunswick; qu'il falloit donc se presser de faire la paix, et réserver pour des conjonctures plus favorables les effets du traité d'amitié qui pourroit encore subsister.

Madame de Pompadour, regardant le traité comme son ouvrage, et l'Impératrice comme une amie, se révolta contre la proposition du comte de Bernis, pour qui, dès ce moment, elle commença à se refroidir. Elle se récria sur la honte et le danger d'abandonner l'Impératrice, qui dans ce moment venoit de recouvrer presque toute la Silésie; car l'affaire de Lissa n'étoit pas encore arrivée. Elle ajouta que cette princesse pourroit, dans son mécontentement, traiter avec le roi de Prusse, et s'unir avec l'Anglais contre nous. Le Roi, plus piqué que découragé de l'affaire de Rosbach, n'étoit pas porté pour la paix, et venoit d'écrire une lettre de consolation au prince de Soubise. Il sentoit, de plus, la difficulté de déterminer l'Impératrice à la paix, ou même de la lui proposer.

Sur ces entrefaites, on apprit la déroute des Autrichiens à Lissa. Le comte de Bernis profita de cette circonstance, et représenta au Roi que, dans la consternation où se trouvoit la cour de Vienne, il ne seroit pas impossible de la déterminer à la paix. Les Hanovriens, les Hessois et leurs alliés, enhardis par nos disgrâces, et par les succès du roi de Prusse, rompirent la convention de Closter, et fournirent au comte de Bernis de nouveaux moyens de solliciter pour la paix; et le conseil se trouvant du même avis, le Roi permit d'entamer la négociation avec l'Impératrice. Nous verrons quel en fut le succès.

Le maréchal de Richelieu, voyant les suites de sa convention, en craignit encore de plus funestes, et passa de la confiance à la crainte. Il fit proposer, par Dumesnil son protégé, au prince Ferdinand une neutralité pour l'hiver entre les Français et les Prussiens. L'Impératrice en fut indignée, en écrivit au Roi, et le maréchal eut défense de passer outre. Le roi de Prusse ne laissa pas de se servir de la proposition seule pour inspirer contre nous des défiances que nos projets de conciliation pouvoient encore augmenter.

Le maréchal de Richelieu partit alors d'Halberstadt avec ce qu'il avoit de troupes, et rappela celles qu'il avoit envoyées en quartier sur le Rhin. A peine y étoient-elles arrivées, que la longueur des marches, la rigueur de la saison au mois de décembre, en fit périr une partie. Lorsqu'elles furent rassemblées, il tint conseil de guerre sur le parti qu'il y avoit à prendre. Tous les officiers, voulant se rapprocher de la France, opinoient pour l'évacuation de l'électorat : le maréchal seul s'y opposa, et marcha, le 25 décembre, au prince Ferdinand, qu'il fit reculer.

Les deux armées rentrèrent alors dans leurs quartiers. Le maréchal manda, avec sa confiance ordinaire, que les siens étoient inattaquables, et revint à la cour, où la crainte de sa cabale, dont les femmes ont toujours fait la force, le fit recevoir mieux que le public ne s'y attendoit. Il ne tarda pas à s'apercevoir qu'il ne commanderoit pas la campagne suivante, et crut remarquer qu'une mauvaise disposition à son égard perçoit à travers l'accueil qu'on lui faisoit. Les propos publics sur ses exactions ne lui donnèrent ni remords ni honte : il alla dans son gouvernement de Guienne, et obéra encore cette province, par les dépenses et les profusions qu'il en exigea pour sa réception et son séjour. Au défaut des victoires, il se procuroit des triomphes.

Lorsqu'il partit pour la Westphalie, il auroit trouvé bon que je le suivisse. Le cardinal de Bernis m'en dissuada, et lui sauva le ridicule d'avoir emmené l'historiographe, qui n'auroit eu que des fautes à écrire.

Pendant qu'on prenoit des mesures pour amener l'Impératrice à une conciliation, le comte de Bernis, au cas que l'on ne pût persuader la cour de Vienne, négocioit avec la cour de Danemarck une union d'armes. Elle se traitoit de cabinet à cabinet par le président Ogier, et sans la participation de Wedelfrise, ministre de Danemarck à notre cour. Les conditions étoient de céder l'Ost-Frise à cette puissance, avec six millions d'avance, et en déduction des subsides ordinaires. Lorsqu'il fallut les payer, le contrôleur général manqua totalement à la parole qu'il avoit donnée. Nous eûmes, à la vérité, l'avantage d'empêcher par là le Danemarck d'accepter les offres des Anglais; mais cela ne fit pas honneur à notre gouvernement.

On engagea aussi le duc de Mecklembourg à nous donner un passage sur l'Elbe, et une communication avec les Suédois.

On ne pouvoit pas alors être plus mal que nous ne l'étions en ministres de la guerre et des finances, le marquis de Paulmy et Moras : celui-ci absolument nul, l'autre incapable, et quelque chose de pis. Ils se firent eux-mêmes justice, et se retirèrent. On a vu des ministres chassés par l'intrigue, ou par la haine publique : ceux-ci le furent par le mépris, ce qui les priva de l'honneur de l'exil. Le public ne fait pas les ministres, mais quelquefois il les renverse. Les gens en place, au lieu de payer les délateurs, devroient avoir des agens fidèles qui leur rendissent compte des jugemens du public, au lieu de calomnier des particuliers.

Le contrôle général fut donné à Boulogne, et le ministère de la guerre au maréchal de Belle-Ile, qui prit pour adjoint Crémilles, lieutenant général, honnête homme et instruit, frère de La Boissière, trésorier des Etats de Bretagne, où il sera long-temps regretté.

Pour fortifier le conseil dans ces différentes parties, le cardinal de Bernis proposa le rappel de l'ancien garde des sceaux Chauvelin, et du comte de Maurepas : le premier fut rejeté par le Roi, l'autre par madame de Pompadour. Le comte de Bernis essaya du moins de faire admettre Gilbert pour les affaires concernant le parlement, où il jouoit alors un grand rôle : madame de Pompadour fit adjoindre Berryer, dont elle vouloit faire son homme d'affaires. Il est sûr qu'il les fit mieux que celles de l'Etat : elle en fit depuis un ministre de la marine. Dans cette place, à force de grossièreté, il parvint à se faire détester, sans avoir même l'honneur de se faire craindre. Il eut enfin celle de garde des sceaux, au scandale de la haute magistrature, à la dérision de la cour, et sans mérite qui pût réparer sa naissance. Il est mort en faveur, et il n'étoit pas fait pour la perdre. Madame de Pompadour l'avoit tiré de la police de Paris pour le transplanter à la cour, où il parut toujours étranger. On a remarqué que la lieutenance de police est un grand titre de faveur auprès de madame de Pompadour, par les secrets qu'on peut lui dévoiler. Je crois pourtant qu'un lieutenant de police réussit autant par les choses qu'il lui cache sur elle, que par celles qu'il lui confie sur tout le reste. On prétend que Berryer n'a pas peu contribué à la disgrâce du comte d'Argenson, par l'interception d'une lettre à la comtesse d'Estrades, où madame de Pompadour étoit maltraitée, et le Roi peu ménagé.

Le comte de Bernis essaya inutilement de faire entrer au conseil le duc de Nivernois : la connoissance qu'on avoit de ses talens ne put triompher de la répugnance que madame de Pompadour a toujours eue pour ceux qui sont liés de sang ou d'amitié avec le comte de Maurepas; et le duc de Nivernois avoit ce double titre de réprobation.

Quoique le comte de Bernis eût reçu l'ordre de traiter de la paix entre les cours de Vienne et de Berlin, ou du moins de nous dégager de cette guerre, il sentoit bien que cet ordre n'étoit qu'une permission arrachée au conseil. Le conseil, et surtout le Dauphin, désiroient la paix ; mais le Roi n'y étoit pas fort porté, et madame de Pompadour en étoit très-éloignée. Elle désiroit toujours, contre le vœu public, de faire commander son cher Soubise, qui prétendoit effacer la honte de Rosbach.

On avoit arrêté qu'il y auroit un corps de deux mille quatre cents hommes, avec lequel il joindroit le général Daun.

Le comte de Clermont, prince, fut nommé pour remplacer le maréchal de Richelieu. On crut qu'un prince du sang, respectable par sa naissance, estimé par sa valeur, inspireroit de la confiance aux troupes, ou du moins rétabliroit la discipline, et proscriroit le caractère de brigandage qui avoit passé du général aux soldats. Il se rendit dès le commencement de février à Hanovre; et dès le 28, n'étant pas en état, avec des troupes ruinées par les maladies, de faire face au prince Ferdinand, il évacua l'électorat, pour se rapprocher du Rhin et des subsistances.

Le prince Ferdinand commandoit les Hanovriens, unis aux troupes de Hesse et de Brunswick depuis la rupture de la convention de Closter.

Le roi d'Angleterre avoit désavoué le duc de Cumberland son fils, quoique le roi de Danemarck fût dépositaire des paroles données. Le duc de Brunswick, fidèle à la sienne, donna ordre à son fils de ramener ses troupes, et par là condamnoit hautement les infractions de la convention. Le prince Ferdinand n'eut aucun égard aux ordres de son père, et força les Brunswickois de s'unir aux autres. Le premier exploit de ce prince avoit été de prendre Harbourg, où Pereuse fit la plus belle défense, et, résolu de s'ensevelir sous les ruines, obtint du prince la capitulation la plus honorable.

Les places que les Français abandonnoient successivement inspiroient de plus en plus la confiance aux ennemis. Le prince Ferdinand poussa le comte de Clermont jusqu'au-delà du Rhin, lui livra bataille à Crevelt (23 juin), et resta maître du champ de bataille. Cette affaire fut d'autant plus malheureuse, que si le comte de Clermont ne se fût pas retiré, les ennemis se retiroient eux-mêmes. Le comte de Gisors, fils du maréchal de Belle-Ile, y fut tué à vingt-cinq ans. Ce fut une perte nationale : ce jeune homme, dans un âge où les meilleurs sujets ne donnent que des espérances, étoit regardé comme un capitaine expérimenté, et un homme d'Etat.

Je vais présenter rapidement les principaux faits militaires, dont les écrivains des différentes nations et les Mémoires particuliers donneront assez de détails : je m'étendrai davantage sur des intrigues de cour, qui sont les vrais ressorts des plus grands événemens, et dont j'ai été à portée de m'instruire.

Le prince de Soubise, pour obliger le prince Ferdinand à repasser le Rhin, et venir au secours de son pays, entra dans la Hesse, et battit (23 juillet) un corps de troupes commandé par le prince d'Isenbourg.

Le premier succès du prince de Soubise fut suivi d'un autre (10 octobre) près de Lauterbourg, et fournit le prétexte de lui donner le bâton de maréchal. Il le dut principalement au lieutenant général Chevert, officier de fortune, et qui auroit le même honneur, si ceux de ses concurrens qui n'ont que de la naissance n'étoient parvenus à persuader qu'elle doit l'emporter sur le mérite. Il faut du moins que l'histoire le dédommage, en lui rendant justice.

Le comte de Clermont fut si consterné de sa défaite, qu'il vouloit toujours ramener son armée en arrière, et abandonner les Pays-Bas aux Prussiens. Le Roi le lui défendit, et le rappela, sous prétexte de lui permettre de revenir pour sa santé. Contades prit la place; et, pour lui donner plus d'autorité, on le décora de la dignité de maréchal de France.

Dans le cours de cette guerre, chaque général en faisoit désirer un autre pour le remplacer, sans qu'on sût où le prendre ; et nous n'étions pas plus heureux sur mer que sur terre. La Clue, sans autre mérite que d'avoir été gouverneur du duc de Penthièvre, amiral de France, est chargé du commandement d'une escadre approvisionnée de tout; et, après s'être laissé bloquer dans Carthagène pendant près de six mois, il rentre dans Toulon avec la moitié de son escadre en désordre : ce qui ne seroit pas arrivé, si le commandant et la plupart de ses officiers se fussent conduits aussi vaillamment que le comte de Sabran. J'ai vu le Roi, au retour de cet officier à Versailles, le présenter à toute la cour, en disant : « Voilà un des « premiers gentilshommes et des plus braves de mon « royaume. » Cet accueil est sans doute une récompense précieuse, et digne d'un Français; mais aucun des autres officiers n'a éprouvé la moindre marque de mécontentement. Les rois d'Angleterre et de Prusse, en conséquence de leur traité, renouvelé le 11 avril de cette année, faisoient les plus grands efforts pour attaquer en même temps et de toutes parts la France et l'Impératrice. Louisbourg, qu'une tempête avoit défendu l'année précédente contre les Anglais, tomba celle-ci en leur pouvoir. Cette place, pour laquelle on avoit employé ou fourni des sommes immenses, étoit si peu fortifiée, que les bêtes de somme y entroient aussi facilement par les brèches des murailles que par les portes.

En Europe, l'amiral Anson parut sur les côtes de France avec une flotte de vingt-six vaisseaux de ligne, douze frégates, une quantité de brûlots et de galiotes à bombes, et cent vaisseaux de transport qui portoient seize mille hommes de débarquement, commandés par le lord Marlborough. Anson, avec vingt vaisseaux, bloqua le port de Brest ; et Marlborough, avec le reste de la flotte, vint débarquer à Cancale le 7 juin, s'avança vers Saint-Malo, et le 7 s'empara du faubourg de Saint-Servan, qui n'est séparé de la ville que par le port. Il brûla les corderies, les magasins, et près de quatre-vingts bâtimens marchands ou corsaires : mais il n'osa attaquer la ville ; et, sur la nouvelle que les troupes de la province s'avançoient au secours, il se rembarqua (10 juin), fut retenu par les vents jusqu'au 22 à Cancale, et repassa en Angleterre.

La même flotte repartit d'Angleterre peu de temps après (30 juillet). Anson bloqua une seconde fois le port de Brest, et l'amiral Howe vint mouiller (6 août) devant Cherbourg, commença par bombarder la ville, et le lendemain débarqua ses troupes sous le commandement de Bligh, qui avoit succédé dans ce poste au lord Marlborough. Bligh entra sans obstacle dans une ville ouverte, enleva ce qu'il y avoit de canons, brûla vingt-cinq à trente vaisseaux marchands, obligea la ville de se racheter du pillage par une forte contribution, ravagea les campagnes voisines, et se rembarqua le 4 septembre à Saint-Lunaire, à deux lieues de la ville, dont ils étoient séparés par la rivière de Rance. Les forts avancés empêchant les Anglais de rien tenter contre la place, ils pillèrent et ravagèrent les campagnes avec férocité. Marlborough avoit exercé des rigueurs que la guerre autorise ; mais Bligh se conduisit en brigand, et il acheva dans sa fuite d'en montrer le caractère.

Quoiqu'il eût dans une forte armée l'élite des troupes anglaises, un corps de volontaires de la première qualité, parmi lesquels se trouvoit même le prince Edouard, frère du roi d'aujourd'hui Georges III, il prit l'épouvante aux approches de quelques régimens, et des milices formées de gardes-côtes, de paysans ramassés à la hâte, et conduites par des gentilshommes bretons, et ne songea plus qu'à se rembarquer précipitamment. Si le duc d'Aiguillon, commandant en chef dans la province, eût répondu au zèle des habitants, il ne se seroit pas rembarqué un Anglais. Il craignit de se commettre dans une occasion où une gloire facile venoit s'offrir d'elle-même. Je n'ai jamais eu qu'à me louer de lui; je voudrois avoir à lui rendre une justice plus favorable : mais je dois encore davantage à la vérité et à la patrie. Quand il fut à portée de combattre, il ne vouloit profiter de la terreur de l'ennemi que pour en hâter la retraite. Il ignoroit combien une attaque audacieuse peut augmenter la frayeur d'un ennemi, qui, se croyant une ressource pour la fuite dans ses vaisseaux, y court en désordre, et ne cherche pas son salut dans le désespoir.

Les Anglais se pressoient de s'embarquer; et les Bretons frémissoient de voir échapper de leurs mains la vengeance qu'ils pouvoient tirer de leurs ennemis. M. d'Aubigny, qui servoit sous le duc d'Aiguillon, las de demander, et impatient de ne point recevoir l'ordre d'attaquer, engagea l'action; en faisant marcher en avant le régiment de Boulonnais. Les gentilshommes bretons, qui formoient un corps de volontaires, se joignirent au premier rang des grenadiers.

Le chevalier de La Tour-d'Auvergne, colonel de Boulonnais, voyant la manœuvre des gentilshommes, quitta son poste du centre, et vint leur demander la permission de se mettre à leur tête. Les régimens de

Brie, de Marbœuf, le bataillon de milice, accourent. Les Français attaquant les Anglais dans leurs retranchemens, malgré le feu de la mousqueterie et celui du canon de la flotte, les dépostent, les poussent jusque dans la mer, y entrent jusqu'à la ceinture, où l'on combat corps à corps. Le carnage y fut grand : plus de deux mille Anglais furent tués ou noyés ; un pareil nombre, qui ne put regagner la flotte, cherchoit à fuir en grimpant à travers les rochers, et fut pris après le combat.

On vit, dans cette occasion, ce que peut la persuasion la plus légère d'avoir une patrie.

Les Anglais, dans leur descente en Normandie, province qui fournit autant qu'aucune autre d'excellens soldats, ne trouvèrent aucune défense de la part des habitans. En Bretagne, les paysans s'assemblent : quarante-cinq, embusqués dans les haies, arrêtent un corps de troupes anglaises à un passage, coupent ou retardent leur retraite, donnent le temps aux nôtres d'arriver, et contribuent à la victoire. Des écoliers de droit, à Rennes, forment une compagnie de volontaires, engagent un ancien officier retiré du service à les commander, et marchent à l'ennemi : des bourgeois, des gens de robe se firent tuer en combattant. Si le même esprit eût régné partout, et principalement dans les troupes, cette guerre auroit été glorieuse pour la nation ; au lieu qu'elle a perdu de son éclat dans l'opinion des étrangers. L'Impératrice, en apprenant nos défaites, s'écrioit : « Les Français « ne sont donc invincibles que contre moi ? » La plupart de nos officiers refroidissoient le courage des soldats, en les étourdissant des éloges du roi de Prusse et du prince Ferdinand. Au lieu de chercher à en mériter de pareils, de ne voir en eux que des ennemis et des modèles estimables, ils se livroient à un luxe scandaleux, que ces princes se gardoient bien d'imiter; mais leurs soldats n'étoient pas dans la disette que les nôtres éprouvoient quelquefois.

Le comte de Bernis, songeant toujours à négocier la paix, voulut du moins, s'il n'y réussissoit pas, connoître, par l'état de nos finances, quels moyens nous avions de fournir aux dépenses de la guerre. Le Roi ordonna à Boulogne de communiquer cet état, souvent ignoré de celui qui les gouverne. Tel qu'il étoit, le comte de Bernis en fut effrayé. Il négocia en conséquence, et obtint de l'Impératrice la réduction de la moitié du subside, et la quittance de ce qui étoit dû de l'ancien.

Il entreprit en même temps une opération plus difficile, et où les ministres ont toujours échoué : c'étoit une réforme dans la dépense de la maison royale (en juin 1758). Il n'y a point de genre de déprédation qui trouve plus de protecteurs : chaque valet est en droit de crier, et sûr d'être appuyé par quelque grand, aussi valet, et plus en crédit. Un abus (tranchons le mot, un brigandage domestique qu'une longue durée ne rend que plus punissable) devient un titre. Le Roi, importuné des clameurs, avoit la complaisance de solliciter lui-même contre ses intérêts : on se borna à de frivoles retranchemens, dont les courtisans plaisantent, et qui en effet annoncent plus la misère qu'ils n'y remédient. Le comte de Bernis, devenu ministre des affaires étrangères par la retraite de Rouillé, trouva dans son plan d'économie plus de facilités à la cour de Vienne qu'à celle de France. Il y fit approuver une seconde diminution de subsides, dont le duc de Choiseul, dès qu'il fut en place, usurpa hardiment l'honneur, et qu'on eut la bonté de lui laisser. Toutes les réductions ne mettoient pas encore en état de faire face aux dépenses, et ne créoient pas des généraux. Le comte de Bernis résolut donc de faire tous ses efforts pour conclure la paix. Mais pour ne pas choquer madame de Pompadour, et même pour qu'elle l'aidât aussi à déterminer le Roi, il eut avec elle une conférence où il lui démontra, sans pouvoir la persuader, l'impossibilité absolue de continuer la guerre. La conversation devint vive : il trouva plus de résistance qu'il n'en éprouva ensuite de la part de l'Impératrice. Il lui représenta inutilement que toutes nos disgrâces étoient imputées à eux deux seuls : le public n'étoit pas instruit de l'opposition qu'il avoit mise à la première proposition du traité avec la cour de Vienne, des objections qu'il avoit faites, des précautions qu'il avoit prises, des préalables qu'il avoit exigés, qu'on lui avoit promis, et qu'on n'avoit pas tenus; le tout avant que de signer. Le public ignoroit les articles secrets du traité, si avantageux à la France, et dont le succès étoit infaillible avec d'autres généraux que les nôtres. Les ministres qui avoient le plus applaudi au traité s'en défendoient, depuis que les événemens ne répondoient pas à leurs espérances. Sans se démentir comme eux dans les propos, il falloit céder au temps. Il représenta que ce public savoit seulement que lui, comte de Bernis, avoit signé un traité dont les suites étoient si malheureuses, qu'il en étoit regardé comme le seul auteur ; et qu'elle étoit accusée, avec plus de justice, de l'avoir suggéré, et de vouloir continuer la guerre, pour faire commander le prince de Soubise. Madame de Pompadour, loin de se rendre à ces raisons, ne les écouta pas tranquillement : et sur ce que le comte de Bernis ajouta que s'il ne pouvoit déterminer le Roi à la paix, il étoit résolu de se retirer, pour se disculper de vouloir continuer la guerre, elle lui répondit que ce seroit manquer de reconnoissance; et qu'après toutes les grâces dont il avoit été comblé, il ne paroîtroit pas faire un grand sacrifice à son honneur. « Le Roi, « répliqua-t-il, et le public en jugeront plus favora- « blement que vous ne le pensez, quand on me verra « remettre mes abbayes, renoncer à la promesse du « chapeau, et me borner au simple prieuré de La « Charité, auquel tout abbé de qualité pourroit pré- « tendre, sans avoir rendu le moindre service. »

Le comte de Bernis, ayant fait tout ce qu'il devoit à l'égard de madame de Pompadour, parla en plein conseil avec la même franchise. Il fit voir que le traité ne pouvoit se suivre quant au moment présent; que la bonne intelligence subsisteroit cependant entre les cours de France et de Vienne; mais que le coup étoit manqué des deux côtés, par la différence des généraux, par la rupture de la convention de Closter, par l'anéantissement de la marine. Il ajouta que l'armée rétrograderoit infailliblement derrière le Rhin, et que l'Impératrice ne pourroit agir que foiblement, faute des subsides ordinaires; qu'il n'y avoit plus d'autre parti que d'engager l'Espagne à être médiatrice armée. Quoique le Roi parût incliner à continuer la guerre, tout le conseil, et surtout le Dauphin, fut pour la paix. En conséquence, le Roi autorisa le comte de Bernis à négocier sur ce plan avec la cour de Vienne.

L'Impératrice eut un chagrin très-vif d'être obligée de suspendre son ressentiment contre le roi de Prusse; mais, ne pouvant combattre nos raisons, elle donna son consentement aux négociations de la paix. Le marquis de Stainville, notre ambassadeur à Vienne, par qui l'affaire se traitoit avec l'Impératrice, avoit exactement suivi les instructions du comte de Bernis tant qu'il l'avoit regardé comme le ministre favori de madame de Pompadour, et qu'il n'avoit pas imaginé qu'elle et le comte de Bernis pussent penser différemment. Mais quoiqu'il eût négocié, et envoyé le consentement de l'Impératrice pour la paix, dès qu'il s'aperçut, par les lettres de madame de Pompadour, combien elle regrettoit les premiers engagemens, étant d'ailleurs à portée de voir que l'Impératrice ne donnoit qu'un consentement forcé, il comprit que le comte de Bernis ne devoit plus être dans la même faveur. Il savoit avec quelle facilité madame de Pompadour passoit de l'engouement au dégoût. Il profita de l'instant, et forma le plan de perdre le comte de Bernis, dont il avoit été jusqu'alors le plus flexible instrument, et de s'élever sur ses ruines.

Il dit à l'Impératrice, et manda à madame de Pompadour, que le comte de Bernis perdoit trop aisément courage; qu'il n'y avoit rien de désespéré, et qu'il étoit encore aisé de nous relever avec avantage. Ces idées s'accordoient si fort avec les désirs de l'une et de l'autre, qu'elles furent aussitôt adoptées. Madame de Pompadour n'étoit pas en peine de ramener le Roi à un parti qu'il n'avoit abandonné qu'à regret. Il fut donc arrêté de continuer la guerre.

Le comte de Bernis, persuadé qu'on ne feroit qu'aggraver nos maux, le représenta inutilement. Voyant qu'il ne pouvoit avec honneur demeurer l'instrument d'un système qu'il désapprouvoit, il offrit la démission de son département, qui seroit plus convenablement entre les mains du marquis de Stainville. Puisqu'il jugeoit si facile le rétablissement des affaires, il savoit sans doute les moyens d'y réussir.

Après toutes les petites faussetés d'usage à la cour pour faire croire à celui qu'on va chasser qu'on veut le retenir, il fut convenu que le marquis de Stainville prendroit le département des affaires étrangères, et que le cardinal de Bernis (car il venoit de recevoir la calotte) concourroit, agiroit de concert avec le nouveau ministre, et seroit de plus chargé en particulier de ce qui concernoit les parlemens, dont les démêlés avec la cour exigeoient presque un département séparé. Le cardinal de Bernis sentoit bien que l'union, même apparente, entre lui, son collègue et madame de Pompadour ne subsisteroit pas long-temps. Il s'aperçut qu'il les gênoit; et, pour les mettre à leur aise, voulut s'expliquer devant eux avec candeur, leur parla de la contrainte où il les mettoit, leur déclara que, ne pensant pas comme eux sur les affaires, il paroîtroit toujours les traverser en opinant au conseil; que le meilleur moyen de rester amis étoit de se séparer pour un temps; et qu'il alloit demander au Roi la permission de s'absenter quelques mois sous prétexte de sa santé, qui en avoit effectivement besoin.

Madame de Pompadour et Stainville, fait duc de

Choiseul dès le premier conseil où il assista, se confondirent en protestations d'amitié, en instances de demeurer avec eux, et peu de jours après le firent exiler.

Il semble que cette perfidie étoit de trop, et qu'ils devoient être contens d'une retraite : mais cela ne les rassuroit pas. Madame de Pompadour avoit souvent dit qu'elle n'avoit jamais vu le Roi se prendre d'un goût aussi vif que pour le cardinal de Bernis : le duc de Choiseul en craignoit les effets. La marquise et lui imaginèrent qu'il n'y avoit rien de mieux, pour les prévenir, que de faire exiler le cardinal par une lettre du Roi, dont ils firent ensemble le modèle, persuadés que le prince ne voudroit jamais revoir un homme qu'il auroit maltraité : du moins n'y en a-t-il point encore eu d'exemple. Le cardinal étoit disgracié *in petto* plusieurs mois avant son exil, et même avant qu'il reçût la calotte : mais ayant déjà fait au Roi des remercîmens publics sur l'agrément que Sa Majesté avoit donné à la proposition du pape Benoît XIV, il ne fut pas possible aux ennemis du cardinal désigné de faire rétracter l'agrément, ni d'empêcher Clément XIII (Rezzonico) d'acquitter la parole de son prédécesseur, quoiqu'on y ait employé toutes les noirceurs ecclésiastiques. M. Girard, qui tenoit la feuille des bénéfices, et recevoit à ce sujet les sollicitans sous le cardinal de Fleury, m'a dit qu'on ne pouvoit donner l'idée des horreurs que les concurrens imaginent. Dans les autres classes de la société, on ne trouve sur la rivalité que des enfans, en comparaison des ecclésiastiques. Quelques raisons concoururent encore à faire différer l'exil du cardinal. Le clergé étoit extraordinairement assemblé au sujet d'un nouveau don gratuit : le cardinal y servoit très-bien le Roi ; et le clergé en fut si content, qu'il auroit demandé un archevêché pour le cardinal, si celui-ci ne s'y étoit opposé. De plus, le ministère vouloit faire passer au parlement un édit bursal ; et comme cette compagnie affectionnoit fort le cardinal, on craignit qu'elle ne prît de l'humeur sur l'exil du seul homme à qui elle devoit la réunion de ses membres.

Le cardinal étant déplacé, madame de Pompadour donna toute sa confiance au duc de Choiseul. Ce nouveau ministre, qui devoit rétablir les affaires, et relever l'honneur de nos armes, ne prolongea la guerre de quatre ans que pour nous plonger dans de nouveaux malheurs, et finir par une paix honteuse. S'il eût eu autant de politique et de vues que d'ambition, il auroit profité des mesures que le cardinal avoit prises pour la paix, l'auroit conclue à des conditions supportables, et auroit été regardé comme le réparateur des disgrâces dont on imputoit le germe au traité signé par son prédécesseur.

Le duc de Choiseul auroit, à la vérité, paru contredire les promesses qu'il avoit faites à l'Impératrice et à madame de Pompadour ; mais il auroit allégué que, voyant les objets de plus près, il en jugeoit mieux ; et il auroit encore usurpé la réputation d'un vrai citoyen, qui ne craint point de se rétracter pour le bien de l'Etat. Le public ignoroit alors que le crime du cardinal fût d'avoir voulu la paix. Il étoit trop fraîchement disgracié pour que sa justification l'eût fait rappeler, ou même eût été reconnue, et encore moins avouée. Dans l'engoûement où madame de Pompadour étoit pour le duc de Choiseul, il n'y avoit rien qu'il ne pût lui faire croire, puisqu'il lui avoit persuadé qu'il étoit la plus belle ame qu'elle eût connue; car c'étoit ainsi qu'elle s'en expliquoit. On va voir pourquoi j'ai déjà déclaré que je ne m'étendrois pas sur les opérations militaires : ces grands, tristes et uniformes événemens, dont les histoires sont pleines, n'intéressent pas les lecteurs comme ceux qui en ont été les victimes. Les faits me serviront d'époques pour développer quelques ressorts qui entrent dans l'histoire de l'humanité. C'est dans cet espoir que je vais exposer la situation, les intérêts et le caractère des principaux acteurs.

La marquise de Pompadour, s'étant soutenue contre l'ennui du Roi par les fêtes, les dissipations, et ce qu'on nomme vulgairement les plaisirs, se flatta de régner par les affaires. Elle avoit réellement eu quelque part à la paix précédente. Le Roi faisoit alors les campagnes; ces longues absences chagrinoient la favorite : elle avoit donc un grand intérêt à désirer la paix. Mais, dans la guerre présente, le Roi ne la faisant que par ses généraux, madame de Pompadour se trouvoit flattée d'influer dans le choix des ministres et des commandans; d'être enfin, au lieu d'une maîtresse d'amusement, un personnage d'Etat. D'ailleurs, cette guerre étoit son ouvrage; elle se croyoit l'amie de l'Impératrice, et il auroit fallu une tête plus forte pour n'en pas être enivrée.

Le duc de Choiseul connut le foible de madame de Pompadour, et en tira grand parti. Il est d'une naissance distinguée, d'une figure petite et désagréable, avec de la valeur, de l'esprit, et encore plus d'audace.

Il choisit, en entrant dans le monde, le rôle d'homme à bonnes fortunes ; ce qui prouve que tout le monde y peut prétendre. Il ambitionnoit en même temps une réputation de méchanceté pour laquelle il avoit de merveilleuses dispositions, et en tiroit vanité. On ne laisse pas, avec cela, d'en imposer aux sots, et de s'en faire craindre. Ses procédés le servoient pourtant mieux que ses saillies : on se plaignoit des uns, on ne citoit pas les autres. Je l'ai connu et assez pratiqué dès sa jeunesse, jusqu'au temps où il est entré dans le ministère. Avant qu'il jouât un rôle, je l'ai vu écarté de plusieurs maisons; il s'en falloit peu qu'on ne le regardât comme une espèce. Je l'ai une fois entendu défendre sur cette imputation, qu'il n'a jamais méritée; mais il étoit du moins fort humiliant pour lui que cela fît question. Sa première liaison avec madame de Pompadour vint d'une perfidie qu'il fit à la comtesse de Choiseul (Romante), qui avoit avec le Roi une intrigue de passage. Elle l'avoit pris pour confident et guide dans cette affaire ; et comme il avoit une grande sagacité dans ce genre de négociation, il s'aperçut que sa cousine n'auroit pas un long règne ; ce qui lui fit prendre le parti de la sacrifier à madame de Pompadour. Il lui rendit compte de tout, lui communiqua les lettres qui circuloient entre le Roi et la comtesse de Choiseul, et fournit, par ce manége, les moyens d'abréger l'interrègne. Telle fut l'origine de sa première faveur auprès de madame de Pompadour. Le comte de Bernis en avoit alors une si décidée, que le duc de Choiseul, ne jugeant pas qu'il fût temps de l'attaquer, rechercha son amitié.

Le comte de Bernis est homme de qualité, d'ancienne race, aussi bonne et non moins illustrée que celle des Choiseul. Destiné à l'Eglise dès son enfance, il fut d'abord chanoine comte de Brioude.

Après avoir passé quelques années de sa jeunesse au séminaire de Saint-Sulpice, avec aussi peu de fortune que tous les cadets de noblesse qui tendent et parviennent à l'épiscopat, il entra dans le chapitre de Lyon, et n'y alla que pour s'y faire recevoir, et revint à Paris.

De la naissance, une figure aimable, une physionomie de candeur, beaucoup d'esprit, d'agrément, un jugement sain et un caractère sûr le firent rechercher par toutes les sociétés. Il y vivoit agréablement : mais cet air de dissipation déplut au vieux cardinal de Fleury, ami du père, et qui s'étoit chargé de la fortune du fils. Il le fit venir, et lui déclara qu'il n'avoit rien à espérer tant que lui cardinal de Fleury vivroit. Le jeune abbé, faisant une profonde révérence, répondit : « Monseigneur, j'attendrai; » et se retira. Le vieux ministre sourit de la réponse, la rapporta même à plusieurs personnes, n'en fit pas davantage, et ne jugea pas qu'une bonne plaisanterie valût un bénéfice.

Pour l'abbé de Bernis, il continua de vivre comme il faisoit, sans avoir rien à se reprocher vis-à-vis de ses concurrens, que d'être plus fêté, et de manquer d'hypocrisie. Sa réponse au cardinal de Fleury étoit plaisante; mais, pour la rendre bonne, il ne falloit pas se tromper dans son attente. Le cardinal de Fleury étoit mort, et la fortune de l'abbé de Bernis n'avançoit point. Il ne s'en occupoit nullement, et ne doutoit point que parmi les grands, dont plusieurs étoient de ses parens, et qui le recherchoient, il ne s'en trouvât quelqu'un qui le servît utilement. Mais aucun ne s'y portoit : on se contentoit de dire que jamais homme de condition n'avoit supporté la pauvreté de son état avec plus de dignité, sans humeur, et même avec gaieté. C'est qu'il n'y faisoit pas seulement attention.

Le hasard l'ayant lié avec madame de Pompadour, elle prit pour lui l'estime et l'amitié la plus vive. Le premier usage qu'il fit d'un si puissant crédit fut pour les autres. Il étoit de l'Académie française; et le titre d'académicien étoit la seule chose qui, sans lui donner précisément d'état, lui en tenoit lieu. Il rendit service à tous ceux de ses confrères qu'il put obliger, procura de l'aisance à plusieurs, et en tira quelques-uns de l'indigence. Ses amis furent obligés de l'avertir de penser pourtant un peu à lui-même. Ce qui prouvoit son peu d'ambition, c'étoit la borne qu'il y mettoit. Boyer, l'ancien évêque de Mirepoix, avoit alors la feuille des bénéfices; et jamais aucun ministre n'a été si maître dans son département que ce mince sujet, sans naissance, d'une dévotion peu éclairée, et tiré du cloître pour l'épiscopat, par la protection de quelques vieilles dévotes de la cour. L'Eglise et l'Etat se ressentent aujourd'hui des choix imbéciles qu'il a faits.

Le Roi daigna lui recommander l'abbé de Bernis. Boyer, ne pouvant se dispenser de déférer à une recommandation qu'il auroit dû prendre pour un ordre, trouva moyen de l'éluder : il proposa à l'abbé de Bernis de prendre la prêtrise, en lui promettant de le nommer bientôt évêque. L'abbé répondit que, ne se sentant pas les dispositions nécessaires pour cet état, il se bornoit à une abbaye. Boyer le refusa, et fit entendre au Roi que les biens de l'Eglise ne pouvoient absolument se donner qu'à ceux qui la servoient actuellement; mais il vanta fort la franchise de l'abbé, qui n'étoit pas hypocrite. Il sembloit que Boyer n'en avoit jamais vu d'autres, tant il paroissoit surpris. Le Roi, *ne pouvant rien obtenir,* donna à l'abbé une pension de quinze cents livres sur sa cassette. Cela ne suffisant pas au nécessaire de son état, il chercha à se procurer quelques petits bénéfices particuliers; et s'il avoit pu porter toute sa fortune à six mille livres de rentes, il n'eût prétendu à aucune autre. Ne trouvant que des obstacles, dont j'ai été souvent témoin, il résolut de faire une grande fortune, puisqu'il ne pouvoit parvenir à une petite; et il n'y trouva que des facilités. Il y en a eu peu d'aussi rapides. Il se fit nommer à l'ambassade de Venise, où il se fit aimer et estimer : bientôt il fut fait conseiller d'Etat pendant son absence. Le marquis de Puisieux (Brulart), alors ministre des affaires étrangères, ne lui fut pas contraire : il ne haïssoit pas les gens de qualité, parce qu'il en est. Saint-Contest (Barberie), ayant succédé au marquis de Puisieux, ne fut pas si favorable à l'abbé de Bernis, par une raison contraire à celle de Puisieux, et surtout par la haine secrète que les sots ont pour les gens d'esprit. Saint-Contest mourut avant le retour de l'abbé, et fit bien pour les affaires et pour la société. Son père étoit homme de mérite, et c'étoit tout ce qu'on avoit pu employer pour faire valoir le fils. Je ne m'arrêterai pas davantage sur lui, ni sur la nombreuse liste de ses pareils, qui ont rempli ou plutôt occupé les différentes places du ministère. Si l'on faisoit les portraits de chacun, la galerie seroit longue, et peu intéressante : je les citerai simplement lorsque les faits l'exigeront. Pendant que l'abbé de Bernis étoit encore à Venise, ses envieux affectèrent de faire imprimer quelques ouvrages de sa jeunesse, qui, suivant nos préjugés, sont des ridicules dans les grandes places, et qui font honneur en Angleterre, en Italie, où les grands ont renoncé à la grossièreté gothique. Il n'en est pas ainsi parmi nous, où le plus inepte de nos seigneurs se pique d'esprit, en ambitionne vivement la réputation, et veut être même soupçonné de grands talens, qu'il renferme par dignité. Voilà ce qui surcharge nos académies de tant de sots ou bizarres honoraires. J'en pourrai donner un jour la liste, avec des notes.

L'abbé de Bernis, à son retour de Venise, prit, comme on l'a vu, le plus grand vol du crédit dans toutes les affaires. Celle du chapeau mérite que je m'y arrête, parce qu'elle entre dans mon dessein de faire connoître la cour et les hommes.

Parmi les emplois qu'on destinoit à l'abbé de Bernis, on avoit proposé l'ambassade de Pologne; mais le Roi, conseillé par quelque ministre, ou de lui-même, ne le voulut pas, dans l'idée que cette ambassade procureroit à l'abbé une nomination au chapeau plus tôt que Sa Majesté ne le jugeroit à propos. On fait plus d'attention aux ambassades d'Espagne et de Pologne qu'aux autres. L'espoir de la grandeur dans l'une, et du chapeau dans l'autre, peut inspirer aux ambassadeurs plus de complaisance qu'il ne faudroit pour ces deux Etats. Une négociation dans l'intérieur du royaume procura le chapeau à l'abbé de Bernis plus promptement que n'auroit fait la Pologne (1). Les démêlés du parlement avec la cour n'avoient jamais été plus vifs qu'ils l'étoient, lorsque l'abbé de Bernis entra au conseil le 2 janvier 1757. Cette lutte du parlement contre le ministère a commencé dès la régence du duc d'Orléans, subsiste encore; et il seroit difficile d'en prévoir ni la fin, ni la manière de finir. Les trèves qui se font de temps en temps n'étouffent pas une fermentation sourde : un feu caché éclate à chaque occasion sur les affaires de l'Eglise ou celles de l'Etat; sur les entreprises des prêtres ou celles des magistrats; sur un refus de sacremens, un plan de finances; sur le choix d'une supérieure d'hôpital; enfin sur des misères, saisies et exagérées par l'humeur. La querelle que l'abbé de Bernis fut chargé de pacifier étoit née à l'occasion du lit de justice du 13 décembre 1756, pour l'enregistrement de deux déclarations du 10, et d'un édit du même mois.

Les ministres se sont avisés, sous ce règne, de multiplier les lits de justice pour leurs intérêts particuliers, toujours contre le gré du Roi, et sans s'embarrasser de compromettre son autorité. Il s'agissoit, dans celui dont il est question, d'imposer un silence impossible sur des disputes de religion, et de supprimer deux chambres des enquêtes. Le parlement protesta contre l'enregistrement; les cinq chambres des

---

(1) La Pologne a droit, comme les autres puissances catholiques, de donner sa nomination au chapeau dans la promotion des couronnes; mais elle ne la donne jamais à d'autres Polonais que l'archevêque de Gnesne, primat du royaume. Lorsque celui-ci est cardinal, elle choisit toujours des étrangers : la raison en est que les sénateurs ne céderoient pas la préséance aux cardinaux. Or, l'archevêque de Gnesne l'ayant déjà comme primat, le chapeau de cardinal n'y ajoute rien. (D.)

enquêtes, les deux des requêtes, et partie de la grand'-chambre, remirent la démission de leurs charges au chancelier ; de façon que le parlement se trouva, dans le jour, réduit aux présidens à mortier, et à douze conseillers de grand'chambre. Ceux-ci demandèrent au Roi la réunion de leurs confrères : le ministre répondit, par la bouche du Roi, que les démissions étant acceptées, les offices étoient vacans ; et seize des démissionnaires ayant été exilés, les lettres de cachet leur furent portées par des gens du guet, pour leur montrer qu'on ne les regardoit plus que comme de simples bourgeois. Ce fut pendant ce schisme qu'arriva l'attentat du 5 janvier, contre la personne du Roi. C'étoit la circonstance la plus propre à la réunion du parlement : elle se seroit faite si l'on eût suivi le sentiment du président de Ménières, excellent citoyen, et magistrat éclairé ; mais le premier président et les ministres s'y prêtèrent si mal, qu'il n'étoit pas possible de ne les regarder que comme maladroits. La grand'chambre, fortifiée des princes et des pairs, jugea le scélérat Damiens ; mais toutes les affaires des particuliers furent suspendues pendant plus de sept mois. Quelques conseillers, soit crainte, soit besoin, ou par avis de parens, redemandoient leurs démissions ; mais on étoit encore bien loin d'entrevoir un parlement en forme. Les murmures du public, qui fait la loi aux ministres les plus insolens qui affectent de le mépriser, inquiétoient la cour. On y étoit plus embarrassé des démissions que ceux qui les avoient données n'étoient empressés de les recevoir. Dans ces circonstances, le Roi chargea l'abbé de Bernis de chercher les moyens de rapprocher les esprits. L'abbé se conduisit avec tant d'habileté, que tout fut pacifié, et que le parlement réuni reprit ses fonctions.

La cour de Rome avoit alors avec la république de Venise une discussion qui tendoit à un schisme ouvert, à une séparation totale. Le pape Benoît xiv fut si frappé de la sagesse avec laquelle l'abbé de Bernis avoit terminé l'affaire du parlement, qu'il écrivit en France, au nonce, de concerter avec l'abbé les moyens de ramener la république de Venise. L'abbé, qui avoit laissé à Venise la meilleure opinion de sa candeur, fut à l'instant avoué de la République. Il ménagea tellement les intérêts de part et d'autre, que tout fut arrangé et conclu à la satisfaction des deux parties. Le Pape conçut tant d'estime pour l'esprit de conciliation du négociateur, qu'il écrivit aussitôt au cardinal de Tencin à Lyon, et au marquis de Stainville, notre ambassadeur à Vienne, et qui l'avoit précédemment été à Rome; et les consulta pour savoir si le chapeau de cardinal, donné *proprio motu* à l'abbé de Bernis, feroit plaisir au Roi. Le cardinal de Tencin, quel que fût son dessein, envoya au Roi la lettre du Pape, sans en prévenir l'abbé; et ce fut certainement le plus grand service qu'il eût jamais pu lui rendre. Le marquis de Stainville, sans prendre l'ordre du Roi, ne consultant que son zèle pour un ministre qu'il croyoit inébranlable, et qui, par reconnoissance, n'oublieroit rien pour faire duc celui qui l'auroit fait cardinal, répondit, de son chef, directement au Pape que cette promotion flatteroit infiniment le Roi, et manda ce qu'il venoit de faire à l'abbé de Bernis. Celui-ci, ne doutant point que le Roi n'imaginât que ce chapeau ne fût une affaire d'intrigue entre Stainville et un ambitieux qui vouloit forcer la main à son prince, alla sur-le-champ trouver Sa Majesté, lui dit combien il étoit affligé; qu'il le supplioit de croire qu'il n'avoit aucune part au procédé du marquis de Stainville, dont il blâmoit fort la démarche, et dont il n'avoit pas eu la moindre connoissance. Le Roi, instruit par le cardinal de Tencin de tout ce que l'abbé ignoroit, le laissa parler, et lui répondit en souriant : « L'abbé, « soyez tranquille; je sais que vous n'avez aucune part « à ceci. Si le Pape veut vous faire cardinal, il fau- « dra bien qu'il m'en demande l'agrément. Encore « une fois, soyez tranquille. » L'abbé de Bernis, fort soulagé par la réponse du Roi, s'en remit aux événemens. Bientôt le Roi ayant donné son agrément, l'Impératrice et le roi d'Espagne donnèrent le leur; et le Pape fit annoncer à l'abbé de Bernis que sa promotion ne tarderoit pas. Rien n'avoit encore transpiré à la cour; et l'abbé de Bernis vouloit en garder encore le secret, pour ne pas éveiller l'envie : mais l'abbé de Laville, premier commis des affaires étrangères, lui déclara qu'il n'y avoit rien de plus pressé, pour assurer l'effet de la promesse, que d'en faire un remercîment public; que cette publicité seroit la plus forte barrière contre l'envie; que le secret cesseroit bientôt de l'être, et qu'alors l'envie pourroit faire suspendre jusqu'à la mort du Pape l'exécution d'une promesse que le successeur n'acquitteroit peut-être pas; au lieu que le Roi, ayant reçu un remercîment public, croiroit sa gloire intéressée à la promotion. L'abbé de Bernis suivit le conseil, et fit bien; car, peu de temps après, sa persévérance pour la paix l'ayant rendu incommode, le Roi pressa même la promotion, pour sacrifier le ministre à la maîtresse. Benoît XIV mourut, à la veille de la faire; mais Clément XIII (Rezzonico), son successeur, respecta l'engagement de Benoît. La reconnoissance y contribua encore : Rezzonico devoit en partie la tiare à l'abbé de Bernis. Cavalchini alloit être élu, lorsque l'abbé lui fit donner l'exclusion, et détermina les suffrages en faveur de Rezzonico, qui, étant Vénitien, mit, par son élection, le sceau à la réconciliation de la cour de Rome avec la République.

Les plus grands obstacles à la promotion vinrent de Versailles. Tout ce que peut l'envie des ministres, la rage des prélats, la malignité des indifférens, fut mis en œuvre : on alla jusqu'à faire passer au Pape les vers les plus scandaleux, dont on faisoit l'abbé de Bernis l'auteur. L'excès de la calomnie en empêcha l'effet : le Pape s'en expliqua ouvertement.

Au milieu de toutes les traverses qu'on employoit contre l'abbé de Bernis, et dans le temps même où il voyoit déjà baisser son crédit, il déclara hautement, en plein conseil, que les retardemens qu'on mettoit à sa promotion le touchoient moins que le manque d'égards de la part du Pape pour la recommandation du Roi; qu'il renonçoit donc au chapeau. Pour qu'on n'en doutât point, il lut la lettre par laquelle il l'annonçoit au Pape, la remit au Roi, en le suppliant de l'approuver, et de donner ordre qu'elle partît. Le Roi prit la lettre, et dit que si la promotion ne se faisoit pas avant le 3 d'octobre, il lui permettoit d'y renoncer. Le Roi étoit apparemment instruit de ce qui se passoit à Rome, car la promotion se fit le 2.

Je ne m'arrêterai pas davantage sur cette intrigue de cour. J'aurai encore occasion de dévoiler quelques-uns de ces manéges vils des courtisans, qui les regardent comme des chefs-d'œuvre de politique, parce qu'ils ne sont ni capables ni dignes d'employer la vérité et la droiture, qui déconcertent cependant toutes les petites finesses. Combien en ai-je encore vu, en d'autres circonstances, qui, par un amour propre risible, et un secret sentiment de leur nullité, s'annoncent comme étant faits pour le grand, sans en fournir d'autres preuves que l'aveu naïf de ne pouvoir saisir les moindres détails!

Je ne m'étendrai pas non plus sur nos malheurs, que nos ennemis célébreront assez.

Récapitulons seulement nos sottises, car nous n'avons presque rien à imputer à la fortune; et nous verrons pourquoi un système bon ou mauvais, mais approuvé par tout le conseil, approuvé du public, où chacun vouloit d'abord avoir eu part, a échoué dans l'exécution.

Commençons par la jalousie de Rouillé, ministre des affaires étrangères, qui, ne se voyant plus que le représentant dans un système dont l'abbé de Bernis est le vrai mobile, continue à donner à nos ministres, dans les cours étrangères, des instructions sinon contraires, du moins peu conformes, au nouveau plan.

Machault voit avec chagrin, dans l'abbé de Bernis, un rival qui partage ou va lui ravir la confiance du Roi et de madame de Pompadour.

D'Argenson, ministre de la guerre, uniquement occupé d'étendre son département, vouloit armer toute la France sur terre, et ruiner par là le ministre de la marine. Hardi dans ses projets, timide dans les moyens d'y tendre, il veut faire son fils officier général; et, n'osant le faire passer par dessus ses anciens (ce qui n'auroit pas fait crier long-temps), il fait une multitude d'officiers généraux, qui surchargent, embarrassent les armées, dévorent les approvisionnemens par le luxe, et ruinent les finances. Tous les gens du métier l'accusent d'avoir perdu le militaire : il faudra bientôt imaginer un titre supérieur à celui de maréchal de France, devenu trop commun. Sans être avide d'argent pour lui-même, il a obéré l'Etat par les fortunes immenses qu'il a procurées, dans les vivres, les hôpitaux, à mille de ses créatures, indépendamment du brigandage de sa famille. Avec beaucoup d'esprit, et le goût qu'il avoit inspiré pour lui au Roi, il auroit pu se maintenir en place. D'ailleurs, dégagé de tout principe moral, le bien et le mal lui sont indifférens; mais, par foiblesse de caractère, il obéit souvent à la passion d'autrui, et s'est perdu. Il a voulu concourir avec la comtesse d'Estrades pour détruire la marquise de Pompadour, à qui la comtesse devoit tout. Il s'est cru si affermi auprès du Roi, qu'il s'est refusé aux avances de la marquise. Elle a fini par le faire exiler le même jour que le fut Machault, par d'autres motifs qui n'avoient pas plus de rapport à l'Etat que ceux de la disgrâce du comte d'Argenson. L'abbé de Bernis eut le courage de représenter que, dans la situation des choses, deux ministres expérimentés étoient une perte considérable.

Le comte d'Argenson avoit des talens, dont il faisoit usage quand son intérêt le permettoit.

Machault, avec moins d'esprit et plus de caractère, étoit estimé dans la marine : il s'y étoit même fait aimer. Cet homme, fier et glacial, avoit accueilli les marins plus que n'avoient jamais fait ses prédécesseurs. Il avoit aussi un avantage qu'ils n'avoient pas eu, le crédit de se faire donner l'argent nécessaire à ses entreprises. Les marins, qu'on voyoit très-rarement à la cour, commençoient à s'y montrer, et ne sont peut-être aujourd'hui que trop assidus dans un lieu dont l'air est dangereux pour tous les genres de devoirs. Ils en emportent chez eux ce goût de luxe, qui les oblige à préférer l'argent à l'honneur.

Ces deux ministres furent remplacés par les sujets les plus incapables, Moras pour la marine, le marquis de Paulmy pour la guerre.

Le maréchal de Belle-Ile, qui succéda au marquis de Paulmy, suspendit, à la vérité, l'inclination secrète qu'il avoit toujours eue pour le roi de Prusse ; mais son indiscrétion habituelle a souvent nui à un plan dont le succès dépendoit du plus grand secret.

Berryer, avec la grossièreté de son caractère, passe de la police de Paris à la cour, dont il prend la fausseté, sans la politesse. Il est chargé de la marine. La marquise de Pompadour, passionnée pour le nouveau système, en veut l'exécution, et en traverse les moyens : elle devient jalouse de l'abbé de Bernis, dès qu'elle voit le Roi avoir pour lui une estime personnelle. Il est le seul agent politique, et peut se faire instruire des choses nécessaires. L'état des finances ne lui fut communiqué que peu de mois avant son exil. Machault, Séchelles, Moras, Boulogne, tous les contrôleurs généraux qui se sont succédés, n'ont songé qu'à enrichir eux ou leurs créatures.

Tels ont été les premiers acteurs : voyons les instrumens. Le maréchal d'Estrées, nommé général, craint que le prince de Soubise, qui commande une réserve, ne lui soit substitué, par la faveur ouverte de madame de Pompadour. Soubise, qui auroit toujours eu à la cour la considération due à un grand seigneur estimable par sa probité, respectueux pour son maître dont il est aimé, s'il se fût borné à cette existence honnête, veut, sans talens militaires, devenir maréchal de France, connétable s'il peut, et ministre. La protection, malgré ses fautes, l'a aussi avancé que des victoires l'auroient pu faire. Le maréchal d'Estrées gagne, presque malgré lui, la bataille d'Hastenbeck : il craint de s'engager trop avant; il ne suit qu'avec timidité un plan contre lequel il est prévenu par Puisieux son beau-père, et par Saint-Severin, qui n'avoient adopté qu'avec répugnance un système qui rectifioit le traité d'Aix-la-Chapelle, leur ouvrage.

Ajoutons l'impatience du courtisan français dans les guerres qui l'éloignent de Paris pendant l'hiver. Les généraux ont toujours désiré de porter la guerre en Flandre, pour leur commodité. La plupart de nos officiers se prêtoient à regret à des opérations dirigées contre le roi de Prusse, qu'ils s'étoient fait un tic d'exalter, au lieu d'en imiter la vigilance et l'économie. Le public, depuis long-temps frondeur de la cour par la foiblesse et les fautes réelles du gouvernement, devint prussien, comme il avoit été autrichien dans la guerre précédente.

Maillebois, ennemi de la marquise pour son compte et pour celui du comte d'Argenson son oncle, homme d'esprit et de talent, favorise toutes les fautes des généraux, pour les remplacer.

Le maréchal de Richelieu, ennemi actif et passif de la marquise, jaloux de Soubise, général de ruelle, protecteur et modèle en grand de la maraude, applaudi par le soldat dont il est l'exemple, chanté par Voltaire, sent qu'il ne peut réaliser ce fantôme de gloire, traite avec le roi de Prusse au lieu de le combattre, ne veut que de l'argent, détruire le système, décrier la marquise, déplacer l'abbé de Bernis, parvenir au ministère, pour gouverner par l'intrigue.

Contades voit froidement, ou avec complaisance, les sottises d'autrui qui peuvent le faire arriver au commandement. Il perd une bataille qu'il devoit gagner : du moins le roi de Prusse, bon juge en cette partie, a-t-il dit, après avoir examiné depuis les différentes positions des armées, qu'il ne concevoit pas comment Contades avoit été battu. Celui-ci prétend avoir été trahi. Malheureusement pour nos généraux, ils se font croire dans leurs accusations réciproques, et jamais dans leurs apologies.

Broglie, né avec le talent militaire, veut perdre tout concurrent; et cet esprit a été celui de tous nos généraux. Son frère, homme incompatible avec tout collègue, oblige le comte de Saint-Germain, bon officier, mais tout aussi exclusif, à s'expatrier.

Nous ne nous sommes pas mieux conduits sur mer que sur terre ; pendant six mois nous avons laissé nos vaisseaux en proie à la piraterie des Anglais, sans oser faire de représailles.

Notre ministère prétendoit, disoit-il, faire éclater notre modération aux yeux de toute l'Europe : mais la modération est la vertu du fort, et la honte du foible. Lorsque nous avons voulu recourir à la vengeance, nous avions déjà perdu dix mille matelots. La victoire de La Galissonnière a été pour nous un exemple sans émulation.

Le sacrifice, injuste ou non, que les Anglais ont fait de Byng aux cris de la nation a ranimé l'esprit de leur marine, et nous a montré ce que nous devions faire avec plus de justice. Les coupables ne nous manquoient pas.

Le maréchal de Conflans perd notre flotte, celle des Anglais étant tout au plus égale à la nôtre. Il brûle un vaisseau qui étoit une citadelle flottante : il ose s'en vanter comme d'un exploit. Quel est son châtiment? De n'être point présenté au Roi, et d'aller journellement en public affronter les mépris qu'on n'ose lui marquer. Il se plaint des officiers qui servoient sous lui : ceux-ci récriminent, et tout se borne là. Sur terre et sur mer, nulle rivalité de gloire : ce sont des procès par écrit. Les mesures sont partout aussi mal prises que mal exécutées. Les vaisseaux de transport sont séparés de la flotte, parce que le petit orgueil du duc d'Aiguillon ne lui permet pas d'être subordonné dans Brest. Voilà ce qui l'engage à mettre les vaisseaux de transport à Quiberon, pour y commander seul, au hasard de tous les périls de la jonction. C'est par une présomption pareille qu'il a fait perdre Belle-Ile. Les Etats de Bretagne, voyant l'importance de cette place, l'avertissent un an d'avance de pourvoir à sa sûreté, et offrent les approvisionnemens nécessaires : il répond, avec une vanité puérile et une ironie amère, à une députation qu'il doit respecter, qu'il est obligé aux Etats de vouloir bien lui apprendre son métier. Il en avoit pourtant besoin, puisqu'il a laissé prendre Belle-Ile, faute des précautions offertes. Il n'a pas même profité de quatorze jours que l'échec des Anglais, à leur première descente, lui avoit laissés, pour jeter des troupes dans l'île, qui n'est qu'à quatre lieues de la terre ferme. On a vu ailleurs le peu de part qu'il a eu à l'affaire de Saint-Cast, qui lui a cependant procuré une médaille à sa gloire. Les médailles modernes rendent bien suspectes les anciennes.

Dans nos colonies, les gouverneurs et les intendans ne s'accordent que pour exercer les monopoles les plus scandaleux. Le cri public oblige enfin d'en rechercher quelques-uns; la protection payée sauve la plupart; et ceux dont une mort infâme devoit faire un exemple subissent des peines si légères, qu'elles ne peuvent effrayer personne.

On confie la défense de Pondichéry à un étranger avide d'argent, et d'une tête malsaine, Lally. Il n'exerce sa férocité que contre ceux qu'il doit défendre; il livre ou vend la place; il refuse même la capitulation offerte par l'ennemi. La trahison est si visible, qu'on est obligé en France de le mettre en prison. N'avons-nous pas vu des capitaines de vaisseau éviter le combat, ou se mettre hors d'état de le soutenir, parce que les marchandises dont ils faisoient commerce chargeoient leurs navires au point de rendre inutile leur plus forte batterie?

Malgré tant de fautes, d'inepties, de brigandages,

d'intrigues et de disgrâces, le système politique devoit avoir une base bien posée, puisqu'il a subsisté dans son entier jusqu'à la mort de l'impératrice de Russie, Elisabeth. Le roi de Prusse, couvert de gloire, jugeoit lui-même que sa perte n'étoit que différée, lorsque la mort de cette princesse donna pour alliés à Frédéric ceux qu'il avoit pour ennemis.

Mais ce n'a pas été uniquement à la cour de France que les intérêts particuliers ont contrarié ceux de l'Etat. Les Autrichiens étoient aussi opposés à l'alliance dès son origine, que nous avons pu l'être après nos disgrâces. L'Impératrice elle-même s'est trompée en portant la guerre en Silésie, sous prétexte que c'étoit le véritable objet. Son ressentiment précipité contre le roi de Prusse l'empêchoit de voir qu'en prenant Magdebourg et Stettin, on réduisoit ce prince à demander la paix en offrant la Silésie.

Quoique les projets de l'Impératrice n'aient pas réussi, ses mauvais succès n'ont pas été sans gloire, parce que le comte de Kaunitz a toujours dirigé seul le système politique, auquel le militaire a constamment été subordonné comme instrument; au lieu que tout ce qui a été employé parmi nous a pu sinon gouverner, du moins traverser le gouvernement.

Ce n'est pas que la cour de Vienne n'ait quelquefois déféré à de petits intérêts de cour.

Le commandement a été donné au prince Charles par égard pour l'Empereur son frère, et à Daun, dont la femme est la favorite de l'Impératrice. On ne lui conteste pas les talens militaires; mais sa lenteur, son indécision, les ménagemens réciproques du prince et du général, ont souvent tenu les ordres en suspens, et l'armée étoit alors gouvernée par les subalternes.

L'impératrice de Russie, avec le dessein d'accabler le roi de Prusse, étoit traversée dans ses projets par la jeune cour.

Le grand duc instruisoit le roi de Prusse de toutes les mesures de la Czarine ; et les alliés se communiquant leurs desseins respectifs, le roi de Prusse les apprenoit par la Russie.

Bestuchef, élevé à Londres et livré aux Anglais, gouvernoit et trompoit facilement une princesse ennemie des affaires, et abandonnée à ses plaisirs. Une excellente milice, sans généraux, sans art pour les subsistances, ne pouvoit jamais tirer parti de son courage.

En Suède, le Roi étoit gouverné par la Reine, sœur du roi de Prusse, et du même caractère, qui traversoit toutes les opérations.

Le Danémarck fut toujours flottant entre la jalousie contre la cour de Vienne, les puissances catholiques, et l'inquiétude sur le roi de Prusse.

Dans l'Empire, le roi de Prusse et les Anglais excitoient les protestans ; et l'on avoit dû s'y attendre, et que l'armée impériale auroit absolument l'esprit prussien. On lui donne pour général le prince de Saxe-Hildburghausen, partisan presque ouvert du roi de Prusse.

La reine d'Espagne, gouvernant le Roi son mari (Ferdinand vi.), l'empêche de se déclarer dans le temps où cela pouvoit être utile au système. Le duc de Choiseul engagea depuis le roi Charles iii, successeur de Ferdinand, par le pacte de famille, lorsque l'Espagne ne pouvoit plus unir que sa foiblesse à la nôtre, et partager nos pertes.

Les Anglais craignent si peu cette réunion, qu'ils vouloient, même avant le pacte, déclarer la guerre à l'Espagne. Aussi le public appela-t-il ce traité *les folies d'Espagne*. Cette puissance y a perdu sa marine, et des richesses immenses, qui ont fourni à nos ennemis les moyens de continuer la guerre, et de dicter impérieusement les conditions de la paix.

Tel est le tableau raccourci de l'origine, du cours et de la fin de la guerre.

FIN DES MÉMOIRES SECRETS DE DUCLOS.

MÉMOIRES
DE
MADAME DE STAAL,
ÉCRITS PAR ELLE-MÊME.

NOTICE

SUR

MADAME DE STAAL,

ET SUR SES OUVRAGES.

Madame de Launay, baronne de Staal, ne peut, sous aucun rapport, être classée parmi les personnages historiques. Elle ne fut point étrangère aux intrigues de la duchesse du Maine contre le Régent, mais elle n'y figura que comme confidente de cette princesse; et les écrits du temps font à peine mention du dévouement qu'elle montra dans les circonstances les plus difficiles. L'histoire de sa vie n'est connue que par ses Mémoires; et comme ils font partie de notre Collection, nous nous bornerons, dans cette Notice, à présenter quelques observations sur sa position, sur son caractère, et sur ses ouvrages.

Il lui arriva, ainsi qu'elle le dit elle-même, précisément le contraire de ce que l'on voit dans les romans, où l'héroïne, élevée comme une simple bergère, se trouve être une illustre princesse. Mademoiselle de Launay, après avoir été traitée en personnage de distinction dans son enfance, découvrit par la suite qu'elle n'étoit rien, et qu'elle ne possédoit rien dans le monde. Bien qu'elle fût née sans fortune, elle avoit été, jusqu'à l'âge de dix-sept ans, entourée de personnes qui l'aimoient avec une sorte d'idolâtrie, qui mettoient tous leurs soins à prévenir ses désirs, à aller au devant de ses fantaisies. La mort de sa protectrice l'ayant laissée dans le dénûment le plus absolu, elle refusa courageusement les secours d'argent qui lui furent offerts, et résolut de se soutenir par son travail, en tirant parti de la brillante éducation qu'elle avoit reçue. Non-seulement elle avoit appris tout ce qu'on enseignoit alors aux jeunes personnes les mieux élevées, mais elle avoit lu de bons livres, et avoit profité de ses lectures : elle avoit même étudié la philosophie de Descartes, et la géométrie, et s'étoit exercée de bonne heure à écrire sur différens sujets. La variété de ses connoissances, les grâces et la vivacité de son esprit, ses premiers essais en prose et en vers, lui avoient déjà fait une certaine réputation parmi les personnes qui l'avoient connue chez sa bienfaitrice.

Son ambition auroit été d'être chargée d'une éducation dans une grande famille; mais, après un an d'attente et de démarches, elle fut obligée d'accepter une place de simple femme de chambre chez madame la duchesse du Maine, et logée à l'entresol, dans un réduit où il n'y avoit ni cheminée ni fenêtre. Condamnée à un service si nouveau pour elle, si opposé à son éducation et à ses habitudes, et auquel elle étoit d'autant moins propre qu'elle avoit la vue basse, et qu'elle étoit très-maladroite; confondue avec les autres domestiques, qui, loin de soupçonner son mérite, n'étoient frappés que de sa gaucherie, et se croyoient fort au-dessus d'elle; sans cesse exposée à des humiliations que lui rendoient plus sensibles encore les souvenirs de son enfance, il lui étoit impossible de se faire à sa nouvelle condition.

On a remarqué, avec raison, que les personnes qui ont de l'élévation dans l'ame et des talens supérieurs sont beaucoup plus malheureuses que les autres, lorsqu'elles sont jetées sans fortune dans le monde; qu'il leur est plus difficile de se plier au joug; et que si elles parviennent à faire connoître et apprécier leur mérite, elles ont payé bien cher la considération qu'on finit par leur accorder.

Mademoiselle de Launay, abreuvée de dégoûts, s'abandonnoit au désespoir, lorsqu'une circonstance imprévue attira sur elle l'attention. Une lettre qu'elle avoit été chargée d'écrire à Fontenelle, et à laquelle elle n'avoit attaché aucune importance, courut dans le public, et eut un succès prodigieux : il n'en fallut pas davantage pour la mettre à la mode : les hommes de lettres admis à la cour de la duchesse du Maine recherchèrent sa société. La princesse, qui faisoit cas des gens d'esprit parce qu'elle en avoit beaucoup elle-même, prit plaisir à sa conversation, la dispensa du service de femme de chambre, l'employa comme lectrice, et la fit travailler pour les fêtes qu'elle donnoit à Sceaux. Mademoiselle de Launay composa des divertissemens qui n'ont point été conservés, mais dont elle indique les canevas dans ses Mémoires, et y prit des rôles. Elle ne pouvoit vaincre sa timidité, jouoit fort mal, chantoit faux; ce qui ne l'empêchoit pas d'être fort applaudie. Mais, quoiqu'elle fût en grande faveur, elle étoit toujours logée dans son obscur réduit; et les égards qu'on avoit pour elle ne la mettoient pas à l'abri de certains désagrémens qui lui faisoient péniblement sentir qu'elle n'étoit pas sortie de l'état de domesticité.

Elle fut arrêtée en même temps que la duchesse du Maine, au mois de décembre 1718, et montra, pendant sa longue captivité, un courage à toute épreuve. Sa présence d'esprit et son dévouement furent très-utiles à la princesse. En sortant de la Bastille, elle obtint, pour première récompense, une fenêtre et une cheminée dans le logement qu'elle occupa. On la traitoit avec quelque distinction; mais l'état de sujétion dans lequel elle vivoit lui étoit devenu insupportable. On peut en juger par le passage suivant de ses Mémoires : « A la Bastille, je trouvois « plus de liberté que je n'en avois perdu. Il est vrai « qu'en prison on ne fait pas sa volonté; mais aussi « on n'y fait point celle des autres. » Elle chercha à se faire une existence indépendante : la duchesse du Maine, qui ne vouloit pas se priver d'elle, fit échouer tous ses projets. Comme il falloit qu'elle eût un rang ou un titre pour pouvoir accompagner la princesse, pour être admise à sa table, pour monter dans ses carrosses, on lui fit épouser malgré elle, en 1735, à plus de quarante ans, le baron de Staal, officier suisse, auquel on promit de l'avancement, pour le décider à ce mariage. Elle continua de résider à Sceaux : à peine lui étoit-il permis d'aller, de loin en loin, passer quelques jours dans une campagne que le baron possédoit à quelques lieues de Paris.

Madame de Staal ne put donc jamais recouvrer sa liberté, qui étoit l'unique objet de ses vœux. Ayant été, pendant sa vie entière, condamnée à la dépendance, et soumise aux volontés et aux caprices des grands, il ne seroit pas étonnant qu'elle se fût attachée, dans ses Mémoires, à rabaisser ceux dont elle avoit si long-temps essuyé les dédains. Elle ne dissimule pas ce qu'elle a eu à souffrir; mais elle en parle sans amertume, et souvent avec gaieté. Lorsqu'elle peint la morgue ou les travers de quelques hauts personnages, elle ne cherche point à tirer vengeance des chagrins qu'ils ont pu lui causer; et, tout en retraçant leurs ridicules, elle fait valoir ce qu'il y a d'estimable dans leur caractère. Ses Mémoires ne contiennent jamais rien d'offensant, même pour les personnes dont elle a eu le plus à se plaindre. Si on les compare, sous ce rapport, à ceux de plusieurs écrivains qui, ayant été admis chez les grands, et comblés par eux de faveur, les ont ensuite outragés dans leurs ouvrages, on lui saura gré de la juste mesure dans laquelle elle s'est tenue.

Madame de Staal parle beaucoup, et même beaucoup trop, de ses amours. Est-il vrai que quelqu'un lui ayant témoigné de l'inquiétude sur cette partie de ses Mémoires, qu'elle sembloit avoir rendue difficile à traiter convenablement, elle ait répondu qu'*elle ne s'y étoit peinte qu'en buste?* Il n'entre pas dans notre plan d'examiner cette question délicate : nous prendrons les choses telles que madame de Staal les présente dans ses Mémoires. On y voit que, par une fatalité bizarre, elle a toujours aimé des hommes qui ne l'aimoient point, et qu'elle n'a jamais pu se décider à aimer ceux qui ont été le plus amoureux d'elle.

Parmi ses amans, on remarque l'abbé de Chaulieu, qui la connut en 1713 : elle avoit dix-neuf ou vingt ans. L'abbé, qui étoit dans sa soixante-quatorzième année, se montra aussi passionné qu'il avoit pu l'être dans sa jeunesse. Une partie des lettres qu'il lui a écrites ont été conservées (1) : elles ne se trouvent pas dans les Mémoires de madame de Staal. Nous en citerons quelques fragmens, qui donneront une idée de cette singulière liaison.

Lettre 2. — « La nature vous a donné un pouvoir
« si absolu, un ascendant si vainqueur sur moi, que
« dès que je suis avec vous je n'ai plus ni sentiment
« ni volonté. Que me serviroit-elle ? La vôtre me
« suffit. »

Lettre 7. — « Si vous étiez la reine du monde (je
« vous en atteste vous-même), vivrois-je avec vous
« avec plus de considération, de bienséance, d'é-
« gards, de politesse, de soumission, que je ne fais?...
« Je ne puis me résoudre à mettre en usage quelques
« talens de plaire qui me restent pour d'autres que
« pour vous. »

Lettre 8. — « Vous aimer fait le charme de ma vie ;
« vous plaire, tous mes désirs ; vous rendre heu-
« reuse, indépendante, surtout de moi, le plus doux
« projet de mon cœur ; faire toutes vos volontés,
« flatter vos fantaisies, vous donner des plaisirs, ne
« vous jamais contraindre,

    « C'est le dessein que je formai
    « Le douzième du mois de mai.
    « Si ce dessein vous plaît, Sylvie,
    « Le douzième du mois de mai
    « Fut le plus beau jour de ma vie (2). »

(1) Elles ont été imprimées en 1801. — (2) Ces vers sont imités d'un très-joli triolet de Ranchin :

Le premier jour du mois de may

Lettre 13. — « Ma passion ne vit que de plaisir,
« mon amour ne se nourrit que de faveurs : après cela,
« donner ma vie pour ce que j'aime, partager avec
« elle mon bien, ma fortune, tout ce que j'ai au
« monde, voilà ce que je sais faire, ce que je ferai
« pour vous. Quel joug, quelle servitude vous im-
« poserai-je pour cela? Vous laisser, vous prier de
« faire tout ce qui pourra vous plaire, et vous di-
« vertir sans réserve. Moi, de mon côté, faire tous
« les plaisirs, l'amusement et le bonheur de votre
« vie, sans contrainte, etc. »

Lettre 19. — « Je vous adore, libertine, coquette,
« friponne, avec tous vos défauts et tous vos agré-
« mens. »

Lettre 27. — « Venez, telle que vous me parûtes
« hier. Que votre personne, que votre air, que votre
« ajustement me plut! Si Hélène étoit revenue avec
« tous les attraits où Pâris la trouva, elle ne m'au-
« roit pas tant charmé. »

Lettre 36. — « Je vous enverrai mon carrosse à
« quatre heures. Je n'ai pas besoin de vous dire que
« vous en ferez tout ce qu'il vous plaira ; car je n'ai
« plus rien à moi dont vous puissiez avoir besoin.
« Ne venez qu'à six heures ; et si par hasard, à quel-
« ques instans près, je n'étois pas revenu (ce que je
« ne crois pourtant pas), vous trouverez un valet de

> Fut le plus heureux de ma vie.
> Le beau dessein que je formay
> Le premier jour du mois de may !
> Je vous vis, et je vous aimay.
> Si ce dessein vous plait, Sylvie,
> Le premier jour du mois de may
> Fut le plus heureux de ma vie.

« chambre, du feu et des bougies dans ma chambre,
« et sur mon bureau un recueil de toutes mes folies,
« qui pourront vous divertir un moment. Elles au-
« roient tout leur agrément, si je les avois toutes
« faites pour vous. Adieu mille fois. On ne peut vous
« voir sans découvrir toujours quelque talent nou-
« veau; et je fus ravi, hier au soir, de retrouver Mo-
« lière, qui, par la force de la métempsychose, est
« entré dans une personne que j'adore. »

L'abbé de Chaulieu eut pour mademoiselle de Launay le même amour et le même dévouement jusqu'au mois de décembre 1718, époque à laquelle elle fut arrêtée. Il prit grande part à sa captivité, qui dérangeoit ses habitudes, et le privoit d'une société agréable. Mais quand elle alla le voir, à sa sortie de la Bastille, il étoit atteint de la maladie dont il mourut trois semaines après, et ne parut pas fort touché de la voir délivrée. « Je remarquai, dit-elle, combien, dans cet
« état, ce qui nous est inutile nous devient indiffé-
« rent. »

Plusieurs rivaux avoient disputé à l'abbé de Chaulieu le cœur de mademoiselle de Launay. M. de Rémond, l'un d'entre eux, qui, *en faisant le tour du monde, étoit venu à elle avec le vrai ou le faux d'une grande passion,* se distinguoit par ses transports et par sa jalousie contre l'abbé. Trente de ses lettres ont été imprimées (1). Mademoiselle de Launay prétend qu'elles sont meilleures qu'aucune de celles qu'elle ait vues en ce genre : quelques citations mettront le lecteur à même d'en juger.

Lettre 2. — « Je ne vous crois ni sur l'insensibilité

(1) En 1801, avec celles de l'abbé de Chaulieu.

« de votre cœur, ni sur l'insensibilité de vos sens
« pour la volupté. Je prends tout ce que vous dites
« là-dessus pour une ironie socratique. C'est une
« nouvelle invention pour me détacher de vous ; car
« qui aimeroit une telle espèce? Vous pouvez être
« extraordinaire, sans être absolument une chimère
« métaphysique. Je vous crois donc sensible, et sen-
« suelle. »

Lettre 5. — « Pourquoi choisir une félicité boi-
« teuse ? Croyez-vous dégrader la nature humaine
« par l'usage des plaisirs? Au contraire, cet usage la
« perfectionne, puisqu'elle sait les spiritualiser, en
« quelque sorte, par la réflexion du goût et de la dé-
« licatesse du sentiment..... Si l'amour s'emparoit de
« votre cœur, vous cesseriez d'être sotte ; et, sem-
« blable à la grâce efficace, sans contraindre votre
« volonté, il vous rempliroit de délectation inté-
« rieure. — A ce soir ! *Je serai sage comme une*
« *image, et plus vif que du feu.* »

Lettre 9. — « Si vous voulez aller cette après-dînée
« de bonne heure à Saint-Victor, je vous y mènerai.
« Je vous ramènerai quand vous voudrez, et où il
« vous plaira : vous serez la maîtresse de la voiture,
« puisque vous l'êtes du voiturier. »

Lettre 10. — « Vous êtes formée par les Grâces, et
« faite pour la volupté. Votre physionomie n'est point
« si métaphysique ; elle est plutôt physique. »

Lettre 17. — « Les sentimens solides et tendres
« que vous m'aviez inspirés n'ont point été reconnus :
« je me livre donc à la bonne chère, et je tâche de
« me consoler avec le vin. Je fuis le Champagne, qui
« a bien le piquant et le brillant qui me plaisoit en

« vous; mais je me livre au Bourgogne, dont vous
« avez le solide et la maturité, sans en avoir le velours
« et l'onction. »

Comment madame de Staal pouvoit-elle préférer ce jargon ridicule et grossier aux lettres de l'abbé de Chaulieu, qui expriment avec tant de grâces et d'abandon les sentimens les plus tendres et les plus délicats?

En général, elle n'avoit pas été heureuse dans ses prédilections. M. de Silly, qui fut l'objet de ses premières inclinations, et dont l'indifférence lui fit verser tant de larmes, étoit, suivant le témoignage des contemporains, *un homme peu aimable et pour l'esprit et pour la figure.* Ses lettres sont dures et sèches; il étoit égoïste, et dévoré d'ambition. « Cette dernière
« qualité, dit Grimm, lui a tourné la tête : il s'est
« précipité d'une fenêtre, dans un accès de folie. »
Le chevalier de Menil, avec lequel mademoiselle de Launay se lia à la Bastille, qui parut partager son amour tant qu'il fut son compagnon d'infortune, et qui l'abandonna brutalement aussitôt qu'il eut recouvré sa liberté, méritoit encore moins son attachement. « Au gré de tous ceux qui l'ont connu, dit
« Grimm (1), c'étoit l'homme le plus maussade et le
« plus insupportable du royaume; aussi désagréable
« par sa figure que par son esprit, et d'un commerce
« insoutenable. » (2) On ne peut se défendre d'une sorte d'impatience lorsqu'on voit mademoiselle de Launay s'aveugler elle-même sur la conduite de Menil,

(1) *Correspondance de Grimm.* — (2 Duclos, qui avoit connu le chevalier de Menil, dit qu'il étoit au-dessous du médiocre. (*Mémoires secrets de Duclos.*)

et faire, pendant plusieurs années, d'inutiles efforts pour le ramener (1).

L'amitié la dédommagea des peines de l'amour : elle eut de véritables amis, dont l'attachement ne se démentit jamais. Les uns occupoient un rang élevé dans le monde; d'autres recevoient chez eux une société choisie; d'autres étoient renommés par leur savoir et par leur esprit : tous cherchoient à lui rendre la vie agréable. Elle étoit fort liée avec madame la marquise Du Deffand, et l'on a publié quelques-unes des lettres qu'elle lui écrivit (2). On y trouve des détails fort piquans sur le voyage que Voltaire et madame Du Châtelet firent à Sceaux en 1747. Nous en donnerons des extraits : le lecteur jugera jusqu'à quel point madame de Staal a forcé les traits du tableau, pour amuser son amie.

15 *août* 1747. — « Madame Du Châtelet et Voltaire,
« qui s'étoient annoncés pour aujourd'hui, et qu'on
« avoit perdus de vue, parurent hier sur le minuit
« comme deux spectres, avec une odeur de corps em-
« baumés qu'ils sembloient avoir apportée de leurs
« tombeaux. On sortoit de table. C'étoit pourtant des
« spectres affamés : il leur fallut un souper, et qui
« plus est des lits, qui n'étoient pas préparés. La con-
« cierge, déjà couchée, se leva à grande hâte. Gaya,
« qui avoit offert son logement pour les cas pressans,
« fut forcé de le céder dans celui-ci, déménagea avec
« autant de précipitation et de déplaisir qu'une armée

(1) On a publié, en 1801, deux cent quatorze lettres de mademoiselle de Launay au chevalier de Menil. Cette correspondance, commencée à la Bastille au mois d'avril 1719, se prolonge jusqu'en 1722. — (2) Ces lettres, au nombre de vingt-deux, font partie d'un recueil publié en 1809, sous le titre de *Correspondance inédite de madame Du Deffand.*

« surprise dans son camp, laissant une partie de son
« bagage au pouvoir de l'ennemi. Voltaire s'est bien
« trouvé du gîte : cela n'a point du tout consolé Gaya.
« Pour la dame, son lit ne s'est pas trouvé bien fait :
« il a fallu la déloger aujourd'hui. Notez que ce lit,
« elle l'avoit fait elle-même, faute de gens, et avoit
« trouvé un défaut de ..... dans les matelas; ce qui,
« je crois, a plus blessé son esprit exact que son corps
« peu délicat.... Nos nouveaux hôtes vont faire répé-
« ter leur comédie (1). C'est Venture qui fait le rôle de
« Boursoufle : on ne dira pas que ce soient des armes
« parlantes, non plus que madame Du Châtelet fai-
« sant mademoiselle de La Cochonnière, qui devroit
« être grosse et courte. Voilà assez parlé d'eux pour
« aujourd'hui. »

16 *août*. — « Nos revenans ne se montrent point
« de jour : ils apparurent hier à dix heures du soir.
« Je ne pense pas qu'on les voie guère plus tôt au-
« jourd'hui : l'un est à décrire de hauts faits, l'autre
« à commenter Newton. Ils ne veulent ni jouer, ni se
« promener : ce sont bien des non-valeurs dans une
« société où leurs doctes écrits ne sont d'aucun rap-
« port. Voici bien pis : l'apparition de ce soir a pro-
« duit une déclamation véhémente contre la licence
« de choisir des tableaux au cavagnole. Cela a été
« poussé sur un ton qui nous est tout-à-fait inouï,
« et soutenu avec une modération non moins sur-
« prenante. »

(1) *Le comte de Boursoufle.* Cette pièce a été imprimée à Vienne en 1769 sans nom d'auteur, et sous le titre de *l'Echange.* On doutoit qu'elle fût de Voltaire. Elle a été comprise sous son véritable titre dans les dernières éditions de ses OEuvres.

20 *août*. — « Madame Du Châtelet est, d'hier, à
« son troisième logement. Elle ne pouvoit plus sup-
« porter celui qu'elle avoit choisi : il y avoit du bruit,
« de la fumée sans feu (il me semble que c'est son
« emblême). Le bruit, ce n'est pas la nuit qu'il l'in-
« commode, à ce qu'elle m'a dit; mais le jour, au fort
« de son travail : cela dérange ses idées. Elle fait ac-
« tuellement la revue de ses *principes* : c'est un exer-
« cice qu'elle réitère chaque année; sans quoi ils
« pourroient s'échapper, et peut-être s'en aller si loin,
« qu'elle n'en retrouveroit pas un seul. Je crois bien
« que sa tête est pour eux une maison de force, et
« non pas le lieu de leur naissance : c'est le cas de
« veiller soigneusement à leur garde. Elle préfère le
« bon air de cette occupation à tout amusement, et
« persiste à ne se montrer qu'à la nuit close. Vol-
« taire a fait des vers galans, qui réparent un peu le
« mauvais effet de leur conduite inusitée. »

27 *août*. — « Je vous ai mandé jeudi que nos re-
« venans partoient le lendemain, et que la pièce se
« jouoit le soir..... Tout cela n'a pas mal été, et l'on
« peut dire que cette farce a été bien rendue. L'au-
« teur l'a ennoblie d'un prologue qu'il a joué lui-
« même, et très-bien, avec notre Dufour, qui, sans
« cette action brillante, ne pouvoit digérer d'être
« madame Barbe. Elle n'a pu se soumettre à la sim-
« plicité d'habillement qu'exigeoit son rôle, non
« plus que la principale actrice (madame Du Châ-
« telet), qui, préférant les intérêts de sa figure à
« ceux de la pièce, a paru sur le théâtre avec tout
« l'éclat et l'élégante parure d'une dame de la cour.
« Elle a eu, sur ce point, maille à partir avec Vol-

« taire : mais c'est la souveraine, et lui l'esclave. Je
« suis très-fâchée de leur départ, quoique excédée
« de ses diverses volontés, dont elle m'avoit remis
« l'exécution. »

30 *août*.—« On vous garde un bon appartement :
« c'est celui dont madame Du Châtelet, après une
« revue exacte de toute la maison, s'étoit emparée.
« Il y aura un peu moins de meubles qu'elle n'y en
« avoit mis ; car elle avoit dévasté tous ceux par où
« elle avoit passé, pour garnir celui-là. On y a re-
« trouvé six ou sept tables : il lui en faut de toutes
« les grandeurs, d'immenses pour étaler ses papiers,
« de solides pour soutenir son nécessaire, de plus
« légères pour les pompons, pour les bijoux ; et cette
« belle ordonnance ne l'a pas garantie d'un accident
« pareil à celui qui arriva à Philippe II quand, après
« avoir passé la nuit à écrire, on répandit une bou-
« teille d'encre sur ses dépêches. La dame ne s'est pas
« piquée d'imiter la modération de ce prince : aussi
« n'avoit-il écrit que sur des affaires d'Etat ; et ce
« qu'on lui a barbouillé, c'étoit de l'algèbre, bien plus
« difficile à remettre au net.... Le lendemain du dé-
« part, je reçois une lettre de quatre pages ; de plus,
« un billet dans le même paquet, qui m'annonce un
« grand désarroi. M. de Voltaire a égaré sa pièce,
« oublié de retirer les rôles, et perdu le prologue.
« Il m'est enjoint de retrouver le tout ; d'envoyer au
« plus vite le prologue, non par la poste, *parce qu'on*
« *le copieroit ;* de garder les rôles, crainte du même
« accident, et d'enfermer la pièce *sous cent clefs*.
« J'aurois cru un loquet suffisant pour garder ce tré-
« sor. J'ai bien et dûment exécuté les ordres reçus. »

Madame de Staal saisissoit très-bien les ridicules, et les peignoit avec beaucoup de malice et d'originalité; mais ce talent ne suffit pas pour composer des comédies. Les deux pièces qu'elle nous a laissées (*l'Engouement* et *la Mode*) présentent l'esquisse superficielle de quelques travers de la haute société; mais elles sont dépourvues d'intérêt, il n'y a pas d'action, l'intrigue est nulle, les principaux caractères sont outrés, et hors de la vraisemblance. Dans la première de ces pièces, Orphise, femme de condition, s'engoue de tout ce qu'elle voit, et s'en dégoûte aussitôt. Les détails sont agréables, il y a des traits piquans; mais le cadre des scènes est toujours le même. On a trouvé plusieurs traits de ressemblance entre le personnage d'Orphise et la duchesse de La Ferté, dont l'*engouement* est si bien peint dans les Mémoires de madame de Staal. Ce que nous avons dit de cette première pièce s'applique également à la seconde : la comtesse est tellement esclave de la mode, qu'après avoir arrêté le mariage de sa fille avec d'Ornac, qui l'aime, qui en est aimé, et dont l'alliance est d'ailleurs convenable sous le rapport de la naissance et de la fortune, elle retire son consentement, parce que le jeune homme passe pour avoir des mœurs, et une conduite régulière. Elle ne revient de ses préventions que lorsqu'elle apprend que son gendre futur a eu avec une comédienne une liaison qui est à peine rompue. L'énumération des griefs de la comtesse contre d'Ornac et contre son père est fort plaisante. Dans cette pièce comme dans la première, l'agrément des détails, d'ailleurs trop minutieux, ne compense pas le défaut d'intérêt, de situations et d'intrigues. Non-seulement ces deux comédies ne pourroient réussir au théâtre, mais on auroit peine à en supporter la lecture (1).

Madame de Staal entretint, depuis 1740 jusqu'en 1749, une correspondance assez suivie avec un de ses amis, nommé d'Héricourt (2). Cette correspondance contient quelques anecdotes historiques et littéraires: on y apprend l'époque à laquelle les Mémoires furent composés, les changemens que madame de Staal voulut y faire après les avoir terminés, le soin avec lequel elle choisit les lettres qu'elle vouloit qui fussent conservées, les précautions qu'elle prit pour faire disparoître tout ce qui auroit pu porter atteinte à sa réputation.

« Notre grande affaire est achevée, écrivoit-elle
« le 22 août 1741. Cela est si épais, que j'en suis ef-
« frayée : je projette d'en faire un abrégé, où tout ce
« qui pourroit être bon et curieux seroit conservé, et
« où tout ce qui n'est intéressant que pour soi seroit
« supprimé. J'arrangerai cela selon mon idée.... C'est
« un grand danger que de se livrer au public : Dieu
« nous en garde à jamais l'un et l'autre ! »

Le 9 juin 1742. — « Je crois que je gâte tout en
« voulant réformer ; mais je ne barbouille que ma
« première copie, l'autre restera telle qu'elle est. »

(1) La comédie de *la Mode* a été représentée au théâtre des Italiens en 1761, sous le titre des *Ridicules du jour*, et n'a pas eu de succès. Les deux comédies de madame de Staal ont été imprimées en 1755, à la suite de ses Mémoires. — (2) Ces lettres ont été imprimées en 1801, avec celles de l'abbé de Chaulieu, de M. de Rémond, etc.; Paris, 2 vol. in-12. M. le duc de Choiseul les avoit fait copier, et avoit donné le manuscrit à l'abbé Barthélemy. Après la mort de ce dernier, le manuscrit a été acheté par un libraire, qui l'a publié.

Le 9 août suivant. — « Je pense que si vous entre-
« prenez une deuxième copie des lettres qui vous
« ont été confiées, il faudroit y mettre les copiées et
« non copiées de suite, chacune à sa date ; et sup-
« primer celles qui ne valent pas la peine d'être tran-
« scrites, et celles qui pourroient donner quelques
« indices... Si je fais jamais refaire une copie du grand
« écrit, on y intercalera les premières lettres. J'ai
« senti, en faisant à quelqu'un cette lecture, com-
« bien la promptitude d'une certaine liaison est cho-
« quante ; ce qui est en partie sauvé par les lettres
« qui la précèdent, lesquelles font filer la connois-
« sance. »

Le 9 décembre. — « Je ne sais s'il ne reste pas,
« dans les lettres qui ont été choisies, des indices
« qui puissent faire connoître à qui elles s'adressent ;
« ce que je ne voudrois pas, tant pour mon honneur
« que pour l'intérêt de la vérité ; car on en pourroit
« inférer contre moi des choses fausses, et dont je ne
« serois pas flattée. Par exemple, dans celles de l'abbé
« (de Chaulieu), il y est parlé d'un certain homme à
« bonnes fortunes, comme si j'avois eu de grandes
« relations avec lui. La vérité est qu'il ne m'a jamais
« dit pis que mon nom. Il paroît aussi en général,
« dans les unes et les autres, plus de condescendance
« de ma part que je n'en ai mis dans ces commerces
« de coquetterie d'esprit, où je n'ai fait aucun tra-
« fic de sentimens, ni vrais ni apparens, et dont le
« simple amusement étoit l'unique objet. »

Quelque temps avant sa mort, elle écrivoit à ce
même d'Héricourt : « Je baisse de tout point ; mais mon
« jugement est encore assez sain pour que je m'en

« aperçoive, et c'est sans aucun chagrin : je me trouve
« fort bien d'être bête. Je ne sens presque plus rien,
« si ce n'est les besoins du corps : il est vrai qu'ils
« augmentent autant que ceux de l'esprit diminuent.
« Mais la quantité est moindre; et, calcul fait, je
« trouve qu'il y a à gagner. »

Sa santé, naturellement délicate, étoit tout-à-fait délabrée. Avant l'âge de cinquante ans, elle éprouvoit toutes les infirmités de la vieillesse. Dans les dernières années de sa vie, la foiblesse de sa vue ne lui permettoit plus de se livrer à aucune occupation : elle étoit devenue presque sourde, pouvoit à peine prendre part à la conversation, et suivre les lectures qu'on lui faisoit. Elle mourut au mois de juin 1750, à l'âge de cinquante-cinq ou cinquante-six ans.

Malgré les éloges donnés à ses grâces et à sa beauté par l'abbé de Chaulieu et par M. de Rémond, on prétend qu'elle n'étoit rien moins que jolie (1); on dit même qu'elle n'étoit pas, à beaucoup près, aussi aimable dans le monde qu'elle le paroît dans ses ouvrages. « Plusieurs personnes qui l'ont connue as-
« surent qu'elle étoit souvent maussade et pédante (2):
« mais rien n'égaloit la gaieté et la vivacité de son
« esprit lorsqu'elle étoit contente d'elle-même, et des
« personnes avec lesquelles elle se trouvoit (3). »

Le mauvais état de sa santé, et les chagrins qu'elle éprouva, expliquent ces disparates.

Ses Mémoires ont été imprimés cinq ans après sa mort. On ignore s'ils ont été publiés sur le manuscrit,

(1) Correspondance de Grimm. — (2) « On dit qu'elle avoit peu d'a-
« grément dans le commerce. » (Correspondance de Grimm.) — (3) Année littéraire, 1755, tome 7, lettre 4.

qu'elle trouvoit *si épais qu'elle en étoit effrayée*, ou d'après celui qu'elle corrigeoit en 1742. Ce qui est certain, c'est qu'elle n'a pas, comme elle en avoit le projet, intercalé dans l'ouvrage les premières lettres du chevalier de Menil, *afin de rendre moins choquante la promptitude de sa liaison avec lui.*

Tels que nous les avons, les Mémoires de madame de Staal, à quelques longueurs près, sont une des plus agréables productions de cette époque. Au jugement des meilleurs critiques, sa narration est rapide et naturelle; son style, remarquable par un heureux choix d'expressions, a de la facilité sans négligence; sa touche est délicate, ses observations fines, ses réflexions neuves et justes. Elle a le secret de jeter de l'intérêt sur les détails les plus minutieux, et les plus indifférens en apparence : elle ne dit que ce qu'il faut dire, et le dit toujours de la manière la plus piquante. Ses portraits, tracés en trois lignes, font voir les personnages : elle semble dédaigner les ressources de l'art, n'emploie ni tours ni figures; frappée des objets qu'elle veut peindre, elle les rend, ainsi qu'elle le dit elle-même, comme un miroir les réfléchit.

Peut-on considérer ces Mémoires comme historiques, quoiqu'ils ne contiennent qu'un petit nombre de faits qui se rattachent à l'histoire du temps? L'abbé Trublet, qui a longuement discuté cette question dans une lettre adressée au Mercure (1), se prononce pour l'affirmative. Il prétend que les Mémoires des simples particuliers font mieux connoître les hommes que ceux des ministres et des généraux, parce que

(1) Cette lettre porte la date du 16 octobre 1755. L'abbé Trublet ne l'avoit pas signée; mais il l'a insérée dans ses Mémoires.

tout homme est homme, et que tout homme n'est pas général ou ministre ; que, dans les Mémoires d'un ministre ou d'un général, ce qui plaît le plus, ce ne sont ni leurs exploits ni leurs négociations, mais le détail de leur vie privée ; et il cite les *Vies des hommes illustres* de Plutarque à l'appui de son opinion. Fontenelle étoit d'un avis contraire. Il dit à un de ses amis, lorsque les Mémoires de madame de Staal parurent : « J'en suis fâché pour elle : je ne la soupçon-
« nois pas de cette petitesse. Cela est écrit avec une
« élégance agréable ; *mais cela ne valoit pas la*
« *peine d'être écrit.* — Les femmes sont de votre
« avis, lui répondit-on ; mais les hommes n'en sont
« pas. — Les femmes ont raison, repartit Fontenelle ;
« il est vrai que ce n'est peut-être pas par raison. »

Quoi qu'il en soit, nous ne croyons pas qu'on nous blâme d'avoir inséré les Mémoires de madame de Staal dans notre Collection. S'ils contiennent peu de faits historiques, ils offrent des détails curieux et piquans sur les mœurs de l'époque ; et ces détails ont tant de charme sous sa plume, qu'il est difficile de suspendre la lecture de l'ouvrage lorsqu'on l'a commencée.

Dans l'édition de 1755, ne se trouvoit pas un portrait de la duchesse du Maine, que La Harpe a publié en 1801 (1); il l'avoit tiré des recueils manuscrits de d'Alembert, et le consideroit comme un morceau précieux. Nous avons dû le conserver. Madame de Staal s'y dédommage de la réserve qu'elle s'étoit imposée dans ses Mémoires en parlant de cette princesse, *qui avoit le malheur de ne pouvoir se passer des personnes dont elle ne se soucioit point, et qui appre-*

(1) Dans sa *Correspondance littéraire*, lettre 178.

noit avec indifférence la mort de ceux qui lui faisoient verser des larmes lorsqu'ils se trouvoient un quart-d'heure trop tard à une partie de jeu, ou à une promenade. Le portrait n'est point flatté. Madame de Staal l'a tracé en 1736, époque à laquelle elle croyoit avoir le plus à se plaindre de la tyrannie de la princesse, *tyrannie d'autant plus intolérable, qu'elle ne daignoit même pas la colorer des apparences de l'amitié.*

Différentes pièces de vers et différentes lettres avoient été imprimées, comme pièces justificatives, à la suite de la première édition des Mémoires (1). Nous avons réuni au texte celles de ces pièces qui en font nécessairement partie; nous avons supprimé les autres, qui n'offrent aucun intérêt.

(1) Les Mémoires de madame de Staal ont été souvent réimprimés; mais le texte est absolument le même dans toutes les éditions.

MÉMOIRES

DE

MADAME DE STAAL.

Je ne me flatte pas que les événemens de ma vie méritent jamais l'attention de personne ; et si je me donne la peine de les écrire, ce n'est que pour m'amuser par le souvenir des choses qui m'ont intéressée.

Il m'est arrivé tout le contraire de ce qu'on voit dans les romans, où l'héroïne, élevée comme une simple bergère, se trouve une illustre princesse. J'ai été traitée dans mon enfance en personne de distinction ; et par la suite je découvris que je n'étois rien, et que rien dans le monde ne m'appartenoit. Mon ame, n'ayant pas pris d'abord le pli que lui devoit donner la mauvaise fortune, a toujours résisté à l'abaissement et à la sujétion où je me suis trouvée : c'est là l'origine du malheur de ma vie.

Mon père fut obligé, pour quelque affaire que je n'ai jamais sue, de quitter la France, et de s'établir en Angleterre. Ma mère étoit jeune et belle : des directeurs lui firent scrupule de vivre éloignée de son mari, et elle l'alla trouver ; mais s'étant bientôt déplue dans un climat étranger, elle revint en France grosse de moi, dont elle accoucha à Paris. Dépourvue des moyens d'y subsister, elle chercha et trouva une retraite dans l'abbaye de Saint-Sauveur d'Evreux, en Normandie. Madame de La Rochefoucauld, qui en étoit abbesse, la reçut sans pension, à la sollicitation de quelques amis; et lorsqu'il fallut me tirer de nourrice, elle consentit que ma mère m'allât chercher, et m'amenât avec elle dans le couvent.

Un peu avant ce temps-là, le roi Louis XIV voulut s'attribuer la nomination des abbayes d'urbanistes: le Pape s'y opposa; et la contestation traînant en longueur, les religieuses nommées à ces abbayes, sorties pour en prendre possession, ne voulurent pas la plupart rentrer dans leur maison, et cherchèrent, en attendant l'événement, un asyle dans d'autres couvens.

Mesdames de Grieu, de l'abbaye de Jouarre, du nombre des prétendantes, s'étoient retirées à Saint-Sauveur, où ma mère avoit lié une grande amitié avec elles; et lorsqu'elle y revint et m'y amena, ces dames, au premier abord, se prirent de passion pour moi. Leur désœuvrement en maison étrangère les jetoit dans une espèce d'ennui qui fait saisir le premier objet qu'on rencontre: elles m'aimèrent avec la véhémence que la solitude et l'oisiveté donnent à toutes sortes de sentimens.

J'avois un peu plus de deux ans, et je faisois déjà de petits discours qu'on érigeoit en bons mots, eu égard à mon âge. Je gagnai les bonnes grâces de l'abbesse par une aventure peut-être trop puérile à raconter. Elle étoit sœur du duc de La Rochefoucauld, si connu par son esprit, et elle en avoit beaucoup aussi: mais l'esprit n'empêche pas d'avoir des manies, il les rend seulement plus remarquables. Elle avoit établi chez elle l'asyle des chiens malheureux: les estropiés, les incurables remplissoient son appartement. Les uns tomboient du haut mal, les autres étoient couverts de gale ; ceux qui étoient sains et jolis, elle ne s'en chargeoit pas, sûre qu'ils trouveroient assez de ressources ailleurs. J'étois souvent chez elle avec mesdames de Grieu. Il m'arriva un jour, comme on se mettoit à table, de marcher inconsidérément sur la pate d'un de ces infortunés, qui fit de grands cris. L'abbesse changea de visage, et parut si irritée, qu'on me dit tout bas de demander pardon. Comme je ne compris pas qu'elle fût l'offensée, je quittai la table, et j'allai me mettre à genoux au milieu de la salle, vis-à-vis du chien blessé, à qui je fis une excuse très-touchante. Cette action réussit, et me mit fort bien avec elle. La marquise de Sillery sa sœur, et mesdames de Saint-Point et de Boisfévrier ses nièces, toutes femmes de beaucoup d'esprit, se faisoient un divertissement de m'entretenir. Véritablement j'avois plus d'intelligence et de raisonnement qu'on n'en a ordinairement à cet âge : cela se peut dire sans vanité, puisqu'on voit des enfans, qui ont passé pour des prodiges d'esprit, devenir des prodiges de sottise.

Ces heureuses dispositions furent cultivées par toutes les instructions dont mon âge étoit susceptible. Je ne vivois qu'avec des personnes faites : cela donne une tournure raisonnable à l'esprit. Elles en savoient assez pour me rendre raison de tout ce que je voulois savoir. Une curiosité satisfaite en faisoit naître une autre : je questionnois perpétuellement, et l'on me répondoit toujours. Au lieu de m'endormir avec les *Peau d'Ane*, on mettoit dans ma tête les premiers fondemens de l'histoire sainte et profane ; et cela s'y plaçoit si bien, que j'en faisois des citations à propos. Ce succès de mon éducation rendit les personnes qui s'en mêloient encore plus passionnées pour moi : elles engagèrent ma mère à m'abandonner tout-à-fait entre leurs mains.

Madame la duchesse de Ventadour ayant désiré de l'avoir pour gouvernante de sa fille unique, ma mère accepta cette place à des conditions avantageuses et honorables; mais son extrême dévotion, incompatible avec ce nouveau genre de vie, et encore plus avec les inclinations de son élève, la lui fit quitter sans attendre le mariage de mademoiselle de Ventadour, qui se fit peu après avec le prince de Turenne.

Ma mère revint au bout d'un an dans le couvent où elle m'avoit laissée à ces dames, qui s'étoient emparées de moi, et qui s'y étoient attachées de telle sorte qu'elles ne voulurent pas, à son retour, s'en dessaisir : elles me regardoient comme leur enfant, et se faisoient une occupation unique de mon éducation.

Cette vive amitié leur fit désirer une situation qui leur donnât moyen de me faire plus de bien. Elles employèrent quelques protections qu'elles avoient à la cour pour obtenir une abbaye. On en parla long-temps avant que cela réussît : je fis la prédiction que ce ne seroit que lorsque j'aurois sept ans. Les fous et les enfans prophétisent quelquefois, parce qu'ils parlent souvent au hasard. C'est un grand événement dans un couvent quand une religieuse devient abbesse : les démarches qui tendent à cet objet sont épiées de toutes parts. On eut quelques soupçons des espérances de mesdames de Grieu; et comme on croyoit qu'elles ne me cachoient rien, je fus questionnée. Je répondis des balivernes, je parlai de ma poupée; enfin je persuadai que j'étois trop enfant pour qu'on me confiât rien, et je gardai le secret, sans qu'il m'en coûtât d'altérer la vérité. Je n'avois pas appris à mentir : accoutumée à trouver l'excuse de mes fautes dans leur aveu, rien ne me portoit à chercher des détours. C'est la rigueur et la contrainte dont on use envers les enfans qui forcent la plupart à devenir fourbes et menteurs.

Madame de Grieu, l'aînée des deux sœurs, fut enfin nommée au prieuré de Saint-Louis, à Rouen. Elle partit peu après avec sa sœur pour s'y rendre, et m'y mena du consentement de ma mère, qui, assez embarrassée d'elle-même, se trouva heureuse d'être défaite de moi. Ces dames s'arrêtèrent chez un de leurs frères, qui demeuroit dans une jolie terre en ce pays-là. J'étois ravie d'aller, et de voir des objets nouveaux : le monde croissoit sous mes yeux. Je fus encore plus aise d'arriver à Saint-Louis. Peu après, j'appris la mort de mon père, qui étoit resté en Angleterre. Je ne l'avois jamais vu, et je ne sais si je croyois en avoir un : je lui donnai pourtant des larmes. Je ne me souviens pas d'où elles partirent.

Ce couvent de Saint-Louis étoit comme un petit Etat, où je régnois souverainement : l'abbesse et sa sœur ne songeoient qu'à prévenir mes désirs, et à satisfaire mes fantaisies. Je logeois dans son appartement, qui étoit agréable et commode. Quatre personnes, tant religieuses que converses, employées à me servir, étoient assez occupées par la multitude et la variété de mes volontés. On veut beaucoup quand on n'est contraint sur rien. Les nièces de l'abbesse, qu'elle avoit prises auprès d'elle par déférence pour sa famille, étoient, quoique avec déplaisir, mes complaisantes ; et toute la maison se trouvoit dans la nécessité de me faire une espèce de cour. Comme tout ce que je voyois m'étoit soumis, je n'imaginois pas que je dusse avoir la moindre complaisance : aussi n'en avois-je aucune, pas même pour ces dames, dont l'aveugle tendresse m'avoit érigé ce petit empire.

Une pension qu'elles avoient de leur famille étoit employée à me payer des maîtres, et à me donner tout ce qui m'étoit nécessaire ou agréable. Elles se laissoient manquer de tout, pour que je ne manquasse de rien. Il est vrai que je les aimois tendrement ; mais c'étoit sans connoître combien j'y étois obligée. Ce qu'on faisoit pour moi me coûtoit si peu, qu'il me sembloit être dans l'ordre naturel : ce ne sont que nos efforts pour obtenir quelque chose qui nous en apprennent la valeur. Enfin j'avois acquis, quoique infiniment petite, tous les défauts des grands. Cela m'a servi depuis à les excuser en eux, et m'a fait voir avec quelle facilité on se persuade que tout est fait pour soi.

Cette extrême indulgence qu'on avoit pour mes défauts les eût fait dégénérer en vices, si heureusement je n'eusse été bien née, et si la dévotion où je me livrai dès mes premières années n'avoit réprimé mes passions naissantes avant qu'elles eussent fait quelque progrès. La religion étoit le seul grand objet que j'eusse devant les yeux ; j'en étois fort instruite ; et j'avois l'esprit si avancé, qu'on m'admit à la participation de ses plus saints mystères avant que j'eusse atteint l'âge de huit ans. Cette grâce prématurée augmenta ma ferveur. J'aimois la lecture. Il n'y avoit dans la bibliothèque du couvent que des livres de piété : j'en lisois continuellement, et je passois le reste du temps en prières ou en méditations. On craignit que cela n'altérât ma santé, qui étoit fort délicate; et l'on songea à réprimer mon zèle. La contrainte, qui jusqu'alors m'étoit inconnue, rendit mon ardeur plus vive : je m'échappois, pour passer en pieux exercices les heures qu'on croyoit employées à mon amusement. J'y mêlois quelques légères études. Je fus plusieurs années occupée de la sorte, avec tant d'attachement que, plaignant les momens employés à autre chose, je me fis couper les cheveux pour être plus tôt coiffée. Je les avois d'une longueur singulière, et l'usage étoit alors de les conserver. Les femmes tiennent à leurs agrémens encore plus qu'à leurs passions : celle que j'avois pour la lecture ne put m'empêcher de sentir vivement le regret de ce sacrifice. J'appris par là qu'on pouvoit se repentir. Cette connoissance ralentit mon ardeur pour être religieuse : j'en avois jusqu'alors attendu le moment avec impatience. Je commençai à sentir les conséquences d'un engagement qu'on ne peut rompre; et de là jusqu'à l'âge de prendre le voile, ma vocation s'affoiblit tellement, que je n'y pensai presque plus.

Il y avoit dans mon couvent des pensionnaires d'un âge beaucoup plus avancé que le mien : je m'attachai à quelques-unes d'elles; cela fit un peu de diversion à mes occupations sérieuses. Elles me prêtèrent des romans, dont l'impression fut si vive sur mon esprit, que je n'ai pas été depuis si agitée de mes propres aventures que je l'étois de celles de ces personnages fabuleux. La grande liberté qu'on me laissoit n'empêchoit pas qu'on ne veillât à mes actions; et comme je n'en cachois aucune, il étoit aisé de connoître ma conduite. On vit donc que je faisois de ces lectures dangereuses, et l'on me dit qu'il y falloit renoncer. Je le fis si exactement, qu'étant restée tout au travers d'un incident qui me causoit une grande inquiétude, je n'en voulus pas voir le dénouement; et, quelque instance qu'on me fît pour l'achever secrètement, j'y résistai. J'ai fait peu de choses qui m'aient autant coûté. Cependant l'idée des passions me frappa, et les sentimens qui les forment s'insinuèrent dans mon ame sans objet déterminé.

Mademoiselle de Silly, que j'avois vue dans mon enfance à Saint-Sauveur, où elle avoit passé quelque temps, vint demeurer à Saint-Louis. C'étoit une personne fort aimable, qui avoit l'esprit solide et cultivé; plus déterminée par ses vues que par ses sentimens; d'un caractère ferme et décidé. Je m'attachai à elle avec toute la vivacité qu'ont les premiers sentimens : je ne songeois qu'à lui plaire, ses goûts devinrent les miens : elle aimoit la lecture ; je lisois tout le jour auprès d'elle. Jusqu'alors je n'avois point trouvé de livres qui pussent exciter ma curiosité, ni la satisfaire. J'ai depuis souvent déploré la perte de cinq ou six années les plus propres à cultiver l'esprit, que je passai sans rien apprendre que ce qu'on montre ordinairement à de jeunes filles, comme la musique, la danse, à jouer du clavecin, toutes choses pour lesquelles je n'avois ni goût ni talent, et où je ne fis aucun progrès.

Mon abbesse et sa sœur m'avoient donné toute la culture que peut recevoir un enfant; mais elles n'avoient pas ce qu'il falloit pour me mener plus loin;

et j'étois demeurée en chemin, lorsque mademoiselle de Silly m'ouvrit un nouveau champ. Elle faisoit une espèce d'étude de la philosophie de Descartes : je me livrai avec un extrême plaisir à cette entreprise. Je lus ensuite avec elle la *Recherche de la Vérité*, et me passionnai du système de l'auteur. Pour vérifier si j'y comprenois quelque chose, je m'attachois à prévoir les conséquences de ses principes, que je ne manquois guère de retrouver. Cela me fit croire que je l'entendois. Il se peut faire qu'une tête toute neuve, qui n'est imbue d'aucune opinion, reçoive plus aisément des idées abstraites, que celles qui sont déjà remplies de diverses pensées propres à s'embarrasser les unes avec les autres. Il est vrai aussi que la passion de connoître est plus vive quand on n'en a encore ressenti aucune autre, et l'attention plus entière dans un âge où les soins et les affaires ne la partagent pas.

Je prenois un si grand plaisir à cette prétendue découverte de la vérité, que je ne pouvois souffrir rien de ce qui m'en détournoit : les amusemens, les sociétés ordinaires, tout me déplaisoit, hors l'étude, et les entretiens qui s'y rapportoient. Cependant, à force de penser, j'eus des pensées qui m'inquiétèrent : je craignis que la philosophie n'altérât la foi, que ces idées métaphysiques ne fussent une nourriture trop forte pour un esprit peu capable encore de les bien digérer; et je pris, au fort de ma passion, le parti d'en éloigner l'objet, jusqu'à ce que je pusse m'y livrer sans danger. Ce sacrifice me coûta infiniment; mais je m'étois accoutumée de bonne heure à me faire violence, et à décider contre mon goût dans les choses qui me sembloient douteuses, persuadée que l'erreur devoit moins s'y trouver que du côté opposé.

Mademoiselle de Silly, que je consultai, approuva ma retenue. Aucune pensée ne s'offroit à mon esprit, dont je ne lui fisse part : je l'aimois comme on s'aime soi-même, et plus encore, à ce qu'il me sembloit. J'aurois voulu souffrir les maux qui lui étoient destinés, pour l'en délivrer ; enfin j'allois jusqu'à prendre des gens en aversion, parce qu'ils paroissoient avoir plus d'estime et d'amitié pour moi que pour elle.

Ce premier attachement, tout extrême qu'il étoit, ne m'empêcha pas de ressentir quelque légère atteinte d'un sentiment plus ordinaire. Un frère de mon abbesse vint, avec sa nièce et un homme amoureux de cette nièce, passer quelque temps au dehors du couvent. Ce fut un spectacle nouveau pour moi. Je m'aperçus de leur intelligence aux premiers mots qu'ils se dirent en ma présence : c'étoit pourtant quelque chose de fort indifférent. Je m'applaudis de cette découverte; et, voulant la suivre, je prêtai à leurs démarches une attention qui passoit la simple curiosité. J'entretenois mademoiselle de Silly de mes remarques; et comme elle avoit plus d'expérience que moi, elle connut d'abord l'espèce d'intérêt que j'y prenois. Elle ne voulut pas me développer cette connoissance, souvent dangereuse ; car il peut arriver qu'on néglige un sentiment dont on ignore la nature, et qu'il se dissipe de lui-même : au lieu que celui dont on s'effraie, et qu'on entreprend de combattre, se grave plus profondément dans l'imagination, et ne peut que très-difficilement s'en effacer.

Cependant la tristesse dans laquelle je tombai après

le départ de cette compagnie m'apprit que j'étois touchée des agrémens, quoique médiocres, du chevalier de R...., qui y faisoit le principal rôle. Sa personne, tout ce qu'il avoit dit, jusqu'à ses pièces de luth, dont il jouoit parfaitement bien, ne sortoient point de mon esprit. Je fis part à mademoiselle de Silly du trouble où j'étois : elle m'avoua qu'elle s'en étoit aperçue avant moi, me conseilla de ne m'en point alarmer, et de ne me pas examiner trop curieusement, persuadée que souvent le mal s'augmente par l'attention qu'on y donne. En effet, j'ajoutois des sentimens imaginaires, puisés dans les romans, à ce que pouvoit avoir de réel cette première inclination, qui véritablement n'étoit pas forte, puisqu'elle ne put tenir contre l'idée d'une union indissoluble. Mademoiselle de Silly s'en servit adroitement pour guérir en moi ce qu'elle jugea n'être qu'une fantaisie : elle me présenta cet objet avec une espèce de possibilité. J'en fus d'abord étonnée ; j'y réfléchis beaucoup ; et, après avoir passé la nuit dans une grande agitation, je trouvai à mon réveil le charme cessé, mon esprit tranquille, mon cœur dégagé ; et je ne pensai plus à cette aventure que pour en rire avec mademoiselle de Silly, qui m'en avoit si heureusement tirée. Je revis long-temps après ce personnage, dépouillé de tout ce que l'illusion lui avoit autrefois prêté. A peine me fut-il reconnoissable : il ne me resta, de l'impression qu'il m'avoit faite, qu'un goût singulier pour le luth et pour la guitare.

Avant ce léger essai de mes sentimens, j'en avois inspiré d'assez vifs à un homme de beaucoup d'esprit, qu'une formalité de justice obligea d'entrer plusieurs jours de suite dans mon couvent. Il m'entretint assez

long-temps, et fut surpris de trouver une fille de treize
à quatorze ans avec des connoissances étrangères à
cet âge. M. Brunel (c'est ainsi qu'il se nommoit) désira de lier quelque commerce avec moi; et, pour
y parvenir, il engagea mademoiselle de Silly, déjà
charmée de sa conversation, à trouver bon qu'il vînt
lui rendre visite. Elle y consentit volontiers; et comme
nous étions inséparables, il me voyoit en même temps.
Il se mit peu à peu sur le pied de venir passer toutes
les après-dînées à notre parloir, et établit une espèce
de galanterie, qui se partageoit à peu près également
entre mademoiselle de Silly et moi. Je voyois pourtant bien que la balance penchoit de mon côté; et,
dans les vers qu'il faisoit pour nous, ce qui s'adressoit à moi étoit plus tendre et plus naturel. En voici
dont je me souviens, qu'il m'adressa au commencement du siècle : c'est se souvenir d'assez loin.

A DORIS.

Que de choses l'on vous dira,
Aujourd'hui que commence un siècle avec l'année!
Vous promette d'aimer un siècle qui voudra :
Je n'aime qu'au jour la journée.
Mille et mille autres jours succèdent à leur tour;
Mais les promettre est erreur en amour.
Sur les ailes du Temps la promesse s'envole.
Ces siècles deviennent un jour :
Moi, je tiens plus que ma parole.

Je m'amusois infiniment de cette société. M. Brunel
avoit un discernement exquis, et toutes les connoissances qui ornent l'esprit : il lui manquoit seulement
ces grâces qu'on n'acquiert que dans le commerce du
grand monde, qui pourtant rendent plus propre à

plaire que des avantages plus solides. Je n'avois aucun goût pour lui; mais j'étois flattée de celui qu'il avoit pour moi. Les premières et les dernières conquêtes sont celles dont on se sait le plus de gré. Quand on est bien jeune, c'est quelque chose de plaire déjà; et c'est beaucoup de plaire encore quand on se trouve sur le retour. Cette affaire m'occupoit sans me toucher. J'étois attentive à démêler ce que M. Brunel pensoit pour moi : mais s'il s'en expliquoit trop clairement, s'il sembloit prétendre quelque retour, je prenois du dégoût pour lui; car il est vrai que le cœur ne manque guère de se révolter contre toutes les demandes qu'il ne prévient pas de lui-même. Mais, tout indifférent que m'étoit M. Brunel, je fus piquée d'apprendre qu'il avoit une ancienne maîtresse, avec laquelle il passoit une partie de sa vie. Cette découverte mit mon imagination assez en mouvement pour produire les premiers vers qui soient sortis de ma tête : ils étoient sur un ton ironique, sans règles et sans mesure, parce que je n'en savois pas faire. Il y répondit galamment par ceux-ci :

PORTRAIT DE DORIS.

Si j'aime ou si je n'aime pas,
N'en soyez plus désormais inquiète.
Je vais, belle Doris, finir votre embarras :
Mais jurez-moi, sur vos appas,
Que vous en serez satisfaite.

Dans un séjour solitaire, écarté,
Où règnent l'Indolence et la molle Paresse,
Le Ciel confère, avec malignité,
De la douceur avec de la beauté,
De la raison avec de la jeunesse,
Du goût, de la délicatesse,
Point d'humeur ni de vanité.

> Cet assemblage heureux charmeroit l'Amour même.
> En vous voyant, voilà ce que je vois :
> Après cela, demandez-moi si j'aime.

Mon dépit se calma; il ne produisit point de jalousie, ni rien de ce qui appartient à une passion : aussi n'en avois-je pas pour l'homme dont il s'agit. La liaison qui étoit entre nous subsista jusqu'à la fin de sa vie, qui arriva peu de temps après que j'eus quitté la province. Elle me causa un regret qui dure encore, et ne cessera jamais.

Mademoiselle de Silly, cette amie dont j'étois inséparable, fut obligée de faire un voyage à Paris : son éloignement, quoiqu'il dût être fort court, me causa une douleur au-delà de ce que j'en avois jamais senti. J'eus recours à une occupation nouvelle, pour me tirer de l'espèce d'anéantissement où me jeta son absence. J'avois remarqué, dans mes premières études, l'inconvénient de ne pas savoir un peu de géométrie, et je conservois l'envie d'en prendre quelque teinture. Je m'y déterminai alors, par la nécessité d'occuper mon esprit d'idées qui le remplissent entièrement. Je me livrai donc à cette étude, dont je tirai une utile diversion. Le meilleur moyen de calmer les troubles de l'esprit n'est pas de combattre l'objet qui les cause, mais de lui en présenter d'autres qui le détournent et l'éloignent insensiblement de celui-là. Je profitai long-temps après de cette remarque, dans une occasion d'un autre genre.

Le couvent de St.-Louis étoit presque ruiné quand madame de Grieu en fut abbesse : une espèce de famine, qui désola la France quelques années après, acheva de réduire cette maison à la dernière misère.

Les religieuses, mal nourries, examinèrent avec chagrin les dépenses qu'elles crurent faites en partie à leurs dépens. L'abbesse et sa sœur avoient des pensions de leur famille ; mais on se persuada qu'elles ne suffisoient pas à l'entretien de ses nièces, et encore moins à tout ce qu'on faisoit pour moi. Je devins l'objet des murmures : ils engendrèrent les cabales, qui allèrent jusqu'à inspirer à l'archevêque de Rouen, M. Colbert, la volonté de détruire la maison, ou du moins d'obliger l'abbesse à la quitter. Il vint faire sa visite, écouta les plaintes, et conclut qu'il falloit que madame de Grieu se démît de son abbaye, ou se défît de moi et de ses nièces. Je ne trouvai moyen de soutenir l'attente de cet arrêt, qui me réduisoit à la dernière extrémité, qu'en arrêtant l'agitation de mon esprit par une forte application sur des matières abstraites. Je crois qu'il seroit facile d'employer ce moyen, et de le tourner en habitude, si l'on s'y accoutumoit de bonne heure ; et qu'on s'épargneroit en partie, par cette voie, les inutiles tourmens de l'inquiétude.

J'appris, après la visite de l'archevêque, sa décision. L'abbesse et sa sœur étoient au désespoir. Leur douleur m'empêchoit de sentir la mienne. Enfin, ayant examiné entre elles et moi, et avec mademoiselle de Silly, revenue depuis long-temps à Saint-Louis, les partis qu'on pouvoit prendre, l'abbesse s'arrêta à celui d'offrir de se démettre de l'administration du temporel de sa maison, après avoir rendu ses comptes, pour prouver la rectitude de sa conduite ; s'engageant de vivre avec sa sœur, ses nièces et moi, sur les pensions qu'elle tiroit de sa famille, sans rien prendre de son bénéfice. C'étoit le meilleur expédient pour me conserver auprès d'elle, sans soupçon d'être à charge au couvent. Mais pour en venir là il fallut bien des négociations. L'archevêque avoit nommé un supérieur : c'étoit l'abbé de Gouey. Il écrivoit sans cesse à l'abbesse; il falloit lui répondre, et écrire bien d'autres lettres qui l'embarrassoient extrêmement. Elle me remit ce soin. Je crois que l'envie de réussir m'apprit à écrire avec une sorte de dextérité nécessaire pour traiter des affaires de cette nature. Ces lettres furent approuvées de quelques amis qui la conseilloient; elle obtint ce qu'elle souhaitoit; je restai auprès d'elle, et l'on cessa de la tourmenter.

Quelques années se passèrent de la sorte assez tranquillement. J'eus enfin le chagrin de me voir séparée de mademoiselle de Silly, qui retourna chez son père, dans un château en Basse-Normandie. Cela me causa une grande affliction, et mit beaucoup de vide dans ma vie. Ma passion pour l'étude s'étoit ralentie, depuis que je m'étois aperçue que la vérité qu'on cherche s'évanouit au moment qu'on croit s'en saisir. J'aimois toujours la lecture comme une occupation utile et agréable, mais je ne lui donnois plus les avantages qu'elle n'a pas; et toute passion s'éteint dès qu'on en voit l'objet tel qu'il est.

J'eus la petite vérole peu après le départ de mademoiselle de Silly : je fus aussi mal qu'on peut l'être sans mourir. Je ne me mis en peine ni de ma vie ni de ma figure, peu digne de considération : je ne sentis que le mal. Il ne m'ôta pas l'attention de me faire transporter, pour n'exposer personne. J'avois déjà compris qu'en morale comme en géométrie, le tout est plus grand que sa partie. Je me préparai volontiers à la mort. Cependant, lorsque je fus guérie, j'eus la foiblesse de n'oser regarder mon visage, quelque peu de cas que j'en fisse ; et ce ne fut qu'au bout de trois ou quatre mois que je le rencontrai avec surprise, en ayant perdu toute idée. Les femmes qui comptent le moins sur leurs agrémens, et qui semblent n'y être point attachées, y tiennent pourtant beaucoup plus qu'elles ne pensent.

Je me prêtois plus volontiers à la société, depuis que j'étois moins passionnée pour la lecture. J'en formai une assez agréable avec mesdemoiselles d'Epinay, qui vinrent demeurer quelque temps à Saint-Louis, et qui m'engagèrent, quand elles en furent sorties, à les aller voir chez une tante qui les logea dans sa maison. Elles avoient un oncle faiseur de vers tant bien que mal, qui m'en adressoit : j'y répondois de même. M. de Rey, ami de ces demoiselles, prit une grande affection pour moi. Je n'en fus touchée que comme on l'est toujours de plaire ; mais ce que je connus de la générosité de ses sentimens me le fit, par la suite, singulièrement estimer.

Mon abbesse tomba dangereusement malade, et cette maladie me donna lieu de faire de tristes réflexions sur mon état. Je n'avois rien, et elle ne pouvoit me rien laisser. Je ne me voyois d'autres ressources que de me faire religieuse, et j'en avois perdu le goût : encore falloit-il, pour l'être, accepter l'offre qui m'avoit été faite d'une dot par une dame à qui je n'avois pas envie d'être si obligée ; car l'abbesse de Saint-Louis n'étoit pas assez autorisée dans sa maison pour m'y faire recevoir avec rien ; et l'état de cette maison ne comportoit pas une pareille proposition.

Un jour que j'étois tout occupée de ces pensées, et que j'en entretenois mesdemoiselles d'Epinay, qui s'intéressoient assez à moi pour mériter ma confiance, M. de Rey entra chez elles, et interrompit notre conversation. Il s'aperçut du trouble où j'étois; et lorsque je fus partie, il les pressa de lui dire de quoi il s'agissoit. Elles lui confièrent que c'étoit du dessein de me faire religieuse, par la nécessité de ma fortune. Il fut extrêmement frappé de ce discours, et vint me voir le lendemain. Il me dit qu'il avoit appris la résolution où j'étois; qu'il me conjuroit de ne me pas rendre malheureuse pour toute ma vie, et de me prêter plutôt à ce qu'il vouloit faire pour moi; qu'étant marié, il ne pouvoit m'offrir sa personne; mais qu'il m'assureroit tout ce qu'il me falloit pour vivre de la manière qu'il me plairoit, en tel lieu que je voudrois choisir; que, pour me prouver qu'il ne prétendoit tirer aucun avantage du bien qu'il vouloit et pouvoit me faire, il consentiroit, si j'exigeois cette condition, de ne me voir jamais. Je fus étonnée à cette proposition, et je ne vis rien de bien net que le refus que j'en devois faire. Il n'y avoit pas encore de juste mesure dans mes sentimens, et dans les idées que j'avois des choses : peu s'en fallut que je ne me tinsse offensée de ce qui, par la suite, m'a paru très-digne d'estime et de reconnoissance, quoique je n'aie pas changé d'opinion sur le parti qu'il y avoit à prendre.

L'abbesse revint heureusement de sa maladie, et je me déterminai à ne songer à ce que je deviendrois que lorsque je serois privée des ressources que je trouvois dans son amitié.

J'eus encore d'une autre part des offres généreuses, que j'envisageai avec le même dédain. M. Brunel m'avoit amené, comme un de ses amis, l'abbé de Vertôt, qui passoit à Rouen. C'étoit un homme d'une imagination excessivement vive. Je ne sais sous quel aspect il me vit; mais d'abord il se transporta d'une violente amitié pour moi. Il entretenoit de mon mérite les libraires chez qui il alloit acheter des livres. Comme je ne me défiois point de l'intérêt que je lui voyois prendre à ce qui me regardoit, je lui parlai avec assez de confiance de ma situation, et du défaut de ressource où je me trouvois pour l'avenir. Cela lui fit faire le projet de placer, sur ma tête et sur la sienne, une somme d'argent qu'il vouloit mettre à fonds perdu. Il en parla à des gens de mes amis, qui me conseillèrent d'accepter. Je ne voulus pas. Je m'étois résolue de bonne heure à l'indigence, et j'y trouvois moins d'inconvénient qu'à me charger de quelque obligation suspecte. Je reconnus ensuite tous les caractères d'une passion dans les sentimens de cet abbé, et surtout à l'opinion si parfaite qu'il avoit de moi. Je lui disois quelquefois, lorsqu'il me dépeignoit à moi-même avec tous les traits de sa brillante imagination : « Vous me ver-
« rez quelque jour telle que je suis, et vous en serez
« bien étonné. » Ses empressemens, quoique retenus par les bienséances convenables à son état et à son âge, et par le respect qu'inspire le vrai désir de plaire, étoient trop marqués pour ne me pas blesser. Aussi ne parvint-il qu'à me donner un éloignement pour lui, que je n'aurois jamais senti s'il n'avoit jamais eu aucun goût pour moi.

Un événement inopiné me rapprocha de mademoiselle de Silly, toujours nécessaire au bonheur de ma vie. Madame sa mère vint à Rouen pour un procès, et l'amena avec elle. Je fus charmée de la revoir, et plus encore de la proposition qu'elle me fit de me remmener à Silly, et d'y passer quelque temps, du consentement de madame sa mère, qui m'en témoigna un grand désir. Mon abbesse et sa sœur, quoiqu'elles eussent une répugnance infinie à mon éloignement, y consentirent sans la moindre résistance, ravies de me procurer de la satisfaction aux dépens de toute la leur.

Je partis avec la plus grande joie du monde, dans la compagnie d'une amie que j'aimois toujours très-tendrement. Sa mère étoit froide, mais polie. Je m'accoutumai bientôt avec elle. J'arrivai dans un assez beau château, un peu triste et antique, aussi bien que le maître du logis, dont le commerce étoit fort sec. Je gagnai pourtant ses bonnes grâces en assez peu de temps, et celles de madame sa femme, qui n'étoit guère plus accessible; et ils me retinrent chez eux tant que j'y voulus bien rester.

Il ne venoit presque personne dans cette maison. Le vieux marquis de Silly n'aimoit pas la dépense; et la marquise, très-dévote, ne se soucioit guère de compagnie. Je n'y avois encore vu que quelques gentilshommes du voisinage, qui n'avoient point du tout attiré mon attention, lorsque le chevalier d'Herb.... y vint faire visite. On le fit jouer une partie d'hombre, après laquelle il s'en alla, promettant de revenir, et de faire quelque séjour. Je m'aperçus que je désirois qu'il revînt; j'en cherchai la raison : je me dis que c'étoit un homme d'esprit et de bonne compagnie, qu'on devoit souhaiter dans un lieu si solitaire; et puis, examinant sur quoi j'avois fondé l'opinion de son esprit, et recherchant curieusement ce que je lui avois ouï dire, je ne trouvai que *gano, trois matadors,* et *sans prendre.* Quand il revint et parla davantage, cet esprit que je lui avois supposé gratuitement disparut : il ne lui resta qu'un son de voix agréable qu'effectivement il avoit, et un peu plus l'air du monde qu'aux gens que je voyois ordinairement.

Il venoit souvent sans être invité, et restoit long-temps, sans qu'on fît effort pour le retenir : d'où nous jugeâmes, mademoiselle de Silly et moi, qu'une de nous deux lui avoit plu; mais il n'étoit pas aisé de discerner sur qui tomboit son choix. Je pariai pour elle, elle pour moi; et cela devint une affaire entre nous de découvrir à qui appartenoit cette conquête. Elle étoit véritablement des plus minces; mais dans la solitude les objets se boursoufflent, comme ce que l'on met dans la machine du vide. Cette contestation ne formoit qu'une plaisanterie entre nous. Les remarques faites en conséquence, que nous nous rapportions exactement, devenoient une occupation par notre désœuvrement. Cependant quand j'appris qu'il s'étoit déclaré, et que ce n'étoit pas pour moi, je sentis un dépit que je ne connoissois pas. Il fut suivi de mouvemens plus violens, qui me causèrent l'espèce d'épouvante où l'on est lorsqu'on se sent tomber dans un abyme dont on ne voit pas le fond. C'étoit la jalousie, avec tous ses apanages; et c'est la seule atteinte que j'en aie jamais eue, quoique l'occasion ne m'en ait pas manqué dans des circonstances bien plus propres à la faire ressentir. Ce qui mettoit le comble à mon désespoir étoit le peu de valeur de mon objet. Revenue du premier trouble, je fis des vers où je disois :

> Je rougis de ma foiblesse,
> Encor plus de mon amant.

C'étoit une plainte à l'Amour de m'avoir refusé son bandeau. Ce défaut d'illusion me fut pourtant bien favorable ; car s'il n'empêcha pas la violence du mal, il en abrégea la durée. Il ne me resta, de cette aventure ridicule, que le souvenir qu'on a d'une chose singulière.

Je l'aurois supprimée, si j'écrivois un roman. Je sais que l'héroïne ne doit avoir qu'un goût ; qu'il doit être pour quelqu'un de parfait, et ne jamais finir : mais le vrai est comme il peut, et n'a de mérite que d'être ce qu'il est. Ses irrégularités sont souvent plus agréables que la perpétuelle symétrie qu'on retrouve dans tous les ouvrages de l'art.

Après avoir passé cinq ou six mois à Silly, il fallut retourner à mon couvent. On me fit promettre de revenir l'année suivante. La marquise de Silly m'en pressa d'autant plus, qu'elle comptoit que son fils y viendroit passer l'été. Elle souhaitoit de lui fournir quelque compagnie propre à lui faire supporter le séjour de la campagne. Il avoit été du nombre des prisonniers faits à la bataille d'Hochstedt, et menés en Angleterre. L'air de ce pays-là lui ayant causé une maladie de consomption, il avoit obtenu de revenir en France sur sa parole ; et les médecins de Paris lui conseilloient d'aller en Normandie prendre son air natal. M. de Silly avoit passé sa vie dans le grand monde, et sur un pied agréable. On m'avoit tant parlé de lui, que j'avois grande curiosité de le connoître.

Je fus reçue dans mon couvent avec une extrême joie. J'y vécus comme à mon ordinaire, avec mes amis, M. Brunel, mesdemoiselles d'Epinay, et M. de Rey, qui me témoignoit toujours beaucoup d'attachement. Je découvris pourtant, sur de légers indices, quelque diminution de ses sentimens. J'allois souvent voir mesdemoiselles d'Epinay, chez qui il étoit presque toujours. Comme elles demeuroient fort près de mon couvent, je m'en retournois ordinairement à pied; et il ne manquoit pas de me donner la main pour me conduire jusque chez moi. Il y avoit une grande place à passer; et, dans les commencemens de notre connoissance, il prenoit son chemin par les côtés de cette place. Je vis alors qu'il la traversoit par le milieu : d'où je jugeai que son amour étoit au moins diminué de la différence de la diagonale aux deux côtés du carré.

J'attendois avec impatience le temps de retourner à Silly, quoique mon empressement pour cette ancienne amie fût un peu moins vif depuis les sentimens pénibles que j'avois éprouvés à son occasion. Enfin j'y allai quand la saison en fut venue. On attendoit le fils de la maison : tout y étoit déjà rempli de lui. Il arriva : chacun fut le recevoir. J'y allai comme les autres, mais un peu moins vite; et quand je les joignis, il montoit déjà les degrés pour aller dans son appartement. Il se retourna, en donnant quelque ordre. Je fus frappée de l'agrément de sa figure, et d'une certaine contenance noble qu'il avoit, tout-à-fait différente de ce que j'avois vu jusqu'alors. Il ne fit nul accueil à personne, et se communiqua peu d'abord. Des livres qu'il avoit apportés faisoient sa compagnie. Il se tenoit dans sa chambre, ou s'alloit promener seul; et, hors l'heure des repas, on ne le voyoit guère. Cependant, quoiqu'il se donnât peu la peine de parler, il parloit si bien et avec tant de grâces, que son esprit paroissoit sans qu'il songeât à le montrer.

Ses charmes et ses dédains me piquèrent vivement. Sa sœur, qui l'avoit vu plus sociable, n'étoit guère moins blessée que moi : c'étoit le sujet ordinaire de nos entretiens. Un jour que nous nous promenions dans un bois, où nous croyions être seules, nous laissâmes échapper contre lui tous les traits de notre ressentiment. Il étoit assez près de nous, sans que nous l'eussions aperçu; et comme il vit que nous parlions de lui, il s'arrêta pour nous entendre. Nous nous étions assises : il se cacha derrière quelques arbres, et ne perdit rien de notre conversation. Elle étoit animée de passions diverses : il la trouva digne de son attention, et sentit que nous avions raison de nous plaindre d'un mépris que nous ne méritions pas. Il ne se montra point; mais quand nous fûmes de retour au château, il nous dit qu'il avoit entendu parler de lui; qu'on en avoit dit beaucoup de mal, et que ce n'étoit pas en riant. « On n'a pas envie de rire, lui « dis-je, quand on se plaint de vous. » Cette réponse naïve lui plut. « Je ne m'attendois pas, reprit-il en « me regardant, de trouver dans la vallée d'Auge ce « que j'y trouve. » Ensuite il nous avoua le plaisir qu'il avoit eu d'entendre tout notre entretien, quoiqu'il n'y fût pas épargné. Depuis ce moment-là il nous crut dignes du sien, et ne nous quitta plus : les promenades, les lectures, tout se faisoit en commun. Je passois donc les jours entiers avec quelqu'un qui me plaisoit infiniment, et à qui pourtant je ne songeois point à plaire. Il me parut impossible qu'un homme accoutumé à vivre avec les plus aimables femmes, et à en être aimé, eût la moindre attention pour moi, dépourvue de beauté, et des agrémens que donne l'usage du monde. Je fis des vers, que je ne montrai pas, qui exprimoient bien cette disposition de mon esprit; car après avoir fait son portrait, je finissois par dire :

Hélas! je l'aimerois, si j'étois plus aimable.

Cependant je goûtois la joie de voir sans cesse quelqu'un dont la seule présence faisoit mon bonheur. J'en étois écoutée, même applaudie, et d'une façon si délicate, qu'elle flattoit la vanité sans rien coûter à la modestie. Je n'ai vu personne, depuis que j'ai vu le monde, posséder cet art au point que l'avoit M. de Silly. Il sembloit et il étoit si véritablement pénétré des choses qui lui étoient agréables, qu'elles ne s'effaçoient jamais de son souvenir. Il en a souvent rappelé au mien que je lui avois dites bien des années auparavant.

C'étoit tellement l'air de la maison de n'être occupé que de lui, que je pouvois suivre le penchant qui m'y portoit sans me distinguer. Il m'échappoit pourtant quelquefois des traits si marqués, qu'on ne pouvoit guère s'y méprendre. Entre autres, lui ayant donné une bourse qu'on m'avoit envoyée de mon couvent, il jeta la sienne dans la main d'une femme de chambre de sa mère, qui n'étoit pas des moins empressées pour lui. Soit que je voulusse avoir cette bourse, ou la lui ôter, je la saisis en l'air avant qu'elle fût arrivée jusqu'à elle, en présence de la marquise de Silly, femme des plus graves et des plus sévères. Le sentiment qui a gravé ces petits faits dans ma mémoire m'en a conservé un souvenir distinct.

J'étois plus jeune par mon peu d'expérience que par le nombre de mes années : mais je n'avois encore rien aimé ; car cette première fantaisie que j'avois eue à quatorze ou quinze ans n'étoit que l'effet des idées romanesques qui me faisoient désirer d'avoir une passion, pour devenir, à ce qu'il me sembloit, un personnage plus important. L'accès de jalousie que j'éprouvai ensuite n'étoit que la confusion d'un orgueil humilié de tout point. Cela ne ressembloit en rien aux sentimens qui s'étoient alors emparés de moi. Je ne sais comment je ne songeai pas à y résister : il me sembla qu'ils étoient sans danger, parce qu'ils seroient sans retour ; et je crus n'avoir rien à faire qu'à les bien cacher.

La crainte de s'embarquer avec moi, ou de me mettre en occasion de m'expliquer avec lui, rendoit M. de Silly attentif à ne me pas trouver seule. Je voulois bien déterminément ne lui rien dire : cependant je souhaitois avec passion cette rencontre, qu'il évitoit avec tant de soin. Lorsque j'eus pénétré le motif de sa circonspection, je désirai plus fortement encore d'avoir quelque entretien particulier avec lui qui le rassurât, et lui fît connoître combien j'étois éloignée d'oublier ce que je me devois à moi-même. J'eus enfin cette satisfaction un jour que nous allions faire notre promenade ordinaire. Mademoiselle de Silly étant incommodée, s'en dispensa : la mère, qui ne songeoit qu'à l'amusement de son fils, me dit d'aller avec lui. Il n'y eut pas moyen de reculer. Nous allâmes assez loin dans une grande prairie. Il marchoit sans rien dire, beaucoup plus embarrassé que moi. Ce petit triomphe me donna le courage de parler. Ce fut d'abord sur la beauté des champs; mais n'étant pas encore assez loin des propos que je voulois éviter, de la terre je montai au ciel, et je me jetai tout au travers du système du monde. Je tins ferme dans cette haute région, jusqu'à ce que, de retour au château, nous eûmes rejoint la compagnie. M. de Silly, délivré d'inquiétude, s'étoit prêté de bonne grâce à la conversation, dont la matière, quoique grave, avoit été traitée légèrement. J'en retirai cet avantage, qu'il vit que je savois et me taire et parler. De plus, je goûtai cette joie délicieuse inconnue à ceux qui ne savent pas résister aux mouvemens de leur cœur.

Depuis cela, M. de Silly ne m'évita plus. Je ne le fuyois pas, et nous nous rencontrions souvent. Il paroissoit charmé de s'entretenir avec moi, et me faisoit sentir l'estime la plus flatteuse. Il y joignoit un tendre intérêt à tout ce qui me regardoit. J'en trouvois la preuve dans de petits avis qu'il me donnoit volontiers : le succès en étoit infaillible. Enfin je trouvois en lui tout ce que je pouvois désirer, hors l'amour qu'il me sembloit que je ne désirois pas. Il m'étoit commode d'aimer sans crainte et sans combat, à l'abri de toute foiblesse, et sans autre soin que celui de dissimuler mes sentimens : mais c'est, comme je l'ai déjà dit, ce que je faisois mal ; et je ne puis douter qu'un homme aussi délié, et autant dans le train de la galanterie que l'étoit le marquis de Silly, ne connût parfaitement, et peut-être mieux que moi-même, ce que je pensois pour lui. Il est vrai qu'il ne m'a jamais laissé voir qu'il s'en fût aperçu, pas même lorsque, par la suite, nous avons vécu avec une intime confiance. J'ai seulement su de sa sœur, longtemps après, qu'il avoit été tenté de s'attacher à moi ; mais que, prévoyant bien que cet attachement ne seroit pas éternel, il avoit été retenu par l'estime que je lui avois inspirée, et par la pitié du triste sort qu'il me prépareroit. Aussi me disoit-il quelquefois avec exclamation : « Ah ! que je haïrois quelqu'un qui se« roit assez misérable pour vous tromper ! »

Mademoiselle D...., qui avoit demeuré dans le couvent de Saint-Louis avec mademoiselle de Silly et moi, étoit alors dans une terre à une demi-lieue de notre château. Elle fut invitée à nous venir voir : elle y vint. Le long séjour qu'elle avoit fait en plusieurs cours d'Allemagne et en Angleterre donna matière au marquis de Silly, qui en revenoit, de l'entretenir. Il parut se plaire à sa conversation. On la retint, et elle fut quelques jours avec nous. Les agrémens de M. de Silly firent sur elle très-rapidement tout l'effet qu'ils étoient capables de faire. Il n'étoit pas exempt de la coquetterie ordinaire aux gens agréables ; et quoique cette personne fût laide, et n'eût que médiocrement d'esprit, il s'amusa de sa conquête, et ne négligea pas les moyens de se l'assurer. Moins circonspect à son égard qu'au mien, il mettoit en œuvre avec elle les rubriques communes de la galanterie. Je vis cela si tranquillement, que j'ai peine encore à comprendre comment, ayant ressenti les horreurs de la jalousie pour quelqu'un que je prisois si peu, je pus alors en être exempte; si ce n'est que cette passion tienne plus à la vanité qu'à l'amour, et que, ne pouvant m'imaginer que j'eusse été pesée dans la balance qu'emportoit mademoiselle D...., ma gloire ne s'y trouvât point intéressée. Cette affaire me parut si peu sérieuse, que la demoiselle étant retournée chez elle, et ayant résisté aux invitations qu'on lui avoit faites de revenir, j'allai la chercher, et la ramenai avec moi, charmée d'effacer par cette démarche les indices que tant d'autres, moins mesurées, avoient pu donner de mes sentimens. D'ailleurs j'étois ravie de voir le charme qui m'avoit séduite produire le même effet de toutes parts. L'excuse de ne l'avoir pas évité étoit qu'il fût inévitable. Il y a si peu d'uniformité dans les effets des passions, qu'en même temps que je faisois ce personnage indifférent, j'étois blessée de la moindre attention que M. de Silly donnoit à qui que ce fût. Je fus outrée de quelque chose de plus sérieux, qui touchoit précisément à ce que je m'étois réservé, je veux dire son estime et sa confiance.

Il reçut beaucoup de lettres et de paquets; sur quoi il eut de grandes conférences avec sa mère et sa sœur. Je vis qu'il étoit question de quelque affaire importante pour lui, qu'il ne me disoit pas: cela me fit l'effet d'un outrage; je ne lui parlois plus; à peine répondois-je à ce qu'il me disoit. Il remarqua mon mécontentement, sans en pénétrer la cause; et comme il avoit véritablement de l'amitié pour moi, il voulut s'en éclaircir, et m'apaiser. Il m'arrêta donc un jour comme j'allois entrer dans l'appartement de la marquise de Silly : je traversois fort vite une salle dans laquelle il se promenoit en rêvant; je feignis de ne le pas apercevoir : mais lui, s'avançant à ma rencontre, me retint, me fit asseoir, et s'assit auprès de moi, me disant qu'il vouloit me parler. Il me parla avec tant de grâce, tant de sentiment, répara si bien le défaut de confiance qui m'avoit offensée, parut si touché de ma peine, si flatté de sa cause, que jamais je ne fus plus contente de lui, et plus consolée du pouvoir qu'il avoit pris sur moi. Il étoit tel en effet, qu'il sembloit que son ame régît la mienne; il n'étoit affecté d'aucun sentiment, qu'il ne s'en trouvât en moi un tout pareil. Sa gaieté, sa tristesse, sa tranquillité, son inquiétude, toutes ses différentes dispositions devenoient les miennes, non par aucun soin que j'eusse de m'y conformer, mais par un ressort secret qui les rendoit semblables.

Cette affaire, dont le mystère m'avoit causé tant de trouble, obligea le marquis de Silly d'aller à la cour plus tôt qu'il n'auroit fait, et peut-être plus tôt qu'il ne souhaitoit; car quoiqu'il eût là une maîtresse, et tout ce qui convient à un homme du bel air, il ne s'ennuyoit pas chez lui. Il y voyoit ce qu'on ne voit pas dans le monde, des sentimens sans art, dont la vérité lui étoit d'autant mieux connue, qu'on s'efforçoit de les lui cacher; il y goûtoit aussi des entretiens solides, qui offroient à son esprit de nouvelles connoissances, et lui donnoient lieu de sentir sa facilité à les saisir, de quelque espèce qu'elles fussent. Ses idées étoient vives et nettes; ses expressions nobles et simples, faites les unes pour les autres, donnoient une espèce d'harmonie à ses discours : on n'y voyoit point de tours recherchés, rien d'affecté. Il avoit trop d'esprit pour songer à le faire paroître. Un goût dominant pour la guerre attachoit ses vues à tout ce qui s'y rapportoit. Je crois, s'il m'est permis de juger sur cette matière, qu'il étoit doué des talens les plus propres pour s'y distinguer, et qu'il n'avoit pas moins la capacité que l'air du commandement. L'ambition étoit le grand ressort des mouvemens de son ame, et peut-être en avoit-elle altéré les vertus : elle a causé ses torts et fait son malheur. Il est vrai qu'elle sembloit moins en lui un désir de s'élever, qu'un soin de se mettre à sa place.

Son départ, quoiqu'il ne dût pas être sans retour, me causa une vive douleur, dont je sauvai assez bien les apparences. Mademoiselle de Silly fondoit en larmes quand il nous dit adieu : je dérobai les miennes à ses regards, plus curieux qu'attendris ; mais lorsqu'il eut disparu, je crus avoir cessé de vivre. Mes yeux, accoutumés à le voir, ne regardoient plus rien ; je ne daignois parler, puisqu'il ne m'entendoit pas ; il me semble même que je ne pensois plus. Son image fixe remplissoit uniquement mon esprit. Je sentois cependant que chaque instant l'éloignoit de moi, et ma peine prenoit le même accroissement que la distance qui nous séparoit.

Quelques jours avant le départ de M. de Silly, j'avois reçu cette lettre de l'abbé de Vertot, qui s'étoit fait inviter à le venir voir, quoiqu'il ne fût connu dans cette maison que par la réputation de ses ouvrages.

« J'attendois, mademoiselle, le retour de M. Bru-

« nel, pour répondre à la lettre que vous m'avez fait
« l'honneur de m'écrire, et aux offres obligeantes que
« j'y ai trouvées, et dans celle de M. le marquis de
« Silly. Mais apparemment que l'enchantement dure
« encore ; et je n'espère son retour qu'au commence-
« ment de la semaine prochaine. S'il a autant d'em-
« pressement que moi d'arriver au château de Silly, ce
« sera pour la fin de la semaine ; et j'achèterois d'un
« plus long voyage l'honneur de vous voir, de rendre
« mes devoirs à mademoiselle de Silly, et l'espérance
« de parvenir à l'amitié de monsieur son frère. Je serai
« trop payé de ma course, si je puis jouir à mon aise de
« sa conversation. Nous autres pauvres chroniqueurs
« serions bien heureux d'attraper quelque chose de
« la délicatesse de ses pensées, du tour fin et noble
« de ses expressions, et d'écrire comme il parle. Cela
« soit dit entre nous : mais je vous avoue, à cœur
« ouvert, que je n'ai vu encore personne s'expliquer
« avec tant d'esprit et de dignité. Un si beau naturel
« est la mortification de l'étude, et d'une pénible ré-
« flexion. Jouissez bien long-temps d'une si douce
« situation. Les grâces dont on dit que toute la per-
« sonne de mademoiselle de Silly est environnée achè-
« veront l'enchantement sans que je m'en mêle ; et je
« ne sais s'il ne faudra point les plus fortes conjura-
« tions pour vous arracher d'un lieu si charmant. L'es-
« pérance d'être spectateur de votre félicité me fera
« passer par dessus certaine pudeur de philosophie,
« et l'honnête honte d'arriver dans une maison où je
« ne suis point connu. Votre mérite, celui de mon
« compagnon de voyage, me serviront de passe-port ;
« et il y en a un trop éclatant dans l'un et dans l'autre

« pour qu'un passe-volant n'échappe pas à votre suite.
« J'ai eu l'honneur de voir deux fois mademoiselle
« de Grieu : elle m'a dit qu'elle regrettoit à tout mo-
« ment votre absence. Je l'ai crue sans peine; et je
« me suis aperçu qu'elle ne souffroit ma conversation
« que par le plaisir qu'elle avoit de me nommer votre
« nom, et de le faire rentrer dans tout ce qui faisoit
« le sujet de notre entretien.

« J'ai l'honneur d'être avec bien du respect, ma-
« demoiselle, votre, etc. »

Une lettre si conforme à mes idées me fit plaisir. Mais l'arrivée de l'abbé avec M. Brunel, après le départ du marquis de Silly, ne me fut que désagréable, me parut déplacée, et n'être qu'une équipée dont je craignis qu'on ne pénétrât le motif. Ils furent une huitaine de jours à Silly. Le marquis n'y revint que longtemps après qu'ils en furent partis. Je ne sais pourquoi la joie que je dus avoir de son retour, et les circonstances qui l'accompagnèrent, se sont échappées de mon souvenir, si fidèle à conserver tant d'autres minuties moins propres à se retrouver : je n'ai même que des idées confuses de ce qui se passa depuis ce retour. Je me souviens seulement qu'il étoit plus sombre et plus rêveur qu'auparavant. Il avoit des momens d'agitation et de trouble, qui sembloient désigner que de nouveaux sentimens s'étoient emparés de son cœur. J'eus quelque pensée d'y avoir part; mais l'éclaircissement fut à ma confusion. Je l'amenai à m'avouer qu'il aimoit, et je vis que ce n'étoit pas moi : mais il ne vit pas la douleur que j'en ressentis. Sa sœur étoit dans son entière confidence : il passoit les jours avec elle, et je ne les voyois presque plus.

Le séjour de Silly, où j'avois pris un nouvel être (j'appelle ainsi les changemens que font en nous de nouveaux sentimens); ce séjour, dis-je, me devint pénible. J'y avois passé une partie de l'année dans une espèce d'enchantement : le charme, plus développé, me jeta dans une profonde tristesse. Je crus qu'en changeant de lieu je mettrois quelque variété dans mes idées, et plus de calme dans mon ame. L'hiver approchoit; mademoiselle de G......, notre voisine, retournoit à Rouen : je partis avec elle. Apparemment ce départ, que je regardois comme un soulagement, ne me causa pas une douleur égale à celle que j'eus auparavant lorsque je vis partir M. de Silly; car je n'en ai pas conservé le même souvenir. Il est vrai qu'on est ordinairement moins fâché quand on part que quand on voit partir.

Peu de temps après que je fus de retour à mon couvent, je reçus une lettre de M. de Silly. La joie, l'étonnement de voir de son écriture, de recevoir une marque de son attention, me fit une telle impression, que la forme, le dessus de cette lettre est resté si nettement dans mon imagination, que, la recherchant à l'occasion de ce que j'écris (car je l'ai toujours gardée, comme presque toutes celles que j'ai eues de lui), je l'ai distinguée d'abord entre mille autres. Je suis tentée de la mettre ici, pour admirer comment je pus être si touchée d'une chose si peu touchante.

« J'ai voulu vous laisser le temps de faire toutes les

« commissions dont vous vous étiez chargée, avant
« que de vous donner les miennes. La principale, et
« celle que je souhaite qui fasse une partie de votre
« attention, c'est de revenir bientôt, sans préjudice
« toutefois des plaisirs, des amusemens ou des af-
« faires qui pourront vous occuper au lieu où vous
« êtes. Au reste, je vous fais mon compliment de
« toutes vos dernières conquêtes. Votre modestie,
« sans doute, vous avoit empêchée de nous les man-
« der; mais nous en sommes instruits. Adieu, made-
« moiselle. Si l'inquiétude que nous avions pour vous
« avoit pu vous sauver de la fatigue, vous seriez ar-
« rivée à Rouen saine et gaillarde.

« Ce 29. »

Je voudrois avoir la réponse que je fis à cette lettre.
Elle ne disoit pas plus; mais il me semble qu'elle
contenoit davantage, et qu'il y avoit, comme entre
les lignes, ce qui n'y étoit exprimé par aucun mot.
Il m'écrivit encore pour quelques commissions qu'il
me donnoit. J'étois charmée d'avoir ces petites relations avec lui, jusqu'à ce que je pusse le retrouver
lui-même. Je me flattois que ce seroit l'été suivant :
il devoit être chez lui, et j'avois promis d'y retourner.

En attendant, je m'amusai à composer des contes
et des romans, pour donner quelque essor aux sentimens dont mon ame étoit remplie. J'y plaçois différens portraits du même original, que je peignois tantôt de face, et tantôt de profil. Je peignois aussi les
personnes liées à mes aventures, et moi-même en ce
qui concerne mon caractère et mes sentimens. Ces

vains écrits me tenoient lieu de confidens, dont l'usage m'a toujours paru humiliant et dangereux. Ceux-ci ont gardé mon secret, car ils n'ont jamais vu le jour : aussi n'en étoient-ils pas dignes. La fable étoit mal composée. Le style et les sentimens auroient peut-être mérité d'être employés sur un meilleur fonds.

Ce qui ne s'est pas joint à l'idée dont j'étois si uniquement occupée n'a laissé aucune trace dans ma mémoire. Je ne sais rien de ce que je fis jusqu'à l'été suivant, temps auquel je comptois de retourner à Silly. Mais les choses changèrent de face : le vieux marquis, que j'avois laissé déjà assez mal, mourut. Les discussions d'affaires, les altercations domestiques, qui ne veulent point de témoins étrangers, empêchèrent qu'on me proposât de revenir. J'en fus outrée; et, pour me dépiquer, je liai une partie avec mademoiselle de La Ferté, nièce d'un président au parlement de Rouen, pour aller avec elle chez son père, dans une terre qu'il avoit à trois ou quatre lieues de Silly. Je crus qu'étant là, le marquis et sa mère ne pourroient se dispenser de m'inviter à venir chez eux. Je ne leur mandai rien de mon voyage.

Il se fit le plus agréablement du monde, en partie sur la rivière dans un bateau, où nous étions suivis d'un autre rempli de musiciens qui jouoient de divers instrumens. M. de La Ferté, quoique vieux, étoit gai, et de bonne compagnie; c'étoit un homme d'esprit, qui savoit beaucoup de choses, de celles qu'on est bien aise d'entendre. Un de ses frères, abbé, de fort bonne société; sa fille, jeune, jolie, aimable; son fils, laid, et presque *imbécile*, composoient toute notre troupe.

La rivière se détournant de notre route, nous montâmes dans des carrosses qui nous avoient suivis, et nous fûmes coucher chez une ancienne amie que j'avois, dont la maison se trouvoit sur notre chemin. Le lendemain, nous arrivâmes à Roeux ; c'étoit la maison de M. de La Ferté, ancien château d'une forme bizarre : il représentoit une R gothique, ainsi que beaucoup d'autres châteaux en Normandie, la première lettre du nom qu'ils portent. Les entours en étoient charmans. Des eaux jaillissantes y faisoient entendre jour et nuit ce doux murmure propre à calmer les agitations d'un esprit irrité. La nature y montroit, en raccourci, ce qu'elle a de plus beau et de plus varié : une prairie coupée par divers ruisseaux, bordée par des coteaux chargés de bois, qui s'entr'ouvroient, comme pour laisser voir la mer dans l'éloignement. Je n'ai point vu, même en peinture, d'aussi beau paysage que celui qui s'offroit aux yeux de toutes parts dans cette maison.

Quelque tristes que fussent les dispositions dans lesquelles j'y étois venue, je pris plaisir à y être. Je fus sensible aussi à celui qu'on me témoignoit de m'y avoir, et surtout à l'estime singulière que me marquoit le maître de la maison, et aux soins qu'il prenoit de m'en rendre le séjour agréable. Nous y avions bonne compagnie, et il ne nous manquoit aucun des amusemens dont on peut jouir à la campagne. Cependant, n'ayant pas perdu de vue l'objet qui m'y avoit fait aller, j'écrivis au marquis de Silly sur je ne sais quel prétexte ; et il vit, par la date de ma lettre, que j'étois dans son voisinage. Il m'en marqua son étonnement dans sa réponse, et tint ferme à ne me rien proposer. J'avois tant d'envie de le voir, que cela ne me rebuta point. Je récrivis, et proposai, de la part de M. et de mademoiselle de La Ferté, une visite qu'ils désiroient faire à madame sa mère et à lui. Il me manda que, dans tout autre temps, il auroit été charmé de les recevoir; mais qu'il étoit accablé d'affaires qui lui rendroient cette visite fort à charge. L'excuse fut reçue d'aussi bonne grâce que la proposition avoit été faite à mon instigation; car il n'y avoit sorte de complaisance qu'on n'eût pour moi dans cette maison. Cependant la marquise de Silly me manda que, si je voulois venir seule, on seroit fort aise de me voir; que la chaise de poste de son fils me prendroit en un lieu où le carrosse de Caen, qui passoit au bout de l'avenue de Roeux, me mèneroit. Je mandai aussitôt le jour de mon départ, afin de trouver la voiture qu'on me promettoit dans le lieu désigné. L'empressement que j'avois de faire ce voyage me fit prendre le temps si court, que je ne pouvois plus avoir de réponse avant que de partir. Ce jour arrivé, je me levai de grand matin, quoique je ne pusse me mettre en chemin que l'après-dînée. Je pressois toutes les actions de la journée; mais le carrosse de Caen n'en arriva pas plus tôt. J'allai l'attendre au bout de l'avenue avec mademoiselle de La Ferté. Je ne pouvois comprendre pourquoi il ne paroissoit pas. Enfin il parut, et sans doute à son heure accoutumée, et donna autant de regret à ma compagnie que j'eus de joie de le voir. Je m'y embarquai, dans une entière confiance qu'à une lieue de là je trouverois la chaise qui devoit me mener à Silly. J'avois fait environ un quart de cette lieue, lorsque les gens du carrosse, discourant de chose et d'autre, dirent qu'ils avoient rencontré le marquis de Silly courant la poste, qui alloit à Versailles. Si le ciel étoit tombé sur ma tête, je n'aurois pas été plus atterrée que je le fus par cette nouvelle: Je me voyois en chemin pour aller chercher quelqu'un que je ne trouverois pas, qui ne s'étoit pas mis en peine de m'en avertir, ni de ce que je deviendrois; car sa chaise, sur laquelle j'avois compté, étoit la seule voiture qu'on me pût fournir pour achever le trajet presque impraticable que j'avois à faire. Je me flattai cependant, jusqu'à ce que je fusse au lieu marqué, qu'on auroit suppléé par quelque moyen au défaut de cette voiture. Mais lorsqu'arrivée en cet endroit, appelé *le Merisier*, je n'y trouvai ni bêtes ni gens, ni nouvelles de rien, je tombai dans une espèce de désespoir. J'étois dans un coche que je ne pouvois faire arrêter que pour descendre, et rester dans le grand chemin; ou il me falloit suivre la route, qui ne me conduisoit pas à Silly. Pendant que je délibérois, il alloit toujours, et alla si bien, que j'arrivai à Saint-Pierre-sur-Dive, où ledit coche devoit coucher; et il fallut que j'en fisse autant. Me voilà donc dans une vraie taverne (cela étoit au-dessous du cabaret), n'ayant pour tout avec moi qu'un laquais qu'on m'avoit prêté; je n'avois point de gens qui m'appartinssent. L'horreur de ce gîte, l'inquiétude de me voir si mal accompagnée, me jetèrent dans un trouble où tant d'autres incidens de ma vie plus considérables ne m'ont jamais mise, parce qu'ils se sont trouvés moins disproportionnés à mes forces présentes. Quoiqu'alors je ne fusse pas enfant, je n'étois encore faite à rien : l'éducation du couvent est tardive en fait de courage.

Dès que je fus un peu revenue à moi, je m'informai à quelle distance j'étois du château de Silly : on me dit que je l'avois passé seulement d'une lieue; mais qu'il n'y avoit aucune sorte de voiture qui pût m'y mener d'où j'étois; et qu'à moins que je ne prisse un cheval pour me conduire, il falloit aller à Caen, qui étoit encore quatre lieues par delà. Si l'on m'avoit proposé de monter un dromadaire, je n'aurois pas été plus épouvantée. Cependant il fallut me résoudre à prendre ce parti, et en attendant me coucher dans le plus maussade lit que j'eusse jamais envisagé. Il étoit adossé à une mince cloison, qui séparoit cette chambre d'une autre où j'avois vu entrer quelques soldats et des charretiers. La nécessité d'entendre leurs propos n'étoit pas ce qui m'effrayoit le moins. Je fus bien rassurée et fort surprise quand j'entendis qu'ils disputoient de la rondeur de la terre, et des antipodes. Quoique je ne pusse dormir dans ce repaire d'insectes, je restai du moins assez calme jusqu'à la pointe du jour, que je songeai à exécuter mon entreprise. On m'amena un cheval, on me posa dessus, plutôt comme un paquet que comme une créature vivante : le laquais qui m'avoit suivi le prit par la bride, le mena comme il put. Un guide que j'avois nous égara : nous fûmes obligés de laisser le cheval au bord d'un ruisseau que je traversai sur une planche. Il fallut faire le reste du chemin à pied, sans savoir où nous étions, par une pluie abondante, et dans les boues renommées du pays d'Auge. J'arrivai enfin au château de Silly, imbibée de fange jusque par dessus la tête, et tellement défigurée, que j'eus quelque satisfaction de ne pas courir risque d'être rencontrée par M. de Silly : tant est grande, pour toute femme, la crainte de faire une impression désagréable.

On me fit beaucoup d'excuses de ne m'avoir pas avertie du contre-temps, alléguant la précipitation du départ de M. de Silly, qui ne lui avoit pas laissé le loisir de respirer. Il fallut prendre pour bon ce qui ne l'étoit guère; et, après quelque peu de séjour, je m'en retournai à Roeux je ne sais plus comment, et de là avec ma compagnie à Rouen, où je retrouvai mes amis et mes sociétés ordinaires, à la réserve de M. de Rey, dont j'appris la mort subite étant à Roeux. Quoique je ne l'eusse point aimé, et qu'il ne m'aimât plus, j'en fus sensiblement touchée.

Je passai le reste de l'année assez tranquillement dans mon couvent, recevant de temps en temps des lettres du marquis de Silly, toujours pour des choses qui l'intéressoient, et rien qui me regardât. J'en étois fort mécontente; mais ce qui irrite les passions ne les éteint pas. Peu de temps après mon retour, mesdemoiselles de Neuville se mirent en pension à Saint-Louis. L'aînée étoit extrêmement jolie, et assez aimable : je fis quelque liaison avec elle. Les femmes n'ont rien de plus pressé que de dire leur secret : bientôt elle me conta que le fils du vieux comte de Novion l'avoit voulu épouser; que le père, après s'y être opposé, étoit devenu amoureux d'elle, et vouloit lui-même faire le mariage qu'il avoit interdit à son fils. Elle me protesta que si elle faisoit cette fortune, je trouverois un asyle assuré dans sa maison, en cas que j'en eusse besoin. Elle me montra les lettres que le comte lui écrivoit, me dit ses plans pour exécuter ce projet à l'insu d'une famille qui ne pouvoit manquer d'y apporter toute sorte d'opposition. Ce comte avoit soixante-dix ans; elle dix-huit, aucun bien, et peu de relief. Ses espérances me paroissoient chimériques : cependant elle réussit, au grand mépris de la prudence, par des démarches fort hasardées.

Je vivois ainsi occupée de différentes choses, sans prévoir l'horrible malheur qui alloit fondre sur moi. Mon abbesse tomba si dangereusement malade, que je vis que je l'allois perdre. Jamais affliction ne fut plus grande et plus juste : je lui devois tout, et je demeurois sans aucune ressource. Son état de religieuse ne lui laissoit nul moyen de rien faire pour moi. Je ne pensai qu'à elle pendant sa maladie, qui ne dura que quinze jours : mais quand elle ne fut plus, je vis l'abyme dans lequel j'étois tombée. Ses religieuses la regrettèrent morte, autant qu'elles l'avoient persécutée vivante; et véritablement elle étoit bien regrettable. Je n'ai vu en personne un si grand fonds de bonté, tant de douceur, d'attention pour les autres, et d'oubli de soi-même, ni plus d'exactitude et de respect pour tous ses devoirs. Madame de Grieu sa sœur, qui l'aimoit tendrement, et ne l'avoit jamais quittée depuis leur première enfance, étoit dans un désespoir qui augmentoit encore le mien. Elle auroit dû avoir l'abbaye; mais les anciennes cabales s'y opposèrent, et la firent donner à une religieuse de la maison, qui avoit été à la tête des mécontentes. Il n'étoit pas possible, dans ces circonstances, que nous restassions à Saint-Louis. De plus, il y falloit payer une pension :

celle que madame de Grieu avoit de sa famille ne suffisoit pas pour elle et pour moi, qui n'avois rien du tout. Nous ne savions donc que devenir. Elle avoit bien une retraite assurée dans l'abbaye de Jouarre, dont elle étoit religieuse ; mais elle ne pouvoit se résoudre à m'abandonner, non plus qu'une jeune nièce qui lui étoit presque aussi chère que moi. Elle crut qu'il nous seroit plus avantageux de nous mener avec elle dans un couvent de Paris, lieu de ressource, où je pourrois trouver quelque place.

Dans ces circonstances embarrassantes, le frère Maillard, qui étoit de mes amis, autrefois attaché au père de La Chaise, alors exilé à Rouen pour avoir été plus accrédité que son maître, me vint dire qu'il avoit reçu une lettre de change pour payer un quartier de ma pension dans le couvent; qu'on lui mandoit en même temps que, si j'y voulois rester, elle seroit continuée exactement, sans que je me misse en peine de quelle part cela venoit. Il me dit que la lettre n'étoit point signée, et qu'en effet il ne savoit de qui elle pouvoit être. Plus la fortune m'accabloit, plus j'entrepris de me soutenir par moi-même. Je ne voulus point de ressource suspecte. Je découvris depuis que cet inconnu généreux étoit le marquis de Silly.

L'abbé de Ver..., qui étoit à Paris, à qui j'avois mandé, en lui apprenant la perte que j'avois faite, qu'il ne me restoit plus que l'air que je respirois, m'envoya sur-le-champ une lettre de change de cinquante pistoles : je la lui renvoyai le lendemain. M. Brunel voulut aussi me donner tout l'argent dont je pouvois avoir besoin. Je refusai tout, bien déterminée à ne rien accepter tant que je serois dans l'incertitude de pouvoir jamais rendre. J'étois au moment le plus critique de ma vie. Je sentis le besoin que j'avois de me munir de principes inébranlables, qui pussent répondre de toute ma conduite. Je me résolus de souffrir la misère, d'aller chercher la servitude, plutôt que de démentir mon caractère, persuadée qu'il n'y a que nos propres actions qui puissent nous dégrader. Je ne me connoîtrois pas, si je ne m'étois vue à cette épreuve : elle m'a appris que nous cédons à la nécessité, moins par sa force que par notre foiblesse. Cependant, ne voulant rien outrer, je pris d'une amie, pour faire mon voyage, une dizaine de pistoles, qu'elle hasarda de me prêter. C'étoit la même qui avoit passé quelque temps avec moi à Silly. Elle étoit revenue demeurer à Saint-Louis.

Madame de Grieu fut invitée par un de ses frères, qui avoit une terre en Normandie, de s'arrêter chez lui en allant à Paris avec sa nièce, fille de ce frère. Il ne lui proposa point de m'y mener ; ce qui l'affligea sensiblement. Mademoiselle Du Tot, une de mes anciennes amies, d'un mérite rare, m'offrit une retraite chez son oncle, M. Du Rolet, avec qui elle demeuroit. J'y fus jusqu'au temps que madame de Grieu devoit se rendre à Paris. C'est là que je commençai à sentir le changement de ma fortune. J'avois toujours vécu dans un lieu où j'étois l'objet principal, où les plus petites choses qui me concernoient faisoient des événemens : je ne trouvois plus que de simples attentions. J'eus un jour la migraine : il n'en falloit pas davantage ci-devant pour occuper toute la maison, depuis l'abbesse jusqu'aux sœurs : là, on se contenta d'envoyer savoir si je n'avois besoin de rien. Je n'oublierai jamais la surprise où je fus de voir traiter si légèrement ce que j'avois vu célébrer jusqu'alors avec tant d'appareil : je me jugeai par là tellement hors de ma sphère, que je ne savois plus où me poser. Je passai six semaines dans cette maison, où je reçus pourtant toutes sortes de bons traitemens.

Mademoiselle Du Tot étoit une fille de beaucoup d'esprit, et si parfaitement raisonnable, qu'on avoit quelque honte de vivre avec elle, exposé à une critique judicieuse qu'on ne lui pouvoit rendre. Son oncle, fils d'une madame de La Croisette, qui avoit été dame d'honneur de la duchesse de Longueville, avoit vécu dans le monde, et en avoit conservé les manières dans un âge fort avancé. Je fus d'autant plus sensible à l'honnêteté qu'il eut de me recevoir chez lui, que je l'avois offensé long-temps auparavant par une chanson que je fis sottement à un dîner qu'il me donnoit en assez grande compagnie. Depuis cela, nous ne nous voyions plus. Mon malheur lui fit oublier ma faute. Ce sentiment généreux mérite le souvenir que j'en conserve, comme le regret que j'eus de mon indiscrétion.

Pendant que j'attendois le moment de me rendre à Paris, mademoiselle de Neuville voyant, par les lettres du vieux comte son amant, qu'il étoit moins empressé de conclure leur mariage, prit la résolution d'aller avec sa sœur, et une espèce de gouvernante qu'elles avoient, le trouver à Paris, et d'y loger dans un hôtel garni. C'étoit à peu près le temps que madame de Grieu devoit y arriver, et que je voulois m'y rendre. Mesdemoiselles de Neuville, qui m'avoient témoigné beaucoup de sensibilité à mon malheur, m'offrirent de me mener avec elles. Je n'approuvois pas leur voyage ; mais, ne pouvant les en détourner, je profitai de l'occasion. Nous partîmes ensemble, et nous débarquâmes au petit hôtel de Châtillon, où elles me ménagèrent un logement.

Me voilà donc à Paris, sans savoir ce que je deviendrois. J'allai me présenter chez plusieurs personnes pour lesquelles on m'avoit donné des lettres de recommandation, afin qu'elles me cherchassent ce qui s'appelle une condition. Mes plus hautes espérances étoient de trouver une place de gouvernante d'enfant dans une maison considérable. Heureusement j'avois du goût pour cet emploi, et je croyois que le goût indiquoit le talent. C'étoit se voir étrangement réduite, pour quelqu'un qui avoit vécu comme j'avois fait, d'aller mendier de porte en porte la protection de gens à qui j'étois inconnue, subir leur examen et leurs froids dédains. Je ne tirai rien de ce pénible exercice, et je cessai d'y avoir recours.

Peu de jours après mon arrivée à Paris, M. Brunel y fit un voyage, me vint voir, et m'amena M. de Fontenelle. Ils étoient intimes amis dès leur jeunesse, qu'ils avoient passée à Rouen, dont ils étoient l'un et l'autre. La convenance de leur esprit et de leur caractère les avoit unis parfaitement. M. Brunel alloit de temps en temps à Paris pour le voir, et lui avoit souvent parlé de moi. Je le connoissois par ses ouvrages, et principalement par *l'Histoire de l'Académie royale des Sciences*, qu'il envoyoit chaque année à son ami, qui ne manquoit pas de m'en faire part; et, grâce à la lumière que M. de Fontenelle répand sur tout ce qu'il manie, j'en entendois une grande partie, quoique je dusse n'en rien entendre du tout. J'avois donc d'avance la haute opinion qu'on doit avoir de lui. Je fus charmée de le connoître, et d'être connue d'un homme si célèbre, qui pouvoit du moins me rendre, dans l'occasion, un témoignage d'un grand poids.

J'étois encore dans mon hôtel garni, où je ne fus que quatre ou cinq jours, quand je reçus une lettre du marquis de Silly. Il m'avoit écrit, deux mois auparavant, un compliment fort simple sur la perte que je venois de faire. Celle-ci étoit remplie de sages conseils. La voici :

« L'on m'a dit que vous êtes à Paris, mademoiselle.
« L'intérêt que je prends à ce qui vous regarde m'a
« fait apprendre avec plaisir le parti que vous avez
« pris.

« Vous serez peut-être surprise de trouver une
« lettre de moi toute remplie de préceptes : ce n'est
« pas trop mon usage que d'en donner, encore moins
« d'en écrire ; mais vous êtes de mes amies, et il m'a
« semblé que je devois vous parler sur ce pied-là.

« Je crois que, dans les vues que vous avez, le
« moins de séjour que vous pourrez faire dans une
« maison garnie sera le meilleur. Ce n'est point là où
« je voudrois que vous fissiez vos premières con-
« noissances.

« Ma morale vous paroîtra sévère ; mais il me
« semble qu'à votre place je ne voudrois aucun ajus-
« tement. Votre âge peut vous faire tort, et vous avez
« intérêt de le cacher. Je voudrois, par la même rai-
« son, que vous fussiez un peu circonspecte sur le
« choix de vos amis et de vos amies ; je voudrois aussi

« que vous fussiez plus occupée de la réputation de
« votre jugement que de celle de votre esprit. Servez-
« vous, je vous prie, des expressions les plus sim-
« ples, et surtout ne faites aucun usage de celles qui
« sont propres aux sciences : quoiqu'elles expriment
« beaucoup mieux, ne succombez point, je vous prie,
« à la tentation de vous en servir. Enfin je voudrois
« que vous fussiez occupée uniquement de vous éta-
« blir d'abord une réputation solide, sans chercher
« à plaire par les agrémens. Mais je crains que ma
« dernière maxime ne soit opposée à la nature : l'en-
« vie de plaire pourroit bien être naturelle à votre
« sexe. Sans renverser l'ordre des choses, n'employez
« que le simple pour plaire, et qu'il n'y ait rien de
« recherché dans vos manières.

« En voilà assez, et peut-être trop. Adieu, made-
« moiselle. Je vous prie d'être persuadée que vous
« pouvez compter véritablement sur moi. »

Cette lettre fait connoître parfaitement l'espèce de sentiment que M. de Silly avoit pour moi. Je fus fort touchée d'y trouver beaucoup d'amitié, et de véritable intérêt à ma conduite ; mais je fus blessée d'y voir qu'il me soupçonnoit de songer à plaire, et qu'il prît pour un goût général ce qui n'étoit en moi que pour lui. Je fis réponse, piquée. Il pensa que ses avis m'avoient déplu, comme le marque la lettre que je reçus quelques jours après. La voici :

« Ma lettre a produit en vous l'effet que j'avois
« imaginé, et je n'ai pu m'empêcher de rire en la re-
« lisant. Le premier mouvement des gens qui ont de
« l'esprit, et par conséquent de la vanité, c'est, je

« crois, de sentir les avis comme un air de supério-
« rité qui blesse.

« Je ne suis pas surpris que vous ayez été fâchée
« de l'idée que j'ai eue que vous pouviez songer à
« plaire; et vous vous êtes là justement récriée.

« Après cela, il me sembleroit assez volontiers
« (sans vous déplaire pourtant) que les femmes y ont
« quelques dispositions. A parler sérieusement, je
« ne l'entendois pas comme vous l'avez pensé; je
« voulois dire par les agrémens de votre esprit. Je
« suis sûr que vos conversations seront proportion-
« nées aux gens que vous verrez : mais quand ceux
« avec qui on a accoutumé de vivre ont de l'esprit
« et du savoir, on se fait aisément une habitude de
« se servir de certains termes. Après tout, je suis fort
« persuadé que vous n'avez pas besoin de conseils.
« Adieu, mademoiselle. Comptez, je vous prie, sur
« moi plus que sur personne. »

Madame de Grieu arriva à Paris avec sa nièce quelques jours après moi. Elles rencontrèrent en chemin
la marquise de Silly, qui venoit s'y établir, et se mit
à la communauté de Miramion. Je fus avec madame
de Grieu chez un de ses frères : celui-là ne s'étoit
pas grippé contre moi comme les autres. Il avoit une
maison au Marais, où nous demeurâmes jusqu'à ce
que nous eussions trouvé un couvent.

J'avois une sœur qui étoit chez la duchesse de La
Ferté. Elle me vint voir dans cette maison. Quelques
années auparavant, elle avoit fait un voyage à Rouen
pour faire connoissance avec moi ; car avant cela nous
ne nous étions jamais vues. Elle avoit alors été bles-

sée de la différence de nos situations. La considération dont je jouissois, l'espèce de respect qu'on me rendoit dans un lieu où les maîtres m'étoient soumis, lui déplurent : même les attentions qu'on avoit pour elle ne lui rendant témoignage que de la complaisance qu'on avoit pour moi, augmentoient son dépit. Elle avoit un esprit naturel, l'air du monde, et une assez jolie figure. Je la trouvai aimable : elle, du point de vue dont elle m'envisagea, ne put avoir que de l'éloignement pour moi ; mais lorsqu'elle me vit déchue de ma gloire, elle se rapprocha, me témoigna beaucoup d'amitié, et me donna des nippes, dont je commençois à être fort dépourvue.

Nous trouvâmes enfin un couvent : c'étoit la Présentation, où l'on voulut bien nous recevoir avec de médiocres pensions, madame, mademoiselle de Grieu et moi. Il me restoit précisément de quoi y payer un quartier, au bout duquel je ne voyois nulle ressource. Un peu avant qu'il finît, je tombai assez malade pour espérer de mourir. On ne meurt jamais à propos : je fus trompée dans mon attente.

Lorsque j'étois dans la convalescence, et presque dans le désespoir, ma sœur me vint voir, et m'annonça, avec de grands transports de joie, la fortune qu'elle croyoit que j'allois faire. Elle me dit qu'allant à Versailles avec madame la duchesse de La Ferté, elle lui avoit conté le long du chemin qu'elle avoit une sœur cadette, qui avoit été élevée singulièrement bien dans un couvent de province : elle lui dit que je savois tout ce qui se peut savoir, et lui fit une énumération des sciences qu'elle prétendoit que je possédois, dont elle estropioit les noms. Ma sœur, qui ne savoit rien, n'avoit pas de peine à croire que je savois beaucoup. La duchesse, qui n'en savoit pas plus qu'elle, adopta tout, et me crut un prodige : c'étoit la personne du monde qui s'engouoit le plus violemment. Elle arriva à Versailles l'esprit frappé de cette prétendue merveille, qu'elle débita partout où elle fut, principalement chez madame de Ventadour sa sœur, où étoit le cardinal de Rohan. Elle s'échauffoit l'imagination en parlant, et en disoit cent fois plus qu'on ne lui en avoit dit. On crut qu'il falloit s'assurer d'un si grand trésor. Madame la Dauphine vivoit encore : on la croyoit grosse ; et l'on pensa que si elle accouchoit d'une fille, je pourrois contribuer à son éducation. En attendant, on décida qu'il falloit me mettre à Jouarre auprès de mesdemoiselles de Rohan, qui y étoient toutes trois, pour en faire autant de chefs-d'œuvre.

Ma sœur, après m'avoir fait ce récit, me dit qu'il étoit absolument nécessaire que j'allasse faire mes remercîmens, et me montrer à sa maîtresse ; qu'elle devoit retourner ce jour-là à Versailles ; qu'après lui avoir fait ma révérence, je reviendrois sur-le-champ. Je n'avois point d'habit honnête pour me présenter : j'en empruntai un d'une pensionnaire du couvent pour deux ou trois heures ; et après que ma sœur m'eut un peu ajustée, je m'en allai avec elle. Nous arrivâmes chez la duchesse à son réveil. Elle fut ravie de me voir, me trouva charmante. Elle n'avoit garde, au fort de sa prévention, d'en juger autrement. Après quelques mots qu'elle me dit, quelques réponses fort simples et peut-être assez plates que je lui fis : « Vrai-
« ment, dit-elle, elle parle à ravir : la voilà tout à

« propos pour m'écrire une lettre à M. Desmarets,
« que je veux qu'il ait tout-à-l'heure. Tenez, made-
« moiselle, on va vous donner du papier ; vous n'a-
« vez qu'à écrire.—Hé quoi, madame? lui répondis-
« je fort embarrassée.—Vous tournerez cela comme
« vous voudrez, reprit-elle. Il faut que cela soit bien :
« je veux qu'il m'accorde ce que je lui demande.—
« Mais, madame, repris-je, encore il faudroit savoir
« ce que vous lui voulez dire.—Eh! non, vous en-
« tendez. » Je n'entendois rien du tout : j'avois beau
insister, je ne pouvois la faire expliquer. Enfin, re-
joignant les propos décousus qu'elle lâcha, je compris
à peu près de quoi il s'agissoit. Je n'en étois guère
plus avancée ; car je ne savois point les usages et le
cérémonial des gens titrés, et je voyois bien qu'elle
ne distingueroit pas une faute d'ignorance d'une faute
de bon sens. Je pris pourtant ce papier qu'on me présenta, et je me mis à écrire pendant qu'elle se levoit,
sans savoir comment je m'y prendrois ; et écrivant
toujours au hasard, je finis cette lettre, que je lui fus
présenter, fort incertaine du succès. « Hé bien, s'é-
« cria-t-elle, voilà justement tout ce que je lui vou-
« lois mander. Mais cela est admirable qu'elle ait
« si bien pris ma pensée ! Henriette, votre sœur
« est étonnante. Oh! puisqu'elle écrit si bien, il faut
« qu'elle écrive encore une lettre pour mon homme
« d'affaires : cela sera fait pendant que je m'habille. »
Il ne fallut point la questionner cette fois-là sur ce
qu'elle vouloit mander. Elle répandit un torrent de
paroles, que toute l'attention que j'y donnois ne pouvoit suivre ; et je me trouvai encore plus embarrassée
à cette seconde épreuve. Elle avoit nommé son pro-

cureur et son avocat, qui entroient pour beaucoup dans cette lettre : ils m'étoient tout-à-fait inconnus, et malheureusement je pris leurs noms l'un pour l'autre. « L'affaire est bien expliquée, me dit-elle
« après avoir lu la lettre; mais je ne comprends pas
« qu'une fille qui a autant d'esprit que vous en avez
« puisse donner à mon avocat le nom de mon pro-
« cureur. » Elle découvrit par là les bornes de mon génie. Heureusement je n'en perdis pas totalement son estime.

Pendant que j'avois fait toutes ces dépêches, elle avoit fini sa toilette, et ne songea plus qu'à partir pour Versailles. Je la suivis jusqu'à son carrosse; et lorsqu'elle y fut montée, et que ma sœur, qu'elle menoit, eut pris sa place, au moment qu'on alloit fermer la portière, et que je commençois à respirer : « Je pense,
« dit-elle à ma sœur, que je ferai bien de la mener
« tout-à-l'heure avec moi. Montez, montez, made-
« moiselle; je veux vous faire voir à madame de Ven-
« tadour. » Je demeurai pétrifiée à cette proposition; mais surtout ce qui me glaça le cœur fut cet habit emprunté pour deux heures, avec lequel je craignis qu'on ne me fît faire le tour du monde; et il ne s'en fallut guère. Mais, malgré ces considérations, il n'y avoit pas moyen de reculer : je n'étois plus au temps d'avoir une volonté, ni de résister à celle des autres. Je montai donc, le cœur serré : elle ne s'en aperçut pas, et parla tout le long du chemin. Elle disoit cent choses à la fois, qui n'avoient nul rapport l'une à l'autre. Cependant il y avoit tant de vivacité, de naturel et de grâce dans sa conversation, qu'on l'écoutoit avec un extrême plaisir. Après m'avoir fait plu-

sieurs questions, dont elle n'avoit pas attendu la réponse : « Sans doute, me dit-elle, puisque vous savez « tant de choses, vous savez faire des points pour ti- « rer l'horoscope : c'est tout ce que j'aime au monde. » Je lui dis que je n'avois pas la moindre idée de cette science. « Mais à quoi bon, reprit-elle, en avoir ap- « pris tant d'autres qui ne servent à rien? » Je l'assurai que je n'en avois appris aucune ; mais elle ne m'écoutoit déjà plus, et se mit à faire l'éloge de la géomancie, chiromancie, etc.; me dit toutes les prédictions qu'on lui avoit faites, dont elle attendoit encore l'événement; me raconta à ce sujet plusieurs histoires mémorables, enfin son rêve de la nuit précédente, quantité d'autres aussi remarquables, qui devoient avoir tôt ou tard leur effet. J'écoutai le tout avec beaucoup de soumission et peu de foi. Enfin nous arrivâmes. Elle nous dit, à ma sœur et à moi, d'aller à son appartement, et qu'ensuite nous irions la trouver chez madame de Ventadour, où elle descendit. Elle logeoit à Versailles, dans les combles du château. Il me fut impossible d'arriver au haut du degré; et si quelqu'un de ses gens, qui nous suivoient, ne m'avoit portée pour achever les dernières marches, j'y serois restée. Cette fatigue de corps et d'esprit me jeta dans un accablement où l'on ne sent plus rien, et où l'on pense encore moins. Je n'avois pas bien compris ce que la duchesse nous avoit dit sur ma présentation à madame de Ventadour : ma sœur ne l'avoit pas mieux entendu; et je crus qu'il n'y avoit qu'à attendre qu'elle m'envoyât chercher. Nous restâmes ainsi jusqu'au soir dans son appartement, où elle rentra, furieuse de ce que nous n'avions pas exécuté ses ordres. Ils avoient été mal expliqués; mais ce n'étoit pas une représentation à lui faire. Elle avoit prétendu qu'on la vînt trouver ; on ne l'avoit pas fait ; c'étoit ma fortune manquée. J'écoutai dans un silence respectueux ses regrets, ses reproches, et tout ce que des sentimens impétueux, non retenus, font dire. Tout étant dit, elle se calma, et ne songea plus qu'au lendemain. Elle dit qu'elle me mèneroit elle-même chez sa sœur, et m'y mena. Je trouvai une personne d'un caractère tout différent du sien : la douceur et la sérénité, peintes sur son visage, annonçoient le calme de son esprit et l'égalité de son ame. Elle me reçut avec toute sorte de bonté et de politesse, me parla de ma mère, qui avoit été gouvernante de sa fille; de l'estime qu'elle avoit pour elle, du bien qu'elle avoit ouï dire de moi ; enfin du désir de me placer convenablement. Ensuite on me fit voir M. le duc de Bretagne, qui vivoit encore, et le Roi, qui ne faisoit presque que de naître. On dit qu'il falloit aussi me faire voir les beautés de Versailles, et l'on me traîna partout. Je pensai expirer de lassitude.

Madame la duchesse de La Ferté avoit déjà tant parlé de moi, qu'on m'observoit comme un objet de curiosité; et mille gens venoient me regarder, m'examiner, m'interroger. Elle voulut encore, pour achever ma journée, que je fusse au souper du Roi; et, après m'avoir démêlée dans la foule, elle me fit remarquer à M. le duc de Bourgogne, qu'elle entretint, pendant une partie du souper, de mes talens, et de mon savoir prétendu. Elle ne s'en tint pas là. Le lendemain, étant allée chez la duchesse de Noailles, elle me manda d'y venir : j'arrive. « Voilà, dit-elle,

« madame, cette personne dont je vous ai entrete-
« nue, qui a un si grand esprit, qui sait tant de choses.
« Allons, mademoiselle, parlez. Madame, vous allez
« voir comme elle parle. » Elle vit que j'hésitois à
répondre, et pensa qu'il falloit m'aider comme une
chanteuse qui prélude, à qui l'on indique l'air qu'on
désire d'entendre. « Parlez un peu de religion, me
« dit-elle; vous direz ensuite autre chose. » Je fus
si confondue, que cela ne se peut représenter, et que
je ne puis même me souvenir comment je m'en tirai.
Ce fut sans doute en niant les talens qu'elle me supposoit, et, à ce qu'il me semble, pas tout-à-fait si
mal que je l'aurois dû.

Cette scène ridicule fut à peu près répétée dans
d'autres maisons où l'on me mena. Je vis donc que
j'allois être promenée comme un singe, ou quelque
autre animal qui fait des tours à la foire. J'aurois
voulu que la terre m'engloutît, plutôt que de continuer à jouer un pareil personnage. J'ai peut-être à
me reprocher d'avoir été si choquée des scènes où je
me voyois exposée, que j'en aie moins senti ce que
je devois au motif de tant de bizarres démarches,
qui n'étoit autre qu'un désir immodéré de me faire
valoir.

Il y avoit déjà trois ou quatre jours que j'étois dans
cet état violent, lorsque la duchesse rentra le soir,
fulminant contre madame de Ventadour et contre le
cardinal de Rohan de ce qu'ils ne concluoient rien
sur ce qui me regardoit, parce qu'il falloit, pour me
mettre à Jouarre, donner une pension que personne
ne vouloit payer. « Hé bien, dit-elle, s'adressant à
« ma sœur, puisqu'ils font tant de façons, il n'y a

« qu'à les laisser là. Je suis une assez grande dame
« pour faire sa fortune, sans avoir besoin d'eux. Je la
« prendrai chez moi : elle y sera mieux que partout
« ailleurs. » C'étoit tout ce que je craignois. Aussi je
restai sans mouvement, sans parole, ne pouvant me
résoudre de donner le moindre acquiescement à cette
proposition. Sa grande agitation l'empêcha de remarquer mon immobilité. Ma sœur m'en fit de justes
reproches quand nous fûmes seules. Je lui avouai
que l'éloignement que j'avois pour cette situation, et
la crainte de rien dire qui m'engageât, avoient suspendu toutes mes paroles.

Le dépit de madame de La Ferté contre sa sœur
la détermina à partir le lendemain; et je me flattai
que j'allois me retrouver dans mon couvent, où j'avois tant d'impatience de me revoir : mais je n'étois
pas encore au bout de mes voyages. La duchesse
m'annonça qu'elle alloit à Sceaux, et qu'elle vouloit
m'y mener pour me faire voir à M. de Malezieux,
très-capable de juger de ce que je valois. Ce me fut
un surcroît de désolation d'aller encore me produire
sur un nouveau théâtre.

Avant qu'elle partît, l'abbé de Vertot, son parent
et son ami, qui se trouva à Versailles, lui vint rendre
visite. Elle lui fit donner un fauteuil, et me laissa debout, comme elle faisoit volontiers lorsqu'il y avoit
compagnie. Je ne pus me voir d'un air si soumis devant quelqu'un qui m'avoit toujours rendu les plus
profonds hommages. Je passai dans un cabinet, où
je répandis quelques larmes que m'arracha l'humiliation de mon état.

Nous fûmes l'après dînée à Sceaux, où madame la

duchesse de La Ferté, toujours remplie de son objet, ne manqua pas de parler de moi avec excès. Madame la duchesse du Maine, accoutumée à ses exagérations, et rarement attentive à ce qui ne l'intéresse pas, l'écouta peu ou point. Cependant elle voulut à toute force me montrer à elle, et l'y fit consentir par complaisance. Mais madame la duchesse du Maine ne s'arrêta guère à me considérer. Madame de La Ferté voyant que cette tentative n'avoit rien rendu, pria M. de Malezieux de me venir voir chez elle, et de m'entretenir. Il y vint, fut long-temps avec moi, traita diverses matières, sur lesquelles il me trouva assez passablement instruite. L'envie d'obliger la duchesse de La Ferté, la pente qu'il avoit aussi bien qu'elle à l'exagération, et peut-être la volonté de me servir, lui firent confirmer toutes les merveilles qu'elle débitoit de moi. Ce suffrage me mit en honneur dans une cour où les décisions de M. de Malezieux avoient la même infaillibilité que celles de Pythagore parmi ses disciples : les disputes les plus échauffées s'y terminoient au moment que quelqu'un prononçoit : *Il l'a dit*. Il dit donc que j'étois une personne rare : on le crut. On me venoit voir, on m'écoutoit, on ne cessoit de m'admirer. Baron, fameux comédien, qui avoit quitté le théâtre de Paris depuis près de trente ans, jouoit alors la comédie à Sceaux. Il se piquoit d'esprit : il vint aussi examiner le mien ; et, dans quelqu'une de ses visites, il me dit d'un air ironique qu'on joueroit le lendemain *les Femmes savantes*, et que sans doute j'y serois. Je lui répondis de manière à lui faire connoître qu'il ne me joueroit pas.

Quoique je fusse assez considérée à Sceaux, et

qu'il y eût des spectacles et des divertissemens chaque jour, ce genre de vie, si inaccoutumé à mon corps et à mon esprit, m'étoit insoutenable. La duchesse de La Ferté ne s'en apercevoit pas; car elle me louoit continuellement de ce que j'avois pris tout d'un coup le train du monde, que je veillois, que j'étois toujours prête à tout, que rien ne m'incommodoit. Il s'en falloit bien que je fusse à cet égard ce que je m'efforçois de paroître. J'étois née avec une santé délicate, qui l'étoit devenue encore plus par le trop grand soin qu'on avoit pris de la ménager. C'étoit un défaut de prévoyance dans les personnes qui m'avoient élevée d'une manière si peu conforme à ma fortune; et c'est aussi par où j'en ai plus senti le changement, et ce qui a fait le malheur le plus réel de ma vie.

Madame la duchesse de La Ferté retourna enfin à Paris, et me ramena dans mon couvent, à ma grande satisfaction. Elle me fit mille caresses en me quittant, m'assura que si l'on ne finissoit pas incessamment mon affaire, elle prendroit d'autres mesures; et que, de quelque façon que les choses tournassent, je ne serois pas long-temps sans la revoir. Je fus ravie de me retrouver avec madame de Grieu et sa nièce, et de leur raconter mes aventures. Mademoiselle de Grieu devenoit une personne assez raisonnable pour s'attacher à elle: je la regardois comme ma fille. Elle avoit été mise dans le couvent en sortant de nourrice, sur le pied d'être mon élève, pour satisfaire le goût dominant que j'avois dès mon enfance d'instruire et de documenter quelqu'un. Je n'ai pas été en cela plus heureuse que Platon, qui ne put trouver une bicoque pour y établir ses lois. Personne ne voulut écouter mes préceptes, pas même la jeune nièce, qui s'infecta de la jalousie répandue contre moi dans sa famille, et ne me pardonna l'amitié de ses tantes que lorsqu'elle fut en état de connoître que je n'en étois pas indigne. Nous nous unîmes, par la suite, plus intimement que je ne l'ai été avec personne.

Mon couvent n'étoit pas loin de Miramion : j'y allois voir quelquefois la marquise de Silly. J'y trouvai un jour son fils, qui ne faisoit que passer à Paris. J'eus une joie bien sensible de cette rencontre inopinée. Tout ce qui avoit agité mon esprit depuis que je ne l'avois vu ne l'en avoit pas écarté : cette idée dominante y avoit toujours conservé sa place, et le pouvoir de m'affecter plus qu'aucune autre. Elle s'y maintint si constamment, qu'elle a garanti de toute autre séduction le temps de ma vie qui en étoit le plus susceptible. L'entrevue fut courte et unique, la mère présente : ce que nous dîmes est effacé.

Peu de jours après mon retour, madame la duchesse de La Ferté, qui ne me perdoit pas de vue, m'envoya des chansons qu'avoit faites M. de Malezieux, me manda de la charger d'une lettre pour lui sur ce sujet, qu'elle lui porteroit. J'écrivis donc je ne sais plus quoi, beaucoup de louanges apparemment. J'en reçus la magnifique réponse que voici :

« Madame la duchesse de La Ferté étant partie ce
« matin, mademoiselle, sans que j'en fusse averti,
« j'ai manqué l'occasion de lui remettre entre les
« mains le remercîment que je vous dois pour l'ex-
« cellente lettre dont vous m'avez honoré. J'avois
« sans doute grand besoin de son entremise pour

« faire valoir ma reconnoissance ; et au lieu que ce
« qu'elle m'a rendu de votre part a un prix infini par
« lui-même, et n'avoit que faire de passer par des
« mains capables de faire valoir les choses médiocres,
« j'avoue, mademoiselle, que je me suis privé d'un
« grand secours, en perdant l'occasion de supplier
« madame la duchesse de La Ferté de vous témoi-
« gner plus vivement que je ne puis faire combien
« je suis sensible à l'honneur que vous m'avez fait.
« Je ne savois pas qu'elle vous eût envoyé les chan-
« sonnettes de Sceaux. Je les estimois, je vous jure,
« assez médiocrement : mais s'il est bien vrai, made-
« moiselle, qu'elles vous aient paru sur le papier telles
« que vous dites, je les tiens d'un ordre supérieur,
« et ne suis pas assez ennemi de moi-même pour
« combattre un jugement si sûr et si décisif.

« Vous m'avez si bien persuadé de la précision et
« de l'infaillibilité de votre jugement, qu'il ne m'est
« pas possible de m'en écarter. Ainsi, mademoiselle,
« par la connoissance que vous devez avoir de vous-
« même, répondez, s'il vous plaît, de ce que je
« dois penser de votre mérite. Les génies supérieurs
« comme le vôtre ne peuvent se méconnoître : ils se
« doivent la justice qu'ils savent rendre aux autres.
« Rien ne leur est si intime que leur propre péné-
« tration ; et le plus grand effort de leur modestie ne
« doit aller qu'à remercier la première cause, cet au-
« teur éternel des esprits, de les avoir si bien parta-
« gés. Vous lui devez, mademoiselle, plus de recon-
« noissance que personne. Pour moi, j'en dois une
« infinie à madame la duchesse de La Ferté d'avoir
« bien voulu me découvrir un si rare trésor. Je m'es-

— « timerois bien heureux s'il m'étoit permis d'en ap-
« procher quelquefois, et si je pouvois, une fois en
« ma vie, vous marquer par mes services l'estime
« et le respect sincère avec lequel je suis, mademoi-
« selle, votre, etc.
                                    « Malezieux.
« A Sceaux, le 30 mai 1710. »

Madame la duchesse de La Ferté, fort contente du succès de ma lettre, vint bientôt après me chercher, pour me remener à Sceaux voir quelque nouvelle fête. Comme elle ne m'avoit pas prévenue, elle trouva bon d'attendre à la porte du couvent le temps qu'il fallut pour mon ajustement, et ne s'impatienta pas, malgré la facilité qu'elle y avoit; tant l'affection qu'elle me portoit étoit à toute épreuve. Elle m'accabla d'amitiés quand elle me revit : je sentois qu'elle en avoit véritablement pour moi. J'aurois bien voulu pouvoir m'attacher à elle; mais son genre de vie étoit trop opposé à ma façon de penser. Il y avoit d'ailleurs des inconvéniens qui m'auroient fait préférer toute autre maison à la sienne. Une certaine Louison, anciennement sa femme de chambre, qui s'y étoit rendue maîtresse, et n'auroit pu supporter les distinctions qu'on me destinoit; ma propre sœur, qui par la suite ne les eût pas vues sans envie : je voyois dans tout cela une source inépuisable de tracasseries si contraires à mon humeur, qu'il n'y avoit rien qui ne me parût plus supportable. Je pris donc une ferme résolution, quelque chose qui pût arriver, de ne pas donner dans cet écueil; et j'eus grande attention de ne rien mêler aux témoignages de ma reconnoissance qui portât de ce côté-là.

Cependant, comme je n'étois pas alors sans espérance de faire quelque chose, je me déterminai à emprunter un peu d'argent, pour continuer de payer ma pension dans le couvent. Je le pris de M. Brunel, mon plus ancien ami, en attendant le dénouement qu'on me faisoit espérer.

J'ai laissé le voyage de Sceaux, qui n'eut rien de remarquable que beaucoup de fêtes et de plaisirs, où je n'étois guère en état de prendre part. La duchesse de La Ferté m'y menoit presque toutes les fois qu'elle y alloit : j'y voyois toujours M. de Malezieux, qui continuoit de me marquer une grande estime.

La duchesse me ramenoit à la Présentation, quelquefois à des heures fort indues pour le couvent. L'abbesse, madame de Riberolles, remplie de bonté, prenoit les clefs, et venoit elle-même m'ouvrir la porte, pour empêcher les religieuses de murmurer.

Les vues qu'on avoit eues du côté de la duchesse de Ventadour s'évanouissoient. Le cardinal de Rohan, pour éluder, avoit dit qu'il falloit examiner ma doctrine, comme un point capital. L'on sut que j'étois connue de M. de Fontenelle, et l'on s'informa à lui de mes opinions. Il dit que tout ce qu'il savoit à cet égard étoit que j'avois été élevée dans un couvent gouverné par les jésuites. Ce témoignage ne parut pas suffisant : on chargea l'abbé de Tressan, depuis archevêque de Rouen, de m'examiner sur le point dont il s'agissoit. Cela s'exécuta dans la maison de la duchesse de La Ferté, à Paris, où nous nous rendîmes de part et d'autre. C'étoit traiter l'affaire gravement. L'examen se passa en plaisanteries, qui me concilièrent assez la bienveillance de l'examinateur pour en tirer les plus favorables témoignages, qui pourtant n'aboutirent à rien.

La duchesse se fortifioit dans le dessein de me prendre chez elle, et n'osoit m'y retenir, de peur de déplaire à cette Louison, à qui elle n'avoit point encore avoué son intention. J'y couchai une nuit, je ne sais à quelle occasion. Plus je vis la tournure de la maison, plus je craignis d'y être embarquée, et plus je me félicitai de l'obstacle qui en défendoit l'entrée.

L'abbé de Vertot étoit alors à Paris, et me venoit voir de temps en temps à mon couvent. Un jour que nous étions à un parloir, où il y avoit plusieurs grilles séparées, je vis qu'il saluoit un homme qui étoit à une autre de ces grilles. Je lui demandai qui c'étoit. Il me dit : « C'est M. Du Verney, ce fameux anato-« miste. » J'avois lu de ses ouvrages, et je témoignai à l'abbé le cas que je faisois de lui. Il lui fit signe d'avancer, et nous fit faire connoissance. Du Verney, l'homme du monde le plus vif, flatté de l'estime dont il me trouva prévenue pour lui, s'engoua extrêmement de moi. Il étoit intime ami de madame de Vauvray, logée à côté du Jardin Royal, où il demeuroit: il la voyoit continuellement, et ne manqua pas de lui dire la découverte qu'il avoit faite dans son voisinage, et de lui inspirer d'en faire usage. Elle y consentit d'autant plus aisément, qu'elle avoit peu de ressource dans un quartier si éloigné. Il vint donc me prier de sa part d'aller dîner chez elle, et me dit qu'elle enverroit le lendemain son carrosse me chercher. Je savois bien que ce n'étoit pas l'usage de se présenter de la sorte ; mais je n'étois pas en situation d'y regarder de si près. Il me falloit des connoissances, et même des amis, si j'en pouvois faire : cela étoit pressé, et je n'y pouvois mettre la lenteur de toutes ces petites formalités.

Je fus donc dîner chez madame de Vauvray, et j'y fus fort bien traitée. J'y trouvai une femme d'une physionomie singulière, mais de beaucoup d'esprit; une belle maison qu'elle avoit fait bâtir, un gros domestique, bien des équipages, une table délicatement servie, d'agréables promenades, tant de son jardin que de celui des simples, dont elle avoit des clefs, et qui communiquoit avec le sien. Tout cela me plut assez pour être bien aise qu'elle m'invitât de venir souvent chez elle, et d'y faire même de temps en temps quelque séjour. Elle ne tarda pas en effet à me renvoyer chercher, et me retint plusieurs jours. Ma duchesse étoit, je crois, à Fontainebleau, et moi libre. Madame de Vauvray voyoit peu de monde, à cause de l'éloignement de sa maison; mais ce qu'elle voyoit étoit de très-bonne compagnie. Ferrant, son neveu, qui avoit bien de l'esprit, y étoit souvent; Du Verney, tant qu'il en avoit le loisir : enfin je m'y amusois fort, et j'y réussissois assez. M. de Vauvray, quoique peu complaisant pour sa femme, m'y voyoit volontiers. Cependant, un jour qu'il avoit invité beaucoup de monde à dîner, entre autres les ducs de La Feuillade et de Rohan, l'abbé de Bussy; madame de Vauvray, doutant qu'il convînt de produire une personne inconnue dans cette compagnie, dit à son mari que comme je faisois maigre, et que la table seroit servie en gras, je mangerois dans sa chambre, où elle resteroit avec moi. C'étoit me sauver le dégoût autant qu'il étoit possible : je ne laissai pas de le sentir, sans en faire semblant. Je l'exhortai d'aller dîner, et l'assurai que je savois manger seule : elle ne le voulut pas. Mais quand on se mit à table, on demanda où elle étoit : M. de Vauvray dit qu'elle avoit chez elle une personne qui n'étoit pas encore assez accoutumée au monde, avec qui elle dîneroit. On l'envoya prier de venir avec sa compagnie. Le dîner prit un air de gaieté et un tour de conversation fort agréable. Je dis quelques mots qui réussirent si bien, que toute l'attention se tourna de mon côté. Je ne la laissai pas échapper; et ce petit triomphe me fut d'autant plus sensible, qu'il justifioit le parti qu'on avoit pris de me produire, et me vengeoit du dessein contraire. On n'y hésita plus par la suite, et l'on s'en fit sinon un honneur, du moins un plaisir. J'étois apparemment de bonne compagnie dans ce temps-là; et quoique je n'en retrouve plus de vestiges, je comprends que cela peut avoir été. J'avois trente ans de moins; et mon esprit, quoique toujours médiocre, étoit alors soutenu et mis en action par les motifs les plus pressans, tels que le désir de regagner la considération, et même la subsistance, dont je me voyois dépourvue.

J'ai eu obligation à madame de Vauvray de m'avoir fait connoître d'un assez grand nombre de gens du monde, et de gens d'esprit. Elle me menoit dans plusieurs maisons; ce que bien d'autres qu'elle n'auroient peut-être pas voulu hasarder pour quelqu'un d'aussi dénué que je l'étois de tout ce qui fait valoir dans le monde; et la manière dont elle me présentoit m'attiroit toutes sortes d'agrémens et de bonne volonté de la part des personnes chez qui elle me menoit. Un jour que l'abbé de Saint-Pierre dînoit chez elle avec M. de Fontenelle, et que j'y étois, ils raisonnèrent sur ma situation, et sur les moyens de m'en procurer une avantageuse. Cet abbé, protecteur du genre humain, imagina qu'il falloit me proposer à madame la princesse pour me mettre auprès de mademoiselle de Clermont, qu'elle avoit prise avec elle, et à qui il paroissoit qu'elle vouloit donner une éducation meilleure que ne l'ont ordinairement les princesses. Il nous dit que l'abbé Couture étoit déjà chargé de l'instruire de l'histoire, et de plusieurs choses convenables à son sexe et à son rang; que je pourrois être proposée comme capable de suivre de telles vues, et de l'avancer dans les connoissances qu'on vouloit lui faire acquérir; qu'il falloit m'adresser à M. de Malezieux, que je voyois souvent à Sceaux; le prier d'en faire l'ouverture à madame la princesse, et de lui rendre bon témoignage de moi.

Les petits séjours que je faisois chez madame de Vauvray ne m'empêchoient pas d'être toujours aux ordres de madame la duchesse de La Ferté. Je suivois assez exactement sa marche pour me retrouver dans mon couvent quand elle me venoit chercher. Il n'étoit pas à propos qu'elle sût que j'en sortisse pour d'autres que pour elle.

Bientôt après le plan que nous avions fait, elle me mena à Sceaux. M. de Malezieux me vint voir comme à l'ordinaire. Je lui parlai du besoin que j'avois d'une place qui pût convenir à la façon dont j'avois vécu jusqu'alors, et lui dis mes vues au sujet de mademoiselle de Clermont, dans lesquelles il entra parfaitement, et me promit de me servir de son mieux, et le plus promptement qu'il lui seroit possible.

Une heure après cette conversation, il vint me retrouver, et me dit qu'en travaillant à mon affaire, il en avoit fait une autre qu'il croyoit meilleure; qu'il avoit voulu m'appuyer, auprès de madame la princesse, de la recommandation de madame la duchesse du Maine; et que lorsqu'il la lui avoit demandée, elle lui avoit dit : « Mais, monsieur, si cette fille a tant de mérite, « pourquoi la donner à ma nièce? Ne vaudroit-il pas « mieux la prendre pour moi? » Qu'il avoit répondu qu'elle ne pouvoit jamais mieux faire; que j'étois propre à tout; et que je serois fort utile à madame de Malezieux sa femme, gouvernante de mademoiselle du Maine, pour l'aider dans les soins qu'elle prenoit de son éducation. Que madame la duchesse du Maine avoit répliqué : « Il faudra faire agréer cela à M. le « duc du Maine, et que vous le fassiez consentir à « cette augmentation de dépense. » Il n'étoit donc pas question alors de la place qu'on me fit remplir depuis.

Cette proposition répondoit tout-à-fait à mes vues, et j'en fus charmée. Je fis mille remercîmens à M. de Malezieux. Il me dit qu'il n'étoit plus question que d'en faire part à madame la duchesse de La Ferté, à qui je n'avois encore rien dit. Il ajouta que madame la duchesse du Maine lui en parleroit elle-même, et que ce seroit une affaire finie. Elle le fit en effet : mais la duchesse devint furieuse à cette proposition, dit qu'elle ne souffriroit pas qu'on lui ôtât une personne qu'elle s'étoit destinée pour faire la douceur de sa vie. Madame la duchesse du Maine lui répondit qu'elle avoit cru, sur ce qu'on lui en avoit dit, qu'on cherchoit à me placer; d'où elle avoit jugé qu'elle ne songeoit pas à me garder auprès d'elle. Madame la duchesse de La Ferté, après avoir répandu toutes ses plaintes, finit en disant qu'elle ne me vouloit pas malgré moi; mais qu'il falloit me faire expliquer.

Voilà ce que M. de Malezieux, qui me vint parler pour la troisième fois dans cette journée, m'apprit, dont je demeurai consternée. Il me dit : « Vous aurez « une explication ce soir : voyez ce que vous direz. « —Dictez vous-même ma réponse, monsieur, lui « répondis-je : vous avez conduit toute cette affaire; « je n'y veux suivre que vos conseils. » Il fut d'avis que je disse à madame la duchesse de La Ferté que je lui devois tout, et la rendois maîtresse absolue de mon sort. J'aurois mieux fait de lui avouer les raisons qui m'empêchoient d'être à elle, et de la prier de consentir à ce qui se présentoit pour moi : cela eût été plus franc, plus conforme à mon inclination; et j'aurois évité les grands inconvéniens dans lesquels ce ménagement me fit tomber. Mais je crus devoir me laisser conduire.

Madame de La Ferté vint enfin le soir dans son appartement. Je l'attendois avec frayeur, prévoyant l'orage que j'allois essuyer, et plus peinée que de tout le reste de me voir chargée de torts envers une personne qui m'avoit comblée d'amitié. Elle entra dans sa chambre, non point avec ces éclats qui lui étoient ordinaires, mais avec une froideur haute. Elle s'assit tranquillement, et me dit : « J'ai appris avec sur- « prise, mademoiselle, que vous cherchiez à vous « placer : je croyois que vous comptiez sur moi. Si

« vous préférez d'être à une grande princesse, cela ne
« se devoit pas négocier sans ma participation. Mais
« il faut savoir ce que vous pensez, et ce que vous
« voulez faire. — Tout ce qui vous plaira, madame,
« lui répondis-je. Je suis dans vos mains, je vous
« dois tout ; vous disposerez de moi à votre gré. —
« Hé bien ! mademoiselle, reprit-elle, puisque j'en
« suis la maîtresse, je ne vous céderai à personne, et
« j'aurai soin que vous soyez assez bien avec moi
« pour ne rien regretter. » Elle me dit ensuite qu'elle
alloit me faire accommoder un joli appartement dans
sa maison ; que j'y vivrois aussi maîtresse qu'elle ; que
je lui tiendrois compagnie quand elle y seroit ; et que
lorsqu'elle iroit à la cour, elle me laisseroit un équipage à Paris, pour faire tout ce qui me plairoit.

J'aurois trouvé ce plan de vie agréable, si je n'en
avois pas considéré le revers ; si je n'avois pas su que
ma sœur, prise d'abord sur le pied d'une favorite,
étoit devenue femme de chambre ; si je n'avois pas
jugé que plus l'entêtement pour moi étoit violent,
moins il seroit durable, et plus il exciteroit la jalousie de cette troupe de femmes dont sa maison étoit
remplie : car outre la Louison qui étoit à la tête, ma
sœur, et en sous-ordre d'autres femmes de chambre,
elle élevoit une jeune fille qu'elle avoit nommée Sylvine, belle comme le jour, ramassée dans les champs,
à La Loupe, l'une de ses terres. Elle idolâtroit cette
nymphe, et n'épargnoit rien pour la décorer et pour
cultiver ses talens, et entre autres sa voix admirable.
Cette vive affection n'empêcha pas que, dans la suite,
elle n'ait fini par la servir comme les autres : sort aussi
inévitable que celui des amans de Circé. Qu'aurois-je

fait au milieu de tout cela? Mais quels moyens de
m'en tirer? Je revis M. de Malezieux. Il me dit que
l'affaire étoit sans ressource; que madame la duchesse
du Maine ne se brouilleroit pas pour moi avec la duchesse de La Ferté, son ancienne amie; et qu'à moins
que je ne pusse par moi-même me dégager d'avec
elle, il n'y avoit plus rien à espérer.

Dans ce dessein, je pris l'étrange résolution de m'é-
tudier à déplaire à cette personne enchantée de moi,
que j'aimois; car tant de marques d'amitié que j'avois
reçues d'elle m'avoient touchée sensiblement : d'ailleurs, quoiqu'elle eût de grands défauts, je la trouvois extrêmement aimable, et ne lui faisois pas un
démérite personnel des inconvéniens dont elle étoit
entourée.

Pour comprendre ce qu'il en coûte à l'amour propre
et à la bonté du cœur de se contrefaire en mal, il
faudroit l'avoir éprouvé; et c'est une expérience qui
n'est pas commune.

J'eus occasion d'exécuter ce projet singulier dans
le voyage qu'elle me fit faire à La Ferté. Elle ne négligea rien pour me le rendre agréable. Elle savoit
que j'aimois extrêmement mademoiselle de Grieu,
qui étoit avec moi à la Présentation : elle l'engagea
à cette partie de campagne, et nous mena l'une et
l'autre avec elle. Je fus incommodée en chemin, et
ne dissimulai plus, comme j'avois coutume de faire :
je me laissai aller à mes différentes humeurs, qui devoient lui paroître d'autant plus choquantes qu'elle
n'en avoit rien aperçu jusqu'alors. Je contrariois ce qui
n'étoit pas de mon goût; je disois ma pensée sans la
mettre d'accord avec les siennes; enfin je me donnois

toute liberté, mais avec plus d'effort que ne m'eût fait la contrainte. Elle en fut blessée, sans prendre le dégoût que je voulois lui inspirer : entreprise d'autant plus difficile à suivre, que jamais je ne l'avois vue ni plus aimable, ni de meilleure compagnie. Elle déposoit à la campagne un air de hauteur qu'elle maintenoit à la cour et aux environs : on y vivoit avec elle dans la plus grande familiarité. Elle la portoit si loin, qu'elle assembloit non-seulement ses domestiques, mais tous les gens qui fournissoient sa maison, comme bouchers, boulangers, etc.; les mettoit autour d'une grande table, et jouoit avec eux une espèce de lansquenet. Elle me disoit à l'oreille : « Je les triche ; mais c'est qu'ils me volent. »

Nous fûmes une quinzaine de jours à La Ferté : c'est un très-beau lieu. J'y avois mon intime amie ; nous y faisions de belles promenades, et bonne chère, quoique la duchesse n'eût pas amené son cuisinier, contre qui elle s'étoit piquée, parce qu'il lui avoit demandé des lardoires. « Voilà, lui dit-elle, comment
« les grandes maisons se ruinent : toujours des lar-
« doires ! Il en a coûté au maréchal de La Ferté douze
« cent mille francs pour des lardoires. J'aime mieux
« que mon concierge me fasse à manger. » Ainsi fut fait. Au retour de notre voyage, elle me dit :
« Votre logement chez moi n'est pas encore prêt :
« j'y vais faire travailler. Vous passerez ce temps-là
« dans votre couvent ; j'y paierai votre pension. »
J'y retournai avec joie, et quelque espérance que, de délais en délais, il pourroit arriver un dénouement favorable. En effet, la crainte d'aliéner Louison, et quelque autre embarras qu'elle avoit actuellement,

lui firent encore différer mon entrée chez elle, que
je croyois devoir être vers la fin de l'année. Mais dans
ce temps-là elle m'écrivit, et me demanda des projets de lettres pour le roi et la reine d'Espagne, M. de
Vendôme et madame des Ursins, sur le gain d'une
bataille dont elle vouloit leur faire compliment. Elle
me marquoit, à la fin de la sienne, de payer à mon
abbesse pour le mois de janvier; qu'il falloit qu'elle
fût encore privée de moi ce temps-là; mais qu'elle
ne m'en aimoit pas moins.... Le renouvellement de
l'année me donna occasion d'écrire à M. de Malezieux. Je ne l'avois pas vu depuis mon affaire échouée,
la duchesse n'ayant plus voulu me remener à Sceaux.
Ma lettre n'étoit que des complimens usités dans cette
saison. M. de Malezieux y répondit par celle-ci:

« A Versailles, le 16 janvier 1711.

« Je veux mal de mort à la poste, mademoiselle,
« de m'avoir retardé de quinze jours le précieux té-
« moignage de votre souvenir. Je reçois dans le mo-
« ment la lettre que vous m'avez fait l'honneur de m'é-
« crire le premier jour de cette année. La diligence
« n'est pas bien grande, par rapport au chemin. Mais
« ce qui me fâche encore plus, mademoiselle, en li-
« sant votre lettre, c'est d'apprendre que vous êtes
« encore dans votre couvent : j'aurois cru, sur cela,
« madame la duchesse de La Ferté partie pour quel-
« que voyage de long cours, si je n'avois eu l'hon-
« neur de la voir ici dans les premiers jours de ce mois.
« Je ne sais donc quelle interprétation donner à la
« continuation de votre clôture. Madame la duchesse
« de La Ferté me fit l'honneur, à Sceaux, de me par-

« ler de vous avec tant d'estime, et un si grand désir
« de vous attacher à elle; sur la proposition que je
« lui fis de la part de madame la duchesse du Maine,
« elle me témoigna, avec des termes si obligeans, à
« quel point elle vous jugeoit nécessaire à la con-
« duite de ses affaires et à sa propre satisfaction, que
« je vous avoue, mademoiselle, que je lui conseillai
« de suivre son inclination, et de garder pour elle-
« même une personne dont elle connoissoit si bien
« les rares qualités. Je n'avois donc garde d'imaginer
« aujourd'hui que vos conditions ne fussent pas en-
« core faites avec cette dame, qui certainement a
« un goût excellent pour le mérite, et qui m'a paru
« en effet si prévenue pour le vôtre. Quand j'aurai
« l'honneur de la voir, je tâcherai d'avoir l'explica-
« tion de cette énigme.

« J'ai l'honneur d'être, mademoiselle, très-respec-
« tueusement votre, etc. »

Sur cette lettre de M. de Malezieux, je lui mandai que j'avois sujet de croire que madame la duchesse de La Ferté ne songeoit plus à m'attacher à elle; que je pouvois me regarder comme libre à cet égard, et profiter des bontés de madame la duchesse du Maine, s'il y avoit encore lieu d'y prétendre. Il montra cette lettre à la duchesse de La Ferté, qui, outrée, me fit mander dans le moment, par ma sœur, qu'elle ne vouloit plus entendre parler de moi. Je fus au désespoir qu'il la lui eût fait voir, et m'eût attiré par là toute son indignation, que j'avois en effet méritée. C'est, à ce qu'il me semble, l'endroit le plus défectueux de ma vie; car quoique ma sœur, qui vraisemblablement ne me vouloit pas avec elle, m'eût exagéré les irrésolutions de la duchesse, et fait entendre qu'elle ne se détermineroit point à me mettre dans sa maison, et me laisseroit toujours en l'air, je n'en devois pas être assez persuadée pour l'assurer si positivement à M. de Malezieux. Cependant je lui écrivis, pour lui apprendre cette entière rupture. Voici la réponse qu'il me fit :

« A Versailles, le 24 janvier 1711.

« J'ai lu à madame la duchesse du Maine la der-
« nière lettre que vous m'avez fait l'honneur de m'é-
« crire. Son Altesse Sérénissime n'a pas été peu sur-
« prise d'y apprendre que madame la duchesse de
« La Ferté vous a renvoyé votre parole par made-
« moiselle votre sœur : elle m'ordonne, mademoi-
« selle, de vous mander qu'au printemps prochain,
« c'est-à-dire vers le temps qu'elle ira s'établir à
« Sceaux, elle exécutera le projet qu'elle avoit formé
« ci-devant. Elle aura cependant le loisir d'en re-
« parler à madame la duchesse de La Ferté, de la
« bouche de laquelle vous voyez bien qu'elle ne peut
« se dispenser d'apprendre qu'on vous rend la liberté
« de songer à un nouvel engagement. C'est un devoir
« d'honnêteté auquel madame la duchesse du Maine
« se croit engagée. Je serai ravie, mademoiselle, quand
« l'affaire sera conclue selon vos souhaits. Deux ou
« trois mois de retard ne la feront pas manquer.

« Je suis, mademoiselle, au-delà de toute expres-
« sion, votre, etc. »

Cette lettre me donna assurance de mon sort, que

je ne prévoyois pas alors être tel qu'il le fut. Je restai cependant encore huit mois à la Présentation. J'en sortois peu, craignant de recevoir des ordres qui ne m'y trouvassent pas, ou de rendre ma conduite suspecte. Je n'entendis parler de rien que quatre ou cinq mois après.

Il ne m'est resté qu'un souvenir confus de ce qui remplit ce temps-là : je sais seulement que M. de Silly, informé par sa mère de ce qui me regardoit, m'écrivit, de l'armée où il étoit alors, cette lettre :

« Au camp de Follen, ce 17 août.

« Je croyois que vous me connoissiez mieux que
« vous ne faites. Où avez-vous donc pris que les si-
« tuations servent de règles à mon estime et à mon
« amitié? Je sais trop bien que la fortune dépend
« plus du hasard ou des conjonctures, que du mé-
« rite. Je suis fort aise des espérances que vous avez :
« je le serai encore bien davantage quand vous serez
« placée comme je le désire.

« C'est un acheminement à tout que la considéra-
« tion : tâchez, je vous prie, d'en faire un prompt
« usage. L'envie la suit de près, dans un temps où
« peu de gens s'en attirent. Je vous prie aussi de
« chercher à plaire, d'être complaisante, et de ne
« faire voir de votre esprit que ce qui conviendra à
« ceux à qui vous parlerez : surtout qu'on ne puisse
« pas vous imaginer capable de gouverner. Conten-
« tez-vous de montrer un caractère sage, avec des
« talens agréables ; l'on aime bien mieux cela que
« de l'esprit : le premier plaît, et le dernier se fait
« craindre. Je suis sûr que vous avez pensé tout ce

« que je vous mande; et je ne vous le répète que pour
« vous faire voir que je pense comme vous.

« Mandez-moi plus particulièrement de vos nou-
« velles, et comptez sur l'intérêt que je prends à ce
« qui vous regarde. Adieu, mademoiselle. »

Je commençois à m'inquiéter de n'entendre parler de rien, lorsque ma sœur m'apporta une lettre de madame la duchesse de La Ferté, et celle-ci de M. de Malezieux :

« Enfin, mademoiselle, le temps est arrivé : ma-
« dame la duchesse du Maine m'ordonne de vous
« mander, de sa part, que vous pouvez venir dans
« trois ou quatre jours. Madame la duchesse de La
« Ferté lui parla dernièrement si bien de vous, qu'elle
« l'a déterminée à ne pas différer plus long-temps.
« Je me fais un grand plaisir, mademoiselle, d'être
« bientôt à portée de vous rendre quelques petits of-
« fices, et de vous témoigner en effet que je suis, au-
« delà de toute expression, votre très-humble, etc.

« A Sceaux, le 11 septembre 1711. »

Je ne mets pas ici la lettre foudroyante que m'é-crivit madame de La Ferté, quoique je l'aie encore, parce qu'elle ne m'a paru digne ni d'elle ni de moi. Elle me marquoit de me rendre le lendemain matin à Sceaux, pour qu'elle me présentât elle-même à Leurs Altesses Sérénissimes. Ma sœur m'apprit, après m'avoir remis ces deux lettres, qu'une femme de chambre de madame la duchesse du Maine s'étoit retirée; qu'on avoit jugé que cette place seroit assez bonne pour moi, dont l'éclat étoit passé; que la duchesse de La Ferté, y trouvant l'occasion de se venger, avoit appuyé la proposition, et se faisoit un régal de me présenter sur ce pied-là.

Je vis ma perte dans cet événement, et je sentis que le caractère indélébile de femme de chambre ne laissoit plus de retour à ma fortune. Cependant il n'y avoit pas moyen de reculer : je ne pouvois ni démentir les démarches que j'avois faites pour être à madame la duchesse du Maine, ni insister sur les conditions avec une personne comme elle. Je me voyois haïe de la duchesse de La Ferté autant que j'en avois été aimée, sans appui, sans ressource. Il fallut subir le joug.

Je me rendis donc à Sceaux, aux ordres de la duchesse. Elle me mena comme en triomphe, et me présenta à la princesse, qui à peine jeta un regard sur moi. Elle continua de me traîner, attachée à son char, chez toutes les personnes à qui je devois être présentée. Je la suivois avec la contenance d'un captif vaincu. Ce cérémonial achevé, elle me dit que je n'avois plus besoin d'elle, et qu'elle ne vouloit avoir à l'avenir aucune relation avec moi. Je ressentois encore plus la perte de son amitié que les effets de son ressentiment.

Je passai ce premier jour dans un égarement d'esprit qui ne m'en a laissé aucun souvenir distinct : je sais seulement que je fus étrangement surprise en voyant la demeure qui m'étoit destinée. C'étoit un entresol si bas et si sombre, que j'y marchois pliée, et à tâtons : on ne pouvoit y respirer, faute d'air, ni s'y chauffer, faute de cheminée. Ce logement me parut si insoutenable, que j'en voulus faire quelque représentation à M. de Malezieux : il ne m'écouta pas. A toutes les prévenances qu'il m'avoit faites, à toute l'estime qu'il m'avoit témoignée, succédèrent les dédains qu'on a pour la valetaille. Je ne m'y exposai plus. Tous ceux qui m'avoient recherchée dans la maison m'abandonnèrent de même, dès que j'y fus mise à si bas prix.

J'entrai en fonction. On me donna pour mon partage ce qui s'appelle, en termes de l'art, les chemises à bâtir. Je me trouvai fort embarrassée : je n'avois jamais fait que les petits ouvrages dont on s'amuse dans les couvens, et je n'entendois rien aux autres. Je passai la journée tant à prendre les mesures qu'à exécuter cette grande entreprise; et quand madame la duchesse du Maine eut mis sa chemise, elle trouva dans le bras ce qui devoit être au coude. Elle demanda qui avoit fait cette belle opération : on répondit que c'étoit moi. Elle dit sans s'émouvoir que je ne savois pas travailler, et qu'il falloit laisser ce soin à une autre. Je me consolai du mauvais succès par ses suites. Il est pourtant vrai que, de la meilleure foi du monde, j'avois fait tout le mieux qu'il m'avoit été possible; mais, avec cette bonne volonté, je remplissois mal mon ministère. J'ai cent fois admiré la patience avec laquelle cette princesse, quoique peu endurante, supportoit mes balourdises.

La première fois que je lui donnai à boire, je versai l'eau sur elle, au lieu de la mettre dans le verre. Le défaut de ma vue, extrêmement basse, joint au trouble où j'étois toujours en l'approchant, me faisoit paroître dépourvue de toute compréhension pour les choses les plus simples. Elle me dit un jour de lui apporter du rouge, et une petite tasse avec de l'eau, qui étoit sur sa toilette : j'entrai dans sa chambre, où je demeurai éperdue, sans savoir de quel côté tourner. La princesse de Guise y passa par hasard ; et, surprise de me trouver dans cet égarement : « Que faites-vous « donc là ? me dit-elle.—Eh ! madame, lui dis-je, du « rouge, une tasse, une toilette, je ne vois rien de « tout cela. » Touchée de ma désolation, elle me mit en main ce que, sans son secours, j'aurois inutilement cherché.

Je dirai encore quelques-unes de mes bévues plus singulières, et qui sembloient tenir de l'imbécillité. Madame la duchesse du Maine étant à sa toilette, me demanda de la poudre : je pris la boîte par le couvercle ; elle tomba, comme de raison, et toute la poudre se répandit sur la toilette et sur la princesse, qui me dit fort doucement : « Quand vous prenez « quelque chose, il faut que ce soit par en bas. » Je retins si bien cette leçon, qu'à quelques jours de là m'ayant demandé sa bourse, je la pris par le fond ; et je fus fort étonnée de voir une centaine de louis, qui étoient dedans, couvrir le parquet. Je ne savois plus par où rien prendre.

Je jetai encore aussi sottement un paquet de pierreries que je pris tout au beau milieu. On peut juger avec quel mépris mes compagnes, adroites et stylées, regardoient mes inepties.

Je fis ce que je pus pour gagner leurs bonnes grâces. La bienséance me portoit à vivre avec elles ; la nécessité m'y contraignit. Le froid commençoit à se faire sentir ; il n'y avoit qu'une garde-robe commune pour se chauffer : je passois donc une partie du jour dans leur entretien. J'y conformai le mien : je leur disois ce que je croyois leur convenir. Mais, soit que je ne rencontrasse pas heureusement, soit que je ne prisse pas assez naturellement leur ton, j'encourus leur aversion. Je n'en avois point pour elles, mais un peu de dégoût; et j'aimai mieux me réduire à supporter le froid, que l'inconvénient de leurs humeurs et l'ennui de leur conversation. Je me renfermai donc dans ma *spélonque*, et trouvai ma consolation dans la lecture.

Je n'avois pas l'entière jouissance de ce réduit : la première femme de chambre, qui couchoit toutes les nuits chez madame la duchesse du Maine, le partageoit le jour avec moi. Elle avoit ses heures pour dormir, des temps qu'elle vouloit passer avec son mari. Alors j'élisois mon domicile dans un bosquet : le froid ou la pluie ne me laissoit d'autre asyle que les galeries. Mon habitation à Versailles, où nous passions l'hiver, étoit encore plus insoutenable : le moindre rayon de lumière n'y avoit jamais pénétré. Une compagne plus insociable que celle que j'avois l'été à Sceaux y restoit jour et nuit. Le défaut d'espace obligeoit sans cesse à disputer le terrain, et la fumée contraignoit de l'abandonner.

Les deux femmes de chambre avec lesquelles je logeois alternativement étoient mal ensemble : on ne pouvoit se concilier l'une sans aliéner l'autre. Pour éviter la guerre civile, je m'exposois à la guerre étrangère, et changeois mes traités avec une inconstance réglée sur le cours des saisons. J'aurois voulu tout accorder; mais le plus habile politique y eût échoué. On peut prendre quelque ascendant sur des gens qui ont des vues saines, des intérêts connus, des passions ordinaires : il n'en est pas de même de ces sortes d'esprits, dont les idées sont à l'envers, les mouvemens à contresens, et les bas intérêts cachés dans la poussière.

Cependant ma sœur, affligée que je n'eusse pas une entière approbation dans le corps des femmes de chambre, me donna avis qu'elles me trouvoient froide, et peu prévenante; que cela passoit pour fierté et mépris; qu'il falloit faire cesser ces bruits désavantageux. J'étois devenue si docile, que je lui dis : « Hé bien ! que faut-il faire ? — Il faut, me dit-elle, « rendre quelques visites aux femmes étrangères qui « sont dans la maison, et leur faire beaucoup de po- « litesses. — Allons, lui dis-je, quand vous vou- « drez. » Elle, charmée de me trouver de si heureuses dispositions, me mena sur-le-champ dans une nombreuse assemblée de ces personnes. Les unes jouoient, les autres regardoient jouer. Je m'assis auprès des désœuvrées, et choisis celle que je trouvai sous ma main pour lui adresser mon bien dire. Je me confondis en complimens, en louanges, en airs affectueux; enfin j'y mis non pas tout ce qui étoit en moi, mais ce que j'avois été chercher bien loin. Cela réussit mal : il se trouva que cette personne, dont j'avois fait mon pilier de manége, étoit dans la dernière classe des esprits de cet ordre. Mon peu de discernement devint un sujet de risée. Il est vrai que ces physionomies-là me paroissoient aussi semblables que toutes celles d'un troupeau de moutons. Ma sœur me traîna encore à Versailles, chez les femmes du duc d'Anjou, que je croyois un peu plus huppées. Elles me demandèrent si j'avois bien des profits, combien de ceci, de cela ; toutes choses dont je ne savois rien, et dont l'ignorance me faisoit paroître stupide. Mais c'est assez et trop parler de mon métier.

Il n'y avoit pas quinze jours que j'avois pris possession de ma place, lorsque le marquis de Silly, qui la croyoit meilleure, m'écrivit cette lettre, pour m'en faire compliment :

« Quoiqu'il y ait long-temps que je n'ai entendu
« parler de vous, mademoiselle, je m'intéresse tou-
« jours véritablement à ce qui vous regarde. Je suis
« ravi que vous soyez pour toujours avec madame la
« duchesse du Maine : je vous ai désiré la place que
« vous allez occuper, dès que l'on m'a mandé qu'il
« en étoit question. Je suis seulement fâché de pen-
« ser que vous ne pourrez plus venir passer quelque
« temps dans les lieux où j'habite assez souvent. Je
« n'ai point oublié le plaisir qu'il y a d'être avec
« vous ; et je sais par expérience que l'on trouve dif-
« ficilement.... Mais je m'aperçois que je vous loue
« trop, et je ne veux pas vous gâter. Je crois cepen-
« dant que cette précaution est inutile. Vous savez
« bien présentement tout ce que vous valez.

« Adieu, mademoiselle. J'ai beaucoup d'envie de
« vous voir. »

Ce signe d'un souvenir qui m'étoit toujours également cher me donna toute la satisfaction dont mon ame étoit alors capable. Cependant une vie si dure, si dégoûtante, si différente de celle que j'avois menée, me jeta dans une tristesse qui fut remarquée sur mon visage. Il n'y avoit que lui qui pût me trahir : je ne parlois à personne. Madame la duchesse du Maine s'en plaignit; et M. de Malezieux dit à Du Verney de m'en avertir. Il venoit quelquefois à Sceaux, et m'y avoit vantée singulièrement. Sa passion pour l'anatomie lui persuadant que cette science fondoit le vrai mérite, pour exagérer le mien, il avoit dit que j'étois la fille de France qui connoissoit mieux le corps humain. La duchesse de La Ferté, aussi attentive à me donner des ridicules qu'elle avoit été soigneuse de me faire valoir, ne laissa pas échapper ce trait de mon éloge. Du Verney, pour remplir sa mission, m'exhorta à supporter le mal présent, dans l'espérance d'un plus heureux avenir. Il me prédit que je serois connue, estimée et considérée; que je gagnerois la confiance de la princesse, et que ses bontés en seroient des suites infaillibles. Je n'y crus pas plus qu'aux almanachs. Je n'étois à portée de rien, pas même de dire une parole. Madame la duchesse du Maine ne m'en adressoit aucune, et ne sembloit pas se douter que je fusse capable ni d'entendre ni de répondre. J'eus occasion de sentir combien j'étois ignorée, par une badinerie que je hasardai.

Cette princesse, quelques années après qu'elle eut fait l'acquisition de Sceaux, avoit institué un ordre de *la Mouche à miel*, qui avoit ses lois, ses statuts, un nombre fixe de chevaliers et de chevalières qui s'élisoient en chapitre, avec grande cérémonie. Dès qu'il y avoit quelque place vacante, toutes les personnes de sa cour briguoient pour l'obtenir. Le cas arriva six ou sept mois après que je fus dans sa maison. Grand nombre de prétendans se présentèrent, entre autres les comtesses de Brassac et d'Uzès, et le président de

Romanet. Celui-ci l'emporta, au préjudice des dames, qui affectèrent un grand ressentiment, et se plaignirent que l'élection n'avoit pas été juridique. Cela me fit imaginer de dresser en leur nom une protestation en termes de palais, et d'une écriture de chicane, que j'envoyai par une voie inconnue au président. Je ne confiai ce petit secret à personne; et j'eus le divertissement de voir l'inquiétude où l'on étoit pour découvrir d'où venoit cette pièce. On l'attribua d'abord à M. de Malezieux, ou à l'abbé Genest; ensuite aux personnes intéressées : on sut qu'elles n'y avoient aucune part. Enfin les soupçons descendirent jusqu'aux plus ineptes de la maison, sans arriver jusqu'à moi, qui me contentai de jouir de l'embarras où l'on étoit, et d'en entendre parler sans cesse, pendant plus de quinze jours que cette inutile recherche occupa. Elle me donna lieu de faire ces vers, que l'incertitude du succès m'empêcha de produire :

> N'accusez ni Genest ni le grand Malezieux
> D'avoir part à l'écrit qui vous met en cervelle :
> L'auteur que vous cherchez n'habite point les cieux.
> Quittez le télescope, allumez la chandelle,
> Et fixez à vos pieds vos regards curieux :
> Alors, à la clarté d'une foible lumière,
> Vous le découvrirez gisant dans la poussière.

L'humiliation de mon état teignoit de sa couleur jusqu'aux louanges qu'on me donnoit. J'en reçus une de M. de Lassay, dont je fus outragée. Madame la duchesse du Maine, en se déshabillant, laissa tomber quelques louis de sa poche. Je les ramassai, et les remis sur sa toilette. « Votre Altesse a des femmes « bien fidèles, dit Lassay en me regardant. » Je bais-

sai les yeux avec confusion, disant en moi-même :
« Dois-je être louée ainsi ? puis-je en être contente ? »
Ce n'étoit là que les petits chagrins attachés à ma
condition, qui naissoient chaque jour sous mes pas :
j'en éprouvai un tout autrement sensible, dans la
perte que je fis d'un intime ami. Je reçus cette lettre
de l'abbé de Vertot, au moment que j'attendois le
moins une si triste nouvelle :

« Je suis bien fâché d'être obligé de vous annoncer
« la perte que nous venons de faire de feu M. Bru-
« nel, votre ami et le mien. Vous perdez, mademoi-
« selle, plus qu'un autre, parce qu'il vous estimoit
« plus que personne du monde. Si des sentimens
« respectueux pouvoient remplacer ce que vous per-
« dez du côté du mérite, je prendrois la liberté de
« vous offrir un attachement inviolable. M. de Fon-
« tenelle est inconsolable. Il n'est point question de
« philosophie : la nature, le bon cœur, tout a rentré
« dans ses droits. Il est véritablement à plaindre :
« vous ne l'êtes pas moins. Je souhaite que cette
« austère raison, dont je me plains quelquefois, ne
« vous abandonne pas dans une si triste occasion.
« J'ai l'honneur d'être, etc.... M. Brunel est mort
« à Rouen, d'une pleurésie.
« 1ᵉʳ décembre. »

Ma douleur fut vive, autant qu'elle étoit juste. Je
perdois un ancien ami, respectable par son mérite,
digne de mes sentimens par les siens ; et j'avois eu le
malheur d'offenser son amitié par le refroidissement
qu'il avoit remarqué dans la mienne. La fantaisie
dont j'étois possédée, la distraction que me causoient

tant de nouveaux objets, avoient apporté un grand changement dans mon ame. Il s'en étoit aperçu dans un voyage qu'il fit à Paris depuis que j'y demeurois, et en avoit été justement blessé. Je n'en vis rien, et ne songeai pas à le ramener à moi. Mais une lettre qu'il m'écrivit peu de temps avant sa mort m'apprit tous mes torts, et augmenta mes regrets de la perte que je faisois, d'autant plus grande qu'il alloit s'établir à Paris, et qu'à mesure que la raison me seroit revenue, j'aurois repris mes anciens sentimens. Je fus sensiblement affligée, et je le suis encore, de me voir privée pour jamais d'un tel ami.

Il m'avoit prêté de l'argent sans billet, lorsque j'avois cru en pouvoir prendre avec sûreté de m'acquitter. Je n'avois songé qu'à remplir ce devoir depuis que j'avois quelque chose; et heureusement je me trouvai cette petite somme. J'allai chez M. de Fontenelle, pour le prier de la faire tenir aux héritiers. Je le trouvai dans une affliction qui me fit plaisir, parce qu'elle honoroit notre ami. Il m'a dit long-temps après qu'il n'avoit jamais pu réparer cette perte; et, non plus que lui, je n'ai trouvé personne d'un mérite si complet.

La vie triste et pénible que je menois occupoit sans cesse mon esprit des moyens de m'en tirer : je passois les jours et les nuits dans ces réflexions. Le peu de gens qui s'intéressoient à moi cherchoient aussi quelque dénouement à m'offrir. On me proposa une place de gouvernante chez une princesse d'Allemagne, à des conditions utiles et honorables. Je fus extrêmement tentée de l'accepter : cependant, ne voulant pas m'en fier à moi, j'en écrivis à l'abbé de Vertot, le seul ami qui me restât. Sa sage réponse, l'incertitude des promesses, les inconvéniens qu'il me fit envisager, me déterminèrent à refuser cette proposition. On m'en fit une plus singulière peu après celle-ci.

Une femme aimable, avec qui j'étois assez liée, me vint voir un jour à Sceaux, et me dit : « Je sais que
« vous n'avez trouvé rien moins que ce que vous
« espériez dans la situation où vous êtes; que vous
« vous y déplaisez infiniment, et que vous ne songez
« qu'à en sortir : je viens vous en offrir une autre.
« Il y a quelqu'un dans le monde prêt à donner un
« fonds, afin que cela ne vous manque jamais, qui
« vous mette en état d'avoir un petit appartement
« dans Paris, et de quoi vivre commodément, avec
« quelques domestiques pour vous servir. On ne vous
« demande rien, que de trouver bon qu'il y ait chez
« vous une porte qui communique dans une autre
« maison, et que vous y laissiez passer une dame qui
« sera de vos amies, et vous viendra voir souvent. »
Je n'eus pas besoin cette fois de consulter pour ma réponse : elle fut, comme on peut croire, toute des plus négatives. La dame insista : je ne lui fis nulle question, ne jugeant pas à propos d'approfondir ce mystère. Tout ce que j'en pus juger fut qu'il s'agissoit de gens qui ne plaignoient pas la dépense pour mettre leur intelligence à couvert.

Une troisième proposition me fut faite par un des plus grands seigneurs du royaume. La princesse sa femme, très-familière aussi bien que lui dans notre cour, me témoigna le désir qu'il avoit de me voir, et me pria de recevoir ses visites. Le canal par où passoit cette demande m'obligea de l'agréer. Je le vis : il plaignit ma situation, m'offrit de m'en tirer, me proposa un établissement chez lui avec toutes sortes d'agrémens, et quelques soins pour l'éducation de ses filles. Je fus tentée de nouveau, et consultai encore mon abbé. Il me fit une réponse aussi sensée que la première : elle tendoit au refus. Le trop d'empressement que je sentis dans ses offres me les rendit suspectes, et me décida à ne les pas accepter.

Ces ouvertures pour ma retraite, toujours refermées par les barrières que j'avois posées autour de moi, ne servoient qu'à me faire sentir l'impossibilité d'échapper à mes malheurs. J'en éprouvai un nouveau, qui me fut des plus sensibles. Il y avoit à Sceaux une madame de M....., qu'on employoit à faire les rôles de confidentes dans les comédies : elle m'avoit, dès les premiers temps, offert sa chambre, au lieu des bois où je faisois ma résidence. Le froid m'en avoit chassée, comme la faim en chasse les loups. J'avois d'autant plus volontiers accepté cette offre, que je n'allois chez elle que lorsqu'elle n'y étoit pas. Cela me donna pourtant un air de liaison avec cette femme. Elle avoit été fort belle : son mari croyant qu'elle l'étoit encore, continuoit d'en être extrêmement jaloux. Comme elle appréhendoit de vivre avec lui, elle pria madame la duchesse du Maine, quand elle fut à Versailles, de l'y mener, et de la loger à son hôtel. Elle passoit la journée au château, et me demanda d'aller dans mon manoir quand elle auroit quelque chose à faire. J'y consentis, ne pouvant honnêtement lui refuser à Versailles l'hospitalité qu'elle exerçoit envers moi à Sceaux. Un jour que j'étois dans l'appartement de madame la duchesse du Maine, elle me demanda la clef de l'entresol : je la lui donnai, et j'y montai bientôt après. Je fus surprise de l'y trouver prenant du café avec un officier suisse, de nos courtisans. Je lui en fis des reproches en plaisantant; car je n'y entendois pas finesse, et je crois véritablement qu'il n'y en avoit point. Cependant ce mari jaloux l'étant venu chercher, on lui dit qu'elle étoit chez moi. Il y monta; et trouvant Diesbach, il emmena sa femme transporté de colère, quoique ma compagne et moi fussions avec elle. Il la maltraita, à ce qu'elle prétendit, au point de la réduire à s'aller jeter dans un couvent. Malheureusement pour moi, elle choisit celui d'où je sortois; et, pour avoir droit d'y entrer, elle écrivit une lettre au ministre, par laquelle elle accusoit son mari, autrefois de la religion protestante, de mettre sa foi en danger. Je ne savois rien de tout cela. Madame la duchesse du Maine étant allée passer quelques jours à l'Arsenal, où elle ne me menoit pas, je fus chez madame de Vauvray. Nous étions à table, lorsque je vis avec surprise entrer un valet de pied de notre livrée. Il me dit que Son Altesse Sérénissime me mandoit de l'aller trouver chez M. le premier président, où elle étoit : c'étoit M. de Mesmes. J'y arrivai, sans savoir de quoi il s'agissoit. Je vis de toutes parts des visages sévères : on me fit la lecture d'une lettre de M. de M....., par laquelle il m'accusoit de conduire depuis long-temps une intrigue de sa femme avec M. Diesbach, qu'il avoit surpris dans ma chambre. Pour donner plus de force à son accusation, il disoit qu'ayant été élevée par la maréchale de La Ferté (je ne l'avois jamais vue), il n'étoit pas surprenant que je fusse propre à un tel ministère.

Je contai naïvement le fait tel qu'il étoit : j'affirmai (et cela étoit vrai) que c'étoit l'unique fois que ces deux personnes se fussent rencontrées chez moi; que je n'avois eu nulle connoissance, pas même le moindre soupçon, d'aucune liaison entre elles; qu'au surplus, je n'avois eu d'autre éducation que celle du couvent, où j'avois été depuis ma naissance jusqu'à mon entrée chez Son Altesse Sérénissime. On ne fit pas grande attention à ma défense, et j'entendois qu'on se disoit: « On n'auroit pas cru cela d'elle. » J'aurois encore moins cru essuyer jamais une pareille accusation.

Après cet interrogatoire, on me renvoya chez madame de Vauvray, où j'eus le lendemain une humiliation qui n'étoit pas si sérieuse. Elle voulut que je tinsse, avec son fils, l'enfant d'un de ses domestiques. Je parus si stupide au curé qui faisoit le baptême, qu'il me demanda si je pourrois bien signer mon nom. Il est vrai que je n'avois pu lui dire de quelle paroisse j'étois, ni répondre à rien de ce qu'il m'avoit demandé.

Nous retournâmes à Versailles, où l'affaire de madame de M..... faisoit grand bruit. On avoit mis son mari en prison, sur la lettre qu'elle avoit écrite contre lui. Je me trouvois fort désagréablement impliquée dans cette affaire. J'en eus un chagrin d'autant plus violent, que j'étois peu connue dans le monde, et que c'étoit y mal débuter. Je reçus, dans mon accablement, le coup de pied de l'âne. Mademoiselle Nanette, une de mes compagnes, me dit obligeamment: « Cette aventure est très-désagréable pour nous

« toutes : on parle d'une femme de madame la du-
« chesse du Maine, et l'on se voit confondue. » Je
me trouvois moi-même si confondue de vivre avec
elle, que je n'aurois jamais pensé que ce malheur dût
la regarder.

Mon innocence et la vérité me soutinrent au défaut
d'autre protection, et dissipèrent l'impression reçue
contre moi. On me défendit de voir jamais madame
de M....., et j'y consentis de bon cœur : sa vue m'auroit été aussi odieuse que me le fut celle de Diesbach, dont je frémis la première fois que je le rencontrai, par le souvenir des peines qu'il m'avoit at-
tirées.

Tant de maux redoublés, des incommodités sans
nombre, des dégoûts ajoutés à un état humiliant,
également insoutenables à un corps et à un esprit délicat ; une passion chimérique, si l'on veut, qui ne
me fournissoit que des sentimens pénibles, me firent
prendre la vie en horreur. Le désir de m'en délivrer
parvint à affoiblir toutes les raisons contraires. L'opinion se plie presque toujours à ce qui favorise le sentiment ; et l'on ne voit guère que ce que l'on veut voir.
Je vins donc à penser que je devois quitter la vie,
qu'il me sembloit que je ne pouvois plus supporter.
Le sentiment qui habitoit au fond de mon cœur (et
peut-être n'étoit-ce qu'une adresse de sa façon) voulut
paroître avant que de s'éteindre, et m'inspira de donner, par une lettre, connoissance de mon dessein à
celui qui en étoit en partie la cause. J'écrivis. Quand
j'eus cédé jusque là à ma folie, la raison me revint :
je me résolus de vivre. Je n'envoyai point la lettre ;
je la gardai comme un témoignage contre moi-même

des égaremens de mon esprit, et des excès où l'on peut tomber quand on s'abandonne à ses passions. La voici :

« Il y a cinq ans que je vous vis pour la première
« fois : vous me traitâtes avec une indifférence qui
« sembloit aller jusqu'au mépris. Irritée contre vous,
« je cherchai vos défauts ; et il arriva que je découvris
« tout ce qu'il y a d'aimable en vous. Je voulois vous
« haïr, et je vous aimai. Je ne songeai plus qu'à vous
« cacher des sentimens auxquels je compris bien que
« vous ne répondriez pas. Cependant je ne pouvois
« souffrir que votre insensibilité vous en dérobât la
« connoissance. Vos moindres attentions me tou-
« choient au dernier point ; et je voulois si bien vous
« tenir compte de tout, que vos froideurs mêmes
« trouvoient place dans ma reconnoissance : je les
« regardois comme un soin que vous aviez de m'ar-
« racher du cœur des espérances inutiles et dange-
« reuses. Vous eussiez été jusqu'à la dureté avec
« moi, sans rien faire qu'augmenter l'estime que j'a-
« vois pour vous : estime si parfaite et si respectueuse,
« qu'elle alloit jusqu'à me faire condamner le dessein
« de vous plaire, sans m'en ôter le désir. Ni une
« longue absence, ni les changemens de ma fortune,
« ni les secours d'une raison exercée, n'ont pu m'en
« distraire. J'ai fait plus : j'ai voulu voir, j'ai vu ce
« qu'on disoit être de plus aimable. Que tout cela
« m'a paru différent de vous! Personne ne vous res-
« semble, et rien aussi ne ressemble à ce qu'on sent
« pour vous. Je ne m'accoutume point à voir des
« gens qui s'aiment ; et je ne comprends pas qu'on

« puisse aimer quelqu'un, quand ce n'est pas vous
« qu'on aime. Mais que pensez-vous, en ce moment,
« de l'aveu que je vous fais? Pour moi, je n'en ai
« point de honte : des sentimens tels que les miens
« sont en quelque manière respectables. Je ne cher-
« che point à vous toucher : j'ai voulu seulement vous
« apprendre ce que je suis pour vous, et vous faire
« savoir que j'ai résolu de mettre fin à mes peines.
« Je sens trop que je vous appartiens, pour disposer
« de moi sans vous en rendre compte. J'attends un
« mot de vous, et c'est tout ce que j'attends pour
« vous dire un éternel adieu. »

Il y avoit quelques années que je n'avois vu M. de Silly, ni entendu prononcer son nom. Quelqu'un par hasard l'ayant nommé, j'en reçus une telle impression, que, voulant sortir un moment après du lieu où j'étois, les forces me manquèrent, et je fus prête à tomber. Je me suis étonnée bien des fois qu'un sentiment privé de tout aliment eût conservé tant de force.

Une aventure à laquelle je ne devois prendre aucun intérêt me fit sortir inopinément de la profonde obscurité dans laquelle je vivois. Une jeune fille, nommée mademoiselle Tetar, excita la curiosité du public par un prétendu prodige qui se passoit chez elle. Tout le monde y alla. M. de Fontenelle, engagé par M. le duc d'Orléans, fut aussi voir la merveille. On prétendit qu'il n'y avoit pas porté des yeux assez philosophes; on en murmura; et madame la duchesse du Maine, qui ne s'avisoit guère de m'adresser la parole, me dit : « Vous devriez bien mander à M. de

« Fontenelle tout ce qu'on dit contre lui sur made-
« moiselle Tetar. » Je lui écrivis en effet, sans songer à autre chose qu'à m'attirer une réponse qui pût
servir à son apologie. Il se trouva le même jour chez
le marquis de Lassay, où les gens qui y étoient lui
firent plusieurs plaisanteries sur ce sujet : ne les trouvant pas bonnes, il leur dit : « En voici de meilleures ; »
et leur montra ma lettre. Elle réussit. C'étoit l'affaire
du jour : on en prit des copies, et elle courut tout
Paris. Je ne m'en doutois pas ; et je fus fort étonnée,
quelques jours après, qu'étant venu beaucoup de
monde à Sceaux pour voir jouer une comédie, chacun parla à madame la duchesse du Maine de cette
lettre. Elle ne se souvenoit plus de ce qu'elle m'avoit
dit, et ne savoit de quoi il étoit question. Elle me
demanda si c'étoit moi qui l'avois écrite : je lui dis
que oui. Aussitôt qu'elle m'eut parlé, tout ce qui com-
posoit la compagnie vint à moi, et, pour lui faire sa
cour, m'accabla de louanges ; puis retournant à elle,
on la félicitoit d'avoir quelqu'un dont elle pouvoit
faire un usage si agréable. Jusque là pourtant elle n'y
avoit pas songé. Elle voulut voir la lettre, et me la
demanda. Je n'en avois pas de copie ; mais tous ceux
qui étoient chez elle l'avoient dans leur poche. Elle la
lut, l'approuva, et connut qu'elle pouvoit me mettre
en œuvre plus qu'elle ne faisoit. Je voulus, comme
les autres, avoir ma lettre, et par l'événement j'en fis
cas. On y voit que c'est moins l'importance des choses
qui en fait le mérite, que l'à-propos. La voilà :

« L'aventure de mademoiselle Tetar fait moins de
« bruit, monsieur, que le témoignage que vous en

« avez rendu. La diversité des jugemens qu'on en
« porte m'oblige à vous en parler. On s'étonne, et
« peut-être avec quelque raison, que le destructeur
« des oracles, que celui qui a renversé le trépied
« des sibylles, se soit mis à genoux devant le lit de
« mademoiselle Tetar. On a beau dire que les char-
« mes et non le charme de la demoiselle l'y ont en-
« gagé : ni l'un ni l'autre ne valent rien pour un phi-
« losophe. Aussi chacun en cause. Quoi! disent les
« critiques, cet homme qui a mis dans un si beau
« jour des supercheries faites à mille lieues loin, et
« plus de deux mille ans avant lui, n'a pu découvrir
« une ruse tramée sous ses yeux ? Les partisans de
« l'antiquité, animés d'un vieux ressentiment, vien-
« nent à la charge : Vous verrez, disent-ils, qu'il veut
« encore mettre les prodiges nouveaux au-dessus des
« anciens. Enfin les plus raffinés prétendent qu'en bon
« pyrrhonien, trouvant tout incertain, vous croyez
« tout possible. D'un autre côté, les dévots parois-
« sent fort édifiés des hommages que vous avez rendus
« au diable : ils espèrent que cela pourra aller plus
« loin. Les femmes aussi vous savent bon gré du peu
« de défiance que vous avez montré contre les arti-
« fices du sexe. Pour moi, monsieur, je suspends
« mon jugement jusqu'à ce que je sois mieux éclair-
« cie. Je remarque seulement que l'attention sin-
« gulière que l'on donne à vos moindres actions est
« une preuve incontestable de l'estime que le public
« a pour vous; et je trouve même dans sa censure
« quelque chose d'assez flatteur, pour ne pas crain-
« dre que ce soit une indiscrétion de vous en rendre
« compte. Si vous voulez payer ma confiance de la

« vôtre, je vous promets d'en faire un bon usage.
« J'ai l'honneur d'être, etc. »

J'avoue que je sentis une satisfaction fort douce de recueillir, d'une chose faite sans dessein, et qui ne m'avoit rien coûté, ce que par un véritable travail je n'aurois peut-être jamais acquis ; car je n'eus pas seulement le premier applaudissement : la curiosité qu'on eut de me connoître me procura des sociétés et des amis de distinction. Mais rien ne me fit un plaisir si sensible que cette lettre que je reçus de M. de Silly :

« A Fribourg, ce 20 décembre 1713.

« Votre lettre à M. de Fontenelle fait autant de
« bruit que l'aventure de mademoiselle Tetar. C'est
« un monument qui en assure le souvenir : il va s'é-
« tendre parmi les nations les plus barbares. Tous
« les Allemands qui sont ici veulent en avoir des co-
« pies. Il est assez mal à vous de me laisser apprendre
« par le public une chose qui vous intéresse, et qui
« vous attire l'approbation de tous ceux dont on la
« désire. Traitez-moi désormais avec plus de con-
« fiance, et ne me laissez point apprendre par d'au-
« tres ce qui me sera sensible. Ceci vous y doit en-
« gager, puisque la décision du public confirme ce
« que je vous ai dit bien des fois.

« Adieu, mademoiselle. Souvenez-vous que je suis
« ici. »

Ce succès que j'eus dans le monde ayant réveillé son attention, il renoua commerce avec moi, d'autant plus volontiers qu'étant retenu dans une ville d'Allemagne où il commandoit, et où il fut trois ans, il souhaitoit d'être instruit par plusieurs voies de ce qui se passoit en France. Il me témoigna le plaisir que je lui faisois de lui mander régulièrement toutes les nouvelles que je pourrois apprendre. J'y devins attentive, et je lui écrivis avec autant d'assiduité que de circonspection. Je tâchois cependant de rendre mes lettres agréables. Les siennes devinrent à peu près comme celles qu'on écrit à ses gens d'affaires : *J'ai reçu la vôtre d'un tel quantième. Continuez de m'apprendre ce qui se passe. Vous avez manqué de m'instruire sur telle chose.* Rien de plus. Malgré cela, l'écriture, le cachet me transportoit : j'attendois avec la plus vive impatience le jour, l'heure de les recevoir; et je me souviens d'une dispute que j'eus à Versailles avec le facteur qui m'apportoit une de ses lettres, et qui ne vouloit ni prendre mon argent ni me la donner, parce que, non plus que moi, il n'avoit pas de monnoie. J'avois beau lui dire que je ne me souciois pas qu'il me rendît rien, il vouloit s'en aller, et me disoit froidement : « Je reviendrai « tantôt. » C'étoit le matin. « Hé quoi! dit ma com-« pagne en s'éveillant au bruit que nous faisions, une « lettre n'est-elle pas aussi bonne à une heure qu'à « l'autre? » Elle lâcha généreusement quelques sous, pour nous faire taire et se rendormir.

Cette réputation subite attira, comme j'ai dit, les curieux autour de moi : entre autres, l'abbé de Chaulieu, qui venoit quelquefois à Sceaux, et ne se seroit jamais avisé de me parler, voulut m'entretenir. La même fortune qui m'avoit fait valoir tout à coup me soutint à l'examen. Soit prévention de la part des autres, ou désir de la mienne de conserver ce que le hasard m'avoit procuré, je ne me décréditai, à ce qu'il me semble, dans l'esprit de personne. J'acquis, par la même occasion, un ami solide, qui ne s'est jamais démenti à mon égard : c'étoit M. de Valincour, attaché au comte de Toulouse, connu par son esprit, son mérite, et ses liaisons avec les gens illustres du siècle passé. Il souhaitoit de me connoître, et me chercha à Fontainebleau, où nous allâmes ; mais il n'étoit pas aisé de me découvrir sous le degré où je faisois ma résidence. Enfin, étant venu un jour à Sceaux, il se trouva auprès de moi à la comédie, et nous liâmes quelques conversations, où il me parut prendre plaisir. Il revint à la comédie, et j'eus soin de lui garder la même place. Il fut touché de mon attention ; et, quelque temps après, me trouvant à Versailles, il m'écrivit pour me demander la permission de me venir voir. Je n'étois point farouche : j'y consentis de très-bonne grâce.

Dans le même temps, madame la duchesse du Maine engagea M. le cardinal de Polignac, avec qui elle étoit en grande liaison, de lui expliquer en français son *Anti-Lucrèce,* composé en vers latins. Elle rassembloit tous les soirs dans son cabinet un nombre de personnes choisies, pour l'entendre. M. de Valincour en étoit, et venoit attendre chez moi l'heure de ce docte rendez-vous. Les raisons de m'y admettre n'avoient pu encore prévaloir sur celles qui m'excluoient de tout. J'avois demandé, quelque temps auparavant, d'assister à la lecture qui se fit à Sceaux du premier livre de cet ouvrage, traduit par M. le duc du Maine ; et j'eus le dégoût d'en obtenir le consentement à condition que je ne paroîtrois point. Je ne m'avisai pas depuis de faire des propositions indiscrètes. L'estime des gens qui commençoient à me connoître me consoloit de l'invincible dédain qu'ont les grands pour ceux dont la condition leur est si inférieure. Mais ce mépris, qui ne tombe que sur l'état des autres, rejaillit quelquefois sur leur personne, sans que le faste qui les environne les en puisse garantir. Cette réflexion ne regarde pas madame la duchesse du Maine, qui a toujours eu plus de considération pour le mérite que n'en ont les autres personnes de son rang.

La petite époque que j'ai marquée fut pour moi le commencement d'une vie plus agréable à tous égards. L'Altesse Sérénissime s'abaissa à me parler, et s'y accoutuma. Elle fut contente de mes réponses, compta mon suffrage; je m'aperçus même qu'elle le cherchoit, et que souvent, quand elle parloit, ses yeux se tournoient vers moi, et observoient mon attention. Je la lui donnois tout entière, et sans effort; car personne n'a jamais parlé avec plus de justesse, de netteté et de rapidité, ni d'une manière plus noble et plus naturelle. Son esprit n'emploie ni tour ni figure, ni rien de tout ce qui s'appelle invention : frappé vivement des objets, il les rend comme la glace d'un miroir les réfléchit, sans ajouter, sans omettre, sans rien changer. J'avois donc beaucoup de plaisir à l'entendre; et depuis qu'elle y prit garde, elle m'en sut gré.

L'élévation de sa famille étoit alors au plus haut point où elle avoit pu la porter. Toujours occupée, depuis qu'elle avoit épousé M. le duc du Maine, à lui procurer, et à ses enfans, un rang égal au sien, de degrés en degrés ils étoient parvenus à tous les honneurs des princes du sang; et ils obtinrent, à la faveur des conjonctures, ce fameux édit qui les appeloit, eux et leur postérité, à la succession à la couronne. La perte précipitée de tant de princes de la famille royale avoit motivé et facilité ce projet, qui s'exécuta alors sans contradiction, et qui en fit tant naître par la suite. Mais cette prospérité présente, qui ne laissoit pas apercevoir la chute qu'elle préparoit, répandoit la joie dans sa cour.

Le goût de la princesse pour les plaisirs étoit en plein essor, et l'on ne songeoit qu'à leur donner de nouveaux assaisonnemens qui pussent les rendre plus piquans. On jouoit des comédies, ou l'on en répétoit tous les jours. On songea aussi à mettre les nuits en œuvre, par des divertissemens qui leur fussent appropriés. C'est ce qu'on appela les *grandes nuits*. Leur commencement, comme de toutes choses, fut très-simple. Madame la duchesse du Maine, qui aimoit à veiller, passoit souvent toute la nuit à faire différentes parties de jeu. L'abbé de Vaubrun, un de ses courtisans les plus empressés à lui plaire, imagina qu'il falloit, pendant une des nuits destinées à la veille, faire paroître quelqu'un sous la forme de la Nuit enveloppée de ses crêpes, qui feroit un remercîment à la princesse de la préférence qu'elle lui accordoit sur le Jour; que la déesse auroit un suivant, qui chanteroit un bel air sur le même sujet. L'abbé me confia ce secret, et m'engagea à composer et à prononcer la harangue, représentant la divinité nocturne. La surprise fit tout le mérite de ce petit divertissement. Il fut mal exécuté de ma part : la frayeur de parler en public me saisit, et je me souvins très-peu de ce que j'avois à dire. Cependant l'idée en fut applaudie ; et de là vinrent les fêtes magnifiques données la nuit par différentes personnes à madame la duchesse du Maine. Je fis de mauvais vers pour quelques-unes, les plans de plusieurs autres ; et fus consultée pour toutes. J'y représentai, j'y chantai ; mais ma peur gâtoit tout, et l'on jugea plus à propos de ne m'employer que pour le conseil : à quoi je réussis si heureusement, que j'en acquis un grand relief.

La dernière de ces fêtes fut toute de moi, et donnée sous mon nom, quoique je n'en fisse pas les frais. C'étoit le bon Goût réfugié à Sceaux, et présidant aux diverses occupations de la princesse. D'abord il amenoit les Grâces, qui, en dansant, préparoient une toilette ; d'autres chantoient des airs dont les paroles convenoient au sujet. Cela faisoit le premier intermède. Le second, c'étoient les Jeux personnifiés, qui apportoient des tables à jouer, et disposoient tout ce qu'il falloit pour le jeu ; le tout mêlé de danses et de chants par les meilleurs acteurs de l'Opéra. Enfin le dernier intermède, après les reprises achevées, étoient les Ris, qui venoient dresser un théâtre sur lequel fut représentée une comédie en un acte, qu'on m'obligea de faire, faute de trouver aucun poëte (car on la voulut en vers) qui acceptât un pareil sujet. C'étoit la découverte que madame la duchesse du Maine prétendoit faire du carré magique, auquel elle s'appliquoit depuis quelque temps avec une ardeur incroyable. La pièce fut jouée par elle, chacun représentant son propre personnage : ce qui la fit valoir malgré la sécheresse du sujet, et m'auroit fait valoir moi-même, si des événemens sérieux n'avoient tout à coup interrompu les divertissemens, et effacé jusqu'à leur souvenir.

Cependant ce que j'avois gagné dans le monde m'attira quelques retours des bonnes grâces de la duchesse de La Ferté. Mes premiers succès la piquèrent; mais enfin le suffrage public ramena le sien, et c'est par où j'y fus plus sensible. Le chagrin d'être mal avec elle avoit tellement frappé mon imagination, que tant que dura son ressentiment, je rêvois toutes les nuits ou de nouveaux mécontentemens de sa part, ou mon raccommodement avec elle. Il est vrai que je ne regagnai pas sa tendresse ; mais je la voyois, et elle me traitoit avec bonté, et familièrement. Ce fut depuis le retour de ses bonnes grâces qu'elle me dit un jour : « Tiens, mon enfant, je ne vois que moi « qui aie toujours raison. » Cette parole a servi, plus qu'aucun précepte, à m'apprendre la défiance de soi-même; et je me la rappelle toutes les fois que je suis tentée de croire que j'ai raison.

Je revis alors plus facilement ma sœur, dont la société m'étoit assez agréable, quoiqu'elle ne fût pas sans épines. Enfin tout alloit un peu mieux pour moi, lorsqu'arriva la fameuse époque qui changea totalement notre genre de vie.

Le roi Louis XIV commençoit à dépérir depuis quelque temps : l'on n'en vouloit rien dire, et l'on affectoit de n'en vouloir rien croire. Cependant madame la duchesse du Maine, au milieu des divertissemens et des plaisirs qui sembloient l'occuper uniquement, toujours attentive à l'agrandissement de la maison dans laquelle elle étoit entrée, et à l'affermissement de cette grandeur, sentit, dans la conjoncture présente, de quelle importance il étoit de savoir les dispositions que le Roi avoit faites. Elle pressa M. le duc du Maine d'engager madame de Maintenon, qui conservoit pour les princes légitimés l'affection d'une gouvernante, de disposer le Roi à leur donner connoissance de son testament, afin qu'ils pussent prendre de justes mesures en conséquence, et peut-être même le porter à établir, de son vivant, les moyens les plus propres à rendre leur élévation stable. Madame de Maintenon éludoit cette démarche, dans la crainte de déplaire. Vaincue cependant par les sollicitations du duc du Maine, elle amena le Roi à consentir que ce prince et son frère verroient le testament; mais à condition qu'ils n'en révéleroient aucun article à qui que ce fût. Ils pensèrent que cet inviolable secret rendroit les connoissances qu'ils auroient inutiles, et ils refusèrent de s'instruire. Ce fut une faute capitale, dont madame la duchesse du Maine sentit toute l'étendue. Pour tâcher de la réparer, on assembla un conseil où étoit M. le premier président de Mesmes, messieurs de Malezieux et de Valincour, en présence du duc et de la duchesse du Maine, et du comte de Toulouse. Ils jugèrent que, ne pouvant revenir à ce qui avoit été refusé, il falloit au moins demander connoissance de quelque article important. Les avis furent partagés sur le choix. Celui où penchoit le comte de Toulouse, de savoir si le Roi rappeloit le roi d'Espagne à sa succession, l'emporta.

On sut qu'il ne le rappeloit pas, ce qui assuroit infailliblement l'autorité au duc d'Orléans; et ce fut apparemment pour se faire un mérite auprès de lui qu'on l'en informa. Seconde faute, non moins préjudiciable aux intérêts de ces princes que la première : c'étoit tourner imprudemment cette découverte à l'avantage de celui qui en devoit profiter à leurs dépens.

La nécessité de se lier au duc d'Orléans étoit évidente. Madame la duchesse du Maine la représenta. On n'y voulut point entendre, prétendant que cette liaison déplairoit au Roi.

Le duc d'Orléans, qui n'étoit pas encore instruit des arrangemens futurs, et peu sûr de les renverser avec la facilité qu'il y trouva, recherchoit le duc du Maine : il avoit même songé à marier sa fille, mademoiselle de Valois, au prince de Dombes. Le duc de Brancas, un de ses favoris, m'en parla long-temps avant la catastrophe, et me dit que je devois inspirer cette pensée à madame la duchesse du Maine. Je ne manquai pas de lui rendre ce qui m'en avoit été dit ; à quoi elle me parut faire peu d'attention. Des raisons sourdes l'avoient rendue froide à cette proposition, qui avoit été faite d'ailleurs à elle et au duc du Maine. Pas assez convaincus l'un et l'autre de l'autorité absolue que le duc d'Orléans ne pouvoit manquer d'avoir, et plus frappés des petits inconvéniens que des grands avantages qui se trouvoient dans cette alliance, ils la négligèrent, ou du moins ils ne s'efforcèrent pas assez de la faire agréer au Roi, qui ne la goûtoit pas.

Le duc d'Orléans, rebuté et plus instruit, tourna ses vues d'un autre côté : il songea à s'acquérir les grands du royaume. Prodigue de sa parole, dont il ne faisoit aucun cas, il s'engagea à tout ce qu'ils pourroient souhaiter quand il seroit le maître. Il gagna le parlement par des moyens semblables, employa mille intrigues secrètes pour s'y faire des créatures et des amis, qui lui furent fort utiles. Le premier président étoit, selon les apparences, tout dévoué à la maison du Maine : elle en tira peu de secours. C'étoit un grand courtisan et un homme médiocre, d'un esprit et d'une société agréable, foible, timide, rempli de ces défauts qui aident à plaire, et empêchent de servir.

Le Roi, languissant, tomba enfin dangereusement malade. Sa perte annonçoit tant de malheurs à M. le duc du Maine et à sa famille, qu'on ne pensa plus à autre chose. Madame la duchesse du Maine courut à Versailles. La douleur et les inquiétudes succédèrent à la joie et aux plaisirs qui l'avoient suivie jusqu'alors. Elle vit madame de Maintenon, la pressa d'éclaircir ce qu'il étoit si important de savoir. Elle ne voulut s'ouvrir sur rien, ni entendre aux moyens qu'on lui proposa de suggérer au Roi, pour affermir ce qu'il avoit réglé en faveur des princes légitimés. Le soin de le ménager, la crainte de le perdre, firent alors disparoître tout autre intérêt aux yeux de sa favorite. Il se porta de lui-même, dans le cours de sa maladie, à donner au duc du Maine une distinction dont le duc d'Orléans fut vivement piqué. Il avoit auparavant ordonné la revue des troupes de sa maison ; et, ne pouvant s'y trouver au jour marqué, il la fit faire au duc du Maine. Ce comble d'honneur sembla présager sa ruine, et servit peut-être à l'accélérer.

Ce prince enfin apprit du Roi même, quelques jours avant sa mort, les dispositions de son testament.

C'étoit trop tard pour profiter de cette instruction. Le duc du Maine ne put que représenter au Roi les inconvéniens de ce qu'il faisoit pour lui, et le mécontentement qu'en auroit le duc d'Orléans, trop en état de relever son crédit pour être offensé impunément. Le Roi persista à laisser les choses comme elles étoient réglées par ce testament.

Il établissoit un conseil de régence, dont il nommoit les membres, et le duc d'Orléans pour chef. Tout s'y devoit décider à la pluralité des voix. Il donnoit au conseil la tutèle du jeune Roi, la surintendance de son éducation, la garde de sa personne; et le commandement des troupes de sa maison au duc du Maine. Cette autorité l'auroit mis en état de se soutenir, s'il avoit pu la conserver : mais ne sait-on pas que les rois, quelque absolus qu'ils soient, n'étendent pas leur puissance au-delà du tombeau? Las de leur obéir, on se soustrait volontiers à des lois sans appui, fortement ébranlées par les intérêts d'un nouveau maître.

Louis XIV étant mort le premier de septembre, l'assemblée du parlement, où la régence devoit être réglée, se tint le lendemain matin au Palais. Elle fut donnée, malgré les dispositions contraires, au duc d'Orléans, avec un conseil de régence, sans lequel il ne pourroit rien faire. Content de s'être assuré du principal, et troublé de ce succès inespéré, il s'enferra, dans le discours qu'il tint à ce sujet, de manière à laisser toute l'autorité au conseil. Un homme habile, dévoué aux intérêts du nouveau Régent, et présent à l'assemblée, sentit le tort qu'il se faisoit, et lui fit adroitement passer un billet par lequel il lui marquoit qu'il étoit perdu s'il ne rompoit la séance. On la remit, sous quelque prétexte, à l'après-dînée. Le duc d'Orléans profita de cet intervalle pour se concerter avec ses amis. On lui prépara un discours, où il fit voir les inconvéniens de l'autorité partagée, et la nécessité de la laisser résider tout entière dans sa personne; consentant néanmoins de ne prendre aucun parti dans les affaires d'Etat qu'avec la délibération du conseil de régence, lequel devoit être formé à son choix, et lui maître absolu de la distribution des grâces.

Tout cela passa; et à cette occasion il dit qu'il étoit ravi de se voir lié pour le mal, et libre pour le bien.

On régla, dans la même séance, que le duc du Maine auroit la surintendance de l'éducation du Roi; mais, sur de nouvelles représentations du duc d'Orléans, il fut décidé qu'on ne lui laisseroit pas le commandement des troupes de sa maison.

Quelques-uns des membres du parlement représentèrent qu'on ne pouvoit se dispenser de donner au surintendant de l'éducation du Roi le commandement du guet, c'est-à-dire de la garde qui sert chaque jour auprès de lui; sans quoi il n'en pourroit répondre. Ce point contesté fut encore refusé. Le duc du Maine demanda qu'il fût donc déchargé, par l'acte qui l'établissoit auprès du Roi, de répondre de sa personne. Il obtint d'abord cet article; mais ensuite on lui représenta qu'il seroit indécent que le parlement lui donnât une telle décharge, et il se rendit. Dépouillé de toute autorité, ce précieux dépôt, qu'il ne conserva pas long-temps, lui devenoit inutile. Le jeune Roi, séant dans son lit de justice, confirma quelques jours après tout ce qui avoit été fait au parlement.

Madame la duchesse du Maine voulut être à Paris dans cette importante conjoncture. Elle s'y trouvoit sans habitation, n'en ayant pas eu d'autre jusqu'alors que le logement du grand-maître de l'artillerie, à l'Arsenal, qu'on avoit abattu depuis peu pour le rebâtir. Elle emprunta l'hôtel de Mesmes du premier président; et comme il n'y avoit pas assez de logement pour toute sa suite, elle me laissa à Versailles. Je lui fis témoigner le chagrin que j'avois de n'être point auprès d'elle dans les circonstances présentes, et demander si elle trouveroit bon, pour m'en rapprocher, que je cherchasse quelqu'un dans le voisinage qui voulût me loger. Elle y consentit avec plaisir. Je m'adressai à cette compagne de couvent qui m'avoit amenée à Paris, avec promesse que sa maison deviendroit la mienne aussitôt que son mariage seroit fait. Il l'étoit, et elle refusa de me donner asyle pour quelques jours. Le peu d'expérience que j'avois du monde fit que son procédé me surprit : j'ai bien appris depuis à ne me pas étonner si aisément. Un frère de madame de Grieu, qui logeoit avec une de ses nièces dans ce quartier-là, m'offrit une chambre, que j'acceptai. Je n'attendois rien de sa part. J'eus ce mécompte à contresens de l'autre, qu'il répara. Je n'y restai que quelques jours, madame la duchesse du Maine ayant trouvé à l'hôtel de Mesmes une espèce de caveau où l'on me fourra.

Les inquiétudes que lui causoient les événemens présens lui avoient fait perdre le sommeil. La femme qui lui faisoit des contes pour l'endormir n'y pouvant suffire, elle me proposa de lire la nuit auprès d'elle. Je pris avec joie cette pénible fonction, la regardant comme un moyen de gagner sa confiance, et de m'acquérir plus de considération et d'agrément. Je ne fus pas trompée à cet égard; mais je trouvai une grande disproportion de mes forces à cet onéreux exercice, qui se renouveloit toutes les nuits sans interruption.

La princesse trouva que je lisois bien, et que je ne parlois point mal. Elle s'accoutuma à m'entretenir. Toute remplie des affaires de sa maison, c'étoit l'unique objet de ses conversations nocturnes : les faits, les projets, les plaintes, les regrets, tout y entroit. Cette pleine confiance, quoique je pusse croire que ce fût moins abondance de cœur qu'abondance d'idées, me toucha sensiblement. Les simples apparences de l'estime et de l'amitié, surtout de la part des grands, ne manquent guère de nous séduire. Je pris un véritable attachement pour ma princesse; et je me dévouai avec d'autant moins de réserve au soin de lui plaire, qu'elle n'exigeoit rien de moi qui ne fût parfaitement d'accord avec l'estime que je voulois d'elle.

Nous ne demeurâmes pas long-temps à l'hôtel de Mesmes. Le Roi fut d'abord à Vincennes; et peu après la cour s'établit à Paris. La surintendance de l'éducation, restée à M. le duc du Maine, lui donnoit de droit son logement aux Tuileries. Madame la duchesse du Maine y en eut un aussi, où nous allâmes demeurer. Il ne s'y trouva pour sa suite que deux grandes pièces, qui furent partagées à ses femmes. J'eus, selon ma destinée, un petit recoin sans jour, et sans feu que celui d'une antichambre commune ; mais j'étois à Paris, où j'avois toujours souhaité de vivre; et, malgré les inconvéniens de mon habitation, j'y voyois bonne compagnie. Depuis que j'ai été en situation de recevoir mes amis plus commodément, je n'ai plus vu personne. J'étois jeune alors; et cela rend plus que tout ce qu'on peut acquérir en perdant ce précieux avantage.

L'abbé de Chaulieu, qui avoit pour moi une passion aussi vive qu'on en peut avoir à quatre-vingts ans, me reprochoit un peu de coquetterie. Je l'assurois qu'elle ne tenoit qu'au besoin que j'avois de plaire, pour faire supporter les rigueurs de mon logement. Si je n'en eusse mis autant dans mes manières, tout auroit déserté. Je lui donnai parole, et la lui ai tenue, que lorsque j'aurois une fenêtre et une cheminée, je renoncerois à l'attention de me rendre agréable.

Ce pauvre abbé, qui étoit aveugle, me prêtoit à son choix les charmes les plus propres à le séduire; et, ne comptant plus sur les siens, il tâchoit de se rendre aimable à force de complaisance, et d'attention à prévenir tout ce que je pouvois désirer. Il n'avoit rien perdu des agrémens de son esprit : j'en donne pour preuve ces vers, qui sont, je crois, les derniers qu'il ait faits. Le portrait ne me ressemble ni dans le mal ni dans le bien qu'il dit de moi; mais on y voit que sa nouvelle ardeur rendoit à son imagination ce que l'âge avoit dû lui faire perdre.

ÉPITRE.

> Launay, qui souverainement
> Possèdes le talent de plaire;
> Qui sais de tes défauts te faire un agrément,
> Et des plaisirs du changement
> Jouir sans paroître légère;
> Même aux yeux d'un fidèle amant;

Coquette, libertine, et peut-être friponne;
Quelques noms odieux qu'en ces vers je te donne,
Je sens, dans le moment que l'on doit t'abhorrer,
Que mon cœur, hormis toi, ne trouve rien d'aimable :
    Et, par un charme inconcevable,
Avec ce qui rendroit une autre abominable,
Tu trouves le moyen de te faire adorer.

Que ne te dois-je point? Sans toi, dans l'indolence
Couloient mes derniers jours à la nuit destinés,
    Par la nature condamnés
Aux langueurs de l'indifférence.
Toi seule, ranimant par d'inconnus efforts
    D'une machine presque usée
    Les mouvemens et les ressorts,
As fait renaître encor dans une ame glacée
Les fureurs de l'amour, et mes premiers transports.

Mais que n'ai-je point fait pour vaincre ma tendresse,
Et combattre un penchant qui n'est plus de saison?
Il n'en étoit plus temps; et déjà ton adresse
M'avoit fait avaler ce funeste poison,
Que tu sais préparer avec délicatesse;
Et j'étois hors d'état d'écouter la raison,
Quand elle m'a voulu reprocher ma foiblesse.

Comment te résister? même avant de te voir,
D'un penchant inconnu j'ai senti le pouvoir.
Je louois ton esprit avant de te connoître :
    Ta seule réputation
Formoit l'intelligence et l'inclination
    Qu'une aveugle prévention,
Sans m'en apercevoir, malgré moi faisoit naître.
Je te cherchois partout, quand tu vins à paroître.
Un charme, plus puissant cent fois que la beauté,
Forma les nœuds secrets tout à coup d'une chaîne
    Si forte en sa légèreté,
    Que je sacrifiai sans peine
    A ce doux penchant qui m'entraîne
    Mon repos et ma liberté.

Qui jamais, comme toi, du charme de l'esprit
    Fit sentir toute la puissance?
    De tout ce que l'étude apprit

Il semble que tu veux affecter l'ignorance,
    Et sais avec discernement
D'un esprit cultivé ménager l'abondance;
    Le tout avec tant d'agrément,
    Qu'à la plus abstraite science
    Tu conserves tout l'enjoûment
    De la plus simple connoissance.
Sur tes moindres discours l'imagination
    Jette des fleurs avec largesse,
    Sans rien ôter à la justesse
    Du charme de l'invention.
Ce brillant de l'esprit sur toute ta personne
Répand cet agrément qu'on ne peut exprimer,
    Ces grâces que Nature donne,
Et qui se font sentir à qui te sait aimer.

N'étoit-ce point assez? Un son de voix flatteur
Portoit à tout moment, dans mon ame embrasée,
    D'une délicate pensée
La douce illusion et le tour enchanteur.

Jours sereins, jours heureux, qu'êtes-vous devenus,
    Où jadis plus d'une conquête
De myrte et de laurier vint couronner ma tête?
Jeunesse des plaisirs, beaux jours, vous n'êtes plus;
    Et déjà l'âge, qui s'avance,
D'un amour mutuel me ravit l'espérance.
    Dans cette juste défiance,
Je ne voulus jamais devenir ton vainqueur;
Et, ne comptant pour rien, dans l'ardeur de te plaire,
Du plaisir d'être aimé la douceur étrangère,
Au seul plaisir d'aimer j'abandonnai mon cœur.
Je te parlai d'amour; tu te plus à m'entendre:
Les jours étoient trop courts pour nos doux entretiens;
    Et je connois peu de vrais biens
    Dont on puisse jamais attendre
Le plaisir que me fit la fausseté des miens.

Heureux à qui le Ciel donne un cœur assez tendre
    Pour pouvoir aisément comprendre
D'un amour malheureux quel étoit le bonheur,
    Tel que je crois qu'il devroit rendre
Les plus heureux amans jaloux de mon erreur!

L'abbé proposoit souvent d'ajouter des présens à l'encens qu'il m'offroit. Importunée un jour des vives instances avec lesquelles il me prioit d'accepter mille pistoles : « Je vous conseille, lui dis-je, en recon-
« noissance de vos généreuses offres, de n'en pas faire
« de pareilles à bien des femmes : vous en trouve-
« riez quelqu'une qui vous prendroit au mot.—Oh!
« je sais bien, dit-il, à qui je m'adresse. » Cette réponse naïve me fit rire. Il m'exhortoit souvent à la parure, et tâchoit de me faire honte de n'être pas mieux mise. « Abbé, lui disois-je, je me trouve parée de
« tout ce qui me manque. » N'ayant d'autre ressource que ses soins, il les redoubloit sans cesse. Il m'écrivoit tous les matins, et me venoit voir tous les jours, à moins que je ne l'agréasse pas. La lettre étoit pour savoir mes volontés; et quand je préférois son carrosse à sa personne, il me l'envoyoit sans murmure, et j'en disposois sans façon. J'avois la puissance despotique sur toute sa maison. On a rarement l'autorité en main sans en abuser : j'exerçai la mienne, entre autre occasion, pour un petit laquais qui m'apportoit ses lettres. Il vint un jour m'apprendre que son maître l'avoit chassé. Je lui dis, sans m'informer s'il avoit tort ou raison : « Retournez chez lui, et lui dites que vous
« y resterez, parce que tel est mon plaisir. » Il le reprit avec soumission. Mon protégé n'honora pas ma protection : il fit tout du pis qu'il put, sans qu'on osât lui rien dire.

Lorsque je voulois bien aller souper au Temple chez lui, ou chez le grand prieur, il y rassembloit, à ses risques et périls, les gens les plus agréables, et tous ceux que je pouvois souhaiter. Enfin il ne songeoit qu'à remplir ma vie de tous les amusemens dont elle étoit susceptible; et il me fit connoître qu'il n'y a rien de plus heureux que d'être aimé de quelqu'un qui ne compte plus sur soi, et ne prétend rien de vous.

Je voyois aussi presque tous les jours M. de Valincour, qui, sans prendre le ton galant, me témoignoit un véritable attachement. La grande estime que j'avois pour lui m'engageoit à lui donner beaucoup de préférence : quelques autres en étoient souvent piqués, et les interprétoient selon leurs caprices, que je ne pensois pas devoir respecter. Un de ceux-là étoit R....., qui, en faisant le tour du monde, étoit venu jusqu'à moi, avec le jeu vrai ou faux d'une grande passion. Transports, inquiétudes, jalousies, reproches, rien n'y manquoit; et tout étoit si bien représenté, que la scène en devenoit intéressante. Sa conversation, et surtout ses lettres, meilleures qu'aucunes que j'aie vues en ce genre, m'amusoient infiniment. J'avouerai qu'on est flatté d'être aimé avec persévérance de gens qu'on n'aime point, et qu'on ne trompe pas.

J'avois encore d'autres compagnies agréables. M. de Fontenelle, qui n'a jamais recherché que les habitans de son quartier, me voyoit alors fort souvent. Le duc de Brancas, dont l'imagination vive et brillante produisoit tant de traits singuliers, me rendoit quelque hommage. J'avois adouci la férocité de Toureil : il ne me brusquoit pas. Plusieurs autres, dont le souvenir ne m'est pas présent, s'empressoient à me voir. Le commerce et les complaisances de tant de gens d'esprit, de caractères différens, mettoient de la variété et de l'agrément dans ma vie, sans y mêler aucune inquiétude ; et j'aurois pu la goûter, si elle n'avoit été traversée par la fatigue de mes veilles, et par les harcelleries de mes compagnes jalouses, qui, non contentes de m'arracher par leurs niches le peu de repos que j'attrapois le jour ou la nuit, me firent congédier l'un après l'autre, pour me soustraire à leur critique, la plupart des gens que je voyois. En vain me disoit-on que c'est acquiescer au blâme, et rendre les liaisons suspectes, que de les rompre : je savois que celles où l'on doit renoncer on n'y renonce pas, et que nulle preuve d'indifférence n'est aussi évidente que celle-là.

Avant que de passer à des choses plus importantes, je reprends ce que j'ai laissé en arrière sur M. de Silly. Il étoit revenu d'Allemagne sans m'en avertir, ni me donner aucun signe de vie. Je rencontrai à Versailles, avant la mort du Roi, un de ses gens que je connoissois. Je lui demandai en quel pays étoit son maître, dont je n'avois eu nulle nouvelle depuis long-temps : il me dit qu'il étoit revenu il y avoit quelques mois. Je vis qu'il me traitoit comme une vieille gazette dont on n'a plus que faire. L'indignation que j'en conçus le dégrada dans mon cœur ; et les affaires qui survinrent, jointes aux distractions qui s'y mêlèrent, l'écartèrent un peu de mon esprit. Enfin l'estime que je m'étois accordée sur le témoignage d'autrui me dégoûta de tenir si fortement à quelqu'un qui ne tenoit point du tout à moi. Cependant les sentimens impérissables que j'avois pour lui ne firent que changer de forme : de leurs débris naquit la tendre et parfaite amitié que je lui conservai toujours, et qui ne me laissa jamais donner à personne aucune préférence sur lui. Il avoit pris une maison à Paris; la marquise de Silly étoit sortie de sa communauté, et ils demeuroient ensemble. Invitée ou point invitée (je ne m'en souviens pas), je fus la voir, et je le vis. Il vint aussi chez moi aux Tuileries, mais rarement. Ses liaisons avec le Régent, et son fanatisme de politique, lui faisoient craindre toute apparence de relation dans notre maison. L'abbé de Chaulieu, à qui rien n'échappoit, le trouvant un jour avec moi, démêla d'abord ce que j'étois pour lui : sa grande sagacité en fait de sentimens lui fit reconnoître les miens, tout changés qu'ils étoient. Il tira de cette connoissance un nouveau et singulier moyen de me plaire, en me proposant des parties dont il mit M. de Silly, pour me les rendre infiniment agréables. Je me souviens entre autres d'un dîner qu'il nous donna, avec mademoiselle de Vauvray, dans la maison du grand prieur à Clichy, où je me divertis extrêmement. Ma sensibilité diminuée me laissoit goûter les plaisirs simples, tels que les fournit un beau jour, un lieu agréable, une excellente compagnie.

Ma faveur auprès de ma princesse prit un nouvel accroissement des embarras qui lui survinrent. Le duc d'Orléans, dans le temps qu'il avoit tout craint, avoit tout promis : il s'étoit engagé avec M. le duc, blessé du rang et des prérogatives des princes légitimés, d'anéantir les titres qui les en mettoient en possession. Mais, ne voulant pas souffrir que cette affaire fût portée à l'assemblée du parlement, ni au lit de justice qui devoit régler la régence, de peur d'y jeter des embarras préjudiciables à ses intérêts, il fit entendre à M. le duc qu'il ne falloit songer dans ce moment qu'à établir l'autorité de Son Altesse Royale, qui, bien constatée, le mettroit en état d'exécuter tout ce qu'il lui avoit promis. M. le duc consentit à ce délai; mais aussitôt qu'il vit la régence affermie entre les mains du duc d'Orléans, il le somma de sa parole, et voulut présenter une requête par laquelle il demandoit au Roi qu'il lui plût tenir son lit de justice pour révoquer l'édit qui appeloit les princes légitimés, au défaut des princes légitimes, à la succession à la couronne; et la déclaration qui leur donnoit le titre, les rangs et honneurs de princes du sang.

Le Régent, qui gardoit encore des ménagemens avec le duc du Maine, tant par les égards politiques que par ceux qu'il avoit pour madame d'Orléans, l'avertit du dessein de M. le duc, l'assura qu'il ne s'y prêteroit pas. Cette princesse en donna avis aux princes ses frères.

Cependant le comte d'Eu ayant atteint l'âge de quinze ans, où, selon la prérogative des princes du sang, il devoit entrer au parlement, le duc d'Orléans craignit que ce nouvel acte d'un droit dont M. le duc réclamoit l'abolissement ne fît éclater ce prince, qu'il tâchoit de contenir. Il pria le duc du Maine de différer cette démarche; promit qu'on n'y perdroit rien; que le comte d'Eu ne seroit pas traité autrement que son frère; et assura qu'il tiendroit compte de cette complaisance. Quoique le duc du Maine en vît le danger, il céda, comme on cède toujours à celui qui est le maître.

Le grand procès sur la succession de M. le prince, que M. le duc avoit perdu depuis peu contre madame la duchesse du Maine et les princesses ses sœurs, outre le ressentiment qu'il avoit allumé, laissoit encore de grandes discussions pour le partage des biens de la maison de Condé entre lui et les princesses ses tantes. Dans le cours de cette affaire, il fut question d'un acte que M. le duc devoit passer avec le duc du Maine, où celui-ci ayant pris, comme il avoit coutume de faire, la qualité de prince du sang, M. le duc ne voulut signer l'acte qu'en marquant, par une protestation qu'il lâcha, que c'étoit sans approuver les qualités. Ce fut là le premier signal de la guerre entre les princes légitimes et les princes légitimés.

Pour l'étouffer dans son commencement, M. le duc du Maine crut qu'il falloit se prêter à tout ce que désiroit M. le duc sur leurs affaires d'intérêt; et il pressa madame la duchesse du Maine d'accepter les propositions désavantageuses qui lui étoient faites au sujet de ses partages. Quoiqu'elle y fût lésée de plus de moitié de son bien, elle y consentit de bonne grâce, pour faciliter un accommodement qu'on traitoit avec M. le duc du Maine sur les autres points.

Il convint de retirer sa protestation, consentit que les princes légitimés prissent la qualité de princes du sang, excepté dans les actes qu'ils passeroient avec lui; promit de ne les point attaquer sans la permission du Régent, et de n'exciter les ducs ni autres à les attaquer. Ce projet fut communiqué au duc d'Orléans, qui, sachant le consentement qu'il avoit donné d'avance aux poursuites de M. le duc contre les princes légitimés, fit sentir au duc du Maine qu'il ne devoit pas se fier aux conditions de ce traité, et encore moins y sacrifier de grands intérêts. Néanmoins ce prince ne pouvant croire que M. le duc voulût tirer avantage d'une parole qu'il auroit donnée, et qu'il ne tiendroit pas, passa outre ; on dressa la transaction pour ce qui regardoit les partages de madame la duchesse du Maine, aux conditions proposées par M. le duc : elle fut signée, et remise entre les mains de madame la princesse. La protestation de M. le duc fut retirée, et il s'engagea à tous les articles dont on étoit convenu.

Cette paix ne fut pas de longue durée. Une ancienne sentence produite à l'occasion de quelques affaires de famille, où se trouva la qualité de prince du sang, prise avec M. le duc par M. le duc du Maine, réveilla la querelle qu'on ne cherchoit qu'à renouveler. M. le duc veut que cette sentence soit retirée, et déclare qu'il ne laissera subsister l'édit de 1714, et la déclaration de 1715 en faveur des princes légitimés, qu'autant qu'ils n'en feront nul usage. « S'ils « dorment, dit madame la duchesse, nous dormi- « rons; s'ils se réveillent, nous nous réveillerons. » Madame la princesse, craignant peut-être alors qu'on ne songeât à revenir contre la transaction restée entre ses mains, la fit homologuer au parlement.

M. le duc voyant que les princes légitimés ne se départiroient pas d'eux-mêmes des avantages dont ils jouissoient, présenta, conjointement avec le comte de Charolois et le prince de Conti, sa requête au Roi, suivant son premier dessein. Les princes légitimés en présentèrent une de leur côté pour demander que l'affaire fût renvoyée à la majorité du Roi, comptant par ce délai de s'affermir dans leur possession, et de trouver alors un tribunal plus favorable. Le Régent parut d'abord goûter cet expédient : mais l'instabilité de ses pensées ne lui permettant jamais de se fixer à la première, toujours la meilleure qu'il eût, il nomma des commissaires pour juger ce grand procès, disant qu'on ne pouvoit laisser si long-temps indécise une contestation qui produisoit tant d'inconvéniens.

Il parut alors une multitude d'écrits imprimés, pour établir ou réfuter les raisons de part et d'autre. La matière n'y étoit qu'ébauchée; mais elle fut traitée à fond dans le grand mémoire des princes légitimés, qui se fit sous les yeux de madame la duchesse du Maine par le cardinal de Polignac, M. de Malezieux, et M. Davisard, avocat général du parlement de Toulouse, qui avoit été présenté depuis peu à M. le duc du Maine comme un homme de beaucoup d'esprit, et d'une capacité supérieure dans les affaires.

Madame la duchesse du Maine contribua beaucoup elle-même à cet ouvrage, non-seulement par ce qu'elle tiroit de ses propres lumières, mais encore par ses laborieuses recherches. La plus grande partie des nuits y étoit employée. Les immenses volumes entassés sur son lit, comme des montagnes dont elle étoit accablée, la faisoient, disoit-elle, ressembler, toute proportion gardée, à Encelade abymé sous le mont Etna. J'assistois à ce travail, et je feuilletois aussi les vieilles chroniques et les jurisconsultes anciens et modernes, jusqu'à ce que l'excès de fatigue disposât la princesse à prendre quelque repos. Alors succédoit une lecture que je faisois pour l'endormir; puis j'allois de mon côté chercher le sommeil, que je ne trouvois guère.

Le désir d'enrichir cet ouvrage de tout ce qui pouvoit lui donner plus de poids faisoit ramasser de toutes parts les exemples et les autorités favorables à la cause. Mille gens obscurs s'offroient à ces recherches, et venoient apporter leurs minces découvertes; la plupart m'étoient renvoyés, ou avertis du moins de s'adresser à moi. Un entre autres, renommé par son grand savoir (c'étoit Boivin l'aîné, plus Hébreu que Français, plus au fait des usages des Chaldéens que de ceux de son pays, qui ne connoissoit d'autre cour que celle de Sémiramis), demanda d'être introduit à la nôtre avec ses antiques trésors, peu utiles à l'affaire dont il s'agissoit. Des exemples tirés de la famille de Nemrod n'eussent été guère concluans pour celle de Louis xiv. Cependant on lui donna jour, et on lui fit dire de venir chez moi. Lorsqu'il arriva, j'étois à la toilette de madame la duchesse du Maine : on vint m'avertir. Elle me dit : « Ne vous en allez pas; il n'y a qu'à le faire entrer, « je le verrai. » Il entra chez elle, préoccupé qu'on le menoit chez une de ses femmes de chambre : les lambris dorés, l'appareil de sa toilette, la quantité de gens qui la servoient, rien ne put le tirer de sa première pensée. Il lui parla, l'appela toujours mademoiselle, et sortit, sans se douter qu'il eût parlé à d'autre qu'à moi.

Ce trafic d'érudition me mettoit en commerce avec des gens de toute espèce. Un des plus tenaces fut un abbé Le Camus, introduit par une prétendue comtesse réellement à l'aumône. Ils jouèrent l'un et l'autre un rôle dans notre grande pièce, tout indignes qu'ils étoient, par leur platitude, d'y paroître. Parmi ces savantasses, un gentilhomme ci-devant moine se fit présenter, ses écrits en main, par la susdite comtesse. Elle lui persuada que, pour les faire valoir, il falloit me donner un souper chez lui. Je ne pus l'éviter. J'y fus avec notre affamée comtesse, qui ne se possédoit pas de se voir sur le point de souper. Je trouvai dans cette maison une compagnie plus de l'autre monde que de celui-ci. Sur le visage du maître du logis, riche et avare, étoit peinte la douleur qu'il avoit de nous donner à manger. La mienne n'étoit pas moindre; et mon ennui devint tel, que, ne sachant que faire, je me mis à attiser un assez mauvais feu. Je saisis avec de bonnes pincettes quelque chose que ma vue infidèle me fit prendre pour un tison hors de sa place, que je mis brusquement derrière une bûche à demi allumée. C'étoit une chocolatière fort noire, pleine de chocolat. Je n'avois eu garde d'imaginer ce régal, aussi déplacé que le prétendu tison. La liqueur, en se répandant, éteignit le feu et la joie des convives, et jeta notre hôte dans la dernière consternation. Je lui dis, pour le consoler, qu'on se passoit bien de chocolat après souper. Je crois qu'il n'en aura fait de sa vie, pour ne pas retomber dans un si triste accident.

Je fis encore, avec la comtesse et l'abbé, une partie plus baroque que celle-ci. Ils me firent voir une autre intrigante, munie, à ce qu'ils prétendoient, des plus importans secrets. Elle étoit amie d'un abbé de Vérac, qui avoit écrit pour ou contre M. le duc, et dont on pouvoit, selon eux, tirer de grandes lumières. Madame la duchesse du Maine, semblable à ces malades qui, non contens de consulter d'habiles médecins, écoutent aussi les charlatans, recevoit tous ces avis, et m'envoyoit à la découverte. Je ne tirai de la dame

Du Puy (c'est ainsi qu'elle se nommoit) qu'une entière persuasion de l'inutilité de son commerce.

Nos gens revinrent à la charge, et dirent qu'elle parleroit à table comme la Pythie sur le trépied. Toutes leurs intrigues tendoient à attraper quelques franches lippées. Je fus condamnée à souper avec cette troupe de brigands. On me mena dans un jeu de paume, lieu du festin, bâtiment à moitié détruit. Je parcourus de sombres détours, et traversai des planchers transparens. Ces passages scabreux me donnèrent des idées effrayantes : je ne savois si l'on me conduisoit au sabbat, si j'allois trouver un coupe-gorge, ou pis encore. L'assemblée, quand je l'eus jointe, ne me rassura pas : elle me parut de gens propres à ces divers mystères. Les chansons dont s'égaya le repas ne s'y accordoient pas moins. Le vin qu'y but la dame Du Puy ne lui fit rien révéler de ses profonds mystères. Elle reparut encore chez nous avec ses discours ambigus, dont on n'eut jamais l'éclaircissement. C'étoit peut-être une espionne. Quoi qu'il en soit, son manége n'aboutit à rien. Je n'en fais mention que parce qu'elle fut citée dans des pièces authentiques de notre grande affaire.

Le mémoire sur celle des princes légitimés s'acheva. Il étoit beau, et bien écrit; mais le succès ne répondit pas aux peines qu'il avoit coûtées. Le procès fut jugé, et perdu pour eux; l'édit qui les appeloit à la succession à la couronne révoqué, comme la déclaration qui leur donnoit le titre de princes du sang. On ne leur en laissa que le rang et les honneurs, dont ils avoient précédemment joui en vertu de leurs anciens brevets. La prérogative de traverser le parquet au parlement fut conservée, eu égard à la possession, au duc du Maine et au comte de Toulouse, leur vie durant. Par cet arrêt de 1717, on laissoit subsister l'ancienne déclaration qui donnoit à eux et à leur postérité un rang intermédiaire au parlement. Le prince de Dombes fut privé du rang qu'il y avoit eu, apparemment pour vérifier la promesse faite par le Régent d'égaler le sort des deux frères.

Quelle douleur pour madame la duchesse du Maine de voir l'abaissement de sa famille, la chute de l'édifice qu'elle avoit travaillé toute sa vie à élever, et le triomphe de ceux par qui il étoit renversé! Dans un état si violent, il est comme impossible de se réduire à l'inaction. Madame la duchesse du Maine, maltraitée en France, songea à se procurer de l'appui auprès du roi d'Espagne. La dévotion de ce prince, dirigé par un jésuite, lui fit naître la pensée de former quelque relation avec ce directeur. Elle me proposa de sonder, sur cette vue, le père Tournemine, que j'avois vu autrefois en province, et qui lui faisoit de temps en temps sa cour. Je n'avois nul droit de représentation auprès de Son Altesse; l'aveugle obéissance étoit mon seul partage. J'obéis donc, et je fus trouver le révérend père. Je lui présentai les idées dont il s'agissoit, avec autant de dextérité qu'il me fut possible. Il les saisit vivement, et me dit qu'il avoit un ami, homme de condition, étranger, qui, pour des affaires personnelles, étoit obligé d'aller en Espagne; qu'on pouvoit prendre toute confiance en lui, et le charger des négociations les plus délicates; qu'il étoit capable de s'en bien acquitter; que si cette voie agréoit à madame la duchesse du Maine, il me l'enverroit, et que je le lui présenterois; qu'il lui donneroit des lettres pour l'Espagne; et que Son Altesse Sérénissime pouvoit le charger de tout ce qu'elle jugeroit à propos de faire tenir en ce pays-là.

Je rendis cette conversation à madame la duchesse du Maine. La proposition du père lui plut, et je retournai l'en avertir. Il m'envoya son homme : c'étoit le baron de Walef. Il fut présenté à la princesse sur le pied d'un bel esprit qui souhaitoit de lui faire voir des ouvrages de poésie de sa façon : en effet, il se mêloit de faire des vers. Elle eut quelques entretiens particuliers avec lui; le chargea de ses instructions, et lui recommanda expressément de ne pas aller au-delà. Elle ne vouloit alors qu'engager le roi d'Espagne à soutenir M. le duc du Maine, et sa famille opprimée. Le baron devoit voir le cardinal Alberoni, premier ministre, et pressentir jusqu'à quel point il voudroit prendre les intérêts dont il s'agissoit, et y affectionner le Roi son maître par les motifs de la proximité du sang, et du respect pour les volontés du feu Roi son aïeul, enfreintes sans aucun ménagement.

On convint de la manière dont le baron rendroit compte de sa négociation. Je proposai que les lettres qu'il écriroit me fussent adressées, afin que madame la duchesse du Maine y fût moins compromise. Elles ne devoient contenir que des nouvelles générales; mais on lui donna une encre blanche, pour écrire entre les lignes les matières secrètes. J'eus la pareille, pour les réponses que je fus chargée de lui faire. Il dit que, pour plus de sûreté, il me feroit tenir ses lettres par une femme qui demeuroit à Paris, et qui lui étoit entièrement dévouée.

Toutes ces mesures prises, lorsqu'on le croyoit déjà parti, il vint me retrouver, et me dit qu'il avoit compté sur une somme qui lui manquoit pour faire son voyage, et me proposa de lui faire vendre quelques bijoux qu'il avoit. Je le dis à madame la duchesse du Maine. Elle comprit qu'il vouloit de l'argent, et lui donna cent louis. Il partit, et prit la route d'Italie, où il prétendoit avoir quelques affaires préliminaires, et où il devoit s'embarquer pour l'Espagne. Ce qui arriva de cette belle ambassade se trouve à peu près dans la déclaration que je fis sur ce sujet. J'observai de n'y rien mettre que de vrai, persuadée que lorsqu'on se trouve dans la nécessité de s'écarter de la vérité, il faut néanmoins s'en tenir le plus près qu'on peut : c'est le parti le plus sûr et le plus honnête. Il y a moyen de répandre l'ombre et la lumière sur les faits qu'on expose, de manière que, sans en altérer le fond, on en change l'apparence. C'est ce que je tâchai de faire dans cette pièce. Elle sera en son lieu : ce n'est pas la peine de traiter ici plus au long ce qu'elle détaille suffisamment.

Madame la duchesse du Maine avoit l'esprit trop agité pour s'en tenir à cette simple démarche, dont le but étoit d'engager le roi d'Espagne à prendre, par voie de négociation, la défense du duc du Maine, et à soutenir ce que le feu Roi avoit fait en sa faveur.

Plusieurs personnes de la haute noblesse du royaume avoient prétendu que l'affaire des princes légitimés ne devoit pas être décidée sans que leur corps y intervînt. Une protestation fut dressée à ce sujet, et signée de beaucoup de gens considérables. Cela disposa madame la duchesse du Maine à se lier à quelques-uns d'eux.

Elle sut qu'ils étoient la plupart mécontens du gouvernement, s'en plaignoient avec amertume, et songeoient à remuer. Comme, à la moindre lueur qui s'offre au milieu d'épaisses ténèbres, on s'avance pour la reconnoître, elle rechercha ces gens-ci, entrevoyant confusément qu'elle en pourroit tirer parti. Deux des principaux, le comte de L.... et le marquis de Pompadour, lui furent amenés. Ils étoient en liaison avec le prince de Cellamare, ambassadeur d'Espagne, et prétendoient qu'on pouvoit tenter, par son moyen, des choses considérables. Ils engagèrent madame la duchesse du Maine à le voir dans une petite maison qu'elle avoit à l'Arsenal. Elle s'y rendit peu accompagnée; et L.... y conduisit la nuit l'ambassadeur, lui servant de cocher. Cela fut répété une seconde fois, et point ignoré du Régent, qui commençoit dèslors à prendre ombrage de ces démarches furtives. Je me dispense d'expliquer leur plan, parce que je n'y ai jamais rien compris ; et peut-être n'en avoient-ils point. Tout ce que j'en ai pu démêler, c'est qu'on vouloit détourner le roi d'Espagne d'accéder au traité de la quadruple alliance, trop favorable au duc d'Orléans; et l'engager à demander la tenue des Etats-généraux, pour borner l'autorité du Régent, et réprimer les abus de son gouvernement. Madame la duchesse du Maine n'insistoit que sur le premier article : elle fit voir au prince Cellamare les dangereuses conséquences de l'accession du roi d'Espagne. Ce fut le sujet principal de ses entretiens avec lui. Elle confia à ce ministre un mémoire fort bien fait, qu'elle avoit composé elle-même, uniquement sur cette matière ; et il le fit passer avec sûreté à sa cour.

Messieurs de L.... et de Pompadour en firent plusieurs, aussi faux dans les faits que dans les raisonnemens. Ils avançoient comme certain tout ce qui leur passoit par la tête, promettant l'entremise et l'appui de quantité de gens entièrement ignorans de leurs desseins, que, sur de vaines conjectures, ils jugeoient propres à y entrer. Madame la duchesse du Maine n'approuvoit pas leurs visions, et s'y prêtoit, non par foiblesse d'esprit, mais par le trouble de son ame, qui la mettoit dans la nécessité d'agir, sans que ses mouvemens eussent un objet fixe.

Le prince Cellamare ayant approuvé le dessein de faire demander par son maître la tenue des Etats généraux en France, voulut un modèle des lettres que le roi d'Espagne écriroit à ce sujet, l'une au Roi, l'autre au parlement. Madame la duchesse du Maine obligea M. de Malezieux à y travailler avec le cardinal de Polignac. L'original de cette pièce, écrit de la main de l'un et de l'autre, devoit sans doute être jeté au feu : le cardinal, pressé de se rendre à la messe du Roi, recommanda à madame la duchesse du Maine de le brûler sur-le-champ. La copie venant d'être achevée, M. de Malezieux s'en saisit dans ce dessein : mais, soit que la pensée lui vînt de le conserver, soit qu'il l'oubliât, il ne le retrouva plus quand il voulut le mettre en sûreté. Il fut fort troublé de cette perte, dont alors il ne témoigna rien ; et l'on crut de part et d'autre que ce papier important n'existoit plus.

Madame la duchesse du Maine ne m'avoit rien dit sur cela : elle me confioit beaucoup de choses, et m'en cachoit plusieurs autres. Je n'allois pas au devant de ces onéreuses confidences, dont je prévoyois si bien les suites, que je tâchois quelquefois de les lui faire envisager. Mais lorsque je lui disois qu'elle se feroit mettre en prison, elle n'en faisoit que rire, suivoit ses idées, et ne craignoit que la résistance de M. le duc du Maine à s'y prêter.

Cette faveur dans laquelle j'étois auprès d'elle ne me garantit pas d'une bourrasque qui faillit à m'en séparer tout-à-fait. Un soir que je me trouvai incommodée, je me mis sur mon lit, en attendant l'heure d'aller faire ma veille. On vint m'appeler pour son déshabiller. Je demandai si elle avoit affaire de moi en ce qui regardoit mon ministère particulier, comme pour écrire, chercher quelque livre, ou autre chose commise à mes soins : on me dit que c'étoit pour sa toilette. Le peu de fonctions que j'y avois me persuada que je pouvois continuer de prendre un peu de repos. Son Altesse Sérénissime me renvoya chercher, et me fit une réprimande très-sèche sur la dispense que je m'étois donnée : elle me dit qu'elle vouloit des femmes pour la servir, et non pas pour faire une académie. Ce ton, qu'elle n'avoit pas encore pris avec moi, me piqua : je lui dis que j'avois si peu de talent pour le service, qu'elle ne pouvoit jamais plus mal rencontrer en ce genre. Ma réponse l'irrita; et ce qu'elle me dit, dont je ne me souviens plus, me donna lieu de disparoître. Elle ne m'envoya point chercher la nuit à l'heure accoutumée; et je l'employai aux préparatifs de mon départ, bien résolue de quitter. Excédée de fatigues, rebutée de tracasseries, je n'étois soutenue que par la considération dont je jouissois auprès d'elle : dès qu'elle me manquoit, le reste devenoit insoutenable.

J'avois pris depuis peu une fille à moi seule, et sur mon compte, celle qui nous servoit en commun étant une source perpétuelle de dissensions. La mienne, nommée Rondel, étoit extrêmement raisonnable. Je lui dis ce qui s'étoit passé, et de disposer mon déménagement. Cependant, ne voulant pas faire une telle démarche sans conseil, et sans l'approbation de mes amis, j'allai à la pointe du jour chez M. de Valincour, dont la prudence et les bons offices m'étoient un appui nécessaire dans cette conjoncture. Il sentit comme moi que je ne devois point me laisser maltraiter, et approuva le dessein où j'étois de me retirer dans un couvent. Il est vrai que je n'avois pas le moyen d'y subsister long-temps ; mais je me flattai que lui et mes autres amis me trouveroient une situation plus supportable que celle que j'abandonnois.

Pour donner une forme convenable à ma retraite, je fus dans la même matinée chez madame de Chambonas, dame d'honneur de madame la duchesse du Maine. Je lui dis que je n'avois été soutenue dans la vie pénible que je menois que par les bontés de Son Altesse Sérénissime, et que, m'en voyant privée, je ne pouvois plus supporter le poids de mes peines ; que je la priois de faire agréer à madame la duchesse du Maine que je me retirasse, pour me mettre dans un couvent. Mon dessein étoit de ne me pas remontrer : mais la dame d'honneur me dit qu'on ne se retiroit pas de la sorte ; qu'il falloit que je retournasse aux Tuileries (elle n'y logeoit pas) ; qu'elle parleroit

à Son Altesse Sérénissime, et me rendroit sa réponse. Je retournai donc au gîte, pour agir correctement; et je pensai que je ne ferois pas mal d'écrire au cardinal de Polignac, qui me témoignoit de l'estime et de l'amitié, pour lui rendre compte de ma résolution, et des motifs qui me l'avoient fait prendre. Ma lettre envoyée, j'attendis paisiblement le résultat. Sur le soir, madame de Chambonas me manda de l'aller trouver dans le cabinet de Son Altesse, où elle m'attendoit. On l'avoit chargée de m'apaiser, et de me retenir. Elle s'y prit mal. Son talent n'étoit pas grand pour les négociations : elle se connoissoit aussi peu en gens qu'en affaires. Au lieu d'adoucir, par des témoignages d'estime et de considération, un esprit blessé du mépris, elle ne fit que me représenter mon impuissance et ma misère, comme pour justifier l'insulte que j'avois reçue. « Vous avez apparemment
« compté, dit-elle pour me confondre, qu'on vous
« donneroit une pension : vous n'en aurez pas. » Je lui répondis que je n'avois compté sur rien. « De
« quoi vivrez-vous ? reprit-elle. — C'est mon affaire,
« lui dis-je, madame; je n'en embarrasserai personne :
« mais, quoi qu'il puisse m'arriver, je ne m'expose-
« rai pas davantage à des dégoûts que je ne mérite
« point, et que je ne sais pas souffrir. » Après plusieurs propos aussi peu amiables, elle me quitta, et fut rendre compte du mauvais succès de sa mission.

Madame la duchesse du Maine ne voulant pas que je la quittasse, soit par une répugnance générale à se défaire de ce qu'elle a, soit que, ne me connoissant pas assez, elle craignît pour les secrets qu'elle m'avoit confiés, elle donna le soin de me ramener à une main plus adroite que celle de madame de Chambonas.

Le cardinal de Polignac sans doute lui montra la lettre que je lui avois écrite, et lui fit sentir que si elle vouloit me conserver, ce ne pouvoit être que par les bons traitemens, et en me mettant sur un autre pied dans sa maison. Il vint, pendant que la compagnie soupoit, me trouver dans ma chambre, me dit qu'il vouloit que sur l'heure je vinsse avec lui chez madame la duchesse du Maine, qui étoit seule; qu'il exigeoit que je lui fisse quelque excuse; qu'il me répondoit que non-seulement je serois parfaitement bien reçue, mais que dans peu de temps elle me tireroit de la place où j'étois auprès d'elle, et me donneroit une situation plus agréable; qu'il ne lui convenoit pas d'y paroître forcée, pour me retenir; que cette bienséance l'obligeoit à différer les grâces qu'elle avoit dessein de me faire, dont lui-même se rendoit garant. Sur la foi de ce traité, je crus pouvoir me rembarquer. Je suivis le cardinal, qui me prit par la main, et me mena chez la princesse. Je me jetai à ses pieds; elle me releva aussitôt, et m'embrassa : faveur qu'elle ne m'avoit jamais faite, que je compris être une des conditions que l'habile négociateur avoit stipulée. Il y eut peu de discours de part et d'autre, mais assez affectueux; et je rentrai dans ma forme ordinaire.

Le dégoût de pareilles aventures, joint à la déplaisance de mon état, me fit écouter quelques propositions d'établissement. Une femme qui s'intéressoit à moi me dit qu'elle connoissoit particulièrement un homme dans les affaires, lequel, aidé de protections, pourroit faire un marché avantageux, dont je déterminerois la reconnoissance. J'en parlai à M. de Valincour. Il vit cet homme, qui vouloit, avec des papiers dont il ne tiroit rien, acheter une charge de receveur général des finances, qui lui vaudroit vingt mille livres de rente. Il offroit de m'épouser, ou de me donner quarante mille francs, si son affaire réussissoit. Quoiqu'elle fût difficile, M. de Valincour l'entreprit pour assurer ma fortune, qu'il avoit fort à cœur. Il employa le crédit de son maître, le comte de Toulouse, auprès du duc de Noailles, alors chef du conseil de finances, pour obtenir ce qu'on demandoit. Je vis l'homme dont il étoit question, afin de résoudre le meilleur usage que je pourrois faire de ses propositions. Il me parut de tout point fort au-dessous du médiocre, si ce n'est en fait d'économie. Il étoit veuf, et avoit un enfant. Je ne sais à propos de quoi il me dit qu'il ne faisoit pas le carême, parce que son fils étoit trop délicat pour faire maigre. Ce trait me fit juger de l'aisance de sa maison : ce qui, joint à la disconvenance que je trouvois d'ailleurs entre lui et moi, me décida à préférer son argent à sa personne, après avoir examiné avec M. de Valincour toutes les délicatesses de la conscience et de l'honneur à cet égard : il en consulta même M. le chancelier, qu'il avoit déjà fait entrer dans cette affaire, pour s'y appuyer de son autorité.

Le duc de Noailles s'y rendit facilement, pour plaire au comte de Toulouse, et lui écrivit une lettre par laquelle il lui accordoit sa demande en faveur de notre homme. Il ne restoit plus que les formalités pour consommer l'affaire; et je la tenois faite, lorsque le premier président fit demander un rendez-vous à la duchesse du Maine en pleine nuit, pour lui apprendre, en grand secret, que le duc de Noailles alloit être dépossédé de sa place des finances, et remplacé par M. d'Argenson, qui auroit aussi les sceaux, qu'on ôtoit au chancelier. Elle me fit appeler dès qu'elle fut rentrée, et me fit part de ce mystère, sans savoir l'intérêt que j'y devois prendre, dont elle ne s'aperçut pas. Je ne pouvois pourtant, dans la conjoncture présente, rien apprendre de plus funeste pour moi que cette nouvelle. Malgré toutes les raisons que j'avois d'en donner connoissance à M. de Valincour, je gardai fidèlement le secret. Il éclata bientôt, par l'événement très-imprévu de la part du public; et mon affaire fut manquée sans retour. C'auroit été bien pis, si elle m'eût entraînée à me manquer à moi-même. M. de Valincour, plus fâché que je ne l'étois de voir que mon étoile eût renversé deux ministres à la fois, au risque d'en abattre un troisième, fit des tentatives auprès du nouveau garde des sceaux, aussi de ses amis, pour procurer à l'homme que nous avions en main un emploi considérable, dont on pût encore tirer parti. On lui en donna des espérances, qui furent totalement anéanties par les événemens où peu à peu je me trouvai enveloppée. Voilà ce qu'il m'en avoit écrit quelque temps auparavant :

« Je vous envoie le reste des Epîtres de Sénèque,
« et le Traité des Bienfaits, traduits par Malherbe.
« Je vous prie de les garder, et d'en augmenter votre
« bibliothèque. Si je n'avois encore espérance en
« M. le garde des sceaux et en M. Paris, à qui j'ai

« écrit ce matin, ce présent auroit assez l'air de celui
« que Massinisse fit à Sophonisbe, en lui mandant
« que, puisqu'il étoit assez malheureux pour ne la
« pouvoir tirer de servitude, il lui envoyoit le seul
« moyen qu'elle pût avoir de s'en délivrer. »

Lorsqu'il n'étoit encore question de rien, madame la duchesse du Maine, plus tranquille qu'elle ne l'avoit été depuis long-temps, fit un voyage à Sceaux, où je ne pus la suivre. Les peines et les chagrins avoient miné ma santé, qui se dérangea tout-à-fait. Je restai à Paris dans une maison qu'on avoit louée pour mademoiselle du Maine, auprès des Tuileries, où elle n'avoit pas de logement. On m'avoit donné là une chambre, où j'allois quelquefois me reposer l'après-dînée, à l'abri de mes turbulentes compagnes.

Dès que je pus me traîner, je fus retrouver madame la duchesse du Maine à Sceaux, vers la fin de son voyage, qui ne fut que d'un mois ou six semaines. Je m'aperçus, par cette absence, que le lien le plus fort qu'on ait avec les princes, c'est celui de l'habitude : encore se rompt-il aisément; mais il reprend de même. Je fus d'abord comme étrangère : enfin je rentrai dans les bonnes grâces, et dans le fil des petites intrigues que mon éloignement m'avoit fait perdre.

Nous retournâmes aux Tuileries; et ce fut dans ce temps-là que madame la duchesse du Maine, sollicitée par le marquis de Pompadour de voir l'abbé Brigault, et d'entendre la lecture qu'il lui vouloit faire d'un ouvrage intitulé *Réponse aux titres de Fitz-Moris*, y consentit. Cet abbé s'en disoit l'auteur. C'étoit le détail de l'intrigue d'un cordelier allé en

Espagne pour y causer, à ce qu'on prétendoit, une grande révolution en faveur de M. le duc d'Orléans, lequel soupçonna fort injustement le cardinal de Polignac d'avoir fait ce libelle. L'abbé Brigault étoit l'homme de confiance de M. de Pompadour : il en parla à madame la duchesse du Maine comme de quelqu'un capable de grandes affaires, et d'une sûreté à toute épreuve. Sur ce témoignage, elle ne craignit point de lui laisser voir ses dispositions, et de l'entretenir des vues qu'on avoit. Cet homme cherchoit à s'intriguer, soit par l'espérance de se tirer d'un état indigent, soit par goût ou par oisiveté. Il s'étoit déjà mêlé des affaires du Prétendant. Ce nouvel objet lui parut plus intéressant, et il s'y livra, sans avoir sondé son courage et son savoir faire, qui manquèrent à la première épreuve.

Le Régent désiroit passionnément alors d'assurer le traité de la quadruple alliance, fabriqué en Angleterre par l'abbé Dubois.

Le duc du Maine, à la première proposition qui en fut faite au conseil de régence, opposa toutes les raisons contraires. Le duc d'Orléans, outré contre lui, dit en sortant du conseil : « M. du Maine s'est enfin « démasqué. » Son avis ne prévalut pas. Néanmoins il demeura chargé de la haine du Régent, qui d'ailleurs, informé des relations que madame la duchesse du Maine entretenoit avec tant de gens qui lui étoient suspects, prenoit contre elle de grandes défiances. La crainte des embarras qu'on pouvoit lui susciter, jointe à son aversion pour le duc du Maine, qu'il croyoit ou feignoit de croire participant des mouvemens qu'on se donnoit, le fit songer à tirer le Roi d'entre ses mains. L'entreprise étoit hasardeuse. Le testament du feu Roi se trouvoit autorisé en ce point par l'arrêt du parlement qui avoit déféré la régence au duc d'Orléans, et par le lit de justice qui l'avoit confirmé. Il sembloit dangereux pour lui d'infirmer ces actes. Les soupçons auxquels il avoit été en butte le devoient rendre encore plus circonspect à changer les mesures prises pour la garde et sûreté de la personne du Roi. Cependant, encouragé par le garde des sceaux d'Argenson et par l'abbé Dubois, l'un ferme, l'autre violent, il franchit toutes ces difficultés.

Pour autoriser son projet, il l'exposa au conseil de régence. Personne ne le contredit, que le maréchal de Villeroy. Il avoit embrassé la profession d'honnête homme, et la soutenoit assez dignement. Pour montrer qu'il n'avoit point adhéré à la dégradation du duc du Maine, il chercha aussitôt après un prétexte pour lui écrire, et remplir sa lettre de tous les titres dont ce prince venoit d'être dépouillé.

M. et madame la duchesse du Maine furent avertis qu'un grand orage les menaçoit. L'alarme fut grande; on se tint sur ses gardes. Enfin, ne voyant rien paroître, on se rassura, et si bien, que madame la duchesse du Maine, à l'occasion de la Saint-Louis sa fête, alla souper et coucher à l'Arsenal, lieu ordinaire de ses parties de plaisir. Là, elle apprit de grand matin que tout se préparoit pour un lit de justice que le Roi alloit tenir ce jour même aux Tuileries. Elle y revint à grande hâte. Je ne l'avois pas suivie à l'Arsenal. J'appris en même temps son retour, et cette étrange nouvelle. Je ne pus la voir dans les premiers momens : elle les employa à conférer sur les choses présentes avec M. le duc du Maine et le comte de Toulouse.

Le parlement, selon l'ordre qu'il en avoit, se rendit aux Tuileries, tout investies de troupes. La plupart des magistrats montrèrent une assez triste contenance; mais aucun ne donna signe de vigueur. Tout se passa au gré du Régent. Le parti que prirent le duc du Maine et le comte de Toulouse de se retirer de l'assemblée quand ils virent qu'il étoit question d'eux, donna une entière facilité d'exécuter ce qu'on avoit résolu uniquement contre le duc du Maine. On lui ôta, sur des prétextes frivoles, la garde de la personne du Roi, et la surintendance de son éducation, qui fut donnée à M. le duc, sur la demande qu'il en fit par une requête; et, sur une autre requête des ducs, on abolit tous actes en faveur des princes légitimés, et de leurs enfans. On rétablit tout de suite le seul comte de Toulouse dans la jouissance de ses rangs et honneurs, aux termes de l'arrêt de 1717, alléguant les services que l'Etat avoit reçus de lui, et la satisfaction qu'on avoit de sa conduite.

Toutes ces choses s'exécutèrent sans la moindre résistance d'aucun côté. Cependant le parlement fit une protestation contre ce qui s'étoit passé au lit de justice; mais elle ne parut pas. L'on a lieu de s'étonner de ce que M. le duc du Maine ne tenta rien pour se maintenir dans une place qu'il occupoit à si bon titre. M. le duc s'en mit aussitôt en possession, et on lui céda le même jour les logemens que le duc et la duchesse du Maine avoient aux Tuileries. Ils allèrent se réfugier à l'hôtel de Toulouse. L'horreur de cette fuite, ce déménagement précipité, et plus encore l'événement qui y donnoit lieu, me frappèrent l'esprit d'une manière que je n'ai éprouvée en aucune autre occasion. Madame la duchesse du Maine m'envoya à Sceaux pour faire la revue de ses papiers, et pour brûler tout ce qui pourroit être répréhensible. Je m'en acquittai si heureusement, que lorsqu'ils furent saisis quelque temps après, on n'y trouva rien à redire. Je revins le soir à l'hôtel de Toulouse, et je passai la nuit entière auprès de madame la duchesse du Maine. Son état ne peut se dépeindre : c'étoit un accablement semblable à l'entière privation de la vie, ou comme un sommeil léthargique dont on ne sort que par des mouvemens convulsifs.

Nous partîmes tous le lendemain pour aller à Sceaux, où nous restâmes atterrés. J'admire comme on se rend personnel tout ce qui regarde ceux auxquels on s'est entièrement dévoué. Je fus trois jours et trois nuits sans prendre le moindre repos : mes propres malheurs ne m'ont jamais touchée si sensiblement. Outre les maux présens, il restoit mille sujets d'inquiétude. Le mal apprend à connoître la crainte. Les lettres d'Espagne, que je recevois de temps en temps de notre baron, pouvoient être interceptées, nos pratiques sourdes découvertes. Chacun y étoit pour sa rade; mais le plus agité étoit M. de Malezieux. Ce modèle de lettres du roi d'Espagne, qu'il avoit perdu, le jeta dans un trouble qu'il ne put cacher : il imagina que quelqu'un s'en étoit saisi pour le produire au Régent. Cependant il ne cessoit d'en faire recherche. Il me demanda un jour si je n'avois point quelque connoissance d'un papier écrit de sa main et de celle du cardinal de Polignac, plein de ratures, qu'on lui avoit pris. Il ne m'expliqua pas ce que contenoit cette pièce ; et comme on m'en avoit fait mystère, je ne savois ce qu'il vouloit dire. Je l'assurai que je n'avois vu ni ouï parler d'aucun papier tel qu'il me dépeignoit celui-là.

Madame la duchesse du Maine, après avoir été quelque temps dans cet état qui suspend toute idée et interdit tout mouvement, commença à se ranimer, et revint enfin à elle-même. N'osant plus voir les gens suspects, curieuse cependant de savoir où ils en étoient, elle m'envoya secrètement à Paris pour entretenir le comte de L.... Je passai trois heures tête à tête avec lui. Il m'étala toutes les chimères imaginables, me fit voir, comme le principal fondement de leurs desseins, la ligue du Nord dont on parloit alors, et le rétablissement du Prétendant en Angleterre, qui ruineroit le plus ferme appui du duc d'Orléans. Il n'y eut jamais d'idées plus vastes et moins suivies. Notre longue conversation finit par des assurances réciproques de ne prononcer pour rien le nom l'un de l'autre, en cas de prison et d'interrogatoire. Ce point de vue nous étoit familier, et faisoit du moins le lointain du tableau.

En retournant à Sceaux toute seule, et par une nuit très-noire, je versai au milieu du chemin, où je restai plus de deux heures, partie dans un fossé, le reste dans un moulin. Du temps qu'on faisoit cas des présages, celui-ci n'auroit pas été méprisé.

Je rendis à Son Altesse le meilleur compte qu'il me fut possible du fatras qui m'avoit été débité. Ce fut un effort de mémoire, car la raison ni l'enchaînement des choses n'aidoient point dans ce récit. Elle ne laissoit pas d'y entrevoir des espérances, et de s'y prendre comme on fait aux brins de paille qui flottent sur l'eau quand on se noie.

Madame la duchesse du Maine ayant passé environ deux mois à Sceaux dans une inaction pénible, eut envie de retourner à Paris. Elle n'y avoit plus d'habitation. La nécessité d'en chercher une fut la raison ou le prétexte du séjour qu'elle fit dans cette maison, qu'occupoit la princesse sa fille. Le désir d'être plus à portée de savoir ce qui se passoit y eut sans doute la meilleure part.

Les gens liés d'intérêt avec elle poussoient toujours leur pointe, sans s'apercevoir qu'elle étoit trop émoussée pour faire aucun effet. Ils fabriquoient des écrits sans fin, et n'attendoient qu'une occasion pour les faire passer en Espagne. M. de Pompadour en ayant fait un qui lui sembloit triomphant, voulut le communiquer à madame la duchesse du Maine. La promesse que le duc du Maine avoit exigée d'elle, de ne voir aucune des personnes en soupçon de cabaler, lui fit refuser le rendez-vous que demandoit le marquis. Il insista sur la nécessité de cet entretien, sur l'impossibilité de trouver des mains assez sûres pour lui remettre l'écrit dont il s'agissoit. Elle consentit enfin qu'il lui en fît lui-même la lecture, après avoir pris toutes sortes de précautions pour empêcher que cette entrevue ne fût découverte. Loin d'approuver ce mémoire, elle le jugea pernicieux, pria avec instance M. de Pompadour de ne le pas envoyer. Il parut céder à ses raisons et à ses désirs. Elle m'envoyoit quelquefois lui porter des lettres, que j'avois soin de lui faire brûler devant moi.

Madame de Pompadour disoit toujours, en se déplorant : « Nous avons les ouvrages les plus décisifs et « les plus utiles; mais rien ne passe. » Son mari et elle crurent avoir trouvé l'occasion du monde la plus favorable pour tout envoyer en Espagne. C'étoit l'abbé Porto-Carrero, jeune homme de vingt-deux ans, qui s'y en retournoit. Il avoit une chaise à double fond, où les papiers furent mis, et parurent à nos gens parfaitement en sûreté. Le comte de L.... en donna avis à madame la duchesse du Maine, par un billet qu'il lui écrivit. Cette princesse, qui s'étoit fortement opposée à ce dangereux envoi, prévit dans le moment quelles en seroient les suites.

On tâcha vainement de la rassurer sur la grande prudence et discrétion de l'homme à qui l'on s'étoit confié. Il est vrai qu'il n'y eut pas de sa faute dans la découverte qu'on fit des papiers qu'il portoit. Tout le monde a su que le secrétaire de l'ambassadeur d'Espagne, pour s'excuser d'un rendez-vous manqué avec une fille de la communauté de la Fillon, lui dit qu'il avoit eu tant de dépêches à faire à cause du départ de l'abbé Porto-Carrero, qu'il s'étoit trouvé dans l'impossibilité d'aller chez elle, comme ils en étoient convenus. Cette fille en rendit compte à sa supérieure, qui, étant fort en relation avec le Régent, lui donna cet avis, qu'elle crut ne lui pas être indifférent.

Il expédia aussitôt des ordres pour faire arrêter l'abbé sur la route, et saisir les papiers qu'il portoit. On l'atteignit à Poitiers; et après s'être emparé de ce qu'on vouloit avoir, on lui laissa continuer son voyage. Il dépêcha sur-le-champ un courrier au prince Cellamare, pour l'instruire de ce qui étoit arrivé; et ce courrier fut d'une telle diligence, qu'il devança de beaucoup celui qui portoit la même nouvelle au Régent, lequel arriva la nuit. Ce prince en avoit passé une partie à table, en compagnie agréable, et n'eut pas grande envie d'employer le reste à l'examen d'une affaire peu réjouissante. On prétend même qu'il fut conseillé de différer l'ouverture du paquet par une personne qui étoit avec lui, peu soucieuse d'affaires d'Etat. Quoi qu'il en soit, l'ambassadeur eut seize heures pour prendre ses mesures avant qu'il fût arrêté; ce qui rend inexcusable sa négligence à se défaire des papiers qui commettoient les personnes liées avec lui.

Il fit avertir le comte de L...., envoya cent louis à l'abbé Brigault, et lui manda de partir secrètement, et sans délai. Cet abbé connoissoit assez particulièrement le chevalier de Menil : il fut le trouver, et lui dit qu'il alloit faire un voyage peut-être long; et qu'il le prioit de se charger d'une cassette dans laquelle étoit son testament et quelques papiers de famille, qu'il lui remit. Le chevalier savoit que l'abbé Brigault s'étoit donné autrefois de grands mouvemens pour les intérêts du chevalier de Saint-Georges : il crut qu'il s'agissoit des mêmes affaires, et ne lui fit nulle question. L'abbé, après ce peu de discours, le quitta pour partir; et le lendemain matin sa servante apporta au chevalier de Menil un gros paquet de papiers cachetés, qu'elle lui dit que son maître l'avoit chargée, en partant, de lui remettre. Il le prit comme il avoit fait la cassette, sans y entendre aucune finesse.

L'après-dînée du même jour 9 décembre 1718, le chevalier de Gavaudun, un des premiers gentilshommes de notre maison, entra dans ma chambre. M. de Valincour étoit avec moi. Il nous dit : « Voici « une grande nouvelle. L'hôtel de l'ambassadeur « d'Espagne est investi, et son quartier est rempli de « troupes. On ne sait encore de quoi il s'agit. » Je fus saisie d'effroi. Je tâchai pourtant de ne montrer que de la surprise de cet événement devant M. de Valincour, qui ignoroit la part que nous y prenions. Gavaudun étoit au fait : il nous quitta, ne voulant que m'apprendre ce qui étoit arrivé. M. de Valincour resta long-temps avec moi à raisonner sur cette aventure, dont il étoit fort étonné. Je ne sais comment il ne s'aperçut pas de mon trouble, que j'avois grande peine à cacher. J'essuyai ensuite une visite de l'abbé de Chaulieu, qui me tint dans la même contrainte. L'ambassadeur arrêté, et les conjectures à tort et à travers sur ce sujet, firent encore toute la conversation.

Madame la duchesse du Maine, de son côté, n'avoit pas moins de peine à faire bonne contenance, au milieu du monde qui étoit chez elle. Tout ce qui arrivoit débitoit la nouvelle, ajoutoit quelques circonstances, et ne parloit d'autre chose. Elle n'osoit se soustraire à ce monde importun, de peur qu'on ne lui trouvât l'air affairé. Elle me fit pourtant appeler un moment dans sa garde-robe, et me demanda si je n'avois rien appris de particulier : je lui dis que je ne savois que le bruit public, dont j'étois très-alarmée. Elle l'étoit grandement aussi, quoiqu'elle ne vît pas encore où cela tendoit. Elle m'envoya faire quelques perquisitions, dont je ne rapportai aucun éclaircissement.

Enfin nous apprîmes que les papiers que portoit l'abbé Porto-Carrero avoient été pris, et que ceux de l'ambassadeur, arrêté à cette occasion, étoient pareillement saisis. C'est alors que nous nous vîmes plongées dans l'abyme, dont il n'y avoit pas moyen de se tirer. Le lendemain, on sut que les marquis de Pompadour et de Saint-Geniès étoient à la Bastille. Deux jours après, madame la duchesse du Maine, jouant au biribi comme à son ordinaire (elle n'avoit garde de rien changer dans sa façon de vivre), un M. de Châtillon, qui tenoit la banque, homme froid, qui ne s'avisoit jamais de parler, dit : « Vraiment, il « y a une nouvelle fort plaisante. On a arrêté et mis « à la Bastille, pour cette affaire de l'ambassadeur « d'Espagne, un certain abbé Bri.... Bri.... » Il ne pouvoit retrouver son nom. Ceux qui le savoient n'avoient pas envie de l'aider. Enfin il acheva, et ajouta : « Ce qui en fait le plaisant, c'est qu'il a tout dit ; « et voilà bien des gens fort embarrassés. » Alors il éclate de rire, pour la première fois de sa vie.

Madame la duchesse du Maine, qui n'en avoit pas la moindre envie, dit : « Oui, cela est fort plaisant. « — Oh! cela est à faire mourir de rire, reprit-il. « Figurez-vous ces gens qui croyoient leur affaire « bien secrète : en voilà un qui dit plus qu'on ne lui « en demande, et nomme chacun par son nom. » Ce dernier trait jeta notre princesse dans la plus cruelle inquiétude, et la moins attendue; car le comte de L.... lui avoit fait dire que l'abbé étoit évadé, et les mesures si bien prises à cet égard, qu'il n'y avoit rien à craindre. Elle soutint jusqu'au bout la pénible conversation de M. de Châtillon, sans donner aucun signe des divers mouvemens dont elle fut agitée. Elle m'en fit le récit la nuit quand je me retrouvai avec elle, et me montra ses frayeurs, que je ne pus dissiper, trop persuadée moi-même du triste sort qu'elle alloit subir. On arrêtoit tous les jours quelqu'un, et nous ne faisions qu'attendre notre tour.

Le chevalier de Ménil fut mis aussi à la Bastille. L'abbé Brigault, comme je l'ai dit, l'avoit chargé de sa cassette et de ses papiers. Le chevalier ne se doutoit de rien alors : mais quand il apprit qu'on avoit arrêté le prince Cellamare pour affaires d'Etat, comme il savoit que l'abbé étoit en relation avec lui, il jugea, par son départ précipité, qu'il pouvoit être entré dans la même affaire, et se trouva fort embarrassé de ce qu'il avoit reçu de cet abbé. Il n'ignoroit pas la rigueur des ordonnances à ce sujet ; mais il aima mieux s'y exposer que de manquer à quelqu'un qui, sans être son intime ami, s'étoit fié à lui. Il crut cependant devoir s'éclaircir de la nature du dépôt dont on l'avoit chargé. Il ouvrit adroitement la cassette, et n'y trouva, comme l'abbé lui avoit dit, que son testament, et des papiers aussi indifférens. Il la referma sans qu'il y parût, et ensuite décacheta le rouleau de papiers où étoient tous les projets, mémoires, et tout ce qui s'étoit écrit sur cette affaire d'Espagne, dont il n'avoit eu aucune connoissance jusqu'à ce moment. Il n'eut pas le loisir de lire tant de pièces diverses ; mais il en vit assez, en les parcourant, pour juger qu'il n'y avoit rien ni contre le Roi ni contre l'Etat : et voyant les noms de beaucoup de gens de distinction qui alloient être impliqués dans cette affaire si ce témoignage contre eux n'étoit soustrait, il prit le parti de jeter tous les papiers au feu.

Il y avoit plusieurs intrigues distinctes de la nôtre, qui, sans se communiquer entre elles, aboutissoient toutes à l'Espagne, et traitoient séparément avec l'ambassadeur. Le comte d'Aydie et Magny, qui, au premier bruit, s'enfuirent en Espagne, avoient leur cabale particulière; le duc de Richelieu, mis longtemps après les autres à la Bastille, avoit la sienne. D'autres grands du royaume furent aussi soupçonnés d'avoir fait des partis. Les indices ou les preuves de toutes ces choses se trouvoient dans le mémorial de l'abbé Brigault. Le prince Cellamare l'avoit mis au fait de tout, ou peu s'en falloit.

Le lendemain de l'incendie qu'avoit fait le chevalier de Menil, l'abbé Dubois, dont il étoit fort connu, et qui savoit ses liaisons avec l'abbé Brigault, l'envoya chercher, et s'informa de ce qu'il auroit pu en apprendre sur l'affaire en question. Le chevalier de Menil l'assura qu'il ne lui en avoit jamais parlé, et lui avoua qu'il avoit mis entre ses mains une cassette fermée, laquelle ne contenoit, à ce qu'il lui avoit dit, que des papiers concernant ses propres affaires. On envoya vite chercher la cassette, où tout se trouva selon l'exposé.

Cependant l'abbé Brigault, que l'ambassadeur avoit pressé de partir, cheminoit lentement sur un cheval de louage, vêtu en cavalier. Il atteignit en trois jours Montargis, où des gens que le duc d'Orléans avoit envoyés de tous côtés pour l'arrêter se saisirent de lui, le trouvant très-ressemblant à la description qu'ils avoient de sa figure. Il se défendit d'abord d'être celui qu'on cherchoit ; mais plusieurs lettres qu'on trouva sur lui, adressées à l'abbé Brigault, dont il n'avoit pas eu soin de se défaire, furent une conviction à laquelle il ne put rien opposer. On le remena par le même chemin à la Bastille, plus promptement qu'il n'avoit été à Montargis.

La frayeur le saisit en y entrant, et il se montra disposé à dire tout ce qu'on voudroit savoir de lui.

Messieurs d'Argenson et Le Blanc, commis à l'examen de toute cette affaire, vinrent bientôt l'interroger ; et, pour entamer la conservation, ils lui dirent que sa servante étoit à la Bastille, et que le chevalier de Menil leur avoit remis ce qu'il lui avoit confié. « Hé bien ! dit-il, puisque vous avez ces papiers-là, « vous savez tout ; car il n'y a rien qui n'y soit. » Cet aveu, qui se rapportoit si peu à ce qu'ils avoient trouvé dans la cassette, leur fit voir que le chevalier n'avoit fait qu'une confession tronquée.

M. Le Blanc l'envoya chercher, et lui dit la déclaration de l'abbé Brigault. M. de Menil l'assura hardiment qu'il n'avoit aucun autre papier de l'abbé, et dit que, pour s'en convaincre, on n'avoit qu'à envoyer sur-le-champ visiter sa maison. Après avoir persisté quelque temps sur cette négative, se voyant seul avec M. Le Blanc (les gens qui l'accompagnoient s'étoient retirés) : « Je vais, monsieur, lui dit-il, vous parler, « non comme à un ministre d'Etat et à mon juge, mais « comme à un galant homme, qui fait cas des senti- « mens d'honneur. » Ce petit avant-propos achevé, il conta naïvement, sans rien déguiser, ce qu'il avoit fait, et les raisons qui l'y avoient déterminé. M. Le

Blanc, touché de sa confiance, lui dit qu'il ne pouvoit pas, sans trahir son ministère, garder le secret qu'il venoit de lui confier; mais qu'il feroit valoir sa franchise, et tâcheroit d'excuser sa conduite auprès du Régent.

M. Le Blanc le retint chez lui, fut sur-le-champ au Palais-Royal, fit en effet tout ce qu'il put pour pallier l'action du chevalier de Menil, et seroit parvenu à apaiser le duc d'Orléans sur son compte, si l'abbé Dubois, piqué personnellement d'avoir été trompé, n'avoit jeté feu et flamme pour le faire mettre à la Bastille. Il y fut conduit le même jour, nonobstant les bons offices de M. Le Blanc et les sollicitations de Nocé son ami, un des favoris du Régent, qui offrit de le garder chez lui.

Un marquis de Menil, d'une autre famille, alla trouver le duc d'Orléans, pour l'assurer qu'il n'étoit ni parent ni ami du chevalier. « Tant pis pour vous, « monsieur, répondit le Régent : le chevalier de Me- « nil est un très-galant homme. »

Je n'avois jamais ouï parler du chevalier de Menil, quand j'appris son aventure et sa prison. On donnoit de grands éloges à son procédé généreux. J'entendis dire tant de bien de lui à cette occasion, que cela me prévint extrêmement en sa faveur.

Le Régent, pour autoriser et justifier sa conduite violente, avoit fait imprimer et répandre deux lettres du prince Cellamare au cardinal Alberoni, prises dans le paquet que portoit l'abbé Porto-Carrero, avec les autres écrits envoyés à cette Eminence par l'ambassadeur. Il y avoit, à la tête de cet imprimé :

« Afin que le public soit instruit sur quels fonde-
« mens Sa Majesté a pris la résolution, le 9 du pré-
« sent mois, de renvoyer le prince Cellamare, am-
« bassadeur du roi d'Espagne, et d'ordonner qu'un
« gentilhomme ordinaire de sa maison l'accompagne
« jusqu'à la frontière d'Espagne, on a fait imprimer
« les copies des deux lettres de cet ambassadeur à
« M. le cardinal Alberoni, des premier et 2 du pré-
« sent mois, signées par ledit ambassadeur, et en-
« tièrement écrites de sa main, et sans chiffre. »

A la suite de ces deux lettres, on avoit ajouté cet avertissement :

« Lorsque le service du Roi et les précautions né-
« cessaires pour la sûreté et le repos de l'Etat per-
« mettront de publier les projets, manifestes et mé-
« moires cotés dans ces deux lettres, on verra toutes
« les circonstances de la détestable conjuration tra-
« mée par ledit ambassadeur pour faire une révolu-
« tion dans le royaume. »

Malgré cette promesse, on ne manifesta rien de plus : mais ce soin d'envenimer l'affaire et de la rendre odieuse, la rigueur déjà exercée sur la plupart des prétendus coupables, annonçoient le traitement qu'on préparoit aux personnes principales qui y étoient en-trées. On en avoit d'ailleurs plusieurs notions. Madame la duchesse du Maine fut positivement avertie, par plus d'une voie, qu'on songeoit à l'arrêter : elle m'entretenoit souvent les nuits, et me disoit qu'en quelque lieu qu'on la conduisît, elle demanderoit que j'allasse avec elle. Je le souhaitois passionnément.

Nous croyions alors qu'eu égard à son rang, on la mettroit dans quelque maison royale, avec une suite convenable. Il n'étoit pas possible d'imaginer la dureté du traitement qu'elle essuya. Cette idée de prison ne l'effrayoit pas trop; et même elle en plaisantoit avec moi, faisant des projets pour rendre sa retraite sinon agréable, du moins facile à supporter.

J'étois dans cette triste attente, lorsqu'un soir, plus fatiguée qu'à l'ordinaire, je me jetai sur un lit de repos dans ma chambre, et m'endormis. Au fort de mon sommeil, je me sentis tirée par le bras : j'ouvris les yeux à moitié, et au travers de l'obscurité j'entrevis une femme mal mise, que je ne reconnus point. Elle me dit que sa maîtresse m'envoyoit donner avis que madame la duchesse du Maine alloit être arrêtée cette nuit; qu'elle le savoit par une voie si sûre, qu'on n'en pouvoit douter. Ce discours me réveilla tout-à-fait : je lui fis plusieurs questions sur des particularités qu'elle ignoroit. Je n'en tirai rien de plus : je sus seulement qu'elle étoit envoyée par la marquise de Lambert, à qui j'étois fort attachée, et qui l'étoit infiniment aux intérêts de madame la duchesse du Maine, quoiqu'elle ne fût pas dans sa confidence sur cette affaire.

Je fus aussitôt trouver la princesse, et lui dis l'avis que j'avois reçu. Il ne faisoit que confirmer avec plus de précision ceux qui lui étoient venus d'ailleurs. Elle en fit part aux gens les plus familiers auprès d'elle, et les plus initiés à ses mystères, et les retint pour passer la nuit dans sa chambre, en attendant le moment de cette catastrophe, dont elle étoit si peu troublée, qu'elle fit beaucoup de plaisanteries tirées du sujet, où chacun se prêta; et cette nuit d'alarmes se passa fort gaîment. Je pris un livre que je trouvai sous ma main, pour lui insinuer de dormir. C'étoit *les Décades de Machiavel*, marquées au chapitre *des Conjurations*. Je le lui montrai. Elle me dit, en éclatant de rire : « Otez vite cet indice contre « nous; ce seroit un des plus forts. »

L'attente fut vaine pour ce moment. Le jour vint et s'avança, sans qu'on entendît parler de rien. Des mesures qu'il fallut encore prendre obligèrent le Régent à remettre, de quelques jours, l'exécution de son dessein. Cependant madame la duchesse du Maine, persuadée qu'il y persistoit, songea à faire un mémoire qu'elle vouloit laisser à madame la princesse sa mère, pour l'engager à demander, aussitôt qu'elle seroit arrêtée, qu'on lui fît son procès, sachant bien qu'il n'y avoit rien eu de criminel dans sa conduite, et que l'examen juridique qu'on en feroit obligeroit le Régent à la remettre en liberté. Quatre ou cinq jours s'étoient écoulés assez tranquillement, lorsqu'après avoir passé une partie de la nuit à faire cet écrit et à m'en entretenir, elle s'endormit sur les six heures du matin, et je me retirai. Je commençois à m'assoupir, quand j'entendis ouvrir ma porte, où je laissois la clef. Je crus que madame la duchesse du Maine me renvoyoit chercher. Je dis, à moitié éveillée : « Qui « est-ce? » Une voix inconnue me répondit : « C'est « de la part du Roi. » Je me doutai d'abord de ce qu'il me vouloit. On me dit tout de suite assez incivilement de me lever : j'obéis sans réplique. C'étoit le 29 décembre : le jour ne paroissoit pas encore. Les gens qui étoient entrés dans ma chambre y étoient venus sans lumière : ils en allèrent chercher; et je vis un officier des gardes et deux mousquetaires. L'officier me lut un ordre qu'il avoit de me garder à vue. Cependant je continuai de me lever; je demandai ma femme de chambre, qui logeoit un peu plus loin : on ne voulut pas la laisser venir. Toute la maison étoit pleine de gardes et de mousquetaires, et l'on ne pouvoit aborder d'aucun côté. Elle tenta inutilement le passage, et fut toujours repoussée.

J'étois dans une horrible inquiétude de ce qui se passoit chez madame la duchesse du Maine, que je ne doutois pas qu'on n'arrêtât en même temps; mais je jugeois bien qu'on ne m'en voudroit dire aucunes nouvelles. Je sus depuis que le duc de Béthune, capitaine des gardes de quartier, accompagné de M. de La Billarderie, lieutenant des gardes du corps, lui avoit porté l'ordre du Roi pour la conduire en prison, auquel elle se soumit sans résistance, et avec une grande tranquillité. La Billarderie demanda à la femme qui étoit couchée dans la chambre de madame la duchesse du Maine, si elle n'étoit pas la demoiselle de Launay. Elle dit bien fort que non, n'enviant pas pour lors le traitement qu'on me destinoit.

Je restai seule avec mes trois gardes depuis sept heures du matin jusqu'à onze, sans rien savoir de ce qui se passoit. Je demandai à l'un d'eux, avec qui je ne laissois pas de m'entretenir assez légèrement, si je ne suivrois pas madame, en cas qu'on la transférât en quelque lieu. Il m'assura qu'on ne lui refuseroit rien de ce qu'elle demanderoit. Cette espérance me tranquillisa : mais je n'en jouis pas long-temps; car un autre garde vint dire au mien que la princesse étoit partie, et qu'ils pouvoient me laisser avec un seul mousquetaire; ce qu'ils firent.

La nouvelle de ce départ, dont je n'étois point, me serra le cœur. Ce fut la première émotion que j'éprouvai. J'étois si préparée à tout le reste, que je n'en avois senti aucun trouble. Je ne pus savoir où l'on conduisoit madame la duchesse du Maine : on me dit seulement qu'elle coucheroit ce jour-là à Essone; d'où je jugeai faussement qu'elle seroit gardée à Fontainebleau. J'aurois été bien plus affligée si j'avois su alors qu'on la menoit en Bourgogne, gouvernement de M. le duc, pour la mettre dans la citadelle de Dijon; qu'elle alloit dans des carrosses de louage, et n'avoit pour toute suite que deux femmes de chambre. On lui envoya peu après, à la sollicitation de madame la princesse, mademoiselle des Forges, parente de M. de Malezieux, attachée depuis long-temps à elle sans aucun titre. C'étoit se voir étrangement réduite, pour une princesse toujours environnée de monde, et qui se croit seule quand elle n'est pas dans la presse.

Le capitaine des gardes la quitta à Essone; et M. de La Billarderie, avec les détachemens des gardes du corps et des mousquetaires, la mena à Dijon, où il resta quelque temps auprès d'elle. Il fut extrêmement touché du malheur de cette princesse, et ne songea qu'à adoucir, par ses soins et par ses services, les horreurs de sa captivité.

M. le duc du Maine fut arrêté à Sceaux, où il étoit resté pendant le séjour que madame la duchesse du Maine avoit fait à Paris. On le conduisit dans la citadelle de Dourlans en Picardie, où il fut gardé par un officier nommé Favencourt, qui le traita avec toute l'impolitesse et la dureté d'un véritable geolier. M. de Malezieux, resté à Sceaux avec M. le duc du Maine, y fut pris : on saisit ses papiers en sa présence, et l'on trouva dans son écritoire, sous le repli du contrat de mariage de son fils, l'original de cette lettre du roi d'Espagne au roi de France, dont il avoit fait tant de perquisitions, et tant déploré la perte. Aussitôt qu'il l'aperçut, il se jeta dessus, et la déchira; mais M. Trudaine, qui faisoit la visite de ses papiers, en reprit les morceaux, qui furent bien conservés, et on le mena à la Bastille.

Messieurs Davisard et Barjeton, qui avoient travaillé aux mémoires sur les rangs des princes légitimés, et n'étoient point entrés dans l'affaire présente, se trouvèrent enveloppés dans la disgrâce commune à tout ce qui étoit particulièrement attaché à la maison du Maine. Le fils de M. de Malezieux, lieutenant général d'artillerie, et le chevalier de Gavaudun, furent pris à Paris chez madame la duchesse du Maine, en même temps qu'elle. Sa fille d'honneur, mademoiselle de Montauban, quoiqu'elle n'eût pas grande part à sa confiance, eut le même sort. Deux valets de chambre de la princesse, quatre de ses valets de pied, deux frotteuses de son appartement; toutes ces personnes, prises d'un coup de filet, furent amenées le même jour à la Bastille. On fit l'honneur à l'abbé Le Camus et à cette comtesse ruinée de les y mettre aussi, mais, je crois, un peu plus tard. On y fit venir peu après, du fond de sa province, le vieux marquis de Boisdavis, gentilhomme de Poitou, pour une lettre qu'il avoit écrite au duc du Maine, remplie d'offres de services et d'assurances de dévouement à ses intérêts, qu'on trouva dans les papiers de ce prince.

Le cardinal de Polignac fut exilé à Anchin, une de ses abbayes en Flandre; le prince de Dombes et le comte d'Eu son frère, envoyés à la ville d'Eu en Normandie, terre de M. le duc du Maine. La princesse sa fille fut mise, par madame la princesse, au couvent de la Visitation de Chaillot. Toute cette maison fut ainsi dispersée.

Renfermée dans ma chambre tête à tête avec un mousquetaire mal informé, je ne pus rien apprendre de toutes ces choses. Je crois qu'il auroit dit volontiers ce qu'il auroit su, car il s'offrit à me rendre tous les services que je voudrois exiger de lui. Je n'en voulus recevoir aucun, tant par défaut de confiance que pour ne pas lui donner, dans une conjoncture si délicate, quelque droit à ma reconnoissance. J'avois cependant une cassette remplie de papiers non suspects par rapport aux affaires d'Etat, mais qui me regardoient personnellement, dont j'aurois bien voulu me débarrasser. Je crus, toute réflexion faite, qu'il valoit mieux qu'elle tombât entre les mains des ministres qu'en celles d'un mousquetaire. Heureusement celui-ci fut relayé par un autre, dans le temps qu'il commençoit de prendre trop d'intérêt à mes malheurs. Celui qui vint à sa place ne me parut pas si compatissant : il m'exhorta seulement à faire un léger repas, me faisant presque entendre que ce pourroit être le dernier. Je ne savois quelle exécution si brusque il m'annonçoit, n'ayant nulle notion de ce qu'on vouloit faire de moi.

L'après-dînée, messieurs Fagon et Parisot, maîtres

des requêtes, vinrent prendre mes papiers. Je leur dis qu'ils y trouveroient quelques lettres galantes; qu'il étoit bon de les avertir qu'elles étoient d'un homme de quatre-vingts ans, quoique écrites d'une main écolière, parce qu'il étoit aveugle: C'étoit l'abbé de Chaulieu; et le secrétaire son petit laquais, qui ne savoit mot d'orthographe.

Ces messieurs examinèrent mes livres, où ils ne trouvèrent rien à reprendre; fouillèrent partout, jusque sous mes matelas; et ne virent point cette cassette que j'avois désiré de soustraire. Ils voulurent visiter un coffre dont ma femme de chambre avoit la clef : cela les obligea de la faire venir, et on la laissa ensuite avec moi; ce qui me fut d'une grande consolation. Une heure ou deux après, un officier des mousquetaires me vint dire que je me disposasse à partir, sans m'apprendre où l'on alloit me mener. Je lui demandai si la fille qui me servoit ne viendroit pas avec moi : il me dit qu'il n'avoit nul ordre sur cela, et ne pouvoit le permettre sans savoir la volonté du Régent. Je le priai instamment de m'obtenir cette grâce, qui seroit la seule que je demanderois. Il m'assura qu'elle me seroit accordée, et que cette fille me suivroit de fort près. Il emmena son mousquetaire, me renferma dans ma chambre seule avec elle, et me dit que dans une demi-heure on viendroit me chercher.

Cette pauvre Rondel, quoiqu'il n'y eût qu'un an qu'elle fût auprès de moi, et qu'on lui eût officieusement conseillé de ne me pas suivre, m'assura que, quelque chose qui pût arriver, elle ne me quitteroit point. J'eus lieu d'être aussi contente de son bon sens que de son affection.

La cassette pleine de mes papiers, qui m'étoit restée, m'inquiétoit, quoiqu'il n'y eût que des bagatelles; et j'eus l'imprudence de lui dire de les jeter au feu quand je serois partie, et qu'elle se trouveroit seule dans ma chambre. Je lui donnai la clef : elle n'eut le loisir de me faire aucune objection, car on vint aussitôt me prendre, et l'on me mit dans un carrosse avec trois mousquetaires.

Il étoit sept heures du soir. Je me doutai alors que la route ne seroit pas longue, et qu'on me menoit à la Bastille. J'y arrivai en effet. On me fit descendre au bout d'un petit pont, où le gouverneur me vint prendre. Après que je fus entrée, l'on me tint quelque temps derrière une porte, parce qu'il arrivoit quelqu'un des nôtres qu'on ne vouloit pas me laisser voir. Je ne comprenois rien à toutes ces rubriques. Ceux-ci placés dans leurs niches, le gouverneur vint me chercher, et me mena dans la mienne. Je passai encore des ponts où l'on entendoit des bruits de chaînes, dont l'harmonie est désagréable. Enfin j'arrivai dans une grande chambre où il n'y avoit que les quatre murailles fort sales, et toutes charbonnées, par le désœuvrement de mes prédécesseurs. Elle étoit si dégarnie de meubles, qu'on alla chercher une petite chaise de paille pour m'asseoir; deux pierres, pour soutenir un fagot qu'on alluma; et on attacha proprement un petit bout de chandelle au mur, pour m'éclairer. Toutes ces commodités m'ayant été procurées, le gouverneur se retira, et j'entendis refermer sur moi cinq ou six serrures, et le double de verroux.

Me voilà donc seule vis-à-vis de mon fagot, incertaine si j'aurois cette fille qui devoit m'être une société et un grand secours ; plus en peine encore du parti qu'elle auroit pris sur l'ordre non réfléchi que je lui avois donné, dont je vis alors toutes les conséquences. Je passai environ une heure dans cette inquiétude, et ce fut la plus pénible de toutes celles qui s'écoulèrent pendant ma prison.

Enfin je vis reparoître le gouverneur, qui m'amenoit mademoiselle Rondel. Elle lui demanda, d'un air fort délibéré, si nous coucherions sur le plancher. Il lui répondit d'un ton goguenard, assez déplacé, et nous laissa. Dès que je fus seule avec elle, je lui demandai qu'étoient devenus mes papiers. Elle me dit qu'elle avoit ouvert la cassette, et que l'en ayant trouvée toute pleine, sans que je lui en eusse désigné aucun dont il fallût principalement se défaire, elle avoit jugé qu'elle n'auroit jamais le loisir de tout brûler, et moins encore le moyen d'empêcher que les cendres ne déposassent contre elle et contre moi ; qu'au surplus, elle avoit pensé qu'après la visite faite dans ma chambre, on n'y reviendroit pas ; qu'elle avoit donc pris le parti de refermer la cassette, et de la remettre dans l'endroit obscur qui l'avoit dérobée aux premières recherches. Elle me rendit ma clef. Je louai sa prudence, qui avoit réparé une étourderie de ma part, dont les suites pouvoient être fâcheuses.

Nous nous entretenions paisiblement, lorsque nous entendîmes rouvrir nos portes avec fracas : cela ne se peut faire autrement. On nous fit passer dans une chambre vis-à-vis de la nôtre, sans nous en rendre raison. On ne s'explique point en ce lieu-là ; et tous les gens qui vous abordent ont une physionomie si resserrée, qu'on ne s'avise pas de leur faire la moindre question.

Nous fûmes barricadées dans cette chambre aussi soigneusement que nous l'avions été dans l'autre. A peine y étions-nous renfermées, que je fus frappée d'un bruit qui me sembla tout-à-fait inouï. J'écoutai assez long-temps, pour démêler ce que ce pouvoit être. N'y comprenant rien, et voyant qu'il continuoit sans interruption, je demandai à Rondel ce qu'elle en pensoit. Elle ne savoit que répondre ; mais s'apercevant que j'en étois inquiète, elle me dit que cela venoit de l'Arsenal, dont nous n'étions pas loin ; que c'étoit peut-être quelque machine pour préparer le salpêtre. Je l'assurai qu'elle se trompoit ; que ce bruit étoit plus près qu'elle ne croyoit, et très-extraordinaire. Rien pourtant de plus commun. Je découvris par la suite que cette machine, que j'avois apparemment crue destinée à nous mettre en poussière, n'étoit autre que le tourne-broche, que nous entendions d'autant mieux que la chambre où l'on venoit de nous transférer étoit au-dessus de la cuisine.

La nuit s'avançoit, et nous ne voyions ni lit ni souper. On vint nous retirer de cette chambre, où je me déplaisois fort, n'étant pas sortie de mon erreur sur le bruit qui continuoit toujours. Nous retournâmes dans la première. J'y trouvai un petit lit assez propre, un fauteuil, deux chaises, une table, une jatte, un pot à l'eau, et une espèce de grabat pour coucher Rondel. Elle le trouva maussade, et s'en plaignit. On lui dit que c'étoient les lits du Roi, et qu'il falloit s'en contenter. Point de réplique. On s'en va; l'on nous renferme.

Ce simple nécessaire, quand on a craint de ne l'avoir pas, cause plus de joie que n'en peut donner la plus somptueuse magnificence à ceux qui ne manquent de rien. J'étois donc fort aise de me voir un lit. Je n'aurois pas été fâchée d'avoir aussi un souper. Il étoit onze heures du soir, et rien ne paroissoit. Je me souvins alors de l'exhortation de mon mousquetaire pour me faire dîner; et je crus qu'instruit des us et coutumes du lieu, il savoit qu'on n'y soupoit pas. La faim, qui chasse le loup hors du bois, me pressoit; mais je ne voyois pas d'issue. Enfin le souper arriva, mais fort tard. Les embarras du jour avoient causé ce dérangement; et je ne fus pas moins surprise le lendemain de le voir arriver à six heures du soir, que je l'avois été ce jour-là de l'attendre si long-temps.

Je soupai, je me couchai : l'accablement m'auroit fait dormir, si la petite cloche que la sentinelle sonne à tous les quarts-d'heure, pour faire voir qu'elle ne dort pas, n'avoit interrompu mon sommeil chaque fois. Je trouvai cette règle cruelle d'éveiller à tous momens de pauvres prisonniers, pour les assurer qu'on veille, non pas à leur sûreté, mais à leur captivité; et c'est à quoi j'eus plus de peine à m'accoutumer.

M. de Launay, gouverneur de notre château, venoit d'être installé dans sa place quand nous y arrivâmes. Son prédécesseur, M. de Bernaville, étoit mort la veille. Celui-ci étoit son parent et son élève, qu'il avoit parfaitement façonné à toutes les pratiques de la geôle. Il vint me voir le lendemain de mon entrée. Comme j'avois remarqué qu'il affectoit le ton plaisant, je le pris avec lui : il me trouva tout apprivoisée. Je lui demandai des livres et des cartes à jouer. Il m'envoya quelques tomes dépareillés de *Cléopâtre*. Je m'en aidai, en attendant mieux ; et je jouai au piquet avec Rondel. Elle me racontoit tout ce qu'elle avoit vu et ouï dire le jour qu'on nous avoit arrêtées, avant qu'elle fût renfermée avec moi. Quand elle avoit tout dit, je lui faisois recommencer, et lui demandois sans fin ce qu'elle ne pouvoit savoir. J'étois curieuse principalement d'apprendre quels étoient tous les compagnons de notre infortune. Elle me dit tous ceux qu'elle avoit vu arrêter en même temps que moi à notre petit hôtel du Maine. Il nous en restoit bien d'autres à connoître. « Nous aurons, dit-elle ; « une belle occasion de les découvrir dimanche à la « chapelle ; et je vous promets que je remarquerai « bien tout. » Nous ne savions pas alors qu'on ne s'embarrasse guère de faire pratiquer aux prisonniers les devoirs de la religion. Ce fut une distinction qu'on m'accorda de me faire entendre la messe les fêtes et les dimanches. Mais je n'y gagnai rien pour les découvertes que j'en attendois : on me cacha sous un pavillon, où je ne pouvois rien voir, ni être vue de personne.

On prend tant de précautions pour qu'un prisonnier n'en puisse apercevoir un autre, que le gouverneur me dit qu'il ne pouvoit se dispenser de faire mettre du papier à mes fenêtres, qui donnoient sur la cour intérieure du château. Je lui représentai que c'étoit une peine inutile pour une aveugle comme moi. Il avoit remarqué qu'en effet je ne voyois guère, et se rendit, sans songer que je me servirois des yeux de ma compagne. C'est ce que je fis. Elle passoit la plus grande partie du jour à regarder au travers des vitres, placée de façon qu'on ne la pouvoit voir, et que rien cependant ne lui échappoit.

Messieurs d'Argenson et Le Blanc, chargés de notre affaire, venoient interroger les prisonniers. Nous les voyions passer la cour, et se rendre dans une salle au-dessous de ma chambre. Le feu qu'on y allumoit lorsqu'ils devoient venir rendoit de la fumée chez moi, et me donnoit d'avance un indice de leur arrivée. Il n'y a point d'observateurs plus attentifs que des gens en prison : le grand loisir, le peu de distraction, le vif intérêt les livrent tout entiers à cet exercice. Rien qu'ils ne fassent pour découvrir la plus petite chose.

Nos juges venoient souvent, accompagnés de l'abbé Dubois ; et pour lors on croyoit voir Minos, Eaque et Rhadamante. Nous observions celui qu'on menoit subir leur interrogatoire, où l'abbé ne se trouvoit pas. Je me prosternois sur mon plancher, pour tâcher d'en attraper quelques mots. Cela étoit pourtant impossible ; aucun son articulé n'arrivoit jusqu'à nous : on pouvoit tout au plus entendre un murmure confus, des éclats de voix, et discerner la chaleur ou la tranquillité du colloque. Malgré l'insuffisance de pareilles découvertes, nous nous y portions toujours avec la même ardeur.

Cependant j'attendois avec inquiétude le moment où la scène me seroit personnelle. Je préparois des réponses à tout ce que j'imaginois qu'on me pourroit dire : j'en avois rassemblé de quoi faire un volume. Aucune ne me servit; et j'aurois pu dire, quand on m'interrogea :

J'avois réponse à tout, hormis à *Qui va là ?*

Ce ne fut pas si tôt que mon tour vint : bien d'autres passèrent avant moi. Quand M. le marquis de Boisdavis fut appelé, ils lui demandèrent en quels lieux et comment il avoit formé de si étroites liaisons avec le duc du Maine. « Je ne l'ai jamais vu, leur dit-il, « non plus que Son Altesse Royale. — Comment « donc, reprit le ministre, vous êtes-vous absolu- « ment dévoué aux intérêts de ce prince, au préju- « dice du Régent ? — Comme on s'affectionne sans « savoir pourquoi, répondit Boisdavis, pour un « joueur plutôt que pour l'autre. » Ils n'en tirèrent rien de plus, quoiqu'on eût fait venir à grands frais, du fond de sa province, tous les papiers de sa maison.

Le peu de précautions que j'avois prises en partant, tout occupée d'autre chose que de ce qui pouvoit m'être nécessaire, fit qu'au bout de quelques jours je me trouvai manquant de tout. Je n'avois que la cornette qui étoit sur ma tête, et pas plus de chemises qu'une héroïne de roman enlevée, sans avoir comme elle *la cassette aux pierreries*. Je ne trouvai de ressource que dans l'industrie de la pauvre Rondel, qui fit la lessive de tout mon linge dans une jatte à laver les mains. Je me coiffai, pendant cette expédition, d'un mouchoir blanc qui m'étoit resté. Ce fut dans cet extrême négligé que je reçus la première visite du lieutenant de roi de notre château. Il n'y a point de situation où une femme ne sente le déplaisir de se présenter avec désavantage à quelqu'un qui ne l'a jamais vue.

Ce lieutenant de roi, nommé M. de Maisonrouge, tout nouvellement dans cette place, ci-devant capitaine major de cavalerie, n'avoit jamais vu que son régiment. C'étoit un bon et franc militaire, plein de vertus naturelles, qu'un peu de brusquerie et de rusticité accompagnoient, et ne défiguroient pas. Il n'avoit d'abord voulu voir ni mademoiselle de Montauban ni moi, disant au gouverneur, quand il lui proposa de nous rendre visite : « Que voulez-vous que « j'aille dire à ces péronnelles, qui ne feront que « crier et pleurer? » Il l'assura que nous n'étions point si désolées. Il se résolut à nous voir. Il vint donc chez moi ; et, pour me tenir un discours consolant, il me dit que je ne devois pas m'inquiéter de ma situation ; que si madame la duchesse du Maine avoit eu des torts, je n'en serois jamais responsable ; qu'on m'excuseroit sur la nécessité où j'avois été de lui obéir. Un tel propos me fut suspect ; et je ne doutai presque point que cet homme, que je ne connoissois pas alors, ne vînt me tendre un piége. Je lui dis que je ne fondois pas ma sécurité sur ce qui m'étoit personnel ; mais qu'étant persuadée qu'on ne trouveroit rien contre madame la duchesse du Maine, je ne pouvois appréhender que ses fautes rejaillissent sur moi ; que si elle en eût fait où j'eusse participé, je ne me croirois pas disculpée par des commandemens auxquels on ne doit jamais se soumettre. Etonné d'entendre raisonner si tranquillement quelqu'un qu'il avoit cru trouver dans les excès de désespoir, il se prit d'affection pour moi dès ce premier moment, et s'accoutuma à me voir très-souvent.

Au fort de la disette où je me voyois de toutes choses, le gouverneur vint chez moi, suivi d'un ballot de toutes mes nippes, avec une bourse pleine d'or. Je n'aurois su d'où venoit cet utile secours, si je n'avois reconnu la bourse que j'avois faite et donnée autrefois à M. de Valincour. C'étoit lui qui, sans craindre de m'avouer dans un temps où mes amis n'osoient me connoître, et qui, plus obligé que personne à garder des mesures par rapport à son maître, alla d'abord demander aux ministres non-seulement de me rendre ce service, mais encore la liberté de m'envoyer toutes les semaines une feuille de papier ouverte, contenant plusieurs demandes sur les choses dont je pouvois avoir besoin. Elle avoit une grande marge, sur laquelle, suivant la permission qu'il m'en avoit obtenue, je répondois par monosyllabes à chaque article, en présence du gouverneur, qui me l'apportoit, et la lui renvoyoit. Cet heureux secours ne me manqua point, depuis le moment qu'il fut accordé jusqu'à celui où je fus remise en liberté ; et M. de Valincour ne se rebuta pas d'entrer dans les plus petits détails de tout ce qui m'étoit nécessaire ou simplement agréable, sans oublier même ce qui regardoit ma femme de chambre. Il ne négligea pas non plus de faire retirer et mettre chez lui mes meubles, qui auroient été perdus dans cette maison de louage, rendue aussitôt après qu'on nous y eut arrêtés. Des attentions si suivies en des choses si peu éclatantes portoient le caractère d'une vraie amitié, dont le soin actif me rendoit tout ce que j'aurois pu attendre de moi-même en pleine liberté.

Soulagée ainsi des plus grandes peines de mon état, j'en aurois goûté le repos, s'il n'eût été troublé par une funeste pensée qui m'assiégeoit continuellement. Quelques jours avant que je fusse à la Bastille, l'abbé de Chaulieu m'avoit conté, à l'occasion de tous les gens qu'on y mettoit, des histoires effrayantes de ce qui s'y passoit; entre autres, celle d'une femme de condition à qui autrefois on y avoit donné la question sans lui faire son procès, et si rudement, qu'elle en étoit demeurée estropiée toute sa vie. Il prétendoit que ce moyen y étoit souvent employé sans aucune formalité, et que l'exécution s'en faisoit par les valets de la maison. Cette opinion, qu'il m'avoit mise dans l'esprit, avoit de quoi m'alarmer. Je passois pour instruite du secret de l'affaire. J'étois sans doute supposée aussi foible que les femmes ont coutume de l'être, d'ailleurs un personnage peu important. Il y avoit toute apparence que si l'on tentoit cette voie, le choix tomberoit sur moi. Frappée de cette idée, j'avois un extrême désir d'en éclaircir les fondemens; mais je ne savois comment m'y prendre. Je hasardai, un jour que j'étois avec notre lieutenant de roi, d'amener la conversation sur plusieurs choses que j'avois ouï dire qui se faisoient à la Bastille. Il les traita la plupart de contes puériles. Enfin, baissant le ton, comme on fait ordinairement quand on est embarrassé, je lui dis qu'on prétendoit qu'on y donnoit quelquefois la question sans forme de procès. Il ne me répondit rien. Nous nous promenions dans ma chambre pendant cet entretien. Il fit encore un tour, et s'en alla assez brusquement. Je demeurai tout éperdue, et plus persuadée que jamais du sinistre traitement qu'on me destinoit. Je crus que notre homme en étoit informé, et que cette connoissance lui avoit fermé la bouche, ne voulant ni prévariquer dans son ministère, ni avancer, par la prévoyance, le mal que je devois subir. Je continuai de me promener à grands pas, faisant sur ce sujet de profondes réflexions. Je n'avois à cœur que de bien faire, et je ne me souciois ni de souffrir ni de mourir; mais je craignois ce que peut, contre les résolutions les plus fortes, l'excès de la douleur; et je n'osois me répondre de moi dans un cas où je n'avois pas ma propre expérience pour garant. J'en appelai d'étrangères à mon secours. Pourquoi ne ferois-je pas, me disois-je, ce que d'autres ont fait ? On souffre des opérations affreuses, pour sauver sa vie. Que fait la douleur? elle arrache des cris, et ne peut vous forcer d'articuler des paroles. Après cet examen je me tranquillisai, et j'espérai de moi, soutenue par de puissans motifs, ce qui n'étoit pas au-dessus des forces de la nature. Je m'aperçus, par la suite, que notre lieutenant étoit sourd d'une oreille; et, me ressouvenant que j'avois adressé mon interrogation de ce mauvais côté, je ris de la vaine frayeur que son apparente circonspection m'avoit causée.

Je n'en étois pas encore délivrée, lorsque je fus appelée pour être interrogée par nos commissaires. Je pris la précaution de mettre un peu de rouge que j'avois dans ma poche, quoique je ne m'en servisse jamais, pour dérober, autant qu'il me seroit possible, l'altération de mon visage, propre à me déceler. Il y avoit déjà trois semaines que j'étois en prison, quand ces messieurs me parlèrent. Le garde des sceaux, avec son air sévère, me dit de m'asseoir, ensuite d'ôter mon gant. J'ôtai celui de la main gauche, ne sachant de quoi il s'agissoit. Il me dit de l'ôter de la droite, et de la lever. Je fis tout ce qu'il voulut, bien résolue de ne lui dire que ce qui me plairoit.

Il me demanda en quels lieux et de quelle manière j'avois passé ma vie. Je lui dis que j'avois été en couvent depuis ma naissance, jusqu'à ce que je fusse chez madame la duchesse du Maine. Mon histoire fut courte. Ensuite il me dit que cette princesse avoit une grande confiance en moi. Je répondis que mon sexe, et la place que j'occupois auprès d'elle, ne comportoient pas cette grande confiance. On me répliqua que j'étois une partie des nuits avec madame la duchesse du Maine; et l'on s'informa à quoi se passoit ce temps-là. Je dis que c'étoit à faire une lecture pour l'endormir. M. Le Blanc dit qu'il n'étoit pas vraisemblable que cette lecture ne fût souvent interrompue : j'en convins. « Et par quels propos, reprit-« il ? — C'étoit ordinairement, lui dis-je, sur le sujet « de la lecture. — Madame la duchesse du Maine, « reprit encore M. Le Blanc, a l'esprit trop vif pour « traiter long-temps la même matière sans y en mê-« ler d'autres. — Aussi faisoit-elle, répondis-je; et ses « discours étoient si divers, qu'il ne me seroit pas « possible de m'en souvenir. » On ajouta : « Vous « étiez secrétaire de madame la duchesse du Maine. » Je dis que je n'en avois jamais porté le titre, ni exercé la fonction; qu'à la vérité je prenois soin de ses livres, et que je me mêlois de petites discussions qui avoient rapport à cet emploi. On m'allégua que j'avois souvent écrit au bibliothécaire de la bibliothèque du Roi. Je dis que madame la duchesse du Maine, dans le temps qu'elle faisoit des écrits sur son affaire des rangs, ayant eu besoin de plusieurs livres qu'elle faisoit demander à la bibliothèque, elle m'avoit chargée de ce soin. Après cela, il me fut dit qu'on avoit en main beaucoup de lettres que j'avois écrites à un abbé. J'hésitai quelques momens à répondre, ne pouvant me remettre ce que c'étoit que ces lettres. Enfin, rappelant mon souvenir, je dis qu'apparemment elles étoient écrites à un abbé Le Camus, qui avoit offert ses services à madame la duchesse du Maine pour écrire sur la contestation des rangs; que l'incapacité du personnage l'avoit réduite à n'accepter de sa part que des recherches qui avoient rapport à la matière dont il s'agissoit; qu'elle lui avoit dit de me les communiquer, et que cette commission avoit fourni pendant un temps nouvelle occasion chaque jour à l'abbé Le Camus de m'écrire, pour m'envoyer ses remarques; que madame la duchesse du Maine, touchée de ses soins, tout inutiles qu'ils étoient, m'avoit ordonné de lui témoigner, de fois à autre, qu'elle lui en étoit obligée. « Les lettres mêmes, ajoutai-je, « font foi qu'il n'étoit pas question d'autre chose. » On m'objecta qu'il y étoit fait mention de la *constitution*. Je répondis que je ne m'en souvenois pas; que je ne m'étois jamais occupée de matières que je n'entendois point, et qui étoient si peu de ma compétence. On me dit ensuite qu'on avoit trouvé un papier déchiré dans la chambre de madame la duchesse du Maine le jour qu'on l'avoit arrêtée, et qu'il falloit que ce fût moi qui l'eût déchiré. Cela n'étoit pas : je l'affirmai. Puis l'on me demanda si elle avoit su qu'elle dût être arrêtée. Je dis qu'il en avoit couru des bruits qui avoient été jusqu'à elle; mais qu'il ne m'avoit pas paru qu'elle y eût fait grande attention.

Je croyois toujours qu'on m'alloit dire des choses plus embarrassantes, et que c'étoit pour me dépayser qu'on m'entretenoit de ces bagatelles. J'y fus trompée : on ne me dit pour lors rien de plus important.

M. Le Blanc sortit, pour faire avertir quelque autre prisonnier qu'ils vouloient voir. M. d'Argenson, seul avec moi, me demanda fort gracieusement si j'étois bien traitée, et me fit voir que c'étoit son intention; d'où je jugeai que je lui avois été recommandée de bonne part. En effet, la marquise de Lambert avoit témoigné à une personne qui avoit beaucoup de crédit sur lui, de ses amies à elle, tout l'intérêt qu'elle prenoit à moi.

Je fus assez contente de la façon dont je m'étois tirée de cette première occasion, sans paroître embarrassée ni intimidée, n'ayant dit que ce que je voulois dire, et ne m'étant presque pas écartée du vrai, dans lequel il me semble que l'esprit, forcé à quelque détour, rentre aussi naturellement que le corps qui circule rattrape la ligne droite. Je crus pouvoir me répondre que je soutiendrois bien mon rôle jusqu'au bout. Comme il n'y avoit que ma conduite qui pût dépendre de moi, et que d'ailleurs je savois que les princes se tirent toujours d'affaire, je cessai de m'agiter. Je fus pourtant extrêmement touchée quand j'appris que madame la duchesse du Maine étoit renfermée dans la citadelle de Dijon : mais, hors quelques circonstances affligeantes que je découvrois de temps en temps, ma vie étoit douce et tranquille; j'y trouvois même plus de liberté que je n'en avois perdu. Il est vrai qu'en prison l'on ne fait pas sa volonté; mais aussi l'on n'y fait point celle d'autrui : c'est au moins la moitié de gagné. L'éloignement de toutes sortes d'objets y écarte les désirs, ou l'impossibilité d'en satisfaire aucun les étouffe dès leur naissance. Il n'en est pas de même dans la servitude : tout s'y offre et se refuse en même temps à nos souhaits. Là encore on est exempt des assujétissemens, des devoirs, des égards de la société; et, à tout prendre, c'est peut-être le lieu où l'on est le plus libre. Il me sembla du moins alors que ce paradoxe pouvoit se soutenir par des raisons assez plausibles.

Je ne sentis point en prison l'ennui qu'on y redoute principalement. Ce sentiment, si c'en est un, et que ce ne soit pas plutôt leur entière privation, incompatible avec les troubles et les inquiétudes qui s'emparèrent de moi dans les premiers temps, ne put d'abord me saisir. Je m'en garantis quand je fus plus calme, par les occupations que je me fis, et par tous les amusemens qui se présentèrent à moi, que j'avois soin de recueillir. Ce n'est pas l'importance des choses qui nous les rend précieuses, c'est le besoin que nous en avons. Je fus étonnée du parti que je tirai d'une chate que j'avois demandée, simplement dans l'intention de me délivrer des souris dont j'étois persécutée. Cette chate étoit pleine : elle fit ses petits chats, et ceux-ci en firent d'autres. J'eus le loisir d'en voir plusieurs générations. Cette jolie famille faisoit des jeux et des danses devant moi, dont je me divertissois fort bien, quoique je n'aie jamais aimé aucune sorte de bêtes.

Je pris aussi un goût qui m'étoit tout nouveau pour le jeu et pour l'ouvrage. Toutes ces choses mises à leur place me délassoient des lectures sérieuses, dont je faisois ma principale occupation. Cette expérience m'apprit que ce qui rend les divertissemens les plus vifs insipides pour les gens dont la vie en est uniquement remplie, c'est qu'ils perdent leur véritable fonction, qui est de reposer le corps ou l'esprit, fatigué du travail. Elle m'a fait penser aussi que chaque état a ses plaisirs, même celui de la vieillesse et de l'infirmité. Il n'y en a point qui fasse naître tant de besoins : leur soulagement a plus de délices que la jouissance des biens qu'une espèce de nécessité n'a pas précédée. Cette réflexion est propre à diminuer la crainte des situations fâcheuses où l'on peut tomber. On les envisage comme on fait l'habitation de la zone torride, qui semble insoutenable, parce qu'on ne considère que l'excessive chaleur qu'il y doit faire, sans songer aux vents et aux pluies qui la tempèrent.

Il y avoit plus de trois mois que j'étois dans cette paisible demeure, lorsque, sur la fin du carême, le gouverneur me demanda si je voulois faire mes pâques. Je m'informai s'il me seroit permis d'avoir un confesseur à mon choix. On me dit que non ; qu'il falloit se contenter du chapelain de la maison, ou ne se point confesser. Tous les officiers m'en étoient tellement suspects, que je fus tentée de remettre ce devoir à un temps plus opportun. Cependant, joignant à la nécessité de le remplir des réflexions sur la mauvaise grâce de s'en dispenser ; craignant même que le Régent, qui entroit dans les moindres détails de notre conduite, n'en tirât des inductions fâcheuses, je me déterminai, à tout risque, de faire cette confession. Comme j'avois diverses choses à rappeler dans mon souvenir qui pouvoient se confondre, je demandai au gouverneur du papier pour les mettre en ordre, et ne les pas oublier. Il me dit qu'il ne laissoit rien écrire chez lui qu'il n'en fît la lecture ; qu'il me donneroit, à cette condition, ce que je lui demandois. Cette méchante plaisanterie ne servit qu'à me convaincre de son excessive défiance, que j'avois éprouvée auparavant, lorsque l'ayant prié, jusqu'à me mettre à genoux devant lui, d'écrire lui-même un billet à madame de Grieu, que je dicterois, pour la tirer de l'horrible inquiétude où elle étoit de mon sort, il avoit été inflexible à toutes mes instances, craignant un sens caché sous les choses simples qu'il auroit écrites de sa propre main.

Je m'en fiai donc à ma mémoire de l'exactitude de ma confession. Jamais soupçon ne fut plus injuste que celui que j'avois eu de notre chapelain. Je trouvai en lui le meilleur homme du monde, simple et compatissant, plus disposé à plaindre mes malheurs qu'à me reprendre de mes fautes. Je fus fort aise d'avoir rencontré si heureusement, et surmonté la vaine frayeur qui vouloit l'emporter sur un précepte et sur une bienséance indispensable.

La bonne foi inséparable de mes actions, et la volonté que j'ai toujours eue de ne rien faire que le mieux qu'il m'est possible, me rappelèrent, dans cette conjoncture, à la dévotion. Tout le tracas des intrigues politiques, les passions qui s'y mêlent, et la dissipation du monde, m'avoient infiniment distraite. Ce nouveau secours fixa la tranquillité dont je jouissois déjà. Aussi vis-je sans émotion bien des choses qui auroient dû me troubler.

Le comte de L...., au grand étonnement de tout le monde, qui le regardoit comme un des principaux chefs de l'entreprise, étoit demeuré en liberté. Je ne doutois pas qu'il n'eût été arrêté en même temps que nous; et je demandois souvent à Rondel, qui ne le connoissoit point, si elle ne voyoit pas un grand homme sec, avec une mentonnière noire, qu'il portoit depuis que, pour fruit de la guerre, il avoit eu la mâchoire fracassée. Enfin elle le vit arriver dans le temps dont je parle, et s'écria : « Ah! voilà l'homme « à la mentonnière. » J'avois plus traité avec lui qu'avec aucun autre; et quoique je me fiasse aux paroles que nous nous étions données, j'aurois mieux aimé le savoir bien loin que si près.

La prise du comte de L.... servit de moyen pour embarrasser le marquis de Pompadour, qu'on vouloit absolument faire parler, et qui jusque là s'étoit obstiné à se taire. On lui produisit, sur le pied d'aveux faits par le comte, des choses qu'il n'avoit dites qu'à lui, lesquelles sans doute avoient été ou simplement conjecturées, ou révélées par quelques confidens indiscrets, à qui M. de L.... pouvoit les avoir dites avant que d'être arrêté; car depuis qu'il le fut on ne put rien tirer de lui. Cependant M. de Pompadour, qui n'étoit pas ferré à glace, menacé d'une confrontation avec le comte, chancela dans ses réponses. Nos ministres le voyant ébranlé, dressèrent une nouvelle batterie pour l'atterrer. Maisonrouge, lieutenant de roi, s'étoit fort attaché à lui. M. Le Blanc le prit un jour en particulier, et lui dit en grande confidence qu'il s'intéressoit à M. de Pompadour, et qu'il étoit au désespoir du mauvais tour que prenoit son affaire; qu'on alloit lui faire son procès, et qu'il auroit la tête tranchée, à moins qu'il ne prévînt son malheur par un sincère aveu de tout ce qui s'étoit passé, dont on vouloit l'entière déclaration écrite de sa main; que M. le duc d'Orléans auroit besoin d'une telle pièce pour justifier ses démarches; et que c'étoit le seul moyen d'empêcher qu'il n'abandonnât à la rigueur des lois les personnes comprises dans cette affaire. M. Le Blanc fit sentir au lieutenant de roi qu'il ne lui confioit des choses d'un si profond secret qu'afin qu'il tâchât d'engager le marquis de Pompadour à prendre le seul parti qui pouvoit le sauver. Ayant ainsi ému le bon cœur de Maisonrouge, sans craindre que les mouvemens en fussent redressés par la finesse de ses lumières, il se promit le succès d'une négociation où il avoit si bien trompé l'ambassadeur.

Le pauvre lieutenant, encore tout effrayé de ce qu'il venoit d'entendre, courut chez M. de Pompadour, à qui il ne laissa rien ignorer de cette confidence, dont on s'étoit gardé de lui recommander le secret. Le marquis prit l'épouvante, et se résolut à tout ce qu'on vouloit de lui. Il fit une confession générale, sans rien déguiser ni omettre. Il fit plus: quand on commence à glisser, on ne s'arrête qu'au bas de la pente. Il avoit écrit que lorsqu'il traitoit de l'affaire présente avec madame la duchesse du Maine, elle rompoit la conversation dès que M. le duc du Maine paroissoit. M. le garde des sceaux, blessé de ce qui tendoit à justifier ce prince, dit à M. de Pompadour que ce n'étoit point l'apologie du duc du Maine qu'on lui demandoit, et qu'il falloit rayer cet article. Il le raya, et ne fit point sentir à M. d'Argenson que c'étoit prévariquer dans son ministère de ne pas recevoir également ce qui étoit à charge et à décharge.

M. le duc d'Orléans, qui avoit traité avec tant de rigueur des gens si considérables, et fait un si grand éclat dans le monde sur des fondemens assez légers, ne songeoit qu'à colorer sa conduite aux yeux du public. Il étoit ravi d'avoir en main l'écrit qu'on avoit arraché au marquis de Pompadour, et se flattoit que la crainte ou l'ennui lui fourniroit de pareilles pièces de chacun de nous. « Il auroit, disoit-il, donné un « million de celles que le chevalier de Menil avoit « jetées au feu. »

On accorda à M. de Pompadour, pour récompense de sa sincérité, non la liberté qu'on lui avoit fait espérer, mais le divertissement de la promenade sur le bastion, où on le menoit tous les jours. J'eus peu de temps après la même faveur, sans l'avoir aucunement méritée. On étendit cette grâce à plusieurs des nôtres, qu'on promenoit bien accompagnés sur les tours du château, les uns après les autres. J'avois, par distinction, la dernière heure pour ma promenade; et notre lieutenant, qui s'affectionnoit à moi de plus en plus, s'étoit réservé de m'y conduire. Il m'annonça le dernier jour d'avril, en venant me prendre, que M. Le Blanc avoit apporté l'ordre de faire cesser toutes nos promenades le premier de mai.

La singularité du jour désigné pour nous renfermer, après nous avoir fait essuyer toutes les intempéries de l'air, me surprit, et me persuada qu'on avoit voulu nous tourmenter, à titre de plaisir. Le lieutenant de roi m'expliqua que nos profonds politiques avoient pensé que, dans un temps où tout le monde se promène, les passans, et principalement ceux qui s'intéresseroient à quelques-uns de nous, viendroient les lorgner; qu'on pourroit leur faire des signes, et en recevoir d'eux; et que cela seroit d'une dangereuse conséquence. « Hélas ! monsieur, lui « dis-je, on auroit beau me lorgner de près comme « de loin, je n'en verrois rien. Quand cet accident « m'est arrivé, il a toujours fallu m'en avertir. Et où « seroit ici l'avertisseur ? » En tenant ces propos, nous nous acheminions vers le jardin du bastion, où je dis en entrant, comme Phèdre :

Soleil, je te viens voir pour la dernière fois.

Il arriva peu après un incident qui auroit pu me causer plus de chagrin que je n'en eus de cette privation. Je vis un beau matin (il y avoit alors quatre mois que nous étions en prison) sortir de notre château trois personnes de celles qui avoient été prises en même temps que moi. C'étoit mademoiselle de Montauban, M. de Malezieux le fils, et M. Barjeton. Le gouverneur, qui se douta que je m'en serois aperçue, ne crut pas m'en devoir faire mystère; et, persuadé que je serois désespérée de voir la délivrance des autres sans la mienne, il chercha des raisons pour me faire prendre cet événement en bonne part. Après m'avoir exhortée à ne me pas affliger, il me dit que c'étoit une marque qu'on me mettroit en liberté. Je répondis, à la première partie de son discours, que j'étois fort éloignée de me faire un surcroît de peine de la cessation du malheur de mes compagnons d'infortune; que c'étoit plutôt un soulagement de n'avoir plus à m'inquiéter pour eux. Quant à ce qui regardoit ses pronostics, je lui fis voir que je ne prenois point le change; et qu'il étoit visible qu'après le triage qu'on venoit de faire, ceux qu'on avoit retenus le seroient pour long-temps.

Je ne sais si ce fut pour nous consoler de cette aventure qu'on nous rendit la promenade. J'eus une faveur particulière dont je fus plus touchée. Notre lieutenant demanda à M. Le Blanc la permission de me donner de l'encre et du papier, simplement pour le barbouiller de mes idées. Il y consentit, à condition que les feuilles seroient cotées, et que je les rendrois par compte. Cela m'assujétit dans le choix des matières que j'aurois pu traiter. J'en pris une fort grave, pour qu'on n'y trouvât rien à redire : ce fut des réflexions morales sur quelques passages de l'*Ecclésiaste*. Des distractions qui me survinrent m'empêchèrent de continuer cet écrit.

M. de Maisonrouge, débarrassé, par la sortie de quelques-uns des nôtres, d'une partie de ses soins, les redoubla à mon égard. Il prenoit, sans s'en apercevoir, le plus grand attachement que jamais personne ait eu pour moi. C'est le seul homme dont j'aie cru être véritablement aimée, quoiqu'il me soit arrivé, comme à toute femme, d'en trouver plusieurs qui m'aient marqué des sentimens. Celui-ci ne me disoit pas un mot des siens, et je crois m'en être aperçue long-temps avant lui. Il étoit tellement occupé de moi, qu'il ne parloit d'autre chose : j'étois

l'unique sujet de son entretien avec tous les prisonniers à qui il rendoit visite; et il croyoit bonnement que c'étoient eux qui ne faisoient que lui parler de moi. Il revenoit me voir, tout ravi de l'estime prétendue que je leur avois inspirée. « Cela est éton-
« nant, me disoit-il, à quel point on vous admire,
« et combien ici tout le monde s'intéresse à vous :
« on m'en parle sans cesse; et je ne puis aller nulle
« part, que je n'entende vos louanges. » Cela devint vrai par la suite, quand on eut remarqué le plaisir extrême qu'il y prenoit. La dépendance a fait naître la flatterie; les captifs l'emploient auprès de leurs geoliers comme les sujets envers leurs souverains. Le foible de Maisonrouge découvert, les gens sous ses ordres songèrent à le gagner par là. Les uns m'envoyoient des rafraîchissemens; les autres, des livres amusans; chacun, selon ce qu'il avoit en main, m'offroit une espèce d'hommage qui passoit toujours par lui.

Le chevalier de Menil s'aida d'un rêve qu'il avoit fait ou feint pour faire sa cour à ce maître. Il lui dit un jour (ceci avoit précédé quelqu'une des choses que j'ai racontées de suite, pour n'en pas rompre le fil), il lui dit donc qu'il avoit rêvé, la nuit précédente, qu'on lui avoit fait son procès (c'est bien un rêve de prisonnier), et qu'il avoit été condamné à demeurer à perpétuité à la Bastille, mais en société avec moi, qui n'en devois non plus jamais sortir; que cette circonstance l'avoit consolé de ce jugement rigoureux. Cela parut à Maisonrouge flatteur pour moi, de la part de quelqu'un qui ne m'avoit jamais vue; et l'idée de me tenir toujours sous sa garde ne lui déplut pas. Il vint aussitôt me régaler de ce récit. Je ne sais pourquoi j'y fis plus d'attention qu'aux choses pareilles qu'il avoit coutume de me dire. Quelques jours après, il alla voir de Menil, qui avoit pris médecine; et dans sa conversation ayant parlé de vers, il lui dit : « Vous en devriez faire pour divertir « votre voisine. » Son logement étoit vis-à-vis du mien. « Et comment? lui dit-il; je n'ai ni papier ni « plume.— Qu'à cela ne tienne, lui dit le lieutenant. « Voilà un crayon et du papier : écrivez. » Il écrivit des vers faits à la hâte sur un chiffon que Maisonrouge m'apporta, charmé de me procurer ce nouveau divertissement; et pour le rendre plus complet, il me dit : « Répondez en même style; je vous donnerai ce qu'il « vous faudra. » Ce commencement d'aventure me plut extrêmement : je sus le meilleur gré du monde au lieutenant de roi de sa complaisance. Je répondis donc en vers demi marotiques, comme étoient ceux que j'avois reçus. A ma réponse en succéda une autre le lendemain, à laquelle on me fit encore répliquer. Maisonrouge ne voyant rien dans ce badinage qui pût intéresser ni le Roi ni l'Etat, et s'apercevant que j'y prenois grand plaisir, nous exhorta de continuer, et nous en fûmes ravis. Notre poésie, tout informe qu'elle étoit, me gênant un peu, j'insinuai que la prose, comme plus facile, seroit plus agréable. Le lieutenant y consentit avec la même bonté d'ame; et tous les jours il m'apportoit une lettre ouverte, et reportoit ma réponse. Nous mêlions de temps en temps quelques vers à la prose : le tout ne contenoit que de pures badineries.

Il faut être ou avoir été en prison, pour connoître

le prix d'un pareil amusement. Nos vers étoient des plus mauvais qui se fassent : je les mettrai pourtant à la suite de ceci, avec une partie des lettres, pour conserver tout l'historique de cette bizarre aventure.

Ce commerce d'invisibles devenoit galant de plus en plus : je m'y prêtois sans façon, et sans inquiétude. Cependant de Menil étoit fort curieux de m'entrevoir : il le marquoit de temps en temps dans ses lettres. Je lui soutenois que c'étoit le fin de notre aventure de ne nous être jamais vus; qu'en perdant cet avantage, elle deviendroit commune, moins piquante, et notre commerce plus contraint. Malgré ces sages avis, il redoubloit ses instances auprès du lieutenant pour obtenir une entrevue. Enfin il nous montra l'un à l'autre, en nous plaçant chacun sur le pas de notre porte. Nous demeurâmes assez interdits, peut-être de ce qu'il nous falloit réciproquement rabattre de nos idées. Nous ne nous dîmes rien (telle étoit la convention), et un moment après nous disparûmes. Les lettres qui suivirent cette apparition se ressentirent du tort qu'elle nous avoit fait. Je m'en aperçus. Cela fournit quelques nouvelles plaisanteries : nous avions épuisé tout ce qui se pouvoit tirer de notre première situation.

Les prisonniers ne sont pas gens à se rebuter aisément. Le chevalier, croyant trouver plus de ressource dans un entretien que dans cette simple entrevue, dit au lieutenant de roi que la faveur qu'il nous avoit faite étoit trop légère; que ce n'étoit pas là se voir; que, pour faire connoissance, il falloit se parler; et enfin en arracha cette dernière condescendance. Le lieutenant l'amena un soir chez moi. J'étois couchée; et, pour ne pas gêner la conversation, il le laissa au chevet de mon lit, et s'amusa, à quelques pas de là, à entretenir mademoiselle Rondel. Nouvel embarras se jeta entre nous. Le chevalier, comme Tonquin d'Armorique, qui, quand il eut trouvé sa mie, ne savoit bonnement que lui dire, ne sut aussi de quoi me parler. Nous tînmes pourtant quelques propos communs. Nous n'eûmes pas lieu d'être plus contens l'un de l'autre, en avançant chemin, que nous ne l'avions été de la première démarche. Maisonrouge s'apercevant que notre conversation ne faisoit que traîner, la vint relever : elle se soutint un peu mieux avec lui. Le tout ensemble fut si court, que véritablement nous n'avions guère eu que le loisir de nous reconnoître.

Nous en demeurâmes là. Pour lors nous nous écrivions toujours ; mais ce passe-temps commençoit à perdre la grâce de la nouveauté, et le peu que nous nous étions vus lui ôtoit l'aisance et la familiarité qui en faisoit le principal agrément, sans rien mettre encore à la place. J'employai, pour le suspendre, un prétexte qui se présenta. Je mandai au chevalier de Menil que j'allois me mettre en retraite, pour me préparer à la fête (c'étoit celle de la Pentecôte, que mon retour à la dévotion me donnoit envie de bien célébrer) ; et je trouvai que l'écriture étoit une grande distraction pour des reclus. Le tumulte du monde n'en donne peut-être pas tant à ceux qui sont tout au travers.

Le chevalier de Menil prit les raisons de ma retraite pour bonnes, et ne traversa point mon dessein, soit qu'il en respectât les motifs, soit qu'il fût à bout d'écritures : pour moi, qui m'en croyois lasse, j'en sentis bientôt la privation. Le vide qu'elle mettoit à la place d'un amusement que les circonstances avoient rendu assez vif me fit voir que j'y tenois bien plus que je ne l'avois imaginé. Je me sentis extrêmement piquée du peu de résistance qui avoit été faite à ma proposition; et ce sentiment, disproportionné à sa cause, m'en fit craindre un plus sérieux. Cette appréhension, jointe à mon dépit, m'aida à soutenir la gageure. Le fidèle Maisonrouge me restoit plus assidu, plus attaché et moins avancé que jamais.

C'est le sort d'une ardeur trop fidèle et trop pure de trouver toujours des ingrats. Il me fit une espèce de déclaration assez ingénieuse, et point méditée: Madame de Réal, la plus intime de mes amies (c'étoit mademoiselle de Grieu, mariée peu avant ma prison), le venoit voir souvent, pour apprendre de mes nouvelles. Il me dit un jour, sortant d'avec elle, qu'elle lui avoit demandé s'il avoit quelque soin de moi, et qu'il lui avoit répondu : « Et comment n'en aurois-je « pas soin, madame? tout le monde dit que j'en suis « amoureux.—Plût à Dieu, monsieur! répondit-elle. » La naïveté de ce souhait me fit rire, sans que je marquasse d'attention au fond de la chose, dont il ne s'expliqua jamais plus clairement : mais toute sa conduite en faisoit preuve. Une attention sans relâche; une complaisance sans bornes; un soin perpétuel de me satisfaire, sans aucun égard pour lui-même; plus de désir de me contenter que de me plaire; tellement à moi, qu'il sembloit n'être plus à lui: je n'ai vu dans le monde, ni même dans les romans, des sentimens aussi parfaits qu'étoient les siens, sentimens qui ne se sont jamais démentis, et d'autant plus admirables qu'ils n'étoient point l'ouvrage des raffinemens de l'esprit, mais de la simple nature, qui sembloit avoir voulu faire un cœur où il n'y eût rien à reprendre. La probité, l'honneur, toutes les vertus qui font l'honnête homme, lui étoient également naturelles; et son esprit, ni délié ni orné, étoit véritablement droit et sensé.

Les fêtes qui avoient donné lieu à ma prétendue retraite étant passées, j'en sortis. Notre lieutenant, pour m'en dédommager, amena le lendemain matin le chevalier de Menil dans ma chambre; et nous prîmes du thé ensemble, avec un certain air de liberté. Il le remit dans la sienne quelques momens après. Mais le chevalier, en sortant de chez moi, laissa tomber adroitement un billet. La gouvernante Rondel s'en aperçut, le ramassa, et toute joyeuse vint me le donner. Elle étoit ravie de tout ce qui pouvoit me divertir. J'y trouvai ces paroles énigmatiques :

« Le sage législateur qui reconnoît avoir établi
« une loi trop dure doit en avouer la modification.
« Le sujet soumis attend cet aveu avant que de se
« permettre la moindre transgression. Savoir si cette
« loi demeurera éteinte pour toujours, ou si ce ne
« sera que pour un temps. En ce dernier cas, la tran-
« quillité du peuple ne souffre point de suspension. »

Cette continuation de notre aventure sous une nouvelle forme me plut, et m'entraîna dans une démarche plus importante que celle qui l'avoit précédée. Je répondis à ce billet : je ne me souviens plus en quels termes; mais cela vouloit dire : *Parlez, on vous écoute.* Et cette réponse fut rendue furtivement. Menil, encouragé par le consentement que je paroissois donner à ses desseins, les poussa plus loin. Il hasarda de s'introduire dans ma chambre sans conducteur.

L'appartement du lieutenant étoit au-dessus du mien, où il entroit à toute heure; et, pour plus de facilité, il laissoit la clef à ma porte. Menil ayant, de force et d'adresse, ouvert la sienne, il ne lui fut pas difficile d'entrer chez moi. Il prit l'heure où le lieutenant de roi alloit souper au gouvernement. C'étoit un corps de logis séparé du nôtre par deux cours, où le gouverneur demeuroit.

À cette vue inopinée, je fus frappée du plus grand étonnement : la crainte, l'inquiétude, mêlées à la joie de ce que hasardoit pour me voir quelqu'un qui commençoit à me plaire, mirent une extrême confusion dans mes sentimens. Le plus agréable prit le dessus, écarta les autres; et j'écoutai ce qu'on vouloit m'apprendre. C'étoit la découverte d'un attachement sérieux, voilé jusqu'alors sous les badinages qui avoient pu passer jusqu'à moi. Pour donner quelque fondement à ces grands sentimens, dont je voulois douter, on alléguoit une ancienne estime que ma réputation avoit fait naître. Tout ce qui tend à nous persuader de notre propre mérite paroît du moins vraisemblable. Je n'examinai pas ceci à la rigueur : disposée à croire que le chevalier de Menil me jugeoit digne d'être aimée, et m'aimoit, je me laissai aller à cette persuasion. Tout occupée de ce qu'il me disoit, à peine pris-je garde à mes réponses, songeant moins à lui cacher ou à lui montrer mes sentimens, qu'à me convaincre des siens.

Le pays que nous habitions abrège beaucoup les

formalités. Partout ailleurs j'eusse été long-temps sans vouloir écouter, plus long-temps encore à répondre : mais dans un lieu où, parvenus à se voir, on ne sait pas si l'on se reverra jamais, on dit en une heure ce que, hors de là, on n'eût pas dit peut-être dans le cours des années; et non-seulement on y parle, mais on y pense tout autrement qu'on ne feroit ailleurs.

Cette conversation si remplie ne fut pourtant pas longue. Nous étions avertis de l'entrée de nos maîtres dans la cour du château par un coup de pique que donnoit la sentinelle. Il fut le signal pour nous séparer. Le lieutenant de roi vint, comme à son ordinaire, me donner le bon soir en rentrant chez lui, et fermer bien et dûment mes portes, dont les clefs, ainsi que toutes les autres, restoient la nuit dans sa chambre. Comme il n'étoit en aucune défiance, il ne remarqua pas l'air occupé que j'avois, ou l'attribua à la cause générale.

Quand je me vis seule, je me livrai à des réflexions sans fin sur ce qui venoit de se passer. Je ressassai toute la conversation, pesai chaque mot, interprétai les mines et les airs, commentai les sens suspendus; et je tirai du tout des conséquences à perte de vue. Arrivée au point où les objets se troublent et se confondent par leur éloignement et leur multiplicité, je revenois sur mes pas, et je trouvois, dans la bizarrerie de notre connoissance, dans ses suites singulières, tous les présages d'un engagement qui pouvoit aller loin. Je n'en voulois pas prendre dont je pusse me repentir; et, malgré le penchant qui déjà m'entraînoit, aidée de l'avantage du lieu, je pris la résolution de rompre ce commerce, devenu dangereux.

J'écrivis dans cet esprit une lettre au chevalier de Menil, où je lui marquois que je m'étois prêtée volontiers à tout ce qui ne m'avoit paru qu'une pure badinerie; mais qu'après s'être expliqué sur un autre ton avec moi, je ne pouvois plus avoir de relation avec lui sans démentir la conduite de toute ma vie, et les principes sur lesquels je l'avois établie; que je ne voulois pas ajouter aux malheurs où la fortune m'avoit enveloppée ceux où l'imprudence pourroit me précipiter, d'autant plus sensibles que le reproche m'en appartiendroit uniquement.

Il n'y avoit peut-être pas un mot de ce que je dis là dans ma lettre; mais c'en étoit à peu près le sens. Elle donnoit un congé absolu, de manière pourtant à ne le point faire accepter : aussi ne le fut-il pas. J'eus une réponse toute pleine de résolution de surmonter la mienne. Menil ne s'en tint pas à l'écriture : il revint comme il avoit fait la veille. Je voulus le renvoyer : il s'obstina à rester, employa toutes les protestations d'un attachement sans bornes et sans fin, tel que je ne pourrois jamais le désapprouver, ni me repentir d'y répondre. J'insistai toujours sur la ferme résolution de ne me jamais embarquer dans un commerce dangereux : je dis que plus il vouloit me persuader de la vérité de ses sentimens, plus il m'apprenoit à les craindre, et me contraignoit à ne les pas écouter. Tout ce qui se peut dire sans changer de ton fut dit de part et d'autre, quoiqu'en abrégé. Je finis en priant très-sérieusement M. de Menil de ne plus tenter de me voir, et de renoncer à toute relation directe avec moi, ne voulant point courir les risques que notre situation ajouteroit aux dangers propres de ces sortes de liaisons.

Il me quitta avec toutes les apparences d'une extrême douleur, soumise néanmoins à mon expresse volonté. J'étois fort contente d'une si belle défense de ma part, qui ne laissoit pas de me coûter beaucoup. Je perdois l'amusement de ma solitude, et toutes les ressources que me présentoient des sentimens propres à m'occuper : il n'y avoit plus moyen de revenir à ce commerce frivole, dépourvu alors de toutes ses grâces, et d'ailleurs épuisé. Mais Menil ne fut pas si facile à conduire que je l'avois pensé.

Il m'écrivit qu'il ne pouvoit soutenir le parti que je l'avois forcé de prendre; qu'il avoit fait mille réflexions, et trouvé des moyens d'assurer son repos sans troubler le mien; qu'il me demandoit, pour toute grâce, qu'il pût me voir, et me communiquer ses desseins; qu'il se flattoit que j'en serois contente; et qu'enfin, quelle que fût après cet entretien ma décision, il s'y soumettroit sans réserve.

J'entrevis ce que Menil me vouloit dire : je crus qu'il falloit l'entendre; de plus, j'avois grande envie de le revoir. Je consentis donc à cette nouvelle entrevue. Il vint. Je le reçus d'un air assez triste, et un peu embarrassé. « Hé bien! monsieur, lui dis-je, « que voulez-vous me dire encore? » Il demeura quelque temps sans répondre, comme pour mettre de l'ordre dans des pensées confuses. Enfin, prenant la parole : « Vous avez pu croire, dit-il, tant que « je n'ai fait que vous débiter des fariboles, que je « ne songeois qu'à charmer l'ennui de ma solitude : « il est pourtant vrai que dès-lors je pensois à former

« avec vous une liaison qui pût devenir plus intime.
« Vous avez dû remarquer, dans la multitude de mes
« questions, un extrême désir de démêler votre ca-
« ractère, vos goûts, vos sentimens, et de parvenir
« de plus en plus à vous connoître, au travers de tout
« ce qui vous déroboit à mes regards. Notre ami,
« ajouta-t-il, vous a conté un rêve dont je lui fis part.
« Je l'avois fait tout éveillé : c'étoit le produit des ré-
« flexions que je faisois sans cesse sur l'heureux sort
« de quelqu'un qui passeroit sa vie, en quelque lieu
« que ce fût, avec une personne telle que vous. Si,
« lorsque je ne vous connoissois que par le témoi-
« gnage d'autrui, j'ai pu penser de la sorte, jugez ce
« qu'une connoissance plus directe de tout ce qui se
« trouve en vous a dû ajouter à l'idée que je m'étois
« faite du bonheur d'en devenir inséparable ! C'est
« donc cette parfaite félicité que je songe à m'assurer,
« si mes vœux vous sont agréables. Vous vous êtes
« alarmée mal à propos de l'offre que je vous en ai
« faite : je ne l'eusse pas hasardée, si mes intentions
« avoient été moins dignes de vous. Je n'ai pas cru
« cependant, continua-t-il, qu'elles dussent paroître
« dans mes premiers discours : il m'a semblé conve-
« nable de connoître les sentimens que je pouvois
« vous inspirer, avant que de vous montrer toute
« l'étendue des miens; et je ne m'en serois pas encore
« expliqué, si j'avois pu supporter cette privation de
« tout commerce avec vous, à laquelle je me voyois
« si absolument condamné. »

J'avois écouté avec étonnement et sans interruption ce long discours du chevalier de Menil. Je lui dis,
lorsqu'il cessa de parler, que je ne pouvois qu'être

sensiblement touchée de ce qu'il pensoit pour moi, ni mieux le reconnoître qu'en n'y adhérant pas; que je devois lui apprendre, s'il l'ignoroit, combien mon état en tous sens étoit disproportionné au sien; que je n'avois ni nom ni bien, et ne possédois pour tout avantage qu'un titre humiliant et ineffaçable; que s'il étoit au fait de ma misérable fortune, j'y devois porter toute son attention, et lui faire envisager le blâme qu'il encourroit, dont je ne voulois être ni la cause ni l'occasion. Il me dit qu'il connoissoit parfaitement l'état de ma fortune, et n'avoit de peine à cet égard que de ne m'en pouvoir offrir une meilleure que la sienne; que l'opinion du monde ne l'embarrassoit pas davantage; qu'il étoit sûr de l'approbation des gens raisonnables, et ne croyoit pas qu'on dût sacrifier son bonheur au jugement pervers de la multitude insensée; qu'il ne me déclaroit point ses vues sans les avoir bien examinées, et sans s'être entièrement affermi dans la résolution qu'il avoit prise; que je ne devois pas craindre qu'elle pût changer, puisqu'elle avoit devancé la passion qui s'étoit jointe à la parfaite estime qu'il avoit pour moi; que cette passion le rendroit infiniment malheureux si je ne consentois pas à le voir autant qu'il seroit possible, jusqu'à ce que, dégagé de ses chaînes, il pût exécuter ses desseins.

Je le conjurai de faire de nouvelles réflexions sur des choses si importantes et si remplies d'inconvéniens; et je lui dis que si, après y avoir suffisamment pensé, il persistoit à vouloir s'attacher pour jamais à moi, je me croirois permis de vivre avec lui autant que notre situation le comportoit, persuadée qu'il conserveroit tous les égards dus à l'estime qu'il me témoignoit. Il me jura que son respect et sa soumission seroient toujours le principal témoignage de l'attachement qui le dévouoit à moi pour toute sa vie. Ces conventions faites, nous nous séparâmes. Je demeurai le cœur et l'ame si remplis, qu'il n'y avoit d'action ni dans l'un ni dans l'autre : je ne pouvois penser ni même sentir que confusément. Ce chaos enfin se débrouilla : je démêlai que j'étois vivement touchée des sentimens qu'on venoit de me montrer; je vis un libérateur qui venoit briser les chaînes de ma servitude, m'affranchir de cette captivité, plus contraire à ma façon d'être que celle que je subissois alors, et combler mon bonheur en associant ma vie à la sienne.

Ce n'est qu'à titre de souverain bien que les objets ont droit de nous passionner : ils ne s'emparent de toute notre ame qu'en s'offrant à nous sous cet aspect. Je crus l'avoir trouvé ce bien par excellence, que nos désirs poursuivent sans cesse et n'attrapent jamais : je ne savois pas alors qu'il n'existe point dans le monde. Je pensai qu'il devoit résider dans une union constante, et bien assortie. Séduite par cette flatteuse illusion, je me laissai surprendre par une passion plus vive que celle que j'avois inspirée : je ne mis nul obstacle à ses progrès; et, loin de m'en alarmer, j'en faisois la mesure du bonheur que je me promettois. Il faudroit partir du point où j'étois, rassembler les diverses circonstances de ma situation actuelle et précédente, pour concevoir comment je laissai prendre tant d'empire sur moi à des sentimens qu'il semble que je devois aisément maîtriser.

Le lendemain de cette conversation, je reçus une

lettre du chevalier de Menil, plus remplie que jamais de tout ce qui pouvoit me toucher et me rassurer. Nous nous vîmes comme par hasard chez le lieutenant de roi, qui étoit incommodé. Nous lui avions fait demander séparément la permission de l'aller voir, et la grâce de nous faire conduire chez lui. Menil y alla le premier. Je fis ensuite proposer ma visite : elle fut aussitôt acceptée.

Maisonrouge, qui ne soupçonnoit rien de notre intelligence, fut ravi de cette rencontre. Elle me causa une joie si sensible, que le moment en est resté dans mon souvenir comme un des plus agréables de ma vie. Le secret de notre liaison, dérobé au témoin intéressé qui en avoit formé les premiers nœuds, ajoutoit encore je ne sais quoi de piquant aux charmes que nous goûtâmes à nous voir. Il dura peu ; car rien ne dure, surtout en ce pays-là : l'inquiétude n'y laisse prendre consistance à aucune chose. Nous trouvâmes moyen de nous revoir les jours suivans. Les intentions, les protestations me furent réitérées : je les agréai, et laissai voir mes sentimens, dont on me témoigna une entière satisfaction. Je n'en avois pas moins à ne les plus cacher. Nous convînmes de nous voir autant que nous le pourrions sans imprudence, et de nous écrire aussi souvent qu'il nous seroit possible.

La chère Rondel nous prêta son ministère pour donner et recevoir nos lettres, observer les momens propres à nous voir, et nous garantir des surprises. Elle avoit assez bonne opinion de moi pour croire que je ne formois une telle liaison qu'à bon titre, et ne s'y seroit pas prêtée si, par ce que je lui laissai entrevoir, elle n'avoit eu tout lieu d'en juger favorablement.

Le chevalier de Menil avoit vu, aussi bien que moi, que Maisonrouge m'aimoit avec passion. Nous sentions combien il étoit important de lui cacher notre correspondance, qu'il ne gouvernoit plus. Les lettres plus intéressantes que nous nous écrivions nous avoient dégoûtés de celles qui passoient par ses mains. Il remarqua notre intelligence à cet égard, et m'en fit des reproches. J'en écrivis encore quelques-unes, pour écarter ses soupçons, et colorer la cessation apparente de nos écritures.

Ce genre de lettres, devenu insoutenable, tomba tout-à-fait. Nous nous écrivions, et nous attrapions des momens de conversation. J'en rapporterai une que je n'ai pu oublier, dans laquelle témoignant à M. de Menil mille craintes, mille inquiétudes de m'être livrée à des sentimens sur des apparences peut-être incertaines, il m'offrit d'appuyer d'un engagement par écrit les assurances qu'il m'avoit données de ses intentions. « Hélas ! lui dis-je, à quoi cela se« roit-il bon ? Si vous conservez votre attachement
« pour moi, vous suivrez les résolutions qu'il vous
« a fait prendre. Si vous veniez à le perdre, vou« drois-je opposer vos paroles à vos sentimens, et
« vivre avec vous sans que vous fussiez de plein gré
« tout à moi ? »

Je croyois, en parlant de la sorte, supposer l'impossible. La convenance entre nous me sembloit si parfaite, qu'elle me rappela l'idée de ces ames créées doubles, qui se cherchent toujours, se retrouvent rarement, et dont l'heureuse rencontre fait la suprême félicité. Je lui fis part de cette pensée, qu'il adopta comme le véritable caractère de notre liaison. Je faisois alors l'essai d'un bonheur qui m'étoit inconnu. J'avois auparavant aimé sans être aimée, ou l'on m'avoit aimée sans me plaire : je n'avois pas encore éprouvé le charme d'un attachement réciproque, qui me paroissoit devoir être inaltérable. Le caractère du chevalier de Menil, sa réputation, sa conduite mesurée, son âge, déjà assez éloigné de celui où l'on s'engage sans savoir ce qu'on veut ni ce qu'on fait, me répondoient de sa constance, et de la fidélité de ses paroles. Je n'avois d'inquiétudes que celles qui naissoient sous nos pas dans un terrain si propre à les produire, et à leur donner un continuel accroissement. Nous en avions de cette espèce à chaque instant : le moindre bruit nous menaçoit d'événemens redoutables ; l'air un peu plus sombre d'un maître jaloux (car il le devenoit, sans savoir combien il le devoit être) nous présageoit tout ce qu'il y a de plus funeste.

L'arrangement que nous avions pris de nous voir avoit persisté, jusqu'à ce qu'on transférât le duc de Richelieu, d'une tour où d'abord on l'avoit mis, dans un appartement au-dessus de celui du chevalier de Menil. La proximité d'un homme si alerte obligea de prendre de plus grandes précautions. Le lieutenant de roi crut devoir mieux serrer les clefs qu'il avoit coutume de laisser à ma porte, devant laquelle les habitans du quartier passoient pour aller à leur promenade. Quoiqu'ils fussent toujours bien accompagnés, on ne vouloit pas laisser sous leurs yeux cet objet de scandale.

Le lecteur (si jamais lecteur y a de ce manuscrit) aimeroit mieux savoir pourquoi le duc de Richelieu fut mis à la Bastille, et le détail de son affaire, que les minuties qui me regardent; mais je n'en fus pas assez instruite pour en rendre compte. Je sais seulement que, comme nous et sans notre participation, il avoit pris des liaisons avec l'Espagne, et que, malgré les traitemens les plus durs, les interrogatoires longs et fréquens qu'il subit, et toutes les adresses qu'on employa pour le surprendre, jusqu'à des lettres contrefaites de la part d'une princesse qui s'intéressoit à lui, on ne put se rendre maître de son secret; et qu'enfin, par des intrigues de cour où l'amour eut beaucoup de part, il obtint son élargissement, et, en attendant, de grands adoucissemens à sa captivité.

Ce logement plus commode qui lui fut donné, et la liberté d'en sortir pour se promener, amenèrent la réforme qui nous désola. Elle s'observoit lorsque les ministres devoient paroître; mais ce n'étoit qu'un jour en passant, et ce jour même nous étoit bien difficile à passer. Il n'y a point d'habitude qui se contracte si aisément que celle de voir quelqu'un qu'on aime, ni rien qui devienne si nécessaire, pour peu qu'on en ait l'habitude. Je commençai donc à éprouver les traverses qui suivent les passions, et en rendent l'exercice si pénible. J'en avois déjà eu quelqu'une par les fantaisies de Menil, qui, contre toute raison, se fâchoit de temps en temps des complaisances que je ne pouvois me dispenser d'avoir pour notre lieutenant. J'en retranchois pourtant tout ce qui m'étoit possible : je lui avois révoqué la permission de venir chez moi le soir après son souper, sous prétexte que je voulois dormir de meilleure heure. Il ne résistoit à rien de ce que je voulois : encore falloit-il, de mon côté, céder quelquefois à ce qu'il souhaitoit.

Un jour qu'il m'avoit apporté sa chasse, et soupoit avec moi, Menil, qui avoit le secret d'ouvrir sa porte, vint écouter à la mienne. Il prétendit que j'avois été fort gaie, et que j'avois parlé de lui avec une légèreté offensante. Mais ce qui lui déplut encore davantage, c'est qu'en sortant de table, comme il faisoit extrêmement chaud, nous nous mîmes à la fenêtre. Le lieutenant me proposa de chanter. Je commençai une scène de l'opéra d'*Iphigénie*. Le duc de Richelieu, aussi à sa fenêtre, chanta ce qu'Oreste répond dans cette scène, convenable à notre situation. Maisonrouge, qui pensa que cela m'amusoit, et qui peut-être vouloit faire diversion, nous laissa achever toute la scène. Elle ne divertit nullement le chevalier de Menil. Le lendemain, il me fit des questions dans ses lettres sur la conversation du souper, que je ne savois pas qu'il eût écoutée. Je ne me souvenois plus qu'il y eût été fait mention de lui, et je ne lui en dis rien. Cela lui parut un mystère, dont il fut si outrément fâché, qu'il vouloit que je me brouillasse avec Maisonrouge. Cependant je lui fis si bien comprendre les grands inconvéniens qui en naîtroient, qu'il s'apaisa.

Nous ne fûmes pas long-temps sans trouver moyen de nous rapprocher : la réforme se relâcha, comme elle se relâche toujours. Nous reprîmes à peu près notre train de vie ordinaire. Cette petite absence, adoucie par de fréquentes lettres, ne servit qu'à donner plus de prix à la satisfaction de nous revoir : nous en jouîmes quelques jours assez paisiblement. L'humeur sombre du lieutenant nous persuada qu'il s'en doutoit, et fermoit les yeux. Cette opinion nous rendit moins circonspects. Après avoir été imprudens, nous devînmes téméraires : nous prolongions nos entretiens, et nous fûmes plusieurs fois en danger d'être surpris. Enfin, un soir, Menil voulant se retirer crainte d'accident, je le retins indiscrètement. Un moment après, et plus tôt qu'à l'ordinaire, les porte-clefs, qui avoient depuis quelque temps des soupçons contre nous, vinrent donner le dernier tour de main à nos portes, et emportèrent nos clefs, avec toutes les autres, chez le lieutenant de roi.

Je ne saurois représenter le saisissement où je fus quand j'entendis qu'on nous enfermoit. Quel parti prendre dans une conjoncture si fâcheuse? Tout ce que je voyois nettement, c'est qu'il ne falloit pas que le chevalier de Menil demeurât enfermé dans ma chambre. Qu'il eût été chez moi dans la journée, ce n'étoit que l'infraction d'une loi ou coutume locale; mais qu'il y passât la nuit, c'étoit un scandale par tout pays. Et comment l'en faire sortir? Les portes étoient barricadées de façon à ne pouvoir rien tenter de ce côté-là; les fenêtres n'étoient pas plus accessibles. Il ne me restoit d'autres ressources qu'en la miséricorde du pauvre Maisonrouge, grièvement offensé dans l'occasion présente. Enfin je m'armai de tout le courage que requéroit une nécessité si pressante, et j'attendis à ma fenêtre son retour de chez le gouverneur, où il soupoit.

Aussitôt qu'il entra dans la cour, je l'appelai, et lui dis que je le priois de venir me donner le bon soir. Il courut chez lui rechercher ma clef, et vint chez moi, transporté de joie de cette faveur inaccoutumée. Je m'avançai vers lui : son rival, un peu à l'écart, ne s'offrit pas d'abord à sa vue. Je lui dis, avec l'air du monde le plus embarrassé : « Vous avez appris à mon « voisin le chemin de mon appartement : il l'a pris « indiscrètement sans vous. On est venu nous enfer- « mer : vous ne voudriez pas le laisser ici ; délivrez- « m'en, je vous conjure. » Au premier mot que je proférai, il aperçut le chevalier de Menil, et changea de visage. L'air gai qu'il avoit en entrant prit tout à coup la teinture la plus sombre, et il nous dit d'un ton fort sec que c'étoit le jeter dans un grand embarras ; qu'il ne pouvoit aller chercher les clefs de la chambre de M. Menil, redescendre et l'ouvrir, sans que ses gens et ceux de la maison s'en aperçussent, et ne formassent des soupçons aussi désavantageux pour lui que pour moi. Je convins qu'il avoit raison de se plaindre de notre imprudence ; j'avouai mon tort ; je promis de n'y plus retomber ; j'implorai son amitié, comme mon unique ressource. Il me quitta sans rien dire de plus, fut chercher les clefs, vint reprendre Menil plus déconcerté qu'aucun de nous, le renferma chez lui, et ne rentra point chez moi.

Cette expédition faite, je me trouvai fort soulagée, quoiqu'il me restât de grands sujets de peine : la juste indignation d'un homme à qui j'avois tant d'obligations, que j'exposois, pour suivre mes fantaisies, au reproche de trahir son ministère par de honteuses complaisances ; mes supercheries envers quelqu'un qui s'étoit livré à moi sans réserve :

Improbe Amor, quid non mortalia pectora cogis!

Enfin ce cruel tyran gémissoit lui-même au fond de mon cœur de ma séparation d'avec l'objet qu'il m'avoit rendu si cher.

Je ne pouvois douter que le lieutenant, intéressé à ma garde par l'honneur et par la jalousie, n'y veillât d'assez près pour rendre inutile tout ce que nous aurions pu tenter. Ce mauvais succès m'avoit entièrement dégoûtée des pas hasardeux : je me bornai au commerce de lettres, qui étoit facile, et devint plus fréquent.

Maisonrouge me vit comme à l'ordinaire, et ne me parla point de ce qui s'étoit passé. Il me trouva triste, et ne m'en demanda pas la cause, qu'il ne savoit que trop. J'avois quelquefois l'injustice de le haïr ; et peut-être s'en apercevoit-il, sans que cela changeât rien à sa conduite, remplie de soins pour mon service, et de prévenance pour tout ce que je pouvois souhaiter. Il me procura des nouvelles de madame de Grieu, et des autres personnes qui m'étoient chères, et me donnoit toutes les petites libertés compatibles avec son devoir et les bienséances. Dans les momens où la raison me revenoit, elle me ramenoit à lui, toujours accompagnée du sentiment de reconnoissance que je lui devois.

Cependant Menil, qui ne mettoit pas au jeu tant que moi, cherchoit sans relâche les moyens de renouer la partie. Il gagna, par argent, par promesses, je ne sais comment, un des porte-clefs. Ce sont les gens qui servent les prisonniers, leur portent à manger, et toutes les choses dont ils ont besoin : les clefs des chambres sont entre leurs mains le long du jour. Celui-ci donc, en sortant de la mienne, ne fit que semblant de la fermer; et Menil y entra pendant que le lieutenant dînoit chez le gouverneur. Je fus effrayée de le voir : je voulus le renvoyer. Il me rassura, me dit que les moyens qu'il avoit pris étoient sans aucun risque. Je le crus, parce que j'avois fort envie de le croire. La joie de le revoir fit disparoître les sages réflexions qui m'interdisoient des entrevues si périlleuses. Celle-ci fut des plus courtes, et nous ne les réitérâmes qu'avec de grandes précautions. Je ne voulus plus m'exposer à l'heure du soir qui m'avoit été si fatale; et nous conduisîmes notre folie (car c'en étoit une grande de nous revoir) aussi raisonnablement qu'il étoit possible. Mais si nous nous voyions peu, nous nous écrivions sans cesse : le grand loisir dont nous jouissions ne pouvoit être rempli d'une occupation plus intéressante.

Les premières lettres que nous nous écrivîmes dans ce nouveau genre de commerce ne m'ont point été rendues : le chevalier de Menil, plus timide alors, les brûla. Plus aguerri par la suite, ou plus soigneux de les conserver, il omit cet acte de prudence, et me rendit ce qui lui en étoit resté quand j'eus lieu de les lui redemander. Je dirai en son temps ce qui les sauva du feu, où elles étoient justement destinées, et me les fit garder.

Les petits faits qu'elles contiennent font le tissu de cette aventure : elles sont les actes originaux qui en attestent la vérité, et les sources où j'ai retrouvé une partie des choses qui m'étoient échappées. Elles tiendront lieu de nos conversations, toujours troublées par la crainte, abrégées par la prudence, plus courtes et moins suivies que nos entretiens par écrit, et presque entièrement effacées de mon souvenir.

Notre désœuvrement produisit une multitude innombrable de ces lettres. La passion à laquelle j'avois cru pouvoir me livrer sans offenser ni la raison ni la vertu s'y trouve exprimée sans aucune réserve. Je parlois à quelqu'un à qui je me regardois comme déjà unie par les plus sacrés liens, n'attendant, pour rendre cet engagement indissoluble et authentique, que la fin de notre captivité.

Je faisois, dans ces commencemens de notre liaison, l'essai d'un bonheur parfait, sans y prévoir la moindre atteinte, lorsqu'un jour que nous nous croyions plus en sûreté que jamais, parce que le lieutenant de roi étoit allé dîner à Vincennes chez le marquis Du Châtelet son ami et son ancien colonel, M. Le Blanc vint à la Bastille dire au gouverneur qu'il avoit besoin de quelque éclaircissement sur une déclaration qu'on avoit fait faire au chevalier de Menil; et qu'il falloit dans ce moment lui en parler. Le gouverneur, qui étoit à table, quitta son dîner, et courut si rapidement, que Menil, qui étoit chez moi quand nous aperçûmes qu'il alloit chez lui, n'eut pas le loisir d'y rentrer. Le gouverneur ne le trouva point; mais Menil le suivit d'assez près pour essuyer tout le feu de sa colère, dont les éclats rejaillirent sur moi. Après cette première décharge, qui fut violente, il exécuta la commission du ministre, et lui porta la réponse, sans lui rien dire de l'accident survenu, dont on se seroit pris à son défaut de vigilance. Mais aussitôt que M. Le Blanc fut parti, il fit transférer le chevalier de Menil dans une tour, et le logea dans une espèce de cachot fort éloigné de mon appartement.

La rigueur de ce traitement, et le mauvais air d'un déménagement si précipité, m'accablèrent d'affliction : je me livrai, contre mon ordinaire, aux larmes et au désespoir. Jamais sentiment si douloureux n'avoit pénétré dans mon ame : je la sentois comme séparée d'elle-même, sans espoir de réunion.

Je supposois Menil aussi affligé que moi : sa peine ne doubloit pas seulement la mienne, elle la rendoit sans mesure. Les incommodités corporelles qu'il alloit éprouver dans cette affreuse demeure, jointes aux tourmens de son ame, me faisoient craindre pour sa santé, et même pour sa vie ; car l'esprit hors de lui-même ne s'arrête sur rien. L'incertitude de toutes ces choses, dont je ne pouvois vraisemblablement m'éclaircir, mettoit le comble à tant de maux.

Maisonrouge, absent ce jour-là, me laissoit sans aucune consolation. Malgré tous mes torts à son égard, j'attendois encore tout de lui ; et je ne me trompai qu'en ce qu'il surpassa de beaucoup ce que j'en espérois. Il vint chez moi le soir, dès qu'il fut de retour. Le gouverneur l'avoit déjà informé de ce qui s'étoit passé. Le tendre intérêt qu'il prit à l'état où j'étois ne laissa naître dans son cœur ni dépit ni ressentiment de mes offenses ; ou il le surmonta si bien, que je n'en vis aucun indice. Il s'affligea avec moi du malheur qui m'étoit arrivé, et m'assura qu'il se prêteroit de tout son cœur à tout ce qui pourroit servir à ma consolation.

Sensiblement touchée de trouver de si favorables dispositions en quelqu'un de qui je les avois si peu méritées, je ne lui dissimulai pas mes sentimens ; je crus les pouvoir répandre dans le sein d'un si parfait

ami. Il me sembla que, quelque amertume qu'il y pût trouver, elle seroit adoucie par les témoignages de mon estime et de ma confiance, et que, loin de lui faire une blessure nouvelle en lui avouant ce qu'il n'ignoroit pas, c'étoit apporter à celles qu'il avoit reçues le seul remède qui fût en mes mains. Je me déterminai donc à un franc aveu. Je dis à M. de Maisonrouge que je devois, au soin qu'il avoit pris de me fournir des distractions dans mes malheurs, ma connoissance avec le chevalier de Menil ; que j'avois cru comme lui n'en faire qu'un simple amusement ; que l'habitude et le défaut d'occupation m'avoient peu à peu attachée à ce qui n'avoit fait d'abord que me divertir ; qu'on m'avoit montré des sentimens dont je m'étois laissée toucher ; et qu'enfin j'en avois pris qui m'avoient conduite dans tous les écarts qu'il m'avoit vu faire ; que je le priois de me les pardonner. Je me tus. Il demeura quelque temps comme abymé dans la confusion de ses propres sentimens : l'attendrissement que lui causoient les marques de ma confiance et de mon repentir paroissoit sur son visage. Enfin, faisant effort pour s'expliquer : « Ma chère amie,
« me dit-il (c'est ainsi qu'il m'appeloit), vous savez
« que je suis tout à vous. Je vais vous en donner des
« preuves indubitables : mais il faut que vous me di-
« siez quels sont vos engagemens avec M. de Menil.
« S'il a dessein de rendre votre sort plus heureux,
« puisque le mien n'est pas digne de vous être offert,
« je me prêterai sans réserve à tout ce qui pourra
« contribuer à votre bonheur, et même à votre simple
« satisfaction. Si le chevalier de Menil n'a d'autre vue
« que de vous plaire, il ne seroit digne ni de vous ni

« de moi que vous entretinssiez, par mon ministère,
« aucun commerce avec lui ; et, pour l'amour de vous-
« même, il ne faudroit songer qu'à vous en détacher.
« —Dès que le chevalier de Menil, lui dis-je, a voulu
« quitter le ton de plaisanterie par où nous avions
« commencé, j'ai refusé de l'entendre, et m'y suis
« obstinée, jusqu'à ce qu'il m'ait fait voir l'intention
« qu'il avoit d'unir sa fortune à la mienne. Je lui en
« ai présenté tous les inconvéniens; et ce n'a été qu'a-
« près m'être convaincue qu'il en avoit véritablement
« formé le dessein, que j'ai consenti de lier ce com-
« merce avec lui : toute autre marque de son attache-
« ment ne m'eût jamais résolue à démentir la con-
« duite que j'ai toujours tenue. Il est vrai que je n'ai
« pas cru m'en écarter en répondant à des sentimens
« qui s'accordent avec la vertu, et qui ne pouvoient
« me permettre de l'oublier. — Mais pourquoi me
« cacher, reprit Maisonrouge, à moi qu'on nomme
« vôtre tuteur (des gens de mes amis lui donnoient
« ce nom), à moi qui désire votre bien si passionné-
« ment, des vues qui s'y rapportoient? Doutiez-vous
« que je ne les favorisasse de tout mon pouvoir?—
« Ne m'imputez point, lui dis-je, ce mystère qui m'a
« tant coûté. On l'a exigé si absolument de moi, qu'à
« peine oserois-je encore vous le révéler, si ce que
« je dois à votre amitié et à mon honneur dans la
« conjoncture présente ne m'y obligeoit indispensa-
« blement.—Le chevalier de Menil n'a pas dû croire,
« reprit Maisonrouge, que je blâmerois ses desseins,
« ni craindre que je pusse les traverser. Mais n'en
« parlons plus : voyons ce que j'ai à faire pour vous
« tirer de la peine où vous êtes.

« —Je suis outrée, lui dis-je, contre votre gouver-
« neur de l'éclat qu'il a fait. Les prisonniers sont
« tout yeux, tout oreilles; ils ont beau être renfer-
« més, ils découvrent tout ce qui se passe; ils se
« croient intéressés au moindre mouvement qu'ils
« aperçoivent, et le suivent jusqu'au bout. Ne doutez
« donc pas que la translation précipitée du chevalier
« de Menil ne soit sue ici de tout le monde, et mal
« interprétée sur mon compte. Faites sentir, je vous
« prie, au gouverneur combien j'ai sujet de me plain-
« dre qu'il m'ait affublée d'une histoire qui, n'étant
« pas approfondie, peut me faire beaucoup de tort;
« dites-lui que je souhaite de lui parler moi-même,
« et engagez-le à me venir voir.—J'y vais sur-le-
« champ, me dit Maisonrouge; je verrai aussi le che-
« valier de Menil, et je vous rendrai bon compte de
« ce qui le regarde. Ne vous affligez point, et comp-
« tez absolument sur moi. »

Il me quitta, et je retombai dans l'accablement dont la nécessité de lui parler m'avoit fait sortir.

Tous les maux que je s'entois, tous ceux que je craignois, me serroient de si près, que je ne pouvois respirer. La pauvre Rondel faisoit ce qu'elle pouvoit pour me consoler par de sages discours et par de vaines espérances; mais je n'entendois rien que le bruit confus des passions dont j'étois agitée. Je passai une nuit cruelle. L'horreur des ténèbres semble donner une nouvelle force aux objets qui nous tourmentent. Dès que le jour se fit entrevoir, je me donnai le soulagement (si c'en étoit un) d'écrire une lettre à Menil, que je ne pouvois lui faire tenir. Je lui en écrivis encore une autre dans ce triste état. Il ne les eut toutes deux que long-temps après.

Je ne revis le lieutenant que le lendemain. Il m'apprit que le chevalier de Menil, aigri de l'indigne traitement qu'il avoit reçu, s'en étoit expliqué très-vivement avec le gouverneur, et l'avoit extrêmement irrité contre lui. Maisonrouge me dit cette fâcheuse nouvelle avec tout l'adoucissement qu'il y put mettre.

Je sentis les peines que cela préparoit à Menil. Le lieutenant me conta que M. Le Blanc, dans le moment de notre catastrophe, avoit apporté une permission de mettre le chevalier de Menil en société avec le duc de Richelieu, de qui l'on vouloit desserrer les liens; et de les faire dîner l'un et l'autre chez le gouverneur, alternativement avec la bande des marquis de Pompadour et de Boisdavis, qui avoit son jour pour y aller; que le gouverneur, sans s'en expliquer avec le ministre, avoit résolu de ne point donner cette liberté à M. de Menil. Je fus extrêmement fâchée de le voir privé d'un adoucissement à sa captivité, si propre à dissiper sa tristesse présente. Je conjurai le lieutenant de mettre tout en œuvre pour le raccommoder avec le gouverneur, afin qu'au moins il pût jouir des faveurs du ministre, et ne pas essuyer de nouveaux dégoûts. Il me promit d'y travailler de tout son pouvoir, et le fit enfin avec succès. Il m'instruisit des chagrins de M. de Menil, de l'état de sa santé, de tout ce qui le concernoit, avec toute l'exactitude que je pouvois désirer; m'apprit ce qu'il avoit dit au gouverneur sur mon compte; me dit que je le verrois, et que je ferois bien de lui marquer mon juste ressentiment, sans oublier les ménagemens nécessaires avec gens de qui l'on dépend.

Il vint en effet; et je lui dis qu'après tant de marques de considération que j'avois reçues de sa part, je n'avois pas dû m'attendre que, sans égard au préjudice qu'il portoit à ma réputation, il eût manifesté avec tant d'éclat une irrégularité de conduite de ma part, qui n'étoit telle que par rapport au lieu que j'habitois; que, depuis que je vivois dans le monde, j'avois reçu indifféremment les gens qui me venoient voir, hommes ou femmes, sans donner ombre de scandale; que, depuis que j'étois chez lui, ma femme de chambre, renfermée avec moi, assuroit la bienséance des visites que j'avois pu recevoir; que la chose de soi étant innocente, je n'avois pas mérité qu'elle prît, par le bruit qu'on en avoit fait, une tournure équivoque. J'eus beau lui vouloir faire comprendre qu'une faute, en tant que prisonnière, n'en étoit point une selon les lois et les usages ordinaires de la société; il ne connoissoit de règles que celles de la geôle, et ne voulut jamais admettre cette distinction : il me soutint toujours qu'après une licence si criminelle, je devois lui savoir gré de ne m'avoir pas traitée plus sévèrement. J'entendis qu'il vouloit dire qu'il auroit dû me mettre au cachot. C'est une menace si ordinaire en ce lieu-là, qu'on la fait à un chien qui aboie. Après de semblables propos, nous nous séparâmes médiocrement satisfaits l'un de l'autre, et nous vécûmes assez froidement ensemble. Il m'avoit rendu beaucoup de soins dans les commencemens; mais le bruit ayant couru, même au Palais-Royal, qu'il vouloit épouser mademoiselle de Montauban (à quoi il ne songeoit pas), il s'éloigna de ses captives; et depuis que j'avois reconnu que c'étoit un ours qu'on ne pouvoit apprivoiser, je l'avois fort négligé.

Le lieutenant de roi redoubloit ses attentions à me plaire. Non content de tout ce qu'il avoit déjà fait, cherchant à me donner une nouvelle consolation, il me fit écrire une lettre par le chevalier de Menil, et me l'apporta. Je fus surprise d'une action si singulière de la part d'un homme passionné et jaloux. « Je me serois contentée, lui dis-je, de savoir des « nouvelles de M. de Menil par le compte que vous « m'en rendez : il n'étoit pas nécessaire d'aller au-« delà. — Non, dit-il; vous serez plus rassurée par « ces témoignages de sa propre main, que par ce que « vous ne tiendriez que de moi. Faites-lui réponse, « je la lui rendrai; et je vous promets de vous pro-« curer cette satisfaction tant que votre séparation « durera. » Il me dit ensuite qu'il travailloit au raccommodement du chevalier de Menil avec le gouverneur; que cela étoit en bon train; et qu'il espéroit que bientôt il jouiroit de la société qu'on lui avoit destinée.

Toutes ces choses me mirent de la douceur dans l'ame. J'avois senti beaucoup de joie de revoir l'écriture de Menil, dont j'étois privée depuis plusieurs jours : je n'en eus pas moins de lui écrire une lettre qui pût aller jusqu'à lui. J'en avois écrit quelques autres pour amuser ma douleur, qui m'étoient restées entre les mains. Celles-ci, d'un style plus contraint, devoient avoir un plus heureux sort. Je n'y pouvois dire ce que je pensois; mais c'étoit toujours lui parler.

Notre généreux ami revint la chercher. Je la lui donnai tout ouverte, comme étoit celle qu'il m'avoit rendue. Cet effort de sa complaisance devoit être ménagé de ma part avec discrétion. Aussi j'attendis toujours de son propre mouvement un service qui lui coûtoit si cher. Il m'a avoué depuis que chaque fois qu'il prenoit ou rendoit nos lettres, il s'enfonçoit un poignard dans le cœur. Il n'en fut pas moins exact à suivre l'ordre qu'il avoit établi pour notre commerce. Il m'apportoit une lettre; il m'en demandoit la réponse le lendemain; et le jour suivant il m'en rapportoit une autre.

Cependant M. de Menil, réconcilié avec le gouverneur, fut en possession des prérogatives qui lui avoient été accordées par la cour. Il alloit dîner au gouvernement avec le duc de Richelieu, de deux jours l'un, et passoit une partie de la journée dans l'appartement de cet agréable camarade. Il n'y pouvoit aller sans passer devant ma porte. Cette facilité de me donner de ses nouvelles, plus intimes que celles qui passoient par une main étrangère, le tenta. Il lâcha un billet, auquel il me prioit avec instance de répondre par la même voie. J'y sentis une grande répugnance, moins encore par l'aversion que j'avois prise des tentatives hasardeuses, que par le caractère de trahison que portoit envers un si digne ami ce commerce furtif. Je cédai toutefois, entraînée par cette avilissante passion qui dégrade en nous toutes les vertus, et qui devroit nous être odieuse autant qu'elle nous rend méprisable.

Il est vrai que d'abord j'usai rarement de ces nouveaux moyens qui m'étoient offerts; puis je m'y accoutumai par la suite. Il m'arriva quelquefois de rencontrer Menil lorsqu'il alloit ou revenoit de chez le duc de Richelieu. Cela faisoit un événement dans ma vie. Le pauvre Maisonrouge nous ménagea quelques-unes de ces rencontres, qui, quoique brièves, nous paroissoient d'un grand prix. Je ne jouis pas long-temps de cet avantage : une réparation qu'il fallut faire dans mon appartement m'obligea de le quitter. On m'en offrit un qui m'auroit conservé les mêmes facilités. La crainte d'en abuser, plus encore que l'appréhension d'un bruit incompatible avec le sommeil, me le fit refuser. On me prêta le logement du capitaine de la compagnie de nos gardes, où je ne pouvois plus avoir de relation avec le chevalier de Menil.

Tous nos consorts jouissoient depuis quelque temps d'une espèce de liberté, formant des sociétés séparées les unes des autres, dans lesquelles ils vivoient. On me conseilla de demander la même faveur ; je ne le voulus point : il me sembloit que le meilleur rôle que j'eusse à jouer, c'étoit celui d'une entière inaction. Je pouvois tout au plus me résoudre à recevoir des grâces de la main qui me tenoit aux fers ; mais je trouvois de la bassesse à les requérir, et de la honte à paroître assez ennuyée de moi pour chercher une compagnie indifférente, que je prévoyois qui me seroit en effet plus à charge qu'agréable. Tout ce que je pus faire pour déférer en quelque sorte aux avis qu'on me donnoit fut d'écrire à M. Le Blanc la lettre que voici :

« Monseigneur, ce n'est ni l'impatience ni l'ennui

« qui me forcent à vous importuner : ce qui m'y dé-
« termine est la juste appréhension qu'une personne
« aussi obscure que moi ne soit totalement oubliée.
« Cette crainte est d'autant mieux fondée, qu'il est
« peu vraisemblable que les motifs de ma détention
« en rappellent le souvenir. Je me flatte qu'ils sont
« aussi peu remarquables que ma personne; et, dans
« cette opinion, j'ai trouvé quelque espèce de néces-
« sité de vous remettre en mémoire que j'ai été ame-
« née à la Bastille à la fin de l'année 1718, et que
« j'y suis encore. Quand je saurai, monseigneur,
« que vous vous en souvenez, je me reposerai du
« reste sur votre équité et sur votre humeur bienfai-
« sante, contente, en quelque état que je sois, d'o-
« béir aux lois qu'on m'impose, et de révérer le pou-
« voir souverain par une soumission volontaire à ses
« ordres.

« J'ai l'honneur d'être avec un profond respect,
« monseigneur, votre très-humble et très-obéissante
« servante.

« Ce 16 août 1719. »

Cette lettre ne produisit aucun effet : c'étoit mon intention. Mais les persécutions de la marquise de Pompadour auprès des ministres pour augmenter la compagnie de son mari obtinrent que j'y serois admise. J'allois donc, avec lui et le marquis de Boisdavis, dîner chez le gouverneur le jour marqué pour nous. Ils trouvèrent bon que ma compagne mangeât avec eux, pour que je ne fusse pas seule de femme dans une société d'hommes. On me proposa de tenir la table le jour que l'autre troupe de captifs alloit au gouvernement : j'aimai mieux, pour éviter l'éternelle résidence que nos gens désœuvrés auroient faite chez moi, établir nos repas ce jour-là chez M. de Pompadour. Le duc de Richelieu avoit alors obtenu sa liberté par le sacrifice d'une belle victime, qui, à ce qu'on prétendoit, s'étoit volontairement immolée à ce prix.

On avoit, depuis son départ, associé le chevalier de Menil avec le marquis de Saint-Geniès et Davisard, un des ministres de notre cour. Celui-ci me fit dire qu'il désiroit passionnément d'avoir un moment d'entretien avec moi. Je ne doutai point qu'il n'eût des choses très-importantes à me communiquer, dont la connoissance pourroit régler la suite de mes démarches.

Cependant je ne voulus pas tenter la complaisance du lieutenant de roi dans une occasion qui compromettoit son devoir, que je respectois en ce qui étoit essentiel, autant qu'il le faisoit lui-même. Je cherchai des voies de supercheries, toujours permises aux gens privés des droits naturels de la société.

Le marquis de Saint-Geniès logeoit dans la même tour que le marquis de Pompadour. Je pensai que Davisard, feignant d'aller chez Saint-Geniès, qu'il lui étoit permis de voir, monteroit à l'étage au-dessus chez M. de Pompadour, où je me trouverois, comme j'avois coutume de faire. Il n'étoit question que de prendre bien son temps, et de prévenir mes associés, afin qu'ils prêtassent la main à ce rendez-vous. Je communiquai donc à messieurs de Pompadour et de Boisdavis l'entrevue que je méditois, et je leur fis fête de tout ce que j'allois apprendre, et des avis utiles à tout le parti que j'en pouvois recueillir. Le marquis de Pompadour, ravi de me servir dans une si importante occasion, dévoroit d'avance l'abondante récolte que nous allions faire. Je fis passer ce projet à Davisard. L'exécution en étoit attendue avec une égale impatience de part et d'autre; mais il falloit prendre un jour où l'un de nos maîtres fût en campagne, et l'autre si occupé, que nous n'en eussions rien à craindre.

Ce jour arriva. Nous posâmes en sentinelle à toutes les lucarnes du degré ce que nous avions de domestiques, pour nous avertir à la moindre alarme. Toutes nos mesures si bien prises, nous fîmes avertir Davisard, qui attendoit le moment chez Saint-Geniès. Il monta aussitôt chez le marquis de Pompadour, qui, dès qu'il le vit paroître, se retira avec M. de Boisdavis dans un coin de la chambre, jugeant que des choses d'une si grande conséquence ne se pouvoient dire devant des témoins. Davisard, après avoir tourné la tête de tous côtés pour voir s'il ne pouvoit être entendu, s'avança, et me dit : « Mademoiselle de Lau-
« nay, neuf mois de célibat, cela est bien dur! — Eh!
« monsieur, lui dis-je, frappée du plus grand étonnement, est-ce donc là ce que vous étiez si pressé
« de me dire? » Ce début m'ayant effrayée, j'appelai nos discrets confidens, et leur dis qu'ils pouvoient se rapprocher, et prendre part à notre conversation. Ils raisonnèrent sur les choses présentes, desquelles notre petit magistrat n'étoit pas mieux informé que nous. Voyant le mince profit qu'il y avoit à faire de ce périlleux entretien, je le terminai promptement, honteuse de me l'être ménagé avec tant de soin.

Ce qui m'étoit arrivé long-temps auparavant auroit dû me déniaiser. J'eus quelque incommodité, pour laquelle on me fit voir M. Herment, médecin de la Bastille. Le lieutenant de roi me le présenta dans le jardin où nous nous promenions. Quoique je fusse alors sous la plus étroite garde, comme notre lieutenant se relâchoit volontiers en ma faveur au moindre prétexte qui l'y autorisoit : « Il ne faut point « de tiers dans les entretiens qu'on a avec son méde- « cin, dit-il en s'éloignant de nous. » Je continuai mon chemin, et m'éloignai encore plus. M. Herment, voyant qu'on ne pouvoit plus nous observer, me dit, en me serrant la main et baissant la voix : « Vous avez « des amis, et de bons amis, capables de tout pour « vous : j'en ai vu un qui s'intéresse bien particuliè- « rement à ce qui vous regarde... — Vous a-t-il chargé « de quelque chose pour moi? lui dis-je en l'interrom- « pant. — Oui, reprit-il : il connoît ma discrétion; « je sais la vôtre. Il m'a dit de vous demander ce qui « pourroit vous faire plaisir, ce qui pourroit vous « être utile; si vous n'auriez pas besoin d'un couvre- « pied. — Eh! qui est, dis-je, cet ami en peine de « savoir si on a ici les pieds chauds? — C'est, me « répondit-il, M. Bignon, conseiller d'Etat. — Ren- « dez-lui grâces de ma part, repris-je, et dites-lui, « monsieur, que ce qui l'inquiète est assurément le « moindre des inconvéniens où je suis exposée. »

Je ne prétextai point de maladie pour me procurer des visites d'un homme si circonspect. Il y en avoit dans notre château de plus traitables; mais comme je n'étois nullement tentée d'intriguer au dehors, je ne les recherchai pas.

Le comte de L... s'aida du chirurgien, qui faisoit aussi la fonction d'apothicaire. Il établit, pour avoir occasion de le voir souvent, qu'il lui falloit deux lavemens par jour. Le Régent, qui entroit dans les derniers détails de ce qui nous concernoit, examinant les mémoires de notre pharmacie avec ses ministres, l'abbé Dubois se récria sur cette quantité de lavemens. Le duc d'Orléans lui dit : « Abbé, puisqu'ils « n'ont que ce divertissement-là, ne leur ôtons pas. »

L..., en effet, n'en avoit guère d'autres : on le tenoit plus resserré qu'aucun de nous, dans le temps même qu'on accorda du relâchement à tous les autres prisonniers. Il est vrai que depuis qu'il fut à la Bastille il se conduisit héroïquement ; qu'il soutint de longs et fréquens interrogatoires, avec autant de courage que de dextérité dans ses réponses. Mais on avoit prétendu, peut-être faussement, qu'il avoit usé d'adresse avant que d'être arrêté ; qu'il avoit employé de fausses confidences, pour éviter sa détention. Quoi qu'il en soit, il soutint jusqu'à la fin de sa prison, où il fut retenu long-temps après les autres, la conduite ferme qu'il avoit prise en y entrant.

Je continuois toujours le commerce de lettres avec le chevalier de Menil, par le lieutenant de roi. J'en avois quelquefois de plus franches par son valet, que Menil avoit gagné. J'étois uniquement occupée de lui ; et la compagnie, qui m'obsédoit, m'étoit souvent insupportable, surtout dans des momens de chagrin dont je ne pouvois me rendre maîtresse. J'en eus un très-vif du dessein que le chevalier de Menil me montra de mettre à fonds perdu un remboursement qu'on lui avoit fait. Cette vue me parut tout opposée à ce qui faisoit l'objet et le soutien de notre liaison : j'en pris des soupçons de sa bonne foi, qui n'avoient eu encore nulle entrée dans mon esprit. Je les lui témoignai vivement dans quelques lettres; et comme il ne vouloit pas encore me perdre, il prit le parti de me rassurer en changeant son projet, et me faisant de nouvelles protestations de la droiture et de la fermeté de ses intentions. Je le crus. Eh! que ne croit-on pas quand on a bien envie de croire? Il confirma mon opinion par l'acquisition qu'il fit d'une petite terre, au lieu du fonds perdu auquel il avoit d'abord incliné.

Je rentrai dans la pleine confiance, et n'eus plus de tourmens que de la durée de notre séparation, dont j'étois encore plus piquée par le facile accès qu'avoient auprès de moi des gens que je voyois d'un œil indifférent. Ils ne me regardoient pas de même; et ce m'étoit un surcroît d'impatience. Si un jardinier, comme l'a dit un bon auteur, est un homme pour des recluses, une femme, quelle qu'elle puisse être, est une déesse pour des prisonniers. Les nôtres, en effet, me rendoient une espèce de culte; mais leurs vœux empressés et leur encens étoient souvent prêts à me suffoquer.

Pendant ce temps-là, Davisard, homme vif et pétulant, mobile de corps et d'esprit, plus incapable de rester en un lieu que de se multiplier pour en occuper plusieurs à la fois, tomba malade assez sérieusement. On le dit, et peut-être l'exagéra-t-on, au Régent. Il répugnoit aux choses violentes, et n'avoit pas envie que ses prisonniers lui fissent le tour de mourir en prison. Pour éviter cet accident, on mit

Davisard en liberté. « N'est-ce pas un *godan*? dit-il
« en terme gascon, quand il vit la lettre de cachet.
« — Non, dit le gouverneur, qui la lui portoit ; c'est
« tout de bon. — Bas et culotte, vite, vite ! dit-il en
« se jetant hors de son lit. » Son habillement, son
décamper, sa guérison, tout fut fait en un moment.

Ce départ donna occasion à madame de Pompadour, attentive à soulager les ennuis de son mari, de demander qu'on augmentât la société de M. de Pompadour des débris de celle de M. Davisard, qui avoit pour compagnons le marquis de Saint-Geniès et le chevalier de Menil ; et que les deux bandes réunies n'en fissent plus qu'une, qui allât tous les jours manger chez le gouverneur ; et vécût ensemble. Elle l'obtint ; et lorsque je m'y attendois le moins, je vis entrer sans précaution Menil dans ma chambre. Je fus surprise et effrayée : il me rassura en m'apprenant cet heureux événement, qui me combla de joie, malgré la tristesse où j'étois de la mort de ma sœur, dont les circonstances m'avoient mis beaucoup d'amertume dans le cœur. Il faut avouer, à la honte de la nature, que sa voix ne se fait guère entendre quand quelque passion parle en même temps qu'elle.

Messieurs de Pompadour et de Boisdavis vinrent, un moment après, me faire compliment sur l'augmentation de notre compagnie. Le lieutenant de roi étoit allé dîner ce jour-là à Vincennes : en rentrant, il vint chez moi, ne sachant point ce qui avoit été accordé au chevalier de Menil. Au moment qu'il le vit dans ma chambre en si bonne compagnie, avec toutes les apparences du droit d'y être, il demeura comme quelqu'un frappé de la foudre, sans parole et sans mouvement. Je fus touchée de sa peine; et m'avançant vers lui, je lui racontai que madame de Pompadour avoit obtenu qu'on nous mît tous ensemble. Il avoit su qu'elle le demandoit; mais il ne croyoit pas que cela fût si près d'arriver. Il nous dit, d'un ton assez forcé, que cela étoit convenable, et qu'il nous en félicitoit. Il ne put prononcer une parole de plus, et resta sur un siége où il s'étoit mis, véritablement comme un homme pétrifié. La gaieté de l'assemblée achevoit de le confondre : ne pouvant soutenir une situation si pénible, il nous quitta.

Les relations que j'avois eues jusque là avec le chevalier de Menil, quelque douloureuses qu'elles fussent à Maisonrouge, étoient adoucies par la satisfaction d'y signaler son attachement pour moi, et de régir lui-même notre commerce. La dépendance qui en résultoit, l'entière connoissance de nos démarches, qui fixoit ses inquiétudes, étoient des dédommagemens perdus par cette réunion. Il n'avoit plus rien à attendre que la reconnoissance d'anciens services devenus inutiles.

Il vint le lendemain matin chez moi, dans un temps où j'étois seule, changée, et accablée de tristesse. « Ma chère amie, me dit-il, vous voilà heureuse. Je
« l'ai souhaité, j'en suis content : mais votre bonheur
« me coûte cher. Vivez en paix avec quelqu'un qui
« vous aime et vous plaît : n'exigez pas que j'en sois
« témoin. Tant que j'ai pu vous être utile, j'ai surmonté mes répugnances par d'incroyables efforts :
« je le ferois encore, si cela vous étoit bon à quelque
« chose. Vous n'avez plus besoin de moi : trouvez
« bon que je ne vienne plus chez vous que lorsque

« la bienséance, ou quelques services que je pour-
« rois encore vous rendre, m'y obligeront. — Pour-
« quoi m'abandonner, mon cher ami? lui dis-je.
« Croyez-vous qu'il y eût rien qui pût me dédom-
« mager de la perte que je ferois en vous perdant?
« J'aime mieux renoncer à tous autres commerces,
« s'ils sont incompatibles avec le vôtre. — Non, dit-
« il, je ne veux vous priver de rien. Je me suis sa-
« crifié sans réserve à votre bonheur : puisse celui
« qui le doit faire vous être aussi fidèle et aussi dé-
« voué que moi! » J'insistai fortement, et je gagnai
qu'il ne cesseroit pas de me voir. Je lui promis de
soustraire à ses yeux les objets propres à les blesser.
J'eus soin, en effet, qu'il ne rencontrât pas le chevalier de Menil chez moi quand il y venoit : c'étoit
rarement; il ne s'y présentoit que lorsqu'il avoit des
nouvelles de dehors à m'apprendre, ou quelque chose
à me dire de la part de mes amis, qui venoient le
voir assez souvent. Du reste, je le voyois chaque jour
chez le gouverneur, où nous passions tous une partie
de la journée.

Nous y allions dîner; et après le dîner je jouois
une reprise d'hombre avec messieurs de Pompadour
et de Boisdavis, et Menil me conseilloit. La partie
quelquefois se rangeoit autrement. Quand elle étoit
finie, nous retournions chez nous. Le chevalier de
Menil me suivoit d'assez près. La compagnie se rassembloit chez moi avant le souper, que nous retournions faire chez le gouverneur, après lequel chacun
s'alloit coucher. Le matin, je revoyois Menil, et nous
ne nous quittions guère.

Je ne désirois plus d'autre liberté que celle dont

je jouissois : il ne sembloit pas qu'il y eût d'autre monde que l'enceinte de nos murs. C'est le seul temps heureux que j'aie passé en ma vie. Aurois-je cru que le bonheur m'attendoit là, et que partout ailleurs je ne le trouverois jamais?

J'aimois quelqu'un dont je me croyois parfaitement aimée ; je m'abandonnois sans crainte à des sentimens dont l'objet me paroissoit raisonnable, et le but assuré. J'eusse plutôt appréhendé la chute du ciel, qu'aucun changement dans le cœur du chevalier de Menil. J'étois dans la même assurance de sa conduite, sur laquelle je lui avois prescrit des règles qu'il observoit exactement. Je lui dis, les premiers jours que nous commençâmes à vivre sans contrainte, que les frayeurs qui nous avoient poursuivis jusqu'alors toutes les fois que nous avions pu nous voir nous avoient été une garde assez sûre, qui alloit nous manquer ; que je ne voulois pourtant prendre de sûreté contre lui que lui-même, persuadée que, déterminé à passer sa vie avec moi, il ne voudroit pas me dégrader dans son estime, sans laquelle je ne me résoudrois jamais, à aucune condition, de vivre avec lui. Il m'assura qu'il respecteroit ma confiance, au point de prévenir plutôt, en s'éloignant de moi, tout ce qui pourroit me déplaire d'une passion assez vive pour être quelquefois inconsidérée.

J'établis ainsi ma sécurité sur un meilleur fondement que n'eût été la présomption : elle a tant de hauteur et si peu de base, qu'elle est facile à renverser. Menil me tint parole. Il me quittoit quelquefois assez brusquement, au travers d'un entretien fort tendre : je ne lui en demandois pas la raison, et me gardois de le retenir. Ses égards me touchoient bien plus que n'eussent fait les transports les plus passionnés. Je goûtois donc cette douce paix qui constitue le vrai bonheur : il ne me manquoit que l'entière sûreté d'en jouir toujours, ce que je ne révoquois pas en doute.

Les réparations de mon appartement étant finies, j'y retournai, et je songeai à le meubler. Je crus que c'étoit assez d'avoir passé un hiver dans une grande chambre sans tapisserie : le second approchoit. M. de Maisonrouge, encore plus attentif à mes commodités depuis qu'il ne se mêloit plus de mes amusemens, demanda aux gens d'affaires de M. le duc du Maine des meubles convenables pour mon logement. Ils en prêtèrent, et je pris grand plaisir à m'arranger dans cet ancien gîte réformé. Je fus singulièrement touchée de trouver un rebord à la nouvelle cheminée qu'on y avoit faite, et d'y pouvoir poser un livre ou une tabatière, commodité que je n'avois pas ci-devant. Il faut avoir manqué de tout pour sentir la valeur de chaque chose.

Notre société prit part à mon changement de demeure. L'on se rassembloit plus facilement chez moi, et si continuellement, que j'en étois si souvent excédée et de si mauvaise humeur, que Menil m'en faisoit de sévères réprimandes, sans égard pour la cause, qui méritoit beaucoup d'indulgence de sa part.

Il étoit revenu habiter notre quartier il y avoit déjà long-temps. La facilité de nous voir, la longueur de nos entretiens nous donnoit lieu d'y mêler des choses indifférentes. Il me montroit, pour me divertir, des lettres assez ridicules, qu'il recevoit par des voies détournées d'une de ses parentes, qui, de son aveu, étoit plus folle que ses lettres. Elle demeuroit près de chez lui, en Anjou. Je faisois peu d'attention à ce qu'il m'en disoit, n'imaginant pas que j'eusse jamais rien à démêler avec une telle personne. Quoique, dans l'espèce de liberté où nous étions, la communication au dehors nous fût encore interdite, les nouvelles extorquées par chacun de nous, et rapportées en commun, comme la proie des brigands, nous servoient de pâture au fond de notre antre. On rassembloit surtout avec avidité celles qui promettoient notre prochaine délivrance. Je faisois mine, par honneur, de la désirer comme les autres, quoiqu'au fond de mon cœur j'en fusse fort éloignée.

Madame la duchesse du Maine, qui avoit été d'abord menée dans la citadelle de Dijon, quand elle apprit qu'on la conduisoit dans le gouvernement de M. le duc, dit, comme Io :

Aux fureurs de Junon Jupiter m'abandonne.

Elle y passa cinq mois, au milieu de toutes les incommodités qu'elle avoit ignorées jusqu'alors. Ne pouvant plus les supporter, elle engagea madame la princesse de lui obtenir, par ses sollicitations, un changement de demeure. Elle se flattoit qu'en même temps on la rapprocheroit ; mais elle n'eut que le choix d'aller dans la citadelle de Châlons, un peu plus éloignée, ou de rester dans celle où elle étoit. Il y avoit matière à délibérer. Elle avoit établi en ce lieu des correspondances utiles, par des personnes qui, à leurs risques et périls, s'étoient entièrement dévouées à elle.

Une princesse ornée de grandes qualités, accablée de grands malheurs, est un objet frappant, capable de remuer les ames les moins sensibles. Elle pouvoit retrouver partout des gens animés du même zèle, par les mêmes motifs : mais pour se faire connoître il leur falloit des conjonctures qui ne se rencontrent pas toujours, et pour servir des moyens qui ne sont pas également en toutes mains. Malgré ces considérations, le désir si naturel de changer une situation pénible, même contre une qui ne vaut pas mieux, et qui peut être pire; l'envie d'aller quand on est retenu; l'occasion de revoir les gens qui devoient la conduire, déterminèrent madame la duchesse du Maine à accepter Châlons.

Les ordres furent donnés d'y faire un bâtiment pour la loger. La Billarderie, qui avoit commandé les troupes dont elle fut accompagnée dans son premier voyage, eut ordre de l'aller trouver avec un détachement des gardes du corps, pour la transférer dans cette nouvelle prison, où il resta quelques jours auprès d'elle. La confiance dont elle l'honora aussitôt qu'elle reconnut la bonté de son caractère, jointe à tout ce qui pouvoit l'attacher à elle, l'y dévoua entièrement. Ses sentimens, cachés sous le plus profond respect, lui étoient peut-être inconnus à lui-même; mais la retenue ne leur donnoit que plus d'activité. Elle reçut de lui tous les services qu'un honnête homme chargé de sa garde pouvoit lui rendre. Il les accompagnoit de toutes les complaisances propres à déguiser la sévérité de sa commission, dont il n'entama jamais le fond, quoiqu'il en altérât souvent la forme.

Arrivée à Châlons, elle eut le triste spectacle d'y voir édifier sa prison; ce qui lui étoit déjà arrivé dans la citadelle de Dijon, dont le logement étoit insoutenable. Celui qu'on y fit construire sous ses yeux se trouva encore plus impraticable, non-seulement par l'humidité des plâtres neufs, mais par sa situation; et elle n'y logea point. Je crois qu'elle n'habita point non plus celui qu'elle vit bâtir à Châlons, où elle ne demeura pas long-temps. Je n'ai su ces choses qu'après son retour et le mien; mais je les place ici, pour être à peu près dans leur lieu.

。 Quoiqu'elle eût soutenu sa captivité avec courage, et que, pour en supporter l'ennui, elle se fût prêtée à tous les amusemens que pouvoient fournir des lieux si arides de plaisirs, les incommodités et les inquiétudes, qu'elle ne put écarter, altérèrent sa santé. Elle disoit, à l'occasion de ses tristes divertissemens, si différens de ceux auxquels elle étoit accoutumée: « Que M. le duc d'Orléans juge de mes peines par « mes plaisirs! »

Quelque observée qu'elle fût, elle avoit trouvé moyen d'établir des correspondances par lesquelles elle étoit à peu près informée de tout ce qui se passoit, et même des bruits qui couroient; et c'étoit, pour l'ordinaire, un nouveau tourment. Les nouvelles, dont les prisonniers sont si affamés, leur servent de poison : ils en apprennent une partie, ignorent l'autre, font et défont mille systèmes sur ces connoissances imparfaites, d'où naissent autant de chimères et d'inquiétudes qui les dévorent. Leur état le plus doux, selon l'expérience que j'en ai faite, est celui où rien ne transpire jusqu'à eux.

Le bruit qui courut qu'on vouloit mettre M. de
Malezieux à la Conciergerie, lui faire son procès, et
traiter son affaire à la rigueur, parvint à madame la
duchesse du Maine, et lui causa les plus vives alarmes. Il fut dit ensuite qu'il seroit confiné aux îles
Sainte-Marguerite. On avoit pièce en main contre
lui, et peu de bonne volonté pour sa personne; ce
qui le mettoit plus en risque qu'aucun autre. Aussi
étoit-il dans de perpétuelles inquiétudes. Elles lui
suggéroient des idées souvent mal digérées. Il me fit
prier de rendre témoignage que cette lettre du roi
d'Espagne, qu'on avoit trouvée dans ses papiers, étoit
une traduction de l'original espagnol : je lui dis que
je n'aurois vraisemblablement pas l'occasion d'en parler; et que si je l'avois, je ne pourrois me résoudre
à dire une chose si aisée à convaincre de faux.

Madame la duchesse du Maine ayant été environ
trois mois à Châlons, le duc d'Orléans, sur les représentations qu'on lui fit du mauvais état de la santé
de cette princesse, ne voulant pas être accusé de la
laisser périr par des traitemens trop durs pour une
personne comme elle, consentit qu'elle allât passer
quelque temps dans une maison de campagne. On
lui proposa Savigny en Bourgogne, comme un lieu
agréable. Elle fit demander au président de ***, à
qui cette maison appartenoit, de la lui prêter. Il craignit de déplaire à M. le duc, gouverneur de la province, et la lui refusa. On en indiqua une autre,
nommée Sevigny, qui fut prêtée à madame la duchesse du Maine.

M. de La Billarderie étoit revenu avec son détachement des gardes pour la conduire, et l'y mena. Cependant le président, qui avoit d'abord refusé sa maison, ayant su que M. le duc pensoit à cet égard tout autrement qu'il n'avoit supposé, revint en faire offre. Madame la duchesse du Maine ne vouloit pas l'accepter ; mais La Billarderie lui représenta que ce seroit prodiguer son ressentiment que d'en avoir contre un tel homme, et qu'elle seroit plus commodément à Savigny. Elle y fut, et y passa quelque temps. Enfin, par de nouvelles instances, on obtint de la rapprocher de Paris, et de lui donner pour prison Chanley, belle et agréable maison, qui n'en est qu'à trente lieues. Elle séjourna dans diverses maisons de campagne en y allant, et s'y rendit vers le milieu de l'automne. Madame la princesse eut la liberté de l'y aller voir, et y passa une quinzaine de jours. Tout occupée de mettre fin à la captivité de la princesse sa fille, elle la conjura de lui avouer sincèrement tout ce qui s'étoit passé dans son affaire. Madame la duchesse du Maine lui en rendit un compte exact, par lequel elle la convainquit qu'il n'y avoit rien eu, dans tout ce qu'elle avoit fait, ni contre le Roi ni contre l'Etat, ni rien même qui pût essentiellement préjudicier au Régent.

Madame la princesse, sur cet exposé, lui conseilla d'en faire l'aveu à ce prince avec la même vérité, comme le plus sûr et peut-être le seul moyen d'obtenir non-seulement sa liberté, mais celle de toutes les personnes engagées dans la même affaire, qui souffroient pour elle. La nécessité de tirer de prison M. le duc du Maine, qui venoit d'y être dangereusement malade sans qu'elle l'eût su ; le risque de l'y voir périr, tout innocent qu'il étoit, lui furent principalement représentés par madame la princesse, et par M. de La Billarderie.

Malgré ces puissantes considérations, elle insistoit toujours sur les inconvéniens d'une telle démarche, et protesta que son intérêt seul ne l'y résoudroit jamais; et que, quelque pressans que fussent les autres motifs qu'on lui présentoit, elle ne pouvoit faire cette confession qu'elle ne sût si les personnes engagées avec elle s'étoient décelées elles-mêmes : sans quoi elle risqueroit leur perte, et son propre honneur.

Il fut donc décidé qu'il falloit, au préalable, éclaircir ce point. On savoit que M. de Pompadour et l'abbé Brigault avoient donné d'amples déclarations. Si M. de Laval et M. de Malezieux avoient persisté à nier, il ne falloit pas songer à un aveu qui ne se pouvoit faire sans les commettre; mais présenter une requête au parlement pour demander la liberté de madame la duchesse du Maine, conformément aux lois du royaume, qui ne permettent pas de retenir personne en prison au-delà du terme marqué pour produire le sujet de leur détention. Madame la duchesse du Maine dressa un modèle de cette requête, qu'elle laissa entre les mains de madame la princesse.

Ces résolutions étant prises, madame la princesse assura madame sa fille que, dès qu'elle seroit à Paris, elle sauroit positivement (et cela lui sembloit facile) ce qu'avoient fait le comte de Laval et M. de Malezieux; et qu'elle, ou l'abbé de Maulevrier, son homme de confiance, le lui manderoit aussitôt. Pour traiter cet article sans risque, madame la duchesse du Maine donna à madame la princesse des phrases communes, où elle attacha le sens des principaux points dont il falloit l'instruire. L'une de ces phrases vouloit dire : *Laval a avoué;* l'autre, *Il n'a rien dit.* Il y en avoit de même pour M. de Malezieux.

Peu après le départ de madame la princesse, madame la duchesse du Maine reçut une lettre de l'abbé de Maulevrier, qui lui marquoit, sous le chiffre dont on étoit convenu, que M. de Laval et M. de Malezieux n'avoient rien dit. Quelques jours ensuite, elle en reçut une autre de cet abbé, qui, par le même chiffre, disoit tout le contraire : que Laval et Malezieux, après avoir persisté long-temps, avoient enfin tout avoué. Ces témoignages ne parurent pas assez sûrs à madame la duchesse du Maine pour déterminer le parti qu'elle prendroit. La Billarderie, qui étoit encore avec elle, désirant passionnément la liberté de cette princesse, et persuadé qu'il y pourroit travailler utilement, retourna à Paris, et eut à ce sujet plusieurs entretiens avec M. Le Blanc, qui lui fit sentir qu'elle n'y parviendroit jamais que par une déclaration sincère et complète de tout ce qui s'étoit passé dans cette affaire, tant de sa part que de celle des gens qui avoient agi d'un commun accord avec elle.

Le Régent désiroit de finir; mais il vouloit que ce fût avec honneur, c'est-à-dire disculpé d'avoir attaqué et traité à la rigueur des personnes si considérables, sans aucun fondement. Il avoit donc résolu de n'accorder la liberté ni aux chefs ni à leurs adhérans, que par un aveu de leur part qui servît d'apologie à sa conduite. M. Le Blanc chargea enfin La Billarderie de porter parole à madame la duchesse du Maine, de la part de ce prince, qu'elle obtiendroit son entière liberté, et celle de toutes les personnes comprises dans son affaire, si elle vouloit en donner par écrit un détail exact et sincère, qui ne seroit vu que de lui.

La Billarderie vint lui rendre compte de sa commission, et lui apporta des lettres de madame la princesse et de l'abbé de Maulevrier, qui marquoient positivement et sans chiffres que le comte de Laval et M. de Malezieux avoient tout déclaré, et qu'on n'ignoroit plus rien de cette affaire.

Madame la duchesse du Maine, persuadée, par ces témoignages non suspects, qu'elle pouvoit délivrer tous les gens de son parti sans nuire à aucun, surmonta en leur faveur la répugnance qu'elle avoit à donner la déclaration qu'on lui demandoit. Elle la fit dans un grand détail, pour donner preuve de sa sincérité. Quand cette pièce fut achevée, elle la mit entre les mains de La Billarderie pour la porter à M. Le Blanc, après qu'il l'auroit fait voir à madame la princesse, à qui elle écrivit en même temps une lettre où elle lui marquoit les motifs qui l'avoient déterminée à ce que M. le duc d'Orléans avoit exigé d'elle. Elle la conjuroit de tenir la main à la prompte et fidèle exécution des engagemens qu'il avoit pris en conséquence, et lui représentoit qu'il s'agissoit en cela non-seulement de ses intérêts, mais de son honneur, qui lui étoit infiniment plus cher, et qu'elle confioit à ses soins et à sa diligence, ne pouvant éviter le blâme de la démarche qu'elle faisoit que par l'entière satisfaction de tous ceux qui y étoient intéressés.

Madame la princesse lut la lettre et la déclaration avec l'abbé de Maulevrier, qui dit à La Billarderie que la grande attention qu'on y voyoit à justifier le cardinal de Polignac et M. de Malezieux pourroient en rendre la vérité douteuse. Il n'y reprit nulle autre chose, ni madame la princesse non plus. La Billarderie la porta à M. Le Blanc, pour la remettre au Régent. On expédia, pour le retour de madame la duchesse du Maine, la lettre de cachet qui lui fut envoyée. Elle y trouva, contre son attente, son séjour marqué à Sceaux. Cette première infraction aux paroles données lui en fit craindre d'autres.

Nous ne savions rien dans notre prison de tout ce que je viens de rapporter. Un bruit vague de dénouement s'y faisoit seulement entendre : il avoit couru tant de fois, qu'on n'y donnoit plus qu'une médiocre créance. Enfin M. Le Blanc, qui n'avoit paru depuis long-temps, vint les derniers jours de l'année à la Bastille. Il étoit seul, et vit d'abord la Pruden, cette correspondante du baron de Walef, qu'on avoit arrêtée depuis peu de temps. Je fus mandée ensuite pour aller lui parler. Il me dit que je leur aurois épargné bien de la peine, si, quand ils m'avoient parlé, M. d'Argenson et lui, j'avois voulu leur rendre compte de tout ce que je savois de l'affaire de madame la duchesse du Maine, dont j'étois parfaitement instruite ; qu'elle s'en étoit expliquée elle-même par une déclaration fort exacte, et que je n'avois plus de raison d'en vouloir garder le secret. Je répondis qu'il ne m'avoit pas paru qu'on me crût si bien instruite. En effet, ils ne m'avoient interrogée qu'une fois, et assez légèrement. « Au surplus, ajoutai-je, si ma-
« dame la duchesse du Maine elle-même a parlé, que
« pourrois-je dire qui vous instruisît plus parfaite-
« ment? Elle sait ce qui la regarde mieux que per-

« sonne ne le peut savoir. Quand même elle m'au-
« roit dit tout ce que j'ignore, je ne pourrois rien
« ajouter aux connoissances qu'elle a données. —
« Vous ne pouvez nier du moins, reprit-il, que vous
« n'ayez rendu à madame la duchesse du Maine des
« lettres d'Espagne. » Je répondis que les lettres que
j'avois pu recevoir étoient pour moi ; qu'il m'en venoit de divers pays, auxquelles madame la duchesse
du Maine n'avoit point de part. « Celles-là, dit-il,
« étoient du baron de Walef, et vous ont été remises
« par une fille d'Opéra. » Je lui dis (et cela étoit
vrai) que je ne savois de quelle profession étoit la
personne qui en effet m'avoit apporté quelques lettres
du baron de Walef, lesquelles étoient pour moi.
M. Le Blanc reprit : « Mais vous savez toute l'affaire ;
« et l'on veut que vous parliez, ou vous resterez toute
« votre vie à la Bastille. — Hé bien ! monsieur, lui
« dis-je, c'est un établissement pour une fille comme
« moi, qui n'a pas de bien. — Ce n'est pas, reprit-
« il, une situation bien agréable. — Je ne la choisi-
« rois pas non plus, lui dis-je ; mais j'y resterai, plu-
« tôt que d'inventer des fictions pour m'en tirer. —
« Il faut avouer, dit-il, que madame la duchesse du
« Maine a eu d'étranges confidens. — Pour moi,
« monsieur, repris-je, je vous dirai, sans vous amu-
« ser davantage, que si je ne sais rien, je ne puis
« vous rien dire ; et que si l'on m'avoit confié quelque
« chose, je le dirois encore moins. » Il ne put s'empêcher de me dire, quoique cela ne fût pas dans son rôle,
que madame la duchesse du Maine auroit été heureuse de ne s'être pas confiée à d'autres qu'à moi. Il
ajouta tout de suite que ses affaires étoient finies ;

qu'elle alloit revenir. « Me voilà donc tranquille, lui
« dis-je. — Et ce qui vous regarde? reprit-il. —Cela,
« lui répondis-je, n'est pas assez important pour m'en
« inquiéter. — D'où vient cette assurance? dit-il.
« Est-ce qu'on vous a fait votre horoscope? — L'ho-
« roscope de quelqu'un qui naît dans une aussi mau-
« vaise fortune que la mienne se fait tout seul, lui
« répondis-je. On sait qu'on sera malheureux : n'im-
« porte de quelle façon. » M. Le Blanc, voyant que
je ne voulois que bavarder, me dit qu'il reviendroit
avec M. d'Argenson, et qu'ils m'apporteroient des
ordres par écrit, de madame la duchesse du Maine,
de dire tout ce qu'on me demanderoit. Je lui dis que
je les recevrois avec beaucoup de respect; mais que
je n'en dirois pas davantage. En effet, l'on se charge
de tels secrets par dévouement pour ceux qui vous
les confient, mais on les garde pour l'amour de soi.
M. Le Blanc, peu satisfait de mes réponses, me quitta;
et depuis il ne voulut plus m'interroger, quelque instance qui lui en fût faite de la part de madame la
duchesse du Maine après son retour, disant que cela
étoit inutile; qu'il savoit ce que je savois dire.

Quand je fus hors de ce fâcheux entretien, Menil
me vint voir. Je le lui racontai. Je pouvois, sans indiscrétion, lui en dire autant qu'à nos commissaires;
et véritablement, quelque confiance que j'eusse en
lui, je n'avois pas cru devoir me permettre de lui
rien révéler du fond de notre affaire. Dans ce transport de joie qu'il eut de mes réponses à ce dernier
interrogatoire, il fut pressé d'oublier la circonspection dans laquelle il vivoit avec moi. Je lui chantai
ces paroles d'un opéra qu'on jouoit alors :

> Non, ne mêlons point dans un jour
> Tant de foiblesse à tant de gloire.

Je me tirai aussi adroitement d'affaire avec lui qu'avec M. Le Blanc. Quelques jours après (c'étoit le 5 de janvier 1720), l'ordre arriva de faire sortir de notre château tous les domestiques de madame la duchesse du Maine, valets de chambre, valets de pied, frotteuses, à la réserve de M. de Malezieux et de moi. Le marquis de Pompadour et le chevalier de Menil eurent en même temps leur lettre de cachet pour sortir de la Bastille, et aller en exil ; celui-ci, chez lui en Anjou. Il vint à la hâte me dire adieu. Je ne m'attendois point à cette brusque séparation : je devois encore moins m'attendre à rester presque seule de ma bande en prison, lorsque toute la maison de madame la duchesse du Maine en sortoit, et qu'elle-même revenoit. Mais à peine fis-je attention à ce qui me regardoit personnellement dans cette conjoncture, tant j'étois occupée de l'éloignement de Menil. Il me parut médiocrement touché de me quitter : la joie d'abandonner notre triste demeure surmonta visiblement en lui le regret de m'y laisser. Je n'eusse pas été de même, si j'en étois sortie la première. Cette différence de nos sentimens, que j'avois quelquefois soupçonnée, mais que je n'avois pas encore si bien vue, me fut un surcroît d'affliction des plus sensibles. Je n'eus ni le loisir ni la volonté de lui en rien témoigner : il partit, et je restai dans cette espèce d'immobilité où l'ame, trop pleine de sentimens, demeure sans action.

On m'en tira pour aller dîner au gouvernement

avec le marquis de Saint-Geniès, triste compagnon de ma mauvaise fortune. Le gouverneur étoit allé faire un tour de campagne, ne sachant pas ce qui devoit arriver ce jour-là. Nous n'avions que le lieutenant de roi, qui, tout confus de notre aventure et de ce qu'il avoit à nous annoncer, n'osoit proférer une parole. Jamais repas ne fut plus lugubre que celui-là. Quand il fut fini, comme j'allois monter, selon notre coutume, pour prendre du café dans la chambre du gouverneur, le lieutenant m'arrêta au bas du degré, et me dit : « Ne montez pas : il faut « retourner chez vous, et n'en plus sortir. — A la « bonne heure, lui dis-je. » Et, prenant mademoiselle Rondel par le bras, je m'en allai chez moi. Il fit le même compliment à Saint-Geniès, qui, je crois, ne le prit pas en si bonne part. Sa commission faite, il me suivit dans mon appartement. Là, il me conta que M. Le Blanc, en apportant l'ordre pour l'élargissement des autres, avoit donné celui de nous resserrer plus étroitement que jamais ; qu'il lui avoit demandé de nous laisser au moins dîner ce jour-là comme à l'ordinaire, et de trouver bon qu'il ne nous signifiât ce changement qu'après notre repas. Le pauvre lieutenant étoit sensiblement affligé de cette disgrâce, que je regardois comme un soulagement, ravie, puisque je ne voyois plus ce qui m'étoit agréable, de ne rien voir, et de ne point donner ma tristesse en spectacle, de crainte qu'on n'en pénétrât la cause, et voulant encore moins qu'on l'attribuât à défaut de courage ; car il est vrai qu'on a plus de dégoût pour les foiblesses dont on est exempt, que pour celles où l'on se laisse aller. Maisonrouge ne démêloit pas

ces divers mouvemens de mon ame, et me croyoit extrêmement affligée de ce renouvellement de captivité, au moment même où elle devoit finir. Il en cherchoit la cause, et me demanda ce que j'en pensois. « C'est apparemment, lui dis-je, qu'ils m'ont
« choisie comme ce pauvre âne de la fable, qui n'a-
« voit volé de foin que la largeur de sa langue, et
« qui fut dévoué pour les autres animaux plus cou-
« pables, mais plus forts que lui. » Nous raisonnâmes long-temps sur cet événement, sans y voir plus clair.

Le gouverneur vint chez moi le soir, et me témoigna y prendre beaucoup de part. Il en étoit dans le dernier étonnement, et me dit qu'il n'avoit point vu d'exemple de ce qui venoit de m'arriver, qu'on eût renfermé un prisonnier après l'avoir laissé jouir de l'espèce de liberté que j'avois eue. Il étoit encore plus surpris de ne me voir ni consternée ni alarmée d'un malheur si constant : ma tranquillité lui paroissoit digne d'admiration, parce qu'il n'en voyoit pas le misérable soutien. C'est ainsi que souvent on nous fait honneur de ce qui, plus approfondi, produiroit un effet contraire.

Le lieutenant de roi me voyant dépourvue de toute compagnie, et dans un état triste à tous égards, reprit son ancienne assiduité auprès de moi. Il me dit, deux jours après la sortie du chevalier de Menil, qu'il avoit reçu un billet de lui, rempli de sentimens pour moi. Il voulut me le montrer, et ne put le retrouver. Je le connoissois trop bien pour y soupçonner quelque finesse. Le lendemain, j'en reçus un qui m'étoit directement adressé, dont je fus peu contente.

Je fus quelques jours sans entendre parler du che-

valier de Menil. Je les employai à faire mille remarques et mille réflexions affligeantes sur sa conduite : je me persuadai que le grand air avoit dissipé en un moment ses sentimens, que j'avois crus si solides : j'en sentis la plus amère douleur. Enfin le lieutenant me dit qu'il l'étoit venu voir, et l'avoit prié de me rendre une lettre, et de m'engager à y répondre ; ce que je fis. J'en reçus encore une avant son départ, à l'insu du lieutenant, par son valet, dans laquelle il me marquoit qu'il avoit eu un long entretien avec un de ses amis, fort attaché à notre cour; qu'il lui avoit confié ses liaisons avec moi et ses desseins, ayant cru utile de le mettre dans nos intérêts, et de le disposer à nous servir auprès de ma princesse. Je fus extrêmement contente de cette démarche, qui me rendoit témoignage de la vérité de ses intentions, et de l'empressement qu'il avoit de les exécuter. J'étois vivement affligée de n'avoir plus le moyen de recevoir de ses nouvelles, et de lui donner des miennes. Il partoit, et nous ne pouvions rien risquer par la poste. Notre incomparable ami vint encore à notre secours. Il sentit la peine et l'inquiétude que me causeroit cette privation, et me dit : « Vous ne pouvez
« écrire au chevalier de Menil, ni lui à vous, dans
« la situation où vous êtes. Tout seroit perdu, si
« votre écriture paroissoit à la poste. Mais je lui écri-
« rai toutes les semaines : vous verrez mes lettres et
« ses réponses, qui vous instruiront réciproquement
« de ce qui vous regarde l'un et l'autre. » Je sentis tout le mérite de ce dernier service. L'apparence d'une liaison avec quelqu'un qui sortoit de dessous sa garde pouvoit rendre sa fidélité suspecte; mais rien

n'étoit capable de l'arrêter quand il s'agissoit de ma satisfaction.

On avoit fait partir, les derniers jours de l'année, les équipages de madame la duchesse du Maine, pour l'aller chercher à Chanlay. La Billarderie, qui lui portoit les ordres de la cour, les devoit joindre en chemin, et les devancer. M. de Sailly, écuyer de cette princesse, qui les conduisoit, prit la poste à moitié chemin, et fut à Joigny, petite ville à deux lieues de Chanlay, pour y attendre le passage de M. de La Billarderie, et se rendre en même temps que lui auprès de madame la duchesse du Maine. Il y demeura deux jours, sans vouloir se faire connoître. Les officiers de la bouche du Roi, en service auprès de la princesse, venoient tous les jours en ce lieu-là chercher leurs provisions : voyant un homme qui, par les questions qu'il leur fit, paroissoit s'intéresser à elle, ils lui en rendirent compte. Elle les chargea de savoir qui c'étoit : il n'osa refuser de l'en instruire. Dès qu'elle le sut, elle renvoya lui dire de la venir trouver. Quoiqu'il craignît d'outre-passer les ordres qu'il avoit d'ailleurs, il lui obéit. Il fit pourtant demander à M. Desangles, lieutenant de roi de la citadelle de Châlons, qui avoit suivi madame la duchesse du Maine à Chanlay, et l'y gardoit, la permission d'y venir. Il lui manda qu'il le pouvoit; mais qu'il seroit bien aise de lui parler avant qu'il parût devant la princesse. Il s'adressa donc d'abord à Desangles, qui lui recommanda vaguement de ne rien dire que conformément à la prudence requise dans l'état des choses. Il fut ensuite chez Son Altesse. Elle fut ravie de voir en lui un signal de son retour : mais cette joie étoit troublée par le délai de celui de La Billarderie, dont elle ne pouvoit pénétrer les raisons.

On lui avoit promis qu'en arrivant à Sceaux elle y trouveroit le duc du Maine, les princes ses fils, et la princesse sa fille. Lorsque La Billarderie étoit prêt à partir, il apprit, par madame la duchesse d'Orléans, que M. le duc du Maine avoit demandé d'aller à Clagny près de Versailles, et non à Sceaux, où il avoit réglé que ses enfans n'iroient pas non plus.

La Billarderie, prévoyant que madame la duchesse du Maine seroit au désespoir de ce changement, ne voulut l'aller trouver qu'après avoir tout mis en œuvre pour amener M. le duc du Maine à ce qu'elle désiroit. Cette négociation retarda son voyage de plusieurs jours. Ne pouvant rien gagner, il partit enfin, bien résolu de lui cacher cette fâcheuse nouvelle, de peur qu'elle ne s'obstinât à rester où elle étoit, si on ne lui donnoit satisfaction sur ce point.

Son inquiétude de ne le pas voir arriver croissoit à chaque moment, depuis celui où elle avoit compté qu'il seroit à Chanlay. Elle faisoit mille questions à Sailly, pour démêler la cause de ce retardement. Il savoit la résolution qu'avoit prise M. le duc du Maine de ne point retourner avec elle. Il se garda bien de lui en rien dire ; mais son embarras lorsqu'elle lui parla de la joie qu'elle auroit de se revoir à Sceaux, avec ce prince et avec ses enfans, pensa le trahir. Elle s'en aperçut, et lui en demanda la raison. Il dissipa sa crainte par un tour assez ingénieux. Enfin La Billarderie arriva, et elle fut entièrement rassurée ; car il ne lui dit rien que de conforme à ses désirs, la résolution ayant été prise de ne l'instruire du véritable état des choses que lorsqu'elle seroit à Petit-Bourg, où étoit sa dernière couchée. M. d'Antin, qui devoit y être, étoit chargé de cette commission. Elle partit; et La Billarderie prit toutes sortes de mesures pour empêcher qu'elle n'eût connoissance de cet incident avant le temps marqué, afin que rien ne retardât son retour, et ne troublât l'ordre de sa marche. Malgré le soin qu'on prenoit, à cette intention, d'empêcher que personne ne lui parlât sur sa route, une concierge à Fontainebleau la mit sur la voie, et découvrit le mystère, en lui disant que M. le duc du Maine étoit allé à Clagny. Elle fut saisie d'étonnement et de douleur à cette nouvelle, qu'elle voulut éclaircir sur-le-champ. La Billarderie fut obligé de la lui mettre au net, et s'y résolut d'autant plus volontiers qu'elle étoit trop avancée pour reculer. Quand elle sut que cette résidence de M. le duc du Maine à Clagny étoit de son propre choix, elle fut encore plus affligée : cette disposition de la part de ce prince sembla lui présager de nouveaux malheurs. Cependant elle continua son chemin, fut à Petit-Bourg, où madame de Chambonas, sa dame d'honneur, la vint joindre. Elle s'y entretint avec M. d'Antin sur les choses présentes; et on lui fit espérer que, dès qu'elle seroit sur les lieux, tout s'arrangeroit à son gré.

Elle arriva à Sceaux, et n'y trouva personne. Elle apprit qu'on n'y pouvoit venir qu'avec une permission expresse de madame la princesse, qui croyoit ne la devoir donner qu'à peu de gens. Elle sut que le duc d'Orléans avoit fait lire, en plein conseil de régence, l'écrit qu'il lui avoit promis de tenir secret,

Quoiqu'il eût été mal lu, peu écouté, encore moins entendu, il ne laissa pas d'être jugé et condamné. Le public, qui ne l'avoit pas vu et ne le vit point, se révolta contre, blâma madame la duchesse du Maine, sans savoir qu'elle eût été induite en erreur par les personnes dont elle devoit le moins se défier, et sans examiner les motifs qui l'avoient déterminée au parti qu'elle avoit pris. On supposa qu'elle avoit livré les gens qui s'étoient dévoués à elle, quoiqu'elle n'eût porté préjudice à aucun d'eux, et qu'à dire vrai elle se fût plutôt livrée elle-même, pour leur délivrance, à la censure du monde, aisée à prévoir dans une occasion si délicate.

L'abbé de Maulevrier, entendant la clameur publique, ne songea qu'à sauver madame la princesse et lui du soupçon d'avoir participé à cette démarche. Dans cette vue, il cria plus haut que personne contre madame la duchesse du Maine, et il engagea madame la princesse à la désavouer en tout. Il l'accusa d'avoir sacrifié le cardinal de Polignac et Malezieux, dont il avoit trouvé peu auparavant qu'elle prenoit trop la défense. La Billarderie voulut l'en faire souvenir, et de tout ce qu'il lui avoit dit et écrit à madame la duchesse du Maine de contraire à ce qu'il disoit alors. Il le nia, soit qu'il en eût perdu le souvenir, soit qu'il préférât l'intérêt présent à la vérité qu'il croyoit destituée de preuves. Il vint voir madame la duchesse du Maine à Sceaux, et lui témoigna sans ménagement toute la désapprobation qu'il donnoit au parti qu'elle avoit pris. Elle demeura d'abord comme pétrifiée d'étonnement. Elle étoit dans son lit, et avoit sous son chevet toutes ses lettres, et celles de madame la princesse : il étoit facile de le confondre. Elle en fut tentée, et eut le courage d'y résister, voyant, dans la situation où elle étoit, le danger d'irriter un homme qui possédoit la confiance de madame la princesse, seul soutien qu'elle eût encore, et qui pouvoit l'aliéner d'elle si elle le poussoit à bout. Elle pressentit aussi que s'il avoit connoissance qu'elle eût conservé les lettres dont il s'agit, il engageroit madame la princesse à exiger qu'elle les lui rendît ; qu'elle ne pourroit les refuser sans se brouiller avec elle, ni les lui remettre sans se priver pour toujours des preuves justificatives de sa conduite.

Peu de jours après, madame la duchesse du Maine demanda et obtint la permission d'aller voir madame la princesse, qui étoit incommodée, et ne pouvoit venir à Sceaux. Elle en fut bien reçue. Madame la princesse se garda de lui faire des reproches qu'elle sentoit devoir retomber sur elle, et madame la duchesse du Maine ne lui parla que de la nécessité de presser l'exécution des paroles du Régent pour la liberté des prisonniers, et de travailler à la réunir avec M. le duc du Maine.

Ce prince, mécontent d'avoir essuyé pendant une année entière une rude captivité pour une affaire où il n'étoit point entré, étoit dans le dessein de rester à Clagny, et de ne pas voir madame la duchesse du Maine. On lui avoit persuadé qu'en faisant éclater son ressentiment contre elle, on y verroit la preuve de sa propre innocence, qu'il avoit grand intérêt d'établir, pour forcer le Régent à lui rendre l'exercice de ses charges, et le rang dont il avoit été dégradé au lit de justice qui précéda sa prison. D'ailleurs il étoit chagrin du dérangement de ses affaires, et des dépenses qui y donnoient lieu, et pensoit à régler une somme pour l'entretien de la maison de madame la duchesse du Maine, et à prendre des arrangemens pour le paiement de ses dettes, et les moyens de n'en pas contracter de nouvelles.

Ces projets de séparation affligeoient madame la duchesse du Maine, plus encore que la censure publique, et que la désertion de la plupart des gens qui, dans sa prospérité, avoient paru lui être fort attachés. Elle mit donc tout en œuvre pour ramener le duc du Maine à elle; mais cette négociation fut longue. J'en dirai la suite en son lieu. J'ai placé ici, pour ne pas déranger l'ordre des choses, ce que je n'ai su que lorsque je fus en liberté.

Pendant que ceci se passoit, occupée de mes tristes rêveries, seule dans ma chambre, dont je ne sortois plus, j'y vis entrer un porte-clefs qui n'étoit pas celui qui me servoit. Il me donna un gros paquet, me dit qu'il viendroit le reprendre, et s'en alla fort vite. Je l'ouvris avec empressement, et j'y trouvai une lettre de madame la duchesse du Maine, et sa déclaration. Elle me mandoit qu'elle m'envoyoit cette pièce, afin que j'y pusse conformer ce que j'aurois à dire, sur quoi elle me laissoit une entière liberté. Cette lettre étoit écrite de sa main. J'en brûlai la partie qui traitoit d'affaires, et je conservai les dernières lignes que voilà :

« Je vous aime et vous estime plus que jamais, et
« tout ce que vous avez fait ne m'a point surprise :
« votre esprit et votre fidélité m'étoient connus. Vous

« recevrez des marques de mon amitié, telles que
« vous les méritez, aussitôt que j'aurai le plaisir de
« vous voir. Adieu, ma chère Launay. »

Je fus extrêmement touchée de cette lettre, et du plaisir de voir de l'écriture de ma princesse. Après l'avoir bien lue, je me mis à lire la pièce qui y étoit attachée. Tout au travers de cette lecture, arrive brusquement le lieutenant de roi. Je jetai vite dans un coffre les papiers que je tenois, et il ne s'aperçut que du chagrin qui me prit d'être interrompue. Il étoit accoutumé aux irrégularités de mon humeur, et les respectoit. Il ne fut pas long-temps avec moi, et je repris ma lecture; mais Rondel me faisant envisager le risque que je courois le jour d'être surprise, je remis à la nuit. Cet écrit étoit fort étendu, et j'en employai deux à l'achever. J'écrivis une lettre à madame la duchesse du Maine (je ne me souviens plus de ce qu'elle contenoit), et recachetai ce paquet. On m'avoit marqué de faire un signal vis-à-vis de la tour où étoit M. de Malezieux, quand j'aurois fini, pour qu'on vînt le reprendre. Cela fut exécuté. Le même écrit lui avoit été remis en premier lieu, avec ordre de m'en donner communication. Il lui étoit plus nécessaire qu'à moi d'en prendre connoissance : je n'y étois nommée qu'en passant, sur un fait peu important, où il ne s'agissoit que de la dame Du Puy, dont j'ai parlé ailleurs; mais ce qui regardoit Malezieux y étoit traité à fond, pour le disculper autant qu'il étoit possible par les représentations que madame la duchesse du Maine déclaroit qu'il lui avoit faites, et l'autorité dont elle avoit usé envers lui pour en arracher une partie de l'écrit qu'on avoit trouvé. Le délai de sa liberté désoloit cette princesse. Elle travailla si fortement auprès du Régent pour le tirer de prison, qu'enfin elle y parvint environ trois semaines après son retour; mais elle ne put le sauver de l'exil. Il fut envoyé à Etampes, où il demeura six mois.

Elle parla aussi au Régent pour le comte de Laval et pour moi. Il lui dit que nous étions soupçonnés l'un et l'autre d'être entrés dans l'affaire de Bretagne, dont on étoit alors fort occupé; et qu'il falloit que cela fût éclairci avant qu'on pût nous lâcher. Elle lui protesta qu'à mon égard cela ne pouvoit être; que je n'avois jamais rien fait ni pu faire que par ses ordres; et qu'il étoit certain qu'elle n'avoit pris aucune part à cette affaire. Il est vrai que le baron de Walef, se trouvant désœuvré et mal à l'aise, se mit dans cette intrigue, dont il s'imagina tirer parti. Il eut des correspondances avec les Bretons révoltés, et y employa cette femme, qu'il avoit mise en relation avec moi; d'où l'on jugea que je pouvois avoir connoissance des nouvelles menées où elle se prêtoit. On le crut si bien, quoique cela fût absolument faux, qu'on pensa me transférer au château de Nantes. J'en eus avis; et j'en fus d'autant plus alarmée, que quelques jours auparavant on avoit enlevé la nuit le comte de Noyon de la Bastille pour le mener à ce château, si brusquement, qu'il n'avoit eu le loisir de rien prendre de ce qui étoit à lui. Je croyois me voir ainsi dévalisée, courant la poste sur les grands chemins, pour arriver dans une nouvelle geôle, où les geoliers pourroient être plus farouches que ceux que j'avois si bien apprivoisés. Je n'en eus que la peur : on sut, sans me mener si loin, que je ne trempois pas dans l'affaire de Bretagne.

Le Régent alors, pour éluder ma sortie de prison, s'en tint à dire qu'il falloit que je parlasse comme les autres avoient fait; qu'il avoit imposé cette condition, dont il ne vouloit pas avoir le démenti par l'héroïsme ridicule dont je me piquois. Pour me résoudre à cette soumission, on me députa M. de Torpanne, qui m'étoit connu pour être employé dans la maison de M. le duc du Maine. On croyoit que je ne m'en défierois pas. Il eut permission d'entrer dans ma chambre, où je n'avois encore vu personne de dehors. Il me dit qu'il venoit, de la part de madame la duchesse du Maine, me délier de tous les sermens que je lui avois faits de garder ses secrets; qu'elle avoit été obligée elle-même de les révéler, et qu'elle me dispensoit de toute observance à cet égard. Je lui répondis que je n'avois point fait de sermens; que je ne savois ce qu'il me vouloit dire; que Son Altesse Sérénissime étoit la maîtresse de rendre compte de ses affaires; qu'elle le pouvoit beaucoup mieux que moi, qui n'en savois pas tant, et ne me souvenois pas assez de ce que j'aurois pu savoir pour en rien dire. Il s'en alla sans que je lui en disse davantage.

A cette occasion, et en d'autres pareilles, mademoiselle Rondel, avec un courage au-dessus de son état, m'exhorta à ne me pas laisser séduire par les sollicitations employées pour me faire parler. « La « conduite que vous avez tenue jusqu'à présent, me « disoit-elle, vous a fait honneur : croyez-moi, ne la « démentez pas. Que vous en peut-il arriver? l'affaire « est finie. Vous n'avez rien à craindre que de rester

« un peu plus long-temps. Qu'importe? n'y sommes-
« nous pas tout accoutumées? J'ai toujours admiré
« qu'un domestique à qui il ne revient rien de l'hon-
« neur de son maître y fût si délicat, et y sacrifiât
« si volontiers sa propre liberté. »

Peu après cette visite de Torpanne, notre gouverneur vint me dire, de la part de M. Le Blanc, qu'il me demandoit une déclaration. Je lui dis que je ne savois ce que c'étoit qu'une déclaration; que je n'en avois vu que dans les romans; qu'apparemment ce n'étoit pas cela que M. Le Blanc me demandoit; que je lui écrirois, pour savoir plus précisément ce qu'il exigeoit de moi; que je le priois de vouloir bien se charger de ma lettre. Je la lui donnai le lendemain, telle que la voilà :

« Monsieur, M. le gouverneur de la Bastille m'or-
« donna hier, de votre part, d'écrire une déclaration.
« Comme j'ignore sur quoi elle doit rouler, je ne
« puis, quelque envie que j'aie de vous obéir, satis-
« faire à ce commandement, que vous n'ayez la bonté
« de m'indiquer les choses dont vous voulez que je
« vous rende compte.

« Si l'ignorance où je suis des fautes que j'ai pu
« commettre ne suffit pas pour me justifier, du moins
« me met-elle dans une véritable impuissance d'en
« faire l'aveu. M. de Torpanne, que j'ai vu par votre
« permission, m'a dit que madame la duchesse du
« Maine a donné des explications très-amples des
« choses qui la regardent. S'il y en a quelques-unes
« sur quoi vous souhaitiez quelque éclaircissement
« de ma part, faites-moi la grâce de me les marquer,

« monsieur. J'aurai l'honneur de vous répondre avec
« toute l'exactitude qu'exige le respect dû à la vé-
« rité, et aux personnes qui me la demandent.
« J'ai l'honneur d'être, etc.

« Ce 20 avril 1720. »

Ces mouvemens me faisoient croire ma sortie prochaine. Comme il y avoit apparence que le Régent ne consentiroit pas que je retournasse d'abord auprès de madame la duchesse du Maine ; que je savois d'ailleurs que madame la princesse s'y opposoit, je songeai à m'assurer un gîte, dont je pourrois avoir besoin d'un moment à l'autre. Le goût que j'avois pris pour la solitude dans ma retraite forcée, la vie pénible que j'avois menée dans le monde, me firent envisager avec plaisir la demeure d'un couvent. C'étoit proprement ma patrie, et j'avois toujours désiré de m'y retrouver. Je souhaitai principalement d'aller à la Présentation, où madame de Grieu étoit encore, et où j'avois fait mon premier établissement en quittant la province. Je communiquai mon dessein à Maisonrouge. Il engagea la marquise Du Châtelet, à qui il étoit fort attaché, d'écrire sur cela à madame de Richelieu sa sœur, abbesse de la Présentation, qui lui manda :

« Quoique je ne prenne point de grandes pension-
« naires, ma chère sœur, j'avois cependant voulu
« agir pour obtenir que mademoiselle de Launay me
« fût confiée : mais on regarda cette démarche, dans
« ce temps-là, comme inutile pour elle, et dange-
« reuse pour moi. Jugez si je ne la recevrois pas, en
« cas qu'elle sortît de la Bastille ! J'y serois portée

« par plus d'un motif; et l'un des plus puissans pour
« moi seroit l'intérêt que votre obligeant major y
« prend. Il en a pris des soins très-zélés, pour l'a-
« mour de vous : il a fini pour lui-même. Il est juste
« de la recevoir de sa main. Je veux même qu'il m'en
« tienne compte, comme je lui en ai tenu un infini
« de tout ce qu'il a fait à cet égard. Vous avez rai-
« son, ma chère sœur, de vous louer de son zèle et
« de son assiduité pour mon frère. J'en suis aussi très-
« touchée : témoignez-lui ma reconnoissance, et lui
« faites un million de complimens pour moi. »

J'eus avis, peu après cette petite négociation, que madame la duchesse du Maine insistoit fortement pour me ravoir auprès d'elle dès que je sortirois de prison; et mes projets devinrent fort incertains. Les plus intéressans dépendoient du retour et des dispositions du chevalier de Menil. Maisonrouge, fidèle à sa parole, lui écrivoit tous les huit jours, et en recevoit des lettres aussi souvent, dont il ne manquoit pas de me faire part, ainsi que des siennes. Elles étoient fort mesurées les unes et les autres, eu égard au risque qu'elles couroient d'être interceptées.

Il avoit passé trois mois et demi dans son exil, lorsqu'il nous annonça son retour. Il suivit de près cet avis. Dès qu'il fut arrivé, il vint voir notre lieutenant de roi, lui fit beaucoup de questions sur ce qui me regardoit, et le pria de me rendre une lettre, dont je fus peu satisfaite. Elle rouloit principalement sur la nécessité de me tirer de prison. Son style me parut changé : je soupçonnai ses sentimens et ses intentions du même changement. Ce que Maisonrouge me rapporta de ses discours, ce que je vis qu'il en supprimoit, l'air morne qu'il avoit en me faisant ce récit, tout concouroit à m'alarmer; puis je me rassurois par les mêmes choses qui avoient fait naître mon inquiétude. La tristesse d'un rival pourroit-elle annoncer l'infidélité de celui qu'on lui préfère ? n'en auroit-il pas plutôt une joie qu'il ne pourroit dissimuler ? C'est la certitude de son malheur, et non le mien, qui l'afflige. Voilà ce que je me disois pour me calmer; et mille autres répliques ramenoient l'agitation.

Il m'écrivit plusieurs lettres pendant le reste de ma captivité, qui presque toutes me maintinrent dans cet état d'incertitude et de trouble, que je lui cachai autant qu'il me fut possible dans mes réponses.

Madame la duchesse du Maine, qui travailloit à ma délivrance depuis cinq mois qu'elle étoit de retour, pria madame la princesse de Conti sa nièce, dont elle recevoit beaucoup de marques d'amitié, d'engager M. Le Blanc à me voir une dernière fois, pour terminer mon affaire. Cette princesse lui parla, et ne put obtenir de lui que la permission de m'envoyer M. Bochet, secrétaire des commandemens du prince de Conti, chargé des ordres de madame la duchesse du Maine. Elle ne voulut pas les écrire de sa main. Elle en choisit une qui m'étoit connue et non suspecte, par qui elle fit écrire, sur une carte que j'ai gardée : *Madame la duchesse du Maine vous ordonne d'écrire, et je suis chargé de vous le dire de sa part.*

M. Bochet vint à la Bastille, me présenta cette carte, me fit comprendre qu'on me sauroit mauvais gré de tous côtés d'une plus longue résistance, et qu'il falloit enfin céder à ce dernier ordre. J'écrivis donc, mais sans me piquer de sincérité; et je ne dis que les choses qu'on ne se soucioit pas de savoir, et celles qu'on n'avoit nulle envie d'entendre. Je joignis à cette pièce une lettre que j'écrivis à M. Le Blanc. Les voici l'une et l'autre :

Déclaration.

« Le baron de Walef, qui venoit quelquefois chez
« madame la duchesse du Maine depuis qu'elle de-
« meuroit aux Tuileries, et qui de temps en temps
« m'apportoit des ouvrages de poésie de sa façon,
« qu'il souhaitoit que je fisse voir à madame la du-
« chesse du Maine, me dit un jour qu'il méditoit un
« voyage en Espagne, dans le dessein de faire revivre,
« s'il étoit possible, d'anciens droits sur une succes-
« sion qui lui étoit autrefois échue en ce pays-là; qu'il
« iroit auparavant en Italie, où il avoit quelques au-
« tres affaires; qu'il ne partiroit point sans prendre
« congé de madame la duchesse du Maine, et sans
« recevoir ses ordres. Peu de temps après, madame la
« duchesse du Maine me dit que le baron de Walef
« lui avoit parlé de son voyage, et lui avoit demandé
« si elle ne voudroit point le charger de quelque
« commission; qu'elle lui avoit dit que s'il appre-
« noit des nouvelles particulières dans les lieux où il
« iroit, elle seroit bien aise qu'il lui en fît part; qu'il
« n'auroit qu'à m'écrire; qu'elle verroit ce qu'il me
« manderoit. Il me vint voir, et me dit la même
« chose, ajoutant qu'il avoit dans ce pays-ci une amie
« (qu'il ne me nomma pas), qui m'apporteroit ses
« lettres. Ensuite il m'avoua qu'il étoit dans le der-

« nier embarras; que l'argent sur lequel il avoit
« compté pour faire son voyage lui avoit manqué;
« que s'il n'en trouvoit point, il perdroit des con-
« jonctures favorables pour ses prétentions; qu'il ne
« se voyoit d'autre ressource que de se défaire d'un
« cabaret de porcelaines très-rares qu'il avoit ; qu'il
« me prioit de voir si madame la duchesse du Maine
« ne voudroit point l'acheter. Il me l'apporta le len-
« demain, pour le lui montrer. Elle comprit bien son
« intention; et, ne croyant pas pouvoir honnêtement
« refuser quelques secours à un homme de condition
« assez attaché à elle, qui lui faisoit sentir le besoin
« qu'il en avoit, elle lui fit reporter son cabaret, et
« lui donna cent louis. Il partit, et fut assez long-
« temps sans donner de ses nouvelles. Enfin il écrivit
« une lettre de Rome, dont la date surprit madame
« la duchesse du Maine, qui ne savoit pas qu'il y
« dût aller; ensuite quelques autres de Madrid. Elles
« me furent toutes rendues par une fille ou femme
« que je ne connois point. Elle me dit être des amies
« du baron de Walef, et se nommer Pruden. Je n'ai
« jamais parlé d'elle à madame la duchesse du Maine,
« l'occasion ne s'en étant pas présentée; et je n'ai eu
« aucune conversation particulière avec ladite per-
« sonne : je me suis simplement contentée de la re-
« mercier de la peine qu'elle prenoit de m'apporter
« les lettres dont il s'agit. Je ne me souviens point
« de ce qu'elles contenoient. J'ai seulement quelque
« idée d'un mémoire que le baron de Walef avoit
« fabriqué pour le cardinal Alberoni, suivant l'extrait
« qui en étoit dans une de ses lettres : c'étoit un
« tissu de choses bizarres, si confusément arrangées

« qu'on n'y pouvoit rien comprendre; encore moins
« pourroit-on en rendre aucun compte. Madame la
« duchesse du Maine en entra dans une véritable co-
« lère, et me dit que si cet homme-là s'alloit aviser
« de la mêler dans ses extravagances, il lui feroit de
« belles affaires; qu'il falloit lui mander incessam-
« ment de se tenir en repos, et de ne songer en au-
« cune manière à des choses dont il n'étoit point
« chargé. La lettre fut écrite en termes assez vifs
« pour lui faire sentir combien l'on désapprouvoit ses
« fausses démarches. Cependant il produisit encore
« de nouvelles visions; sur quoi je me souviens que
« madame la duchesse du Maine me dit : *Il est*
« *tombé absolument en démence. C'est,* ajouta-t-elle,
« *un accident si ordinaire aux gens qui, comme*
« *lui, se mêlent de faire des vers, que j'aurois dû*
« *le prévoir, et ne pas souffrir qu'un pareil homme*
« *pût se vanter d'être connu de moi.* Craignant donc
« les effets de sa verve insensée, elle jugea qu'il n'y
« avoit rien de mieux à faire que de lui insinuer de
« revenir, en lui promettant, comme elle savoit qu'il
« cherchoit fortune, de lui ménager en ce pays-ci
« quelque emploi qui lui convînt. Il manda qu'il re-
« viendroit volontiers, ne voyant nulle apparence de
« terminer les affaires qui l'avoient appelé en Es-
« pagne; mais qu'il étoit sans un sou pour faire son
« voyage, et qu'il ne savoit plus même comment
« subsister; qu'il auroit souhaité, ne pouvant reve-
« nir, faute de moyens, de trouver de l'emploi sur
« les lieux.

« Ma mauvaise santé alors m'ayant empêchée de
« suivre madame la duchesse du Maine dans un voyage

« qu'elle fit à Sceaux, je fus assez long-temps éloi-
« gnée d'elle. A son retour, elle me dit qu'elle avoit
« pris des mesures, comme elle s'y étoit crue obli-
« gée, pour empêcher qu'on ne fît attention à ce qui
« pourroit venir de la part du baron de Walef; qu'elle
« avoit, de plus, trouvé moyen de faire solliciter
« quelque emploi pour lui en Espagne, en cas qu'il
« ne voulût pas revenir; qu'elle comptoit que cela
« lui calmeroit l'esprit, et qu'il ne songeroit plus à se
« faire de fête sans qu'on l'en priât; qu'il falloit lui
« en donner avis, et lui mander de ne plus écrire,
« ce commerce-là ne faisant que déplaire. Et il n'en
« fut plus question.

« J'ai eu connoissance encore d'une autre chose
« qui peut-être ne mérite pas d'être rapportée. Quoi
« qu'il en soit, la voici :

« L'abbé Le Camus ayant dit à madame la duchesse
« du Maine qu'un abbé de Vérac étoit auteur d'un
« certain libelle qui avoit couru sur le différend des
« princes, elle souhaita d'en avoir des preuves, pour
« détruire l'opinion qu'on avoit eue que cet écrit sor-
« toit de sa maison. Je fus chargée, à cette occasion,
« de voir une femme nommée Du Puy, amie de ces
« deux abbés, de laquelle on prétendoit que je tire-
« rois les éclaircissemens et les preuves du fait dont
« il s'agit. Je réussis mal dans ma commission : la
« dame Du Puy ne me dit rien. Il fallut la revoir :
« je n'en sus pas davantage. Cependant elle prit de
« là occasion de venir souvent chez madame la du-
« chesse du Maine, sous prétexte d'avoir à me par-
« ler; et tous ses discours se réduisoient à des offres
« de service de l'abbé de Vérac pour madame la du-

« chesse du Maine, en cas qu'elle voulût faire faire
« quelque ouvrage. Je lui répétai plusieurs fois que
« toutes ses affaires étant terminées, il n'étoit plus
« question d'écrire. Elle revint à la charge, et me dit
« que si madame la duchesse du Maine vouloit voir
« l'abbé de Vérac, elle en demeureroit fort satisfaite,
« et qu'il pourroit lui dire des choses qu'elle seroit
« bien aise de savoir. Je rendis compte à madame la
« duchesse du Maine de cette proposition, qui me
« fut réitérée. Elle refusa de voir l'abbé de Vérac;
« et, tenant pour suspect cet empressement hors de
« propos, elle m'ordonna de dire à la dame Du Puy
« de ne plus revenir. Elle ne fut pas facile à rebuter :
« elle revint malgré cela sous divers prétextes, di-
« sant qu'elle avoit des avis importans à donner, dont
« elle ne vouloit pas s'expliquer avec moi. Je lui mé-
« nageai enfin l'occasion de voir un moment madame
« la duchesse du Maine, à qui elle dit quelques
« mots, qui ne changèrent rien aux soupçons qu'elle
« avoit contre cette femme.

« Voilà les seules choses où j'aie eu quelque part, et
« dont j'aie été informée. Au surplus, j'ai entrevu que
« madame la duchesse du Maine se donnoit des mou-
« vemens, et qu'elle étoit embarrassée dans quelque
« affaire, dont je n'ai point su le détail. J'ai seule-
« ment remarqué l'extrême frayeur qu'elle avoit que
« M. le duc du Maine n'en eût la moindre connois-
« sance.

« Ce premier février 1720. »

Lettre.

« Monseigneur, vos ordres réitérés me paroissent

« trop indispensables pour différer davantage de les
« exécuter. Voilà donc un récit exact de ce que je
« sais, tant sur les choses dont vous avez pris la
« peine de me parler, que sur celles qui se sont pré-
« sentées d'elles-mêmes à mon souvenir. Cela n'a
« peut-être ni la forme ni le style d'une déclaration,
« à quoi vraisemblablement je n'entends rien : mais
« du moins, monseigneur, vous y reconnoîtrez ma
« sincérité, et ma soumission à vos ordres. Si j'ai
« manqué d'y satisfaire dès la première fois qu'ils
« m'ont été signifiés, j'en ai été suffisamment punie
« par la crainte de m'être attiré votre indignation,
« plus fâcheuse, à mon gré, que tous mes autres
« malheurs.

« J'ai l'honneur d'être, etc. »

Je crois que le Régent ne fut pas fort satisfait de cette pièce; mais comme il ne vouloit que l'exécution apparente de la condition imposée pour obtenir notre liberté, il s'en contenta, et il n'en fut fait aucune mention; de sorte qu'on ignora dans le public que j'eusse donné aucun écrit.

Quelques jours après, je vis, étant à ma fenêtre, le lieutenant de roi traverser précipitamment la cour, tenant un papier qu'il me montroit. Il entra chez moi avec un saisissement qui m'étonna. Il n'y a que les peintres qui ont su unir l'expression de la joie à celle d'une vive douleur, qui pussent bien rendre ce que je remarquai en lui lorsqu'il me présenta le papier qu'il tenoit : c'étoit la lettre de cachet pour me faire sortir de la Bastille. « Vous voilà libre, me dit-il, et je vous
« perds. J'ai souhaité ardemment ce moment-ci : j'au-

« rois donné ma vie pour l'avancer. Mais je vais ces-
« ser de vous voir : que deviendrai-je ? »

Je ne sentis que des mouvemens confus : la joie, s'il y en avoit, ne s'y distinguoit pas. Je regrettois un ami capable d'un attachement que je ne voyois que trop être unique; je souhaitois de revoir le chevalier de Menil, et d'éclaircir mes soupçons; et peut-être ne le craignois-je pas moins. Enfin je désirois de me retrouver auprès de madame la duchesse du Maine, et j'étois effrayée des peines et des fatigues où j'allois retomber. Tous mes sentimens étoient suspendus, par la force presque égale d'un sentiment contraire.

Je reçus, avec ma liberté, l'ordre de me rendre sur-le-champ à Sceaux, où étoit madame la duchesse du Maine. J'envoyai au Temple prier l'abbé de Chaulieu de m'envoyer son carrosse pour me mener chez lui, et ensuite à Sceaux. Il étoit déjà fort mal de la maladie dont il mourut trois semaines après. Je le vis, et je remarquai combien, dans cet état, ce qui nous est inutile nous devient indifférent. Il avoit pris grande part à ma captivité, et ne me parut point touché de m'en voir délivrée. Je sentis vivement la perte que j'allois faire d'un ami qui sembloit s'être chargé du soin de répandre de l'agrément dans ma vie tout autant qu'elle en pouvoit comporter : en effet, j'en eus encore d'occupés de ce qui m'étoit utile; mais personne ne reprit cette aimable fonction auprès de moi. Je ne pus rester avec l'abbé aussi long-temps que je l'aurois souhaité : il fallut partir, sans m'arrêter nulle part.

J'arrivai à Sceaux sur le soir. Madame la duchesse

du Maine étoit à la promenade. J'allai à sa rencontre dans le jardin : elle me vit, fit arrêter sa calèche, et dit : « Ah ! voilà mademoiselle de Launay ! Je suis « bien aise de vous revoir. » Je m'approchai ; elle m'embrassa, et poursuivit son chemin. Je rentrai dans la maison. On me mena dans la chambre qu'elle m'avoit destinée. Je fus ravie d'y trouver une fenêtre et une cheminée, et d'apprendre qu'il y avoit deux femmes de chambre nouvelles, une pour remplacer la première qui étoit morte, et l'autre pour occuper ma place, dont j'étois destituée. Madame la duchesse du Maine m'avoit fait dire qu'elle vouloit mademoiselle Rondel, dont on lui avoit rapporté beaucoup de bien, pour femme de garde-robe. La sienne étoit morte en prison. J'en fis le sacrifice volontiers, dans l'espérance que cela la mèneroit à quelque chose de mieux ; et je pris une jeune sœur qu'elle avoit. Elles ont été l'une et l'autre femmes de chambre de Son Altesse vingt ans après.

Il n'y avoit presque personne à Sceaux quand j'y retournai. La duchesse d'Estrées s'y étoit rendue aussitôt qu'elle en avoit pu obtenir la permission. Madame la duchesse du Maine n'avoit encore la liberté de voir que fort peu de monde : elle jouoit au biribi avec les gens de sa maison presque toute la nuit, et dormoit la plus grande partie du jour. On me fit veiller et lire comme auparavant. J'en étois fort désaccoutumée ; et ces exercices pénibles me firent bientôt regretter le repos de ma prison. Madame la duchesse du Maine m'entretint de la sienne, m'apprit tout ce qui lui étoit arrivé, que je ne savois point ; me parla beaucoup, et me questionna peu. Elle me montra les lettres de madame la princesse, et celles de l'abbé de Maulevrier, dont j'ai parlé ci-dessus. Je reçus celle-ci du pauvre Maisonrouge le lendemain que je l'eus quitté :

« Le 7 juin.

« Jugez, ma très-chère pupille (c'est une qualité
« que je désire que vous vouliez conserver), jugez,
« dis-je, quelle est ma situation ! Je flotte entre la
« joie et la tristesse. Vous savez avec quelle passion
« j'ai souhaité votre liberté : elle vous est enfin ren-
« due. A la bonne heure : je l'aurois achetée de la
« mienne propre. Mais enfin qu'il m'en a déjà coûté,
« et que je prévois qu'il m'en coûtera ! C'est sans art,
« sans artifice, que je me découvre à vous tel que je
« suis. Ma sincérité et la droiture de mon cœur vous
« sont connues : je ne prends nulle précaution pour
« justifier mes différens caprices. J'ai désiré ardem-
« ment de vous perdre : je vous ai perdue. J'en suis
« au désespoir. Quelques réflexions que je fasse sur
« ma bizarrerie, je ne puis absolument la condam-
« ner : excusez-la, ma chère et digne amie. Je vous
« aimerai toujours avec toute la tendresse de mon
« cœur ; je prendrai toute ma vie infiniment de part à
« ce qui vous arrivera d'heureux. Votre vertu, votre
« courage m'ont acquis tout entier. Tant d'autres
« belles qualités que j'ai vues de près me font regret-
« ter sans cesse ma triste fortune, mais me feront
« toujours ressouvenir que qui vous a aimé ne doit
« jamais cesser de vous aimer. Surtout ayez grand
« soin de votre santé. La journée d'hier n'a pas trop
« bien influé sur la mienne : les différens mouvemens

« dont j'ai été agité ont produit un contraste qui ne
« m'a pas fait passer une trop bonne nuit. On a bien
« soin de votre chate. »

Deux jours après, je demandai permission de faire un tour à Paris, pour retirer beaucoup de choses que j'avois laissées à la Bastille, n'ayant pris avec moi que ce qui m'étoit le plus nécessaire. J'avois une extrême impatience de revoir mes vrais amis, et principalement d'entretenir le chevalier de Menil, à qui je donnai avis de cette course par ce billet :

« Enfin je pourrai vous parler, s'il n'arrive encore
« quelque contre-temps. J'espère être lundi dans la
« matinée à la Présentation, et là nous nous expli-
« querons sur bien des choses dont j'ai l'esprit et le
« cœur plein. En attendant, comme rien n'est sûr,
« je vous dirai toujours ce qui se peut dire, non
« pas ce que je pense, de ma situation présente; car
« vous me croiriez l'esprit dérangé. En tout cas, c'est
« l'effet des veilles sans interruption que j'ai faites
« depuis que je suis ici. Quoi qu'il en soit, je n'ai pas
« encore été dans une disposition plus triste; et si je
« ne reçois d'ailleurs la satisfaction qui me manque,
« j'ai peur enfin de me manquer à moi-même. »

Je fus le surlendemain chez madame de Grieu à la Présentation : elle pensa mourir de joie de me revoir. Je trouvai à son parloir le chevalier de Menil, qui, loin d'un pareil transport, ne me montra qu'un air embarrassé. Je fus moi-même atterrée par sa contenance, dont j'augurai son entier changement.

Il me parla du mauvais état de ses affaires, causé par le dérangement général où il s'étoit compromis en vendant une maison qu'il avoit, et dont je vis qu'il s'étoit défait sans nécessité, pour un fonds perdu. Son goût pour cette nature de bien marquoit clairement qu'il n'avoit jamais eu dessein de vivre que pour lui. Le voile, tantôt plus ou moins épais, qui m'avoit couvert les yeux jusqu'alors tomba, et je vis l'abyme où je m'étois précipitée, en m'engageant si légèrement sur de vaines illusions. Pour ne leur plus laisser aucune prise, je lui demandai qu'étoient donc devenus ses anciens projets. Il me dit qu'il en désiroit l'exécution autant qu'il eût jamais fait; qu'il étoit bien éloigné d'y renoncer; mais qu'il les falloit suspendre, pour voir le tour que prendroient ses affaires; qu'en attendant, il feroit ce voyage dont il m'avoit déjà parlé dans ses lettres (il s'agissoit d'aller voir la marquise d'Avaray, ambassadrice en Suisse, son ancienne et intime amie). Rien ne lui paroissoit plus indispensable. Quelque envie qu'il eût de la voir, il en avoit encore plus de s'éloigner de moi. Mais, toute rebutée que j'étois de lui, je souhaitai de ne m'en pas retourner sans lui parler encore. Je lui dis que je serois deux jours à Paris chez madame de Réal, ma plus intime amie, nièce de madame de Grieu; qu'il m'y trouveroit le lendemain l'après-dînée, s'il vouloit y venir.

Je fus ensuite voir mes amis, dont vraisemblablement je reçus un meilleur accueil. Il ne m'en reste pourtant aucun souvenir, tant la douleur qui avoit pénétré mon ame la rendit incapable de toute autre impression. Je fus à la Bastille : c'étoit l'objet de mon voyage. J'y vis le lieutenant de roi : je le trouvai abattu et malade. J'ai perdu toute idée de ce que nous nous dîmes : je ne sais même si nous eûmes aucune conversation particulière. Je sais seulement que je lui donnai le petit écrit que j'avois ébauché dans ma prison, qu'il m'avoit demandé avec instance. J'y avois joint cette espèce d'épître dédicatoire :

« Puisque c'est à vous, monsieur, que je dois la
« liberté d'esprit dont j'ai joui dans ma captivité, il
« est juste que les fruits qu'elle a produits vous soient
« consacrés. Ils sont de si médiocre valeur et en si
« petite quantité, que j'ose à peine vous présenter
« mon offrande, qui consiste en quelques réflexions
« dont aucune n'a sa juste étendue, et qui toutes
« ensemble ne parviennent point au but que je m'é-
« tois proposé dans l'ouvrage, dont ceci n'est qu'un
« mince fragment. Je ne puis m'excuser ni sur la pré-
« cipitation, ni sur le manque de loisir : la paresse
« et l'indolence, qui naissent et se fortifient dans la
« solitude, sont les seules causes de la brièveté et de
« l'imperfection de cet écrit. Si vous daignez le re-
« cevoir comme un témoignage de ma confiance, et
« de la reconnoissance que je dois à toutes les grâces
« que vous m'avez faites, c'en sera une nouvelle,
« dont je conserverai, aussi bien que des autres, un
« éternel souvenir. »

Je ne sais ce que je fis le reste du jour. Le lendemain, je reçus une visite de M. de Silly chez madame de Réal. Il me témoigna beaucoup de joie de me revoir, et grande satisfaction de ma conduite. Je courus encore par le monde, et rentrai de bonne heure.

Madame de Réal étoit allée à l'Opéra. Je n'avois pas voulu l'y accompagner, ni qu'elle restât pour me tenir compagnie : je me promettois une occupation plus intéressante. J'attendis donc, et j'attendis sans fin, le chevalier de Menil, qui ne vint point. C'est principalement l'impression de cette cruelle soirée qui effaça de ma mémoire ce qui l'avoit précédée, et ce qui la suivit. Je n'ai passé aucun temps dans ma vie que je puisse comparer à celui-là. Je vis l'infidélité de Menil avérée; je vis qu'il se dispensoit même de toute mesure d'honnêteté et de bienséance avec moi : et ce qui mit le comble à mon désespoir, c'est que je vis en même temps que, tout perfide qu'il étoit, je ne pouvois me détacher de lui.

Madame de Réal revint, et me trouva dans un état où elle ne m'avoit jamais vue, quoique nous eussions passé notre vie ensemble dans la plus intime confiance. Elle voulut savoir ce qui me causoit une douleur si violente : je le lui avouai, et lui contai toute mon aventure. Je trouvai quelque consolation à épancher mon cœur avec une ame si tendre et si sûre. Je l'avois presque élevée, et je la regardois comme ma fille. C'étoit une femme extrêmement aimable, exempte de toute prétention, douce, sensée, ayant beaucoup d'esprit sans le savoir, et d'agrément sans songer à plaire.

Quoique l'entretien que j'eus avec elle m'eût un peu soulagée, je passai la nuit dans une agitation qu'aucun instant de sommeil ne calma. Dès que la pointe du jour parut, j'écrivis au chevalier de Menil.

Il vint chez madame de Réal avant mon départ. Il n'avoit manqué la veille que par une méprise : on lui dit à la porte que j'étois sortie. Enfin il n'eut pas ce tort-là ; mais il lui en restoit tant d'autres, que je n'en fus guère plus contente, comme je le lui témoignai par mes lettres, lorsque je fus retournée à Sceaux.

J'en reçus en même temps une de madame de Vauvray, qui me marquoit que le peu de loisir que j'avois eu de me faire habiller, et de m'instruire des modes, autorisoit le soin qu'elle prenoit de m'en envoyer un échantillon. La lettre étoit accompagnée d'une cassette contenant l'habillement d'une femme depuis la tête jusqu'aux pieds, et tout ce qui peut entrer dans notre parure ; le tout du meilleur goût du monde. Je fus touchée d'une attention si galante dans une conjoncture qui la rendoit convenable : tout ce que j'avois porté en prison s'y étoit usé par laps de temps, et j'en étois sortie ce qui s'appelle déguenillée. Je fus donc revêtue par les soins d'une amie, dont je n'ai pu reconnoître la générosité que par le souvenir que j'en conserve.

Je me vis assez fêtée après ma sortie de prison. La médiocre part que j'avois eue dans une affaire d'un si grand éclat me donna une sorte de lustre ; la conduite convenable que j'avois tenue m'attira plus d'approbation qu'au fond je n'en méritois, par le peu qu'il m'en avoit coûté. Mais nos actions ne peuvent être appréciées par leur valeur intrinsèque non connue : la position qui les met au jour en décide le prix. Mes anciens amis, flattés de cette espèce de succès, se réchauffèrent pour moi : bien des gens qui ne me connoissoient pas voulurent me connoître ; et j'aurois joui de beaucoup d'agrémens, si le malheureux poison dont mon ame étoit imbibée ne l'avoit rendue impénétrable à toute satisfaction.

Cependant madame la duchesse du Maine étoit encore dans de très-grandes peines : il m'étoit plus facile d'y prendre part que je n'aurois pu faire à ses plaisirs. Beaucoup de gens s'étoient éloignés d'elle, crainte de déplaire au Régent, avec qui, malgré l'apparente réconciliation, on ne la croyoit pas bien. Elle voyoit peu de monde. Le cardinal de Polignac et Malezieux étoient encore dans leur exil; mais ce qui l'affligeoit par dessus tout, M. le duc du Maine s'obstinoit à rester à Clagny, et ne vouloit point la voir. Il lui fit faire la proposition de régler une somme pour la dépense de sa maison, et d'en prendre l'administration elle-même. Ces vues de séparation lui furent odieuses, et elle ne voulut rien écouter qui tendît à cette fin : elle mit au contraire tout en œuvre pour le rapprocher d'elle, lui fit parler par madame la princesse, par tous les gens qui pouvoient avoir accès auprès de lui, même par madame de Chambonas, à qui elle fit si parfaitement sa leçon, qu'elle parla merveilleusement bien. Enfin, pour l'attaquer par la conscience, elle employa le cardinal de Noailles. M. le duc du Maine, pressé de tous côtés, ne put refuser du moins une entrevue qui se fit dans une maison de Landais, secrétaire général de l'artillerie, à Vaugirard. Ce prince s'y rendit, et madame la princesse y mena la duchesse du Maine. Elle employa beaucoup de prévenances de sa part, qui ne firent pas sur l'esprit de M. le duc du Maine tout l'effet qu'elle en attendoit. S'il n'avoit eu qu'un mécontentement véritable, sa résistance n'eût pas été si longue; mais un ressentiment concerté ne se peut vaincre que par des raisons qui en persuadent l'inutilité. C'est ce qu'à la fin on lui fit voir, et il se rendit.

Il revint donc à Sceaux, et y vécut à peu près comme à son ordinaire, toujours préoccupé cependant des ménagemens qu'il falloit observer. C'est dans cet esprit qu'il ne voulut pas que Malezieux, revenu d'exil, reparût auprès de lui. Il resta avec sa famille à Chatenay, terre démembrée de la baronnie de Sceaux, donnée en toute propriété à lui et à sa postérité par M. le duc du Maine. Madame la duchesse du Maine souffroit impatiemment cette absence, dont elle ne se dédommageoit que par un perpétuel commerce d'écriture.

Madame de Malezieux, sa femme, l'avoit suivi dans son exil, et étoit restée auprès de lui depuis son retour. Elle étoit gouvernante de mademoiselle du Maine, qu'on laissa au couvent de Chaillot, jusqu'à ce que tout fût rentré dans l'ordre accoutumé.

Le cardinal de Polignac, dans son abbaye d'Anchin, pas moins intimidé que le duc du Maine, n'osoit avoir la moindre relation avec madame la duchesse du Maine : elle étoit cependant fort empressée de lui justifier sa conduite. Elle profita de l'occasion d'un voyage que le fils de madame de Chambonas faisoit en Flandre, pour lui écrire, et lui envoyer la copie de sa déclaration. Il craignit de jeter les yeux sur ces papiers, et les remit à un homme de confiance, qui l'assura qu'il les pouvoit lire sans danger. Quoiqu'il dût voir, par l'examen de cette pièce, le soin que madame la duchesse du Maine avoit pris de pallier ce qui le regardoit, et lui en savoir gré, il s'obstina, par une vaine frayeur, à n'avoir aucun commerce avec elle, et ne lui rendit qu'une simple visite de cérémonie quand il fut de retour. Il ne voulut pas même (tant la punition l'avoit rendu circonspect) se trouver à la noce du marquis de Chambonas avec mademoiselle de Ligne, où il fut invité comme parent, parce qu'elle se faisoit à l'Arsenal chez madame la duchesse du Maine, et qu'elle y devoit être.

Quelque temps après, la mort du Pape l'ayant appelé à Rome, il vint prendre congé d'elle, et parut s'en rapprocher. Il l'assura, en la quittant, qu'elle auroit souvent de ses nouvelles, et qu'il reprendroit avec elle, lorsqu'il seroit revenu, la conduite d'un véritable ami, dont il avoit suspendu les devoirs, pour ôter tout ombrage au Régent. Malgré ces bons propos, la crainte demeura la plus forte, et l'on n'entendit pas parler de lui.

Cependant madame la duchesse du Maine regagna peu à peu sa pleine liberté. Les personnes éloignées d'elle, de gré ou de force, s'en rapprochèrent. Malezieux revint à Sceaux. Elle vit du monde sans restriction, alla à Paris quand il lui plut, y demeura tant qu'elle voulut. M. le duc du Maine étoit rentré dans l'exercice de ses charges; et il ne restoit plus de traces de leurs malheurs que la dégradation du rang de ce prince, et des princes ses enfans. Il n'y fut réintégré que sous le ministère du cardinal de Fleury. En attendant que j'en sois là, si tant est que j'y vienne, je reprends la suite de ce qui me regarde.

Je perdis ma mère peu après ma sortie de prison. Elle étoit depuis long-temps dans un couvent, accablée de souffrances, et mal à l'aise. Quoique je la connusse à peine, je la regrettai beaucoup, et d'autant plus que je commençois à me voir en état de la mieux secourir.

Avant que je fusse à la Bastille, M. de Valincour m'avoit fait faire connoissance avec M. et madame Dacier : il m'avoit admise à un repas qu'il donna pour réunir les *anciens* avec les *modernes*. La Mothe, à la tête de ceux-ci, vivement attaqué par madame Dacier, avoit répondu poliment, mais avec force. Leur combat, qui faisoit depuis long-temps l'amusement du public, cessa par l'entremise de M. de Valincour, leur ami commun. Après avoir négocié la paix entre eux, il en rendit l'acte solennel dans cette assemblée, où les chefs des deux partis furent convoqués. J'y représentois la Neutralité. On but à la santé d'Homère, et tout se passa bien.

M. et madame Dacier prirent beaucoup de part à ma captivité, et m'en donnèrent des témoignages autant qu'il leur fut possible. Ils n'en prirent pas moins à ma délivrance ; et M. Dacier, tout affligé qu'il étoit de la maladie dangereuse de sa femme, m'écrivit une lettre pour elle et pour lui, remplie de la plus grande estime, et du plus tendre intérêt à ce qui me regardoit. Il perdit cette femme célèbre, si précisément faite pour lui. Sa douleur fut de celles où l'on sent l'impossibilité de réparer sa perte. J'en compris l'étendue, et lui témoignai par une lettre combien j'en étois touchée. La réponse qu'il me fit marquoit l'excès de son affliction, et le gré qu'il me savoit de la part que j'y prenois. Je lui écrivis six semaines après, de la part de madame la duchesse. Je vis dans sa réponse le même degré de sensibilité que dans les premiers momens de son malheur. J'y compatis véritablement, et puis je n'y pensai plus.

Environ un an après, la duchesse de La Ferté, que ma captivité avoit ranimée pour moi, me dit, revenant de Versailles : « J'ai trouvé chez le maréchal de
« Villeroy ce pauvre Dacier. Il fait peine à voir. Il
« nous a dit qu'il étoit aussi affligé que le premier
« jour, et prêt à mourir de désespoir. — Hé bien !
« lui ai-je dit, il n'y a qu'un moyen de vous conso-
« ler : il faut vous remarier. — Bon Dieu ! s'est-il
« écrié, quelle femme pourroit remplacer celle que
« j'ai perdue ? — Mademoiselle de Launay, ai-je ré-
« pondu. Il est demeuré tout étonné ; et, après quel-
« ques momens de réflexion, il a repris : C'est la
« seule dans le monde avec qui je pusse vivre, et qui
« n'offensât pas la mémoire de madame Dacier. Le
« maréchal et moi, le voyant ébranlé, avons appuyé
« la proposition, et nous l'avons tout-à-fait disposé
« à l'entendre. Je veux qu'il vous épouse. C'est un
« homme célèbre, qui a du bien : vous remplacerez
« une femme illustre. Ce mariage sera aussi hono-
« rable qu'utile. » Je sentis ce qu'elle me disoit, et lui témoignai beaucoup de reconnoissance du soin qu'elle vouloit bien prendre encore de mon établissement. Elle m'assura qu'elle suivroit cette affaire, et la mèneroit à bien. Cependant des distractions survinrent ; la duchesse fit un voyage de campagne ; et cette idée s'éloigna. J'en parlai à M. de Valincour, qui la trouva avantageuse, et prit des mesures plus suivies pour la rendre effective. Il étoit ami de M. Dacier : il l'amena sans peine à lui confier ce que lui avoit dit la duchesse de La Ferté. Il lui avoua que

ce propos, quoique jeté légèrement, lui avoit fait une forte impression, et que depuis ce moment-là il n'avoit songé qu'aux moyens de me faire agréer ses vues. M. de Valincour se chargea de m'en parler, et de lui faire savoir mes dispositions.

L'amour insurmontable de la liberté et du repos me faisoit désirer depuis long-temps tout ce qui me pouvoit procurer l'un et l'autre. M. de Valincour fut chargé d'une réponse favorable, néanmoins dépendante du consentement de M. le duc et de madame la duchesse du Maine.

M. Dacier, charmé de cet heureux commencement, accepta avec une extrême joie la proposition que lui fit M. de Valincour de lui donner à dîner avec moi, la première fois que je pourrois aller à Paris. Cela s'exécuta peu après. Nous eûmes un long entretien, où il me témoigna la volonté de faire pour moi tout ce qui pourroit dépendre de lui, et ne me laissa que le soin d'obtenir le consentement de mes maîtres.

Quoique je n'eusse rien du mérite de madame Dacier, l'espérance de revivre avec quelqu'un qu'il pût estimer enflamma M. Dacier d'une espèce de passion pour moi, plus vive que son âge et l'état dans lequel il étoit ne sembloient le comporter. Plus sa douleur et la tristesse qui en résultoit étoient insoutenables, plus le soulagement qui s'y offroit lui parut nécessaire. Il souhaita donc ardemment de conclure l'engagement qu'il avoit projeté, et n'épargna rien pour y réussir. Il porta chez M. de Valincour le mémoire de son bien, qu'il me donnoit en entier; et fit voir que les avantages qu'il me faisoit iroient à vingt-cinq mille écus, sans compter son logement au Louvre, et une partie de ses pensions, qu'on crut facile de me faire assurer. La duchesse de La Ferté, qui à son retour avoit repris l'affaire à cœur, avoit parlé de cet article à madame de Ventadour, à l'évêque de Fréjus, alors précepteur du Roi, et au maréchal de Villeroy, qui lui avoient promis d'obtenir cette grâce, pour faciliter une affaire qu'ils approuvoient.

Il n'étoit plus question que de l'agrément de madame la duchesse du Maine; et c'étoit le plus difficile. A la première proposition qui lui en fut faite, elle se révolta, dit que je lui étois nécessaire, et qu'elle ne pouvoit consentir à un établissement qui m'éloignoit d'elle. Quelque avantageux qu'il me fût, je ne voulois pas l'accepter contre son gré, et ne le pouvois guère avec bienséance, ni sans me voir frustrée de toute récompense d'un long service. Je demandai du temps pour gagner peu à peu son esprit, et pour la résoudre à cette séparation, que j'envisageois moi-même avec répugnance. J'en avois d'ailleurs à ce nouvel engagement; et je me plaisois à éluder une affaire trop bonne pour vouloir la manquer, et point assez séduisante pour en presser la conclusion.

Tout indignée que j'étois contre le chevalier de Menil, les sentimens que j'avois eus pour lui, cachés au fond de mon cœur, y agissoient encore sourdement, et contrebalançoient mes plus grands intérêts. La nouvelle passion qu'il avoit prise, pendant son exil en Anjou, pour une de ses parentes, dont j'ai parlé avec le peu d'estime qu'elle méritoit, ne fit que m'apprendre sa légèreté, sans exciter ma jalousie. Ce voyage, et le séjour de sept à huit mois qu'il fit en Suisse peu après ma sortie de prison, malgré la douleur que j'en ressentois, dont toute ma dissimulation à cet égard ne put lui dérober la connoissance, me convainquirent de son insensibilité pour moi. Son retour, suivi d'un second voyage en Anjou, autant fait pour m'éviter que pour retrouver mon indigne rivale; sa froideur et son embarras lorsque je le revis dans l'intervalle de ses voyages; l'aveu de son changement, que je lui demandai, et qu'il m'accorda; cet entier abandon de sa part de toute prétention sur moi, me rendoient bien le droit d'en disposer sans son aveu, mais ne m'en avoient pas encore acquis la possibilité. Je ne pus donc m'empêcher de sonder ses sentimens sur les premières propositions qui me furent faites d'un nouvel engagement. Je lui écrivis en Anjou, où il étoit alors.

Sa réponse fut semblable à ces oracles mystérieux, dont les divers sens ne manquent pas de se prêter à ce que l'on désire. J'y vis du regret de me perdre, quelque espérance éloignée de renouer les anciens projets; le tout recouvert d'une généreuse préférence de mes intérêts à toute autre chose : enfin plus de sentiment qu'on ne m'en avoit montré depuis long-temps. Et peut-être y avoit-il du vrai : il n'est rien de si indifférent qu'on ne tâche de ressaisir au moment qu'il nous échappe.

Madame la duchesse du Maine avoit su, au retour de sa prison, et avant que je fusse sortie de la mienne, ma liaison avec le chevalier de Menil, et ses prétendus desseins. Elle m'en parla, quand je fus revenue, assez négligemment. Le peu de disposition que je lui vis à les favoriser me piqua : elle m'interdit de le voir chez elle, sous prétexte de sa proscription, et parut ne se prêter à rien de ce que je pouvois désirer à cet égard. Il me fut aisé de connoître qu'elle ne vouloit que me retenir auprès d'elle. Mais lorsqu'elle entendit parler des propositions de M. Dacier, elle parut vouloir favoriser mes anciens projets : elle me dit qu'elle en avoit désiré le succès; que les conjonctures ne lui avoient pas permis d'y travailler; qu'elle n'étoit plus obligée à tant de circonspection; que si je préférois ces premières vues à celles qui se présentoient alors, elle ne manqueroit ni de volonté ni de moyens pour les suivre; qu'elle s'y emploieroit d'autant plus, que cet établissement m'éloigneroit moins d'elle, et lui sembloit d'ailleurs infiniment plus agréable pour moi que celui dont il étoit question. Elle ne se contenta pas de ces propos généraux : elle entra en détail, me dit qu'il pouvoit vaquer des places considérables dans la maison de M. le duc du Maine, qui seroient parfaitement bien remplies par le chevalier de Menil, suppléeroient à ce qui pouvoit manquer à sa fortune, et lui ôteroient les prétextes qu'il avoit pris d'éluder ses engagemens avec moi.

Si je n'eusse été conduite que par mes lumières, quelque médiocres qu'elles pussent être, j'aurois aisément découvert le piége; mais le sentiment, toujours aveugle, m'y fit donner. Je ne me rendis pourtant pas d'abord, tout ébranlée que j'étois : ma déférence aux conseils de mes amis me soutenoit encore. M. de Valincour et madame de Réal me représentoient sans cesse les avantages réels de mon établissement avec M. Dacier, le bien et l'indépendance que j'acquerrois du moins par la suite; et me pressoient de le conclure. Il est vrai que madame de Lambert, toute *mo-*

derne, peut-être par dégoût d'un chef du parti opposé, me peignit comme fort triste la vie que je mènerois avec M. Dacier : « Que ferez-vous, me dit-elle, d'un « homme tout hérissé de grec? et quel cas fera-t-il « de vous, qui n'en savez pas un mot? »

Cependant il employoit diverses personnes pour solliciter auprès de M. le duc et de madame la duchesse du Maine leur consentement. Madame de Chiverny, de ses amies, pria madame la duchesse d'Orléans d'en parler à madame la duchesse du Maine. Le prince de Conti, auprès de qui il avoit accès, parla aussi en sa faveur. Tant de moyens inutilement employés divulguèrent l'affaire, et la rendirent publique. Elle fut généralement approuvée; chacun m'en faisoit compliment, et même à madame la duchesse du Maine, qui ne le recevoit rien moins qu'agréablement.

Je voyois cependant M. Dacier de temps en temps, ou chez M. de Valincour, ou chez madame de Réal : il m'écrivoit souvent, et s'attachoit de plus en plus à moi. J'eus entre autres une conversation avec lui, dans laquelle il me marqua un empressement qui me fit reculer. Je sentis l'inconvénient de trouver dans un mari un degré d'affection auquel on ne peut répondre. J'étois allée à Paris : je revins à Sceaux l'esprit tout rempli de cette idée. Madame la duchesse du Maine en profita sans le savoir : elle eut une conversation avec moi sur ce sujet, dans laquelle je lâchai pied. Elle la commença par des discours remplis d'amitié, exagéra la nécessité dont je lui étois, le chagrin qu'elle auroit de mon éloignement, et enfin me dit : « Vous n'avez pas sans doute une inclination in- « vincible pour M. Dacier? il ne s'agit que de for-

« tune. A quoi peuvent monter les avantages qu'il
« vous fait? » Je les lui détaillai. « C'est peu de chose,
« me dit-elle. Je puis faire et ferai beaucoup plus pour
« vous, si vous me faites ce sacrifice. Voyez ce que
« vous voudrez. — Madame, lui dis-je, je me suis
« donnée à vous, et je ne m'y vendrai pas. Votre Al-
« tesse peut disposer de moi comme il lui plaira. —Ne
« songez plus à cette affaire, reprit-elle ; et moi, je
« songerai à vous donner toutes sortes d'agrémens. »
En effet, elle multiplia ceux qu'elle me donnoit déjà,
me mit de ses promenades, me fit entrer dans ses parties de plaisirs, et me traita, à peu de choses près,
comme les dames de sa maison.

M. de Valincour fut très-fâché que je me fusse dé-
sistée si légèrement, et sans m'être assurée de rien.
Je crus qu'on n'en sentiroit que mieux ce que j'avois
fait. Je n'aurois pourtant pas dû ignorer que la distraction des plaisirs, ou l'attention à de plus grands
objets, empêchent les princes de se souvenir de ces
sortes de choses.

Cet ami zélé tâcha de me persuader que ce que
j'avois dit à madame la duchesse du Maine n'étoit
qu'un compliment, et voulut encore suivre cette affaire. Mais M. Dacier, déjà attaqué d'un mal considérable dès le temps qu'elle fut entamée, se trouva
hors d'état de répondre à ses vues, et demanda à son
tour un délai. Je fus le voir chez lui. Il quitta l'Académie, où il étoit dans ce moment, pour me venir trouver. Il monta vite, et ne pouvoit presque plus parler :
le mal qu'il avoit dans la gorge le suffoquoit. Il me témoigna cependant encore un grand désir et beaucoup
d'espérance de vivre avec moi. Quoiqu'il me parût dans

un état bien dangereux, je fus infiniment surprise d'apprendre sa mort deux jours après cette visite.

Madame la duchesse du Maine, un peu déconcertée à cette nouvelle, me marqua le regret qu'elle avoit de m'avoir empêchée de profiter du bien qu'il vouloit me faire. L'estime et l'amitié qu'il m'avoit témoignée me le firent encore plus regretter que la foible espérance qui me restoit de renouer avec lui. J'eus tout le loisir de sentir l'irréparable faute que j'avois faite de manquer une si belle occasion de me procurer le repos et la liberté.

Le chevalier de Menil, revenu de son second voyage, étoit plus éloigné de moi que jamais. Le peu de devoirs qu'il me rendoit lui étoient si à charge, que je le priai de s'en dispenser. Il fit peu de résistance, et nous ne nous vîmes que quand le hasard nous faisoit rencontrer, quelquefois chez madame de Menou sa parente et son amie, avec qui j'avois fait connoissance, et pour qui j'avois pris beaucoup d'estime et d'amitié.

Cette autre parente d'Anjou, si différente de celle-ci, vint à Paris. Il la logea chez lui, et se passionna pour elle à un excès qui fut connu de tout le monde. Il voulut que je la visse : peut-être crut-il que c'étoit sa justification ; car je ne pense pas qu'il voulût s'honorer du sacrifice qu'il lui avoit fait de moi. Quoi qu'il en soit, il l'engagea à me faire des prévenances auxquelles je crus devoir répondre, pour n'en pas user avec elle autrement qu'avec une autre : peut-être aussi ne fus-je pas fâchée de considérer l'écueil où j'avois échoué. Elle m'écrivit, me pria à dîner chez M. de Menil avec M. de Fontenelle et d'autres gens de mes amis, lorsque je pourrois aller à Paris. J'y fus, je la vis. Je la trouvai, comme elle étoit, grande et bien faite, point belle, encore moins jolie, l'esprit et les manières de province : les autres la virent de même. Ce fut ma plus solide consolation de connoître à quoi tenoit l'attachement dont j'avois fait tant de cas, et je ne songeai plus qu'à en effacer le triste souvenir. Parmi les distractions qui s'offrirent à moi, celle qui tint plus de place dans mon esprit vint du côté de M. de Silly. J'ai dit qu'il s'empressa de me voir quand je sortis de la Bastille. L'espèce de lustre que j'y avois acquis ne lui fut pas indifférent : il me chercha quand je vins à Paris, et fut plus en relation avec moi qu'il n'y avoit encore été. Il étoit alors extrêmement occupé d'une grande passion qu'il avoit prise pour une personne plus distinguée par son rang que par sa beauté. Séduit principalement par l'opinion de son mérite, il s'étoit persuadé qu'elle auroit été incapable de foiblesse pour tout autre que pour lui. Cette victoire remportée sur la vertu, qu'il n'avoit guère trouvée en son chemin, donna à ses sentimens plus d'ardeur que n'auroient fait d'autres charmes auxquels il étoit plus accoutumé. Il embellissoit chaque jour cet ouvrage de son imagination des traits qui pouvoient mieux l'orner : mais plus les illusions sont flatteuses, plus leur destruction est piquante. Il s'aperçut ou crut s'apercevoir que cette femme, dont il se croyoit l'unique objet, jetoit ses regards sur d'autres. Ne pouvant supporter le chagrin qu'il en conçut, il me le confia, et toute son aventure. Cette confidence me déplut : j'y vis pourtant avec plaisir l'ignorance où il étoit de l'intérêt que j'aurois pu y prendre. Il me demanda conseil. Je lui dis que j'écouterois volontiers le récit de ses peines et de ses sujets d'inquiétude, parce que je m'intéressois à lui; que ma façon de penser ne me permettoit rien de plus pour son service; que d'ailleurs, peu propre à tous égards à ce dont il s'agissoit, j'étois surprise qu'il eût voulu m'y faire entrer. Il me conjura, par toute l'amitié que je lui avois toujours témoignée, de vouloir du moins l'entendre. J'y consentis, et ce n'étoit pas peu faire; car il avoit tant de choses à dire qui portoient toutes sur rien, et quand il les avoit dites il les répétoit tant de fois, que j'admirois ma patience à l'écouter. Il ne se contentoit pas de parler, il m'écrivoit des volumes. Je ne pouvois douter qu'il n'eût une passion violente. Cependant il prit la résolution de la sacrifier à sa vanité, qu'il croyoit outragée. Il me fit part de ce dessein. Je lui dis d'y bien penser; et lorsque je l'y vis assez affermi, je devins plus complaisante à lui dire mon avis, trouvant que les ruptures pouvoient être de ma compétence. Il voulut entamer celle-ci par une lettre, dont il me pria avec instance de lui donner le modèle, parce que le trouble de son esprit le mettoit hors d'état d'écrire rien de suivi. La tranquillité du mien n'étoit pas un moindre obstacle pour trouver ce qu'il falloit dire. Cependant l'envie de lui plaire, et peut-être (quoique sans prétention) le désir de le détacher de quelqu'un que j'aimois mieux qu'il n'aimât pas, me fit faire une lettre dont il fut content. Il la copia, et l'envoya à la dame, qui en fut outrée, et demanda avec les dernières instances de le voir. Il ne le vouloit pas: nouvel embarras pour tourner son refus, et nouvelle prière qu'il me fit de lui fournir cette pièce. Celle-ci en attira une autre. J'étois embarquée : il fallut aller jusqu'au bout. Une femme de grande considération dans le monde étoit dans la confidence de cette affaire, et s'y étoit prêtée, à ce qu'elle prétendoit, pour sauver la réputation de son amie, et la garantir de sa propre imprudence.

M. de Silly, fort lié avec elle, avoit pris le temps de son absence pour rompre avec sa protégée. Celle-ci écrivit son désastre à leur amie commune, qui adressa une lettre fulminante à l'amant déserteur : il me l'envoya, et voulut encore que j'y répondisse. Tout cela se passoit pendant que j'étois à Sceaux, où je recevois tous les jours des courriers de sa part, avec des missives sans fin. Rien ne m'a si bien fait connoître l'invincible pouvoir qu'une première inclination avoit laissé prendre sur moi, que la complaisance avec laquelle je suivis le cours de cette affaire.

La dame confidente revint de la campagne. J'étois fort de ses amies : elle savoit mes liaisons avec M. de Silly, et me fit des plaintes de lui, m'assurant qu'il n'avoit fait que jouer la personne à qui elle s'intéressoit. Je lui dis que je croyois savoir bien le contraire. « Ah ! dit-elle, si vous aviez vu les lettres qu'il lui a « écrites, vous seriez convaincue qu'il n'a jamais eu « le moindre sentiment pour elle. » Effectivement elles ne partoient pas d'un cœur fort touché; mais aussi ce n'étoit pas lui qui les avoit faites.

Cependant la maîtresse abandonnée ne pouvant obtenir l'entretien qu'elle lui demandoit, et ayant su que nous avions fait partie d'aller dîner chez son amie et la nôtre, dans une maison de campagne qu'elle avoit près de Paris, elle s'y trouva. Je fus extrêmement surprise de cette rencontre, et plus encore de ce que, sans prétexte ni mesure, elle emmena M. de Silly dans le jardin quand on fut hors de table, et l'y retint si long-temps, qu'enfin l'heure où je devois me rendre à Sceaux approchant, et lui s'étant chargé de m'y remener, je fus obligée de l'en faire avertir. Il n'arrivoit pourtant point. J'en marquois mon embarras à la maîtresse de la maison. Elle en ressentoit plus que moi de me voir témoin d'une scène si ridicule qui se passoit chez elle, et dont elle n'ignoroit pas le jugement que je porterois. Comme elle vit que les messages étoient inutiles, elle fut elle-même avec moi dans le jardin les chercher, pour rompre l'entretien. Nous le trouvâmes encore fort animé quand nous les joignîmes : ce n'étoit pas par l'amour, mais par des passions plus violentes. La femme étoit à moitié échevelée, et ne ressembloit pas mal à une furie : son amant gardoit un sang froid plein de ressentiment.

Il me remena, et m'apprit qu'il n'avoit été convaincu de rien de ce qu'elle lui avoit dit pour sa défense ; qu'elle avoit refusé de se soumettre à ce qu'il exigeoit d'elle, pour le garantir de nouveaux soupçons ; et qu'il étoit plus affermi que jamais dans ses premières résolutions. En effet, il résista à toutes les attaques, et ne renoua point avec elle ; mais il en demeura si occupé, qu'il ne cessoit de m'écrire toutes ses démarches, et d'y joindre de longs commentaires. Il y en eut quelques-unes qui l'offensèrent ; et, dans son dépit, il fit, quoiqu'il n'en eût jamais fait, des vers fort piquans contre elle, qu'il m'envoya, en me marquant le dessein où il étoit de les répandre. Je m'y opposai si fortement, qu'il céda à mes raisons. Il continua long-temps de m'entretenir et de m'écrire sur ce sujet. Les peintures naïves qu'il me faisoit des divers mouvemens de son ame m'intéressoient : je l'écoutai, et lui répondis tant qu'il eut à parler.

Il garda les lettres que je lui avois écrites sur cette affaire, et presque toutes celles qu'il avoit eues de moi depuis ma prison. Il avoit pris des mesures pour me les faire rendre avec beaucoup d'autres papiers, si je lui survivois. Ils m'ont été fidèlement remis après le tragique événement de sa mort.

Le reste de ma vie, quoique long, ne contient presque plus rien dont le récit m'intéresse. Je n'avois plus de relation avec le chevalier de Menil : quelques idées que j'avois eues de récompenser le fidèle attachement du pauvre Maisonrouge, et d'unir mon sort au sien, furent déconcertées par sa mort. Une maladie de langueur, qui lui prit peu après notre séparation, l'obligea l'année suivante d'aller prendre l'air et les eaux de son pays, où il mourut. Je le regrettai infiniment, plus que je n'avois su le priser.

Je me vis dénuée de tout objet : le défaut de sentiment me fit tomber dans une espèce d'anéantissement, pire que l'entière cessation de la vie. Je la pris en dégoût, et le monde en horreur : je ne désirois plus que de m'en séquestrer. M. de Valincour, toujours de mes amis, mais que sa grande dévotion tenoit presque dans une continuelle retraite, approuva non-seulement le dessein de la mienne, dont je lui fis confidence, mais travailla à m'en procurer les moyens. Il sollicita, dans cette vue, une petite pension pour moi, qu'il obtint. Mais comme la négociation en fut longue, les obstacles qui survinrent suspendirent mon projet. Madame la duchesse du Maine tomba dangereusement malade, et fut long-temps à se rétablir. Elle me témoigna tant de confiance et d'amitié dans cette occasion, où je fis de mon côté tout ce qui se pouvoit faire, que je ne sus plus comment lui annoncer mon dessein : je pensai que le temps pourroit amener quelque conjoncture plus convenable. Je continuois de rouler cette idée dans mon esprit, lorsque le chevalier de G..., qui s'étoit donné pour attaché à moi avant mon séjour à la Bastille, et à qui je confiai, quand j'en sortis, que j'avois pris des engagemens plus sérieux, m'entretint de l'idée qu'il avoit qu'un homme attaché dans notre maison par plusieurs liens avant que j'y fusse étoit alors touché pour moi de sentimens plus forts que l'estime ordinaire. Il me dit qu'il l'avoit entendu parler en des termes qui ne lui permettoient pas d'en douter.

Quoique nous vécussions en même lieu, nous n'avions nul commerce ensemble : son humeur fière le rendoit peu sociable; je n'étois point prévenante, et nous ne nous parlions presque jamais. J'en faisois cas pourtant. On sentoit en lui une exacte et délicate probité : son courage à risquer de déplaire en disant vrai, son exemption de flatterie, vertus aussi rares dans les petites cours que dans les grandes ; tout cela, joint à des sentimens nobles, à une réputation avantageuse dans son métier d'homme de guerre, lui avoit acquis mon estime. Quoique je regardasse comme une vision ce qu'on m'avoit dit de sa prévention pour moi, j'en eus plus d'attention pour lui. Curiosité de m'en éclaircir, ennui de mon oisiveté, penchant à se reprendre à quelque chose quand on ne tient plus à rien; le tout si bien caché dans les secrets replis de mon ame que je ne m'en doutai pas, me porta à lui faire quelques prévenances, à profiter des occasions de l'entretenir, que bientôt il fit naître, en cherchant les lieux où il pouvoit me rencontrer. C'étoit l'été : nous étions à Sceaux, et j'allois tous les soirs me promener seule dans un parterre, sous les fenêtres du château. Il s'accoutuma à m'y venir joindre si régulièrement, qu'il ne se passoit pas de jour que nous ne nous entretinssions assez long-temps. La première fois qu'il y manqua, je sentis un trouble que je ne connoissois plus : je commençai à craindre les horreurs d'une nouvelle passion. Disposée naturellement et accoutumée par un long usage à m'attacher, je n'avois plus la force de me passer de cette espèce de soutien : mais alors je savois qu'un tel appui, chancelant lui-même, tombe sur celui qui s'y repose, et ne manque guère de l'écraser. La contrariété qui se trouvoit entre mes connoissances, fondées sur l'expérience, et le penchant qui m'entraînoit, me mit dans un état violent. Je résolus d'étouffer dans sa naissance ce sentiment qui m'effrayoit; je lui trouvai plus de force que je ne lui en croyois; il en prit même de nouvelles des efforts que je fis pour le combattre. En voulant éviter l'objet qui me devenoit redoutable, j'affermis son idée dans mon esprit; de telle sorte qu'elle devint comme un point fixe, que je ne puis comparer qu'à ce qu'on éprouve, dans le transport au cerveau, d'une idée qui nous persécute sans relâche. J'en fis dès-lors la comparaison, et j'en tirai de fâcheux pronostics.

Le soin de fuir me fit plus rechercher; ce que je dis pour rompre tout commerce donna des indices de mes sentimens. Le cœur ne manque guère de trahir la raison, quelque leçon qu'il en ait reçue. Cette découverte donna plus d'activité aux empressemens qu'on avoit pour moi : la vanité s'y mêla, et prit toutes les apparences du sentiment. Je m'y mépris, comme il arrive ordinairement; mes liens en devinrent plus forts : j'en connus mieux la nécessité de les rompre. Le caractère et la situation de la personne dont il s'agissoit ne me laissoient rien entrevoir qui pût autoriser cette nouvelle passion : elle me tyrannisa sans me soumettre, m'aigrit contre moi-même, et ne me fit éprouver que des amertumes.

Madame de Réal me vint voir à Sceaux au fort de mon désespoir. Quelque confiance que j'eusse en elle, je voulois lui cacher une foiblesse que le nombre de mes années, et les tristes expériences que j'avois faites, rendoient impardonnable. Elle s'aperçut de mon trouble, me pressa de lui en apprendre la cause. Je ne lui répondis que par mes larmes : elles la mirent sur la voie. « Je vois, me dit-elle, que, lassée de « votre indifférence, vous avez pris quelque goût « que vous désapprouvez : et pour qui ? » Elle me nomma un jeune prince fort aimable. « Hélas ! non, « lui dis-je; mes inclinations sont bizarres : je suis « accoutumée d'aimer des gens qui ne me plaisent « pas. » En effet, l'homme à qui je m'étois attachée n'étoit point propre à plaire. Il avoit pourtant fait des conquêtes brillantes; mais la vanité qu'il en avoit tirée, jointe à celle qui lui étoit naturelle, assortie à une humeur sèche et inégale, rendoient à peine ses vertus supportables. J'achevai ma confidence à madame de Réal, et je lui dis que, quand je devrois périr, j'arracherois de mon cœur des sentimens qui ne pouvoient me conduire à rien de convenable, et ne feroient que la honte et le malheur de ma vie.

Ma résolution étoit ferme; mais l'exécution en étoit difficile dans un lieu où je me voyois assiégée par celui que je voulois fuir, et qui, connoissant ma foiblesse, étoit si à portée d'en triompher. Je pensai donc qu'il falloit abandonner ce terrain dangereux, et faire une véritable retraite. Mais comment et sous quel prétexte l'annoncer à ma princesse? comment soutenir sa colère et ses reproches, n'ayant point de raisons apparentes à lui alléguer? Pour échapper à tant d'embarras, il me vint dans l'esprit de me jeter aux Carmélites, sans laisser rien pressentir de mon dessein. Je pensai que, renfermée là, j'y soutiendrois les attaques sous de sûrs remparts qu'on ne pourroit forcer.

La comtesse de Brassac, attachée à notre maison, avec qui j'étois en liaison, y avoit un appartement, où elle passoit une partie de sa vie. Je l'y allai voir à son parloir; je la priai de me faire connoître quelques religieuses de ses amies, dont elle me parloit souvent comme de filles de beaucoup d'esprit. J'en entretins trois ou quatre, qui me parurent d'excellente compagnie : je regardai leur société comme une ressource pour supporter l'austérité de leur vie, et je m'affermis dans ma résolution. J'en fis part à madame de Brassac : sa grande dévotion la lui fit approuver, quoiqu'elle prévît le mauvais gré que lui en sauroit madame la duchesse du Maine. Peu de jours après, je me mis dans un carrosse de notre maison, qui l'alloit chercher pour y venir passer la soirée. Je fus comme pour la recevoir à la porte du couvent; et lorsque je la vis ouverte, j'entrai, et lui dis que j'y voulois demeurer; et que je la priois de dire à madame la duchesse du Maine qu'ayant pris cette résolution, je n'avois pas eu le courage de la lui déclarer, ni de soutenir les efforts qu'elle auroit pu faire pour la combattre.

La prieure et quelques religieuses, qui avoient accompagné madame de Brassac jusques à la porte, étoient là. Ma démarche les surprit aussi bien qu'elle, qui ne s'attendoit pas que je voulusse si tôt exécuter ce dessein. Après être revenues du premier étonnement, elles me demandèrent si j'en avois assez délibéré. Je leur dis que je le croyois, et qu'il me sembloit que le trop d'examen dans ces sortes de choses en affoiblissoit la résolution; que je les priois de me recevoir dans ce moment-ci; que je ne pouvois répondre de me trouver disposée de même dans un autre. Cette réponse les fit douter que ma vocation fût certaine. La prieure, fille sage et éclairée, me dit qu'il lui paroissoit plus à propos que j'y pensasse encore; que si j'étois véritablement appelée à cet état, les réflexions ne serviroient qu'à m'y porter; que si elles m'en détournoient, il valoit mieux que je les fisse plus tôt que trop tard. J'insistai avec force, mais la prieure tint ferme : les autres religieuses et madame de Brassac l'approuvèrent, et toutes convinrent qu'il falloit différer. Je m'en retournai donc avec madame de Brassac, qui ne savoit si elle avoit bien ou mal fait. Je demeurai persuadée qu'en différant, c'étoit tout rompre. Je me sentois trop foible pour attendre toujours de moi un pareil effort.

Je crus pourtant que ce parti, quoique manqué, intimideroit celui qui me l'avoit fait prendre : je lui appris le risque que j'avois couru, pour l'engager à ne m'y plus exposer. Il en fut frappé, et se tint plus loin de moi. J'en souffrois davantage, et ne me détachois pas de lui : il le voyoit, et se rapprochoit. Je formois de nouveaux desseins pour m'en séparer tout-à-fait.

Nous avions à Sceaux dans ce temps-là madame Du Deffand. Elle me prévint avec des grâces auxquelles on ne résiste pas. Personne n'a plus d'esprit, et ne l'a si naturel. Le feu pétillant qui l'anime pénètre au fond de chaque objet, le fait sortir de lui-même, et donne du relief aux simples linéamens. Elle possède au suprême degré le talent de peindre les caractères; et ses portraits, plus vivans que leurs originaux, les font mieux connoître que le plus intime commerce avec eux.

Elle me donna une idée toute nouvelle de ce genre d'écrire, en me montrant plusieurs portraits qu'elle avoit faits. Le mien s'y trouva; mais un peu de prévention et trop de politesse l'avoient, contre son ordinaire, écartée du vrai. J'entrepris de le faire moi-même, pour lui prouver sa méprise, et je le lui donnai tel qu'on le voit là.

Portrait de l'auteur, fait par elle-même.

« Launay est de moyenne taille, maigre, sèche
« et désagréable. Son caractère et son esprit sont
« comme sa figure : il n'y a rien de travers, mais

« aucun agrément. Sa mauvaise fortune a beaucoup
« contribué à la faire valoir : la prévention où l'on
« est que les gens dépourvus de naissance et de bien
« ont manqué d'éducation fait qu'on leur sait gré du
« peu qu'ils valent. Elle en a pourtant eu une excel-
« lente, et c'est d'où elle a tiré tout ce qu'elle peut
« avoir de bon, comme les principes de vertu, les
« sentimens nobles et les règles de conduite, que
« l'habitude à les suivre lui ont rendus comme natu-
« rels. Sa folie a toujours été de vouloir être raison-
« nable; et comme les femmes qui se sentent serrées
« dans leur corps s'imaginent être de belle taille, sa
« raison l'ayant incommodée, elle a cru en avoir
« beaucoup. Cependant elle n'a jamais pu surmonter
« la vivacité de son humeur, ni l'assujétir du moins
« à quelque apparence d'égalité; ce qui souvent l'a
« rendue désagréable à ses maîtres, à charge dans la
« société, et tout-à-fait insupportable aux gens qui
« ont dépendu d'elle. Heureusement la fortune ne
« l'a pas mise en état d'en envelopper plusieurs dans
« cette disgrâce. Avec tous ces défauts, elle n'a pas
« laissé d'acquérir une espèce de réputation qu'elle
« doit uniquement à deux occasions fortuites, dont
« l'une a fait connoître ce qu'elle pouvoit avoir d'es-
« prit, et l'autre a fait remarquer en elle de la dis-
« crétion, et quelque fermeté. Ces événemens ayant
« été fort connus, l'ont fait connoître elle-même,
« malgré l'obscurité où sa condition l'avoit placée,
« et lui ont attiré une sorte de considération au-
« dessus de son état. Elle a tâché de n'en être pas
« plus vaine; mais la satisfaction qu'elle a de se
« croire exempte de vanité en est une.

« Elle a rempli sa vie d'occupations sérieuses, plu-
« tôt pour fortifier sa raison que pour orner son es-
« prit, dont elle fait peu de cas. Aucune opinion ne
« se présente à elle avec assez de clarté pour qu'elle
« s'y affectionne, et ne soit aussi prête à la rejeter
« qu'à la recevoir ; ce qui fait qu'elle ne dispute guère,
« si ce n'est par humeur. Elle a beaucoup lu, et ne
« sait pourtant que ce qu'il faut pour entendre ce
« qu'on dit sur quelque matière que ce soit, et ne
« rien dire de mal à propos. Elle a recherché avec
« soin la connoissance de ses devoirs, et les a res-
« pectés aux dépens de ses goûts. Elle s'est autorisée
« du peu de complaisance qu'elle a pour elle-même
« à n'en avoir pour personne : en quoi elle suit son
« naturel inflexible, que sa situation a plié, sans lui
« faire perdre son ressort.

« L'amour de la liberté est sa passion dominante,
« passion très-malheureuse en elle, qui a passé la
« plus grande partie de sa vie dans la servitude : aussi
« son état lui a-t-il toujours été insupportable, mal-
« gré les agrémens inespérés qu'elle a pu y trouver.

« Elle a toujours été fort sensible à l'amitié : ce-
« pendant plus touchée du mérite et de la vertu de
« ses amis que de leurs sentimens pour elle, indul-
« gente quand ils ne font que lui manquer, pourvu
« qu'ils ne se manquent pas à eux-mêmes. »

Je passai plusieurs années dans les pénibles alternatives que j'ai marquées, sans être un moment d'accord avec moi-même. Je perdis, pendant ce temps-
là, les personnes qui m'étoient les plus chères : le
marquis de Silly, par une mort affreuse, dont je ne

veux pas renouveler le souvenir. Un an après, madame de Réal, qui faisoit toute ma consolation, mourut. Madame de Grieu sa tante, qui nous avoit élevées l'une et l'autre avec tant de tendresse, la suivit de près. Je perdis aussi M. de Valincour, le seul véritable ami qui me restât. Je me trouvai isolée de tous côtés. Ces liens qui m'attachoient encore au monde étant rompus, j'en pris un dégoût qui, joint à d'autres que je reçus de ma princesse, me porta plus fortement que jamais à l'entière retraite : non plus aux Carmélites, dont la vie trop austère me parut, à l'examen, disproportionnée à mes forces, et peut-être à mon zèle. Je pensai à retourner à Saint-Louis, à Rouen : l'affection que l'on conserve pour les lieux où l'on a passé sa jeunesse me donna une grande préférence pour celui-là. J'en parlai à madame de Bussy, femme d'un excellent esprit, avec qui je m'étois intimement liée depuis que j'avois perdu madame de Réal : elle avoit mon entière confiance, et voyoit que je ne pouvois, par aucun autre moyen, rompre les liens qui faisoient le malheur de ma vie. Elle approuva que je fisse l'essai du parti que je voulois prendre.

Je témoignai à madame la duchesse du Maine le désir que j'avois de revoir un lieu où j'avois passé la plus grande partie de ma vie, et lui demandai, avec de grandes instances, de m'y laisser faire un voyage et quelque séjour. Elle se révolta contre cette proposition. Cependant, à force de persévérance, j'obtins mon congé; mais ce ne fut qu'en promettant avec serment de revenir. Elle soupçonna que ce voyage pouvoit couvrir un dessein de retraite, et voulut me faire expliquer sur ce point. Je lui avouai que j'avois du goût pour la solitude, et que j'avois toujours désiré de finir ma vie où je l'avois commencée. Elle exigea de ma part de nouveaux sermens de renoncer à ce projet. Je ne voulus promettre que le retour du voyage que j'allois faire.

Je partis avec la joie qu'on a d'avoir surmonté, quoique dans une petite chose, de très-grandes difficultés. Celles que j'avois trouvées du côté de ma princesse n'étoient pas les seules : l'homme dont je voulois m'éloigner avoit tout mis en œuvre, hors ce qu'il y falloit mettre pour me retenir. J'avois fait parler à l'abbesse, que je ne connoissois pas, par une religieuse de mes amies, à qui j'avois écrit plusieurs lettres sur mes vues présentes, et sur celles que je pourrois avoir à l'avenir. Je fus reçue dans le couvent avec des transports de joie dont il n'y a que des religieuses qui soient capables. Celles-ci avoient gardé un souvenir de moi bien plus vif que celui que j'avois conservé d'elles. Leur excessif empressement me fut à charge. L'abbesse me prit en gré, voulut que je fusse sans cesse avec elle. J'allois là pour être à moi : je m'y trouvai plus livrée aux autres qu'au milieu du monde. Les mêmes passions, les mêmes mouvemens qui agitent les grandes cours se retrouvant dans ces petits Etats monarchiques, on y voit jouer avec moins d'adresse les mêmes ressorts, et pour des objets dont la petitesse ajoute le dégoût à l'importunité des tracas. Je ne trouvai rien moins que cette demeure solitaire et tranquille où tendoient mes désirs. Je pensai qu'un lieu où je ne serois ni connue ni fêtée seroit plus conforme à mes vues, et j'abandonnai le dessein de me fixer en celui-là. J'y fus environ six semaines, et je revins à Sceaux acquitter ma parole. Je n'y fus pas trop bien reçue : cet essai de liberté que j'avois fait avoit déplu.

Madame la duchesse du Maine craignant que je ne voulusse enfin rompre les liens qui m'attachoient à elle, songea à les redoubler. Elle combattit d'abord mes idées de retraite, voulut en pénétrer toutes les raisons, me donna lieu d'alléguer les embarras et les dégoûts où m'exposoit sans cesse la situation équivoque où j'étois auprès d'elle. Les distinctions qu'elle m'avoit accordées, depuis que j'avois quitté le titre et les fonctions de femme de chambre, n'avoient pas des limites précises : je ne savois presque jamais si j'étois dedans ou dehors. Pour peu que je les passasse, ou sans m'en apercevoir, ou par ordre de sa part, les mines et les murmures de ses dames, attentives à la distance qui devoit être entre elles et moi, m'y faisoient désagréablement rentrer. Je lui présentai ces inconvéniens comme une excuse du parti que je songeois à prendre : quoique ce n'en fussent pas les véritables motifs, ils étoient plus propres à la frapper qu'aucun autre. Elle me dit qu'il y avoit moyen d'y remédier en me faisant épouser un homme de condition, qui me mettroit de niveau à toutes les dames de sa cour; que les charges que possédoit M. le duc du Maine le mettoient à portée de faire la fortune de beaucoup de gens; qu'on trouveroit sans peine quelque officier sous les ordres de ce prince, qui, pour son avancement, entendroit à ce mariage; qu'elle alloit chercher quelqu'un propre à remplir ses vues à cet égard, et qui d'ailleurs me conviendroit. Je crus que la découverte n'en seroit pas facile; que j'aurois le temps et les moyens d'éluder, si le parti ne m'étoit pas assez avantageux ; qu'en cas qu'il le fût, cela vaudroit mieux que mon état présent ; que la nécessité de partager mes devoirs me procureroit une sorte de liberté ; et que je trouverois dans cet engagement, par ma façon de penser, des barrières aussi fortes contre mes propres foiblesses que les murs d'un couvent. Loin donc de m'opposer à la bonne volonté de madame la duchesse du Maine, je lui témoignai de la reconnoissance du soin qu'elle vouloit prendre de mon établissement.

Il s'en étoit présenté quelques-uns depuis que j'avois manqué M. Dacier ; mais les inconvéniens que j'y avois remarqués m'avoient empêchée de les accepter. Un homme entre autres qui m'avoit long-temps vue du vivant de sa femme, avec qui j'étois en étroite liaison, m'offrit peu après sa mort, par pure estime, de partager sa fortune avec moi. Elle avoit été grande du côté du bien ; mais ses affaires étoient alors si délabrées, que je ne pus me résoudre d'entrer dans cette espèce de labyrinthe, où l'on ne voyoit point d'issue.

Je fis encore naître une passion long-temps après y avoir renoncé, et dans un âge où l'on n'en inspire plus. Un homme de province, que je vis par hasard, s'imagina, suivant le peu de connoissance qu'il avoit du monde, qu'une personne établie dans une cour, favorisée d'une princesse, n'avoit qu'à vouloir pour faire la fortune de quelqu'un. Il étoit employé depuis long-temps dans des affaires de finance, et aspiroit à une place considérable dans ce genre. Cet homme m'envisagea sous l'aspect d'une puissante protection, et comme une personne qu'il pourroit engager à le servir, par les offres considérables qu'il lui feroit. Il ne m'en dit rien d'abord; mais peu après il m'adressa une longue lettre fort bien écrite, dans laquelle il m'exposoit ses vues, la place qu'il souhaitoit, ses raisons d'y prétendre, ses moyens d'y parvenir, et ses intentions de reconnoître mes services par une somme ou pension considérable, dont je pourrois gratifier qui je voudrois. Je lui marquai dans ma réponse que je n'avois nul crédit, et encore moins de volonté de le vendre, si j'en avois, pour quelque prix que ce pût être. En effet, dans des cas où j'étois plus à portée de réussir, j'ai toujours regardé ces sortes de propositions avec le mépris qui leur convient.

La franchise et les sentimens honnêtes dont ma lettre étoit remplie touchèrent sensiblement celui à qui elle s'adressoit. Il y répliqua, et changea l'offre qu'il m'avoit faite en celle de sa personne, si sa fortune pouvoit devenir assez bonne pour me la faire agréer, ou même telle qu'elle étoit, s'il osoit me l'offrir. Je répondis encore avec la même sincérité, en lui faisant voir qu'il ne pouvoit rien attendre de moi pour sa fortune; et que, n'y pouvant contribuer, j'aurois mauvaise grâce d'en accepter le partage. Il fit de nouvelles instances, qu'il accompagna d'un détail exact des biens dont il jouissoit, de la valeur de ses emplois, des avantages qu'il pouvoit me faire, et des grandes espérances qu'il avoit, tant sur une entreprise considérable dans laquelle il étoit entré, que sur le crédit des gens puissans dont il étoit protégé. J'entrevis dans ce qu'il me présentoit assez de convenance pour y faire attention; je remarquai en lui beaucoup de probité, de l'esprit sans apprêt et sans culture, des sentimens nobles et vertueux, et tant d'estime pour moi, que je ne pus me dispenser de lui en savoir gré. Je n'allai pas plus loin.

Il vint à Paris, y passa quelques jours, me vit, me témoigna l'attachement le plus respectueux, et le plus grand désir d'unir son sort au mien. Je lui fis comprendre que dans ma situation, à l'âge où j'étois parvenue, on ne me pardonneroit de changer d'état que pour une fortune qui paroîtroit extrêmement avantageuse; et qu'enfin j'étois comme ces antiques, qui augmentent de prix par leur ancienneté.

Il m'expliqua l'entreprise dans laquelle il avoit engagé la plus grande partie de son bien : il s'en promettoit des sommes immenses, et en croyoit le succès infaillible. J'en jugeai autrement, et me gardai de prendre aucun engagement sur des apparences si équivoques. En effet, l'affaire échoua, et entraîna sa ruine; d'autres disgrâces s'y joignirent, et son malheur fut complet. Je m'y trouvai d'autant plus sensible, que je crus l'avoir aggravé par le désespoir où je le vis de n'avoir plus rien à m'offrir. Je regrettai de n'être point à portée de réparer ses infortunes, et de reconnoître ses sentimens généreux, ou par moi-même, ou par quelque autre moyen. Je n'eus pas même la satisfaction de pouvoir rien faire pour lui, dans quelques occasions qu'il me présenta de le servir.

D'autres partis me furent offerts, qui ne me convinrent point. L'un étoit un homme assez riche, d'une condition médiocre, qui vivoit à Paris fort retiré, et vouloit une femme raisonnable pour lui tenir compagnie. Je doutai, ne le connoissant pas, que je m'accommodasse de la sienne. Il falloit conclure sans examen : je refusai.

Une dame de mes amies m'en proposa encore un autre. C'étoit un gentilhomme d'environ cinquante ans, qui avoit quitté depuis peu le service, vivoit en province dans une jolie terre, y habitoit une maison bien bâtie et bien meublée. Celui-là, je le vis chez la personne qui m'en avoit parlé. Il étoit d'une assez belle figure, et d'un bon maintien : il ne me trouva pas si décrépite qu'il me croyoit. Content d'ailleurs du peu de bien que je possédois (car les amis que j'avois perdus m'avoient laissé des marques de leur amitié), il dit à son amie qu'il étoit prêt à conclure, pourvu que je n'eusse point de répugnance à passer ma vie dans son château.

Je consultai sur cette proposition madame de Bussy, à qui j'avois fait part de toutes les autres, qu'elle n'avoit pas goûtées, et qui seule savoit ce qui me les faisoit écouter. Je lui mandai sur celle-ci (elle étoit absente) qu'à la vérité c'étoit me jeter par la fenêtre ; mais que j'y visois depuis long-temps. Elle me répondit que cette fenêtre lui paroissoit au dixième étage, et qu'elle voudroit du moins que je ne me jetasse pas de si haut ; me représenta que de me claquemurer ainsi avec quelqu'un que je ne connoissois pas, incapable peut-être de me connoître, et plus encore de me plaire, c'étoit le moyen d'amener au sens littéral l'expression figurée sous laquelle je lui avois présenté ce parti ; qu'elle ne l'approuveroit donc qu'en cas qu'il consentît que je partageasse ma vie entre Paris et sa province. Je suivis ce conseil, et fis dire à l'homme dont il s'agissoit qu'étant aussi attachée que je l'étois à madame la duchesse du Maine, je ne pouvois me résoudre à la quitter sans retour, ni à prendre un engagement auquel elle ne consentiroit jamais sous de telles conditions. Il répondit que si je voulois conserver d'autres liens que ceux que je prendrois avec lui, je ne pouvois lui convenir. Cette réponse me persuada qu'il ne me convenoit pas non plus, et je rompis.

Madame la duchesse du Maine ne sut rien de tous ces projets avortés. Cependant elle avoit chargé madame de Surl....., femme d'un officier suisse, de mes amies, et fort attachée à elle, de chercher quelqu'un dans le corps helvétique, commandé par M. le duc du Maine, qui voulût prendre une femme sans naissance, ni bien, ni beauté, ni jeunesse. A peine les treize cantons pouvoient suffire à cette découverte. Aussi la dame y employa-t-elle un long temps; et je ne pensois plus à sa mission, lorsqu'un jour étant venue à Sceaux, elle me dit : « Je crois avoir trouvé par
« hasard l'homme que nous cherchions. Ne songeant
« qu'à me promener, j'ai accompagné M. de Surl.....
« chez un officier de sa nation, qui demeure dans le
« voisinage d'une campagne où j'étois. Là, j'ai trouvé
« une petite maison neuve et propre, entourée de
« troupeaux de vaches et de moutons. Le maître du
« logis, qui n'est pas jeune, m'a plu par une physio-
« nomie avantageuse. C'est un homme de condition,
« veuf, qui vit dans cette retraite avec deux de ses
« filles. Elles paroissent douces et raisonnables, et
« tout occupées des soins de leur ménage. Il est peu
« avancé, quoiqu'il serve depuis long-temps, et qu'il
« ait bien fait son devoir, parce qu'il s'est tenu à l'é-

« cart, et que le mérite qui ne cherche pas à se pro-
« duire est rarement démêlé. Mais, ajouta-t-elle, j'ai
« pensé qu'une protection qui le feroit valoir, sans
« qu'il s'en donnât la peine, lui seroit fort agréable;
« et si madame la duchesse du Maine juge à propos
« que je lui fasse parler, je ne doute point, par tout
« ce qui m'en est revenu sur les informations que
« j'ai faites, que la proposition ne soit bien reçue de
« sa part, et que ce ne soit pour vous une affaire des
« plus convenables. C'est un homme bien né, qui a
« peu vécu dans le monde, et n'en a point pris les
« vices. Il jouit d'une petite terre cultivée par ses
« soins, à deux lieues de Paris. Joint à cela ce que
« lui vaudra la protection de M. le duc du Maine,
« vous serez l'un et l'autre fort à votre aise. »

Pendant qu'elle me tenoit ce discours, il se présenta à mon esprit un tableau de la vie champêtre, dont le contraste avec la mienne relevoit chaque objet, et m'en faisoit admirer les grâces douces et naïves. Je prenois alors du lait; et rien ne me parut plus satisfaisant que d'avoir des vaches sous sa main. L'orgueil des hommes prend soin de leur dérober les chétives circonstances qui ont aidé à les déterminer dans les occasions les plus importantes, et ce n'est que par une recherche exacte et difficile qu'on les retrouve. Me voilà donc toute passionnée pour le nouveau genre de vie que je croyois mener.

J'approuvai qu'on parlât à madame la duchesse du Maine des vues qu'on m'avoit communiquées. Elle les goûta; et il fut résolu que, sans me nommer, on proposeroit à M. de Staal l'établissement dont il s'agissoit. Madame de Surl..... avoit un ami qui le connoissoit plus particulièrement qu'elle ne faisoit : on le chargea de cette négociation. La proposition fut bien reçue : M. de Staal demanda pourtant quelques jours pour rendre une réponse positive. Il vivoit avec ses filles, dont il étoit parfaitement content, et vouloit leur faire agréer une belle-mère, dont le titre est toujours odieux. Il y trouva de la difficulté. Maîtresses dans leur petite cabane, accoutumées à tenir le ménage, elles craignirent que je n'en voulusse prendre le maniement, et m'emparer de l'autorité, objet de jalousie dans les champs comme dans les cours. Mon peu de capacité et de goût pour ces sortes de choses les mettoit bien en sûreté; mais elles n'en étoient pas informées. Elles cédèrent pourtant à l'inclination de leur père, qui entrevit une fortune sûre et facile dans ce qu'on lui offroit. Il songea sensément à donner un objet fixe à des promesses générales. Il n'étoit que lieutenant d'une compagnie aux gardes, dont le capitaine, attaqué d'apoplexie, étoit depuis long-temps hors d'état de servir. Il demanda de remplir la place quand elle viendroit à vaquer par sa mort, qui ne pouvoit être éloignée; et, pour préliminaire, le titre de commandant de cette compagnie, dont il exerçoit les fonctions depuis que le titulaire en étoit devenu incapable : promettant de conclure le mariage qu'on lui proposoit aussitôt qu'il auroit reçu cette première grâce, comme un gage assuré du reste, qu'il vouloit bien attendre.

Ce fut là le précis de sa réponse. Madame la duchesse du Maine l'approuva, et ne songea plus qu'à faire agréer ses vues à M. le duc du Maine. Elle lui exposa toutes les raisons qui lui faisoient désirer mon établissement, et les mit dans ce beau jour qu'elle sait donner à ce que son esprit affectionne. Mais lui, avec ses adresses ordinaires, pour éluder ce qu'il n'avoit pas le courage de combattre, applaudit son dessein en général, et proposa d'autres gens, dont le consentement étoit douteux et les convenances moins certaines. Madame la duchesse du Maine ne prit pas le change : accoutumée à ses refuites, elle le suivit jusqu'à ce qu'elle l'eût atteint. Cela prit un long temps, pendant lequel on jugea à propos de me faire voir M. de Staal, et de me montrer à lui. L'entrevue se fit chez madame de Surl..... Il fut plus content de moi qu'il n'y avoit lieu de l'espérer. Je ne portai aucun jugement de lui à ce premier abord ; mais, quelque temps après, je fus avec M. et madame de Surl..... à sa maison de campagne, où nous dînâmes. Le lieu, le repas, la compagnie, tout rappeloit la simplicité de l'âge d'or. Je trouvai une petite maison gaie et propre, par la blancheur des murailles. Il lui seyoit de n'être point meublée. Je n'ai pas fait tant de cas, par la suite, de cette espèce d'ornemens. La volatile d'une basse-cour, la chair des troupeaux, les fruits du verger, couvrirent la table. Nos jeunes hôtesses, comme au temps où l'on révéroit Jupiter hospitalier, préparèrent une partie des mets, nous régalèrent de gâteaux et de fromages façonnés et servis par leurs mains. Je considérai avec plaisir cette façon de vivre, si conforme à la nature, qui nous est devenue étrangère ; et je crus qu'elle me conviendroit. Je fus contente du maître de la maison, de son maintien, d'une certaine politesse non étudiée qui part du cœur, et annonce un caractère doux et bienfaisant. En effet, c'est le sien. Son ame, exempte de toutes passions, va vers le bien par une pente naturelle, sans être retenue ni détournée par rien. Il résulte, de ce calme inaltérable, une parfaite égalité d'humeur; des vues saines, parce qu'elles ne sont offusquées d'aucun trouble d'esprit; plus de justesse que d'abondance d'idées; peu de discours, mais sensés : enfin quelqu'un dont la société ne peut incommoder, aussi incapable de faire naître l'engouement que de donner du dégoût. Je sentis confusément tout ceci, que je démêlai par la suite; et je trouvai un homme que la nature avoit placé où la raison ne sauroit arriver. Nous eûmes une conversation après le dîner, dans laquelle on traita l'affaire dont il s'agissoit. M. de Staal témoigna la désirer extrêmement, et néanmoins tint ferme à ne la conclure que lorsqu'il seroit muni du titre qu'il demandoit. J'approuvai cette sage précaution, et nous nous séparâmes contens l'un de l'autre. Quand je fus montée en carrosse, il mit à mes pieds un petit agneau le plus gras de son troupeau, qu'il me pria d'emmener avec moi. Cette galanterie pastorale me sembla parfaitement assortie à tout le reste.

Je rendis compte à madame la duchesse du Maine du succès de notre voyage. Elle veut la prompte exécution des choses qu'elle a imaginées : le délai de celle-ci lui fut désagréable. M. le duc du Maine, qu'elle pressa pour la condition exigée, fit de nouvelles difficultés. Il fallut attendre quelque incident qui donnât lieu à cette démarche : il n'en arrivoit point. Pendant ce temps-là, je découvris que le bien qu'on croyoit à M. de Staal appartenoit à ses enfans, et qu'il ne me pouvoit procurer d'autre avantage que celui d'épouser un homme de condition : chose, à la vérité, utile par rapport à ma situation, mais qui m'étoit d'ailleurs assez indifférente. Nous allâmes à Anet : les distractions entraînèrent le souvenir de cette affaire. Je me gardai de le rappeler. Elle me parut si médiocrement bonne, que je souhaitai qu'elle s'oubliât tout-à-fait : car, chemin faisant, je vieillissois toujours, et le projet de me marier devenoit de plus en plus ridicule. J'étois dans cette disposition, lorsqu'après notre retour d'Anet, vers le commencement de l'hiver, M. le duc du Maine dit à madame la duchesse du Maine : « Le chevalier de Molondin « vient d'avoir une nouvelle attaque d'apoplexie. J'ai « tiré sur le temps pour nommer M. de Staal com- « mandant de sa compagnie : cela est fait. » C'étoit la seule condition qu'il eût exigée pour terminer l'affaire. Madame la duchesse du Maine m'envoya chercher, afin de m'apprendre cette nouvelle, dont elle étoit ravie, et dont je fus confondue. Ce qui m'avoit plu de loin changea de face en s'approchant. J'aperçus en un moment tous les inconvéniens qui jusque là s'étoient dérobés à ma vue : je m'étonnai de mon aveuglement; je sentis en même temps l'impossibilité de reculer après le pas qu'on venoit de faire, et je tombai dans une espèce de désespoir. L'agitation de mon esprit, ou quelque autre cause, me rendirent malade. Je crus trouver dans la perte de ma vie la seule issue qui me restoit. Cette triste ressource me manqua : je guéris, et il fallut subir le joug que je m'étois laissé imposer. Nous allâmes à Paris; je vis madame de Bussy : elle goûtoit cette affaire, et tâchoit de m'encourager; mais j'aurois voulu du moins différer. Je fis d'inutiles efforts pour obtenir un délai jusqu'après la campagne que M. de Staal alloit faire. J'espérois quelque incident qui pourroit dénouer mon engagement. La princesse dit que M. le duc du Maine avoit agi; que le public déjà parloit; et qu'il falloit finir. Pour dernière tentative, je lui représentai que, n'ayant eu d'autre devoir que celui qui m'attachoit à elle, j'étois toute disposée à m'en tenir à cet unique engagement; mais que si j'en contractois un nouveau, je voudrois aussi le remplir, ce qui seroit incompatible avec l'assiduité que j'avois auprès d'elle; que je la priois d'y penser avant qu'il y eût rien de fait, pour ne me pas jeter par la suite dans l'embarras de concilier des devoirs opposés. Elle me répondit qu'elle avoit bien prévu que je serois obligée de partager mon temps entre elle et mon mari; que j'en passerois une partie chez lui, et le reste auprès d'elle. Je la priai que, pour peu qu'il lui en coûtât, elle n'en fît pas le sacrifice à un établissement où je renoncerois sans peine. Elle fut inflexible, et m'écouta si peu, qu'elle ne voulut jamais se souvenir dans la suite ni de la représentation que je lui avois faite, ni du consentement qu'elle avoit donné au partage de mes devoirs.

On passa le contrat, dans lequel la pension que M. le duc du Maine m'avoit accordée depuis ma prison me fut assurée. Madame la duchesse du Maine me donna des habits. La victime, liée et ornée, fut conduite tristement à l'autel par madame de Chambonas, dame d'honneur de madame la duchesse du Maine, et ramenée ensuite à Son Altesse Sérénissime :

elle me reçut et m'embrassa avec de grands transports de joie. Je fus ensuite chez M. le duc du Maine, à qui je dis ces paroles d'un psaume : *Suscitans à terrâ inopem,* etc. « J'y puis encore ajouter, lui dis-je, « *qui habitare facit sterilem in domo,* etc. » Il nous donna de grandes assurances de sa protection. Nous ne croyions pas le perdre si tôt.

Tous ces devoirs accomplis, nous montâmes en carrosse, M. et madame de Surl....., M. de Staal et moi, pour aller dîner chez lui à Genevilliers, où l'on avoit consenti que je resterois quelques jours. Je m'arrêtai en chemin chez madame de Bussy, qui étoit déjà fort mal : elle traînoit depuis long-temps une vie languissante. Malgré le triste état où elle étoit, sa joie éclata en me voyant : elle me donna une belle tabatière, et toutes sortes de marques d'une tendre amitié. Je la quittai avec un sensible regret, et ne la revis que mourante : cette tristesse, que j'emportai, ne contribua pas peu à me rendre mon nouveau séjour désagréable. Mes belles-filles, qui apparemment s'étoient flattées que l'affaire ne se concluroit pas, fâchées de me voir arriver, disparurent, au lieu de venir me recevoir. Elles n'avoient pas voulu se trouver à la cérémonie ; ce qui m'avoit déjà annoncé leur indisposition à mon égard. A force d'exhortations, on engagea l'aînée à se montrer. Elle parut enfin, d'assez mauvaise grâce : je ne fis pas semblant de m'en apercevoir, et, par beaucoup de prévenances, je tâchai de surmonter sa méchante humeur, qui se dissipa. La fille cadette parut sur la fin du dîner, avec quelques mauvaises excuses de n'être pas venue plus tôt ; et tout prit une forme à peu près convenable, mais pas trop satisfaisante. M. de Staal chagrin du désagrément de ma réception, moi tout étonnée de me trouver mariée, le déconcertement se répandit dans la maison, et la compagnie en prit sa part. Elle étoit composée, outre ceux que j'ai nommés, de quelques amis particuliers, qui nous avoient suivis.

Le lendemain de cette triste journée, inquiète de la santé de madame de Bussy, je voulus savoir de ses nouvelles; et comme on ne m'en facilita pas assez promptement les moyens, j'allai dans ma chambre fondre en larmes. Un de nos hôtes vint me chercher: c'étoit celui qui avoit entamé à M. de Staal la proposition de son mariage. Il fut fort affligé de me trouver dans cette désolation, qui renfermoit confusément différens objets. J'excusai mon chagrin sous divers prétextes, et résolus de le cacher le mieux que je pourrois. Cependant M. et madame de Surl....., et leurs amis, s'en retournèrent; et je me trouvai encore plus embarrassée quand je me vis seule et comme étrangère dans cette maison, que j'aurois dû regarder comme la mienne. M. de Staal faisoit, de sa part, tout ce qui se pouvoit pour m'en rendre le séjour agréable; mais la première impression ne pouvoit si tôt s'effacer. J'y fus encore quelques jours; puis j'allai avec lui à Paris attendre le retour de madame la duchesse du Maine, qui avoit été passer le carnaval à Sceaux.

Elle revint bientôt après, et me témoigna beaucoup de joie de me revoir sous ma nouvelle forme. J'eus tous les agrémens des dames de sa maison, sa table, l'entrée dans son carrosse. Cependant je sentis, dans une occasion qui se présenta, sa répugnance à me montrer si près d'elle au grand jour. C'étoit le temps où le Roi fait la revue des gardes suisses. M. le duc du Maine lui dit qu'il falloit qu'elle y vînt, et me donnât ce spectacle. Elle y fut, et m'y fit aller avec madame de Surl..... dans un autre carrosse que le sien, où elle mit madame de Bess..., plus connue à la cour : d'où je jugeai que le sacrement de mariage n'effaçoit pas les taches originelles, comme celui du baptême.

A cette découverte s'en joignit une autre, qui me fit voir encore un plus grand mécompte. M. de Staal étoit retourné chez lui, où il avoit passé le carême : vers la fin, il me manda qu'il devoit partir, pour faire la campagne, immédiatement après Pâques; et qu'il me prioit d'aller passer la semaine sainte dans sa maison à Genevilliers. J'en fis la proposition à madame la duchesse du Maine. Elle l'écouta avec un étonnement mêlé d'indignation; et, non contente d'un refus absolu, elle en répandit des plaintes très-amères, m'accusa de la plus noire ingratitude et du plus inique procédé : comme si j'avois manqué à tout devoir envers elle, parce que j'avois voulu en rendre quelqu'un au mari qu'elle m'avoit donné. Je tâchai en vain de la faire souvenir de l'explication que j'avois eue d'avance à ce sujet avec elle : tout étoit oublié, et fut nettement nié. Je vis alors que je n'avois fait que resserrer la chaîne que j'avois prétendu relâcher. Je fus d'autant plus outrée d'une contradiction qui m'en annonçoit tant d'autres, que j'avois ardemment désiré ce moment de liberté pour le partager avec madame de Bussy, alors à la dernière extrémité. J'allai à Sceaux passer cette semaine, que j'avois destinée ailleurs. J'y appris, quelques jours après, la mort de mon amie. Ce fut le comble de ma douleur : les marques d'amitié qu'elle me donna dans son testament ne servirent qu'à justifier mes regrets. Elle me laissa une jolie maison de campagne toute meublée, dont elle avoit fait ses délices; et un diamant qu'elle portoit à son doigt. Ces gages de sa tendresse me seront à jamais précieux, et le tendre souvenir d'une si parfaite amie sera toujours aussi présent à mon esprit qu'il est profondément gravé dans mon cœur.

Je n'ai connu aucune femme aussi parfaitement raisonnable, et dont la raison eût aussi peu d'âpreté. C'étoit l'ame la plus sensible et l'esprit le plus réglé qui fût jamais. Tout étoit sentiment en elle, jusqu'à ses pensées; mais sentiment dans un accord parfait avec les lumières les plus pures. Cette juste harmonie la rendoit vive sans être inégale, passionnée sans violence, toujours animée, douce et sensée. L'exacte vérité, l'équité délicate, l'inviolable fidélité, la tendre et bienfaisante humanité, résidoient dans son cœur : elles y étoient nées, et s'y maintenoient sans efforts. Cette chaleur vivifiante, qui donne de la grâce à tout, même aux défauts, ornoit ses vertus, et la rendoit aussi aimable qu'elle étoit estimée. Mais ce qui, plus que tout le reste, lui attachoit ses amis, c'est qu'on trouvoit en elle la vraie et parfaite amitié, si souvent soupçonnée de n'être qu'une vaine idée. La confiance qu'elle savoit inspirer étoit celle qu'on a pour soi-même; et volontiers on lui eût dit ce qu'on auroit eu peine à s'avouer. Le tendre intérêt dont on la voyoit pénétrée, sa vive attention à ce qu'on lui disoit, alloit jusqu'au fond du cœur, et en développoit les replis les plus cachés. La sagesse de ses conseils, sa manière de les faire goûter, ajoutoit l'utilité aux charmes de la confiance qu'on avoit en elle.

La perte irréparable d'une telle amie, jointe aux chagrins que j'éprouvois d'ailleurs, me jeta dans un accablement qui acheva ma disgrâce. Je fis un voyage à Anet, où je n'essuyai que des désagrémens. J'en rapportai l'unique satisfaction de voir en passant, à mon retour, l'agréable ermitage qui m'avoit été donné, peu écarté de la route que nous faisions; mais je ne pus m'y arrêter qu'une demi-heure. Ce simple coup d'œil me laissa un grand désir de vivre dans cette paisible retraite. De nouveaux malheurs traversèrent mon dessein. M. le duc du Maine, qui jusqu'alors avoit joui d'une santé parfaite, fut attaqué d'un mal qui d'abord ne paroissoit rien, et qui fut bientôt déclaré incurable. Madame la duchesse du Maine, agitée des plus vives inquiétudes, me ramena toute à elle. Les soins et l'assiduité qu'exigeoit l'état du prince son mari la tinrent une année entière à Sceaux dans une cruelle attente, pendant laquelle, sans être rebutée par les horreurs d'une affreuse maladie, elle remplit auprès de lui tous les devoirs qu'il pouvoit attendre de sa part. Elle alloit perdre un prince le soutien de sa maison, qui, malgré sa chute, par son propre mérite, et par l'habitude où l'on étoit de le respecter, s'étoit conservé une grande considération dans le monde et à la cour : prince soumis, par un ascendant invincible, à toutes ses volontés, dont elle retiroit de grands avantages, sans perdre celui d'une entière liberté.

Après d'inexprimables souffrances, le cancer qu'il avoit au visage lui ôta l'une après l'autre toutes les fonctions de la vie, enfin la vie même.

Sa mort fut aussi chrétienne que douloureuse. J'y vis la perte de toutes les espérances de fortune qui m'avoient séduites. Elles eurent pourtant moins de part à mes regrets que sa personne, digne de beaucoup d'estime.

M. le duc du Maine avoit l'esprit éclairé, fin et cultivé; toutes les connoissances d'usage, spécialement celles du monde au souverain degré; un caractère noble et sérieux. La religion, peut-être plus que la nature, avoit mis en lui toutes les vertus, et le rendoit fidèle à les pratiquer. Il aimoit l'ordre, respectoit la justice, et ne s'écartoit jamais des bienséances. Son goût le portoit à la retraite, à l'étude et au travail. Doué de tout ce qui rend aimable dans la société, il ne s'y prêtoit qu'avec répugnance. On l'y voyoit pourtant gai, facile, complaisant, et toujours égal. Sa conversation solide et enjouée étoit remplie d'agrémens, d'un tour aisé et léger; ses récits amusans, ses manières noblement familières et polies, son air assez ouvert. Le fond de son cœur ne se découvroit pas : la défiance en défendoit l'entrée, et peu de sentimens faisoient effort pour en sortir.

FIN DES MÉMOIRES DE MADAME DE STAAL.

TABLE DES MATIÈRES

CONTENUES

DANS LE SOIXANTE-DIX-SEPTIÈME VOLUME.

MÉMOIRES SECRETS DE DUCLOS.

Suite du livre cinquième.	Page 1
Livre sixième.	23
Histoire des causes de la guerre de 1756.	102

MÉMOIRES DE MADAME DE STAAL.

Notice sur madame de Staal et sur ses ouvrages.	195
Mémoires de madame de Staal.	217

FIN DU TOME SOIXANTE-DIX-SEPTIÈME.

www.ingramcontent.com/pod-product-compliance
Lightning Source LLC
Chambersburg PA
CBHW051406230426
43669CB00011B/1786